D0907418

LA GESTA DE ROBERTO DE BRUCE

JOHN BARBOUR

LA GESTA DE
ROBERTO DE BRUCE

Traducción y edición de

FERNANDO TODA IGLESIA

Asesoramiento lingüístico y revisión de estilo
de la versión al castellano:

Mª PILAR CASTÁN LANASPA

BIBLIOTECA DE TRADUCCIÓN
Anexos

Directores de la colección:
ROMÁN ÁLVAREZ
M.ª CARMEN ÁFRICA VIDAL

Este libro ha sido objeto de una ayuda a la traducción del Ministerio de Cultura, convocatoria de 1991

EDICIONES COLEGIO DE ESPAÑA
Institución dedicada a la enseñanza y promoción de la Lengua Española
y de la Cultura Hispanoamericana
C/. Compañía, 65
Tel. 923 21 47 88
Fax 923 21 87 91
37008 Salamanca (España)
E. Mail: colegio.espana@helcom.es

Printed in Spain - Impreso en España
ISBN: 84-86408-88-1
Depósito legal: S. 1.031-1998

Imprime: Gráficas VARONA
        Polígono "El Montalvo", parcela 49
        Tel. 923 19 00 36 - Fax 923 19 00 27
        37008 Salamanca

A la memoria de Eduardo Toda Oliva
y Pilar Lanaspa Ara

Presentación

La figura de Roberto de Bruce, rey de los escoceses y artífice de la independencia de Escocia a principios del siglo XIV, nunca había sido muy conocida en el mundo hispánico ni, en general, fuera del ámbito anglosajón. Sin embargo, en 1995 fue presentada a gran parte del mundo, compartiendo con otras figuras históricas una suerte característica de la cultura del siglo XX. En este siglo, el cine ha sido el arte que, en muchos casos, ha contribuido a dar una difusión –anteriormente inimaginable– a hechos y personajes históricos hasta entonces conocidos casi exclusivamente dentro de su marco político y cultural.

La película *Braveheart* dio a conocer, aunque como personaje secundario, al "buen rey Roberto", héroe nacional de Escocia junto con quien de hecho es el protagonista de esa cinta, sir William Wallace[1]. El final de la película, en el que, años después de la ejecución de Wallace por Eduardo I de Inglaterra, Roberto de Bruce dirige a las tropas escocesas contra los ingleses en la batalla de Bannockburn, nos sitúa al rey en el ambiente épico-heroico propio del poema cuya traducción se ofrece ahora, y por primera vez, al castellano. Como veremos más adelante, y como también refleja la película, la figura de Bruce no estuvo siempre tan nítidamente definida como la de un defensor a ultranza de la independencia de su tierra, pero, como es de esperar en la narración de una gesta laudatoria, la primera parte de la vida de Bruce, y sus alianzas de conveniencia con los ingleses, no quedan recogidas en la obra aquí traducida.

Quizá ésta deba ser la primera consideración que convenga hacer al presentar el poema épico que escribió John Barbour, arcediano de Aberdeen, en 1376, menos de cincuenta años después de la muerte de Roberto de Bruce. No se trata de una crónica, sino de un poema que está en la tradición de los cantares de gesta, como el *Cantar de Mio Cid* o la *Chanson de Roland*. Escrito durante el reinado de Roberto II, nieto del héroe de la gesta, tras el inestable reinado de David II, su hijo, durante el cual Escocia estuvo a punto de perder todo lo que Roberto I había conquistado, el poema pretende ensalzar la figura del rey Roberto I y cantar su entrega a la defensa de la independencia de Escocia, queriéndolo poner como ejemplo para sus descendientes. Esa intención queda recogida en los últimos versos del poema:

---

[1] La película, dirigida por Mel Gibson (Paramount, 1995) se basa en la novela del mismo nombre escrita por Randall Wallace (Nueva York: Pocket Books, 1995).

Así murieron, pues, estos señores [Roberto de Bruce y sir Jacobo de Douglas, con cuya muerte concluye el texto]. Que aquél que es gran señor de todas las cosas los haga subir hasta su gloria, y conceda su gracia, para que sus descendientes gobiernen esta tierra sabiamente, y estén atentos a imitar, en todo punto de sus vidas, la bondad de sus nobles mayores.

Así pues, aunque el poema es, sin duda, una gran fuente de información histórica sobre la guerra de independencia, es sobre todo una obra literaria de carácter épico, con las exageraciones propias del género, y como tal conviene leerla para disfrutar de ella.

La intención principal al traducir este texto ha sido la de dar a conocer en español la primera gran obra de la literatura escocesa no escrita en gaélico, y, al hacerlo, contribuir a la finalidad que el propio autor indica al principio del poema, que no es sino una paráfrasis del "enseñar deleitando". En los primeros versos de la gesta de Roberto de Bruce, John Barbour dice a su público:

> Las historias para leer son deleitosas, aunque no sean más que fábulas. Por lo tanto, las historias que fueron verdaderas, si se cuentan de buen modo, deberían causar doble placer al oírlas. El primer placer está en la narración, y el segundo en el decir verdadero, que muestra las cosas tal como sucedieron; y las cosas verdaderas que son agradables al oído del hombre, resultan placenteras.

Esta versión al castellano pretende reflejar ese concepto literario: quiere poner al alcance de los lectores de español el "doble placer" que señalaba Barbour. Por lo que se refiere al segundo placer mencionado, el empeño ha sido respetar el "decir verdadero" del autor (incluso cuando sabemos que éste no se ajusta a la realidad histórica); y por lo que se refiere al primero, procurar que la versión también "cuente las cosas de buen modo" y proporcione a sus lectores al menos la mitad del placer que pudo producir el original en quienes lo leyeron (y sobre todo lo oyeron leer) en su día.

Esta introducción pretende ofrecer los datos imprescindibles para la comprensión del poema en el contexto de la historia de Escocia. Sobre *The Bruce* se ha escrito mucho, tanto desde el punto de vista histórico como desde el literario (al final se facilita una breve bibliografía), y quienes deseen ampliar sus conocimientos harán bien en consultar, en primer lugar, las ediciones del poema hechas por W. W. Skeat y por Matthew P. Mc Diarmid y James A.C. Stevenson. Las introducciones a esas dos ediciones, así como las notas que las acompañan, son fuentes importantísimas de información, y de ellas procede buena parte del aparato crítico que acompaña a esta traducción. También resulta interesante la información reunida en la edición de W.M. McKenzie.

No se da con mucha frecuencia la posibilidad de que un traductor escoja por gusto personal una obra y pueda traducirla y publicarla, y menos cuando se trata de obras medievales y muy extensas, como en el caso de la gesta de Roberto de Bruce. Aunque en un apartado posterior se recogen los agradecimientos debidos a quienes han contribuido a que esta traducción se llevase a cabo, se debe mencionar desde el primer momento el apoyo recibido del Ministerio de Cultura del Estado Español, a través de una de Ayuda a la Traducción.

1. EL MARCO HISTÓRICO

El poema de Barbour recoge la historia de Escocia a partir del momento en que, al haber quedado el trono vacante en 1290, el rey de Inglaterra, Eduardo I, invitado por los barones de Escocia, actúa como árbitro en la disputa por la sucesión. Termina poco después de la muerte de Roberto de Bruce en 1329, después de que, en el tratado de Northampton (1328), Eduardo III de Inglaterra reconociera la independencia de Escocia y a Bruce como rey. La historia anterior a este periodo, resumida sucintamente, es la que sigue[2].

Los primeros pobladores de Escocia que conocemos eran celtas. Los pictos y los britanos ya vivían allí cuando, en el siglo VI, los escotos, celtas también, y procedentes de Irlanda, invadieron Escocia. Aunque los nombres que reciben estos pueblos son los que les pusieron los romanos, lo cierto es que la romanización de las islas británicas, que se había producido bajo el emperador Claudio a partir del año 43, apenas afectó a Escocia. Los romanos nunca pudieron dominar a los pictos, y la muralla de Adriano, construida en el 123, que se extendía desde Solway hasta la desembocadura del Tyne, es una prueba de cómo intentaron aislarlos para evitar sus incursiones hacia el sur.

Las invasiones anglosajonas que se empiezan a producir en el siglo V tras la salida de las legiones romanas de Britania no llegan a Escocia hasta el siglo VII, cuando los anglos asentados en el norte de Inglaterra atraviesan el río Tweed. En 638 toman la fortaleza celta de Din Eidyn, a la que llaman Edimburgo, y a partir de entonces el núcleo de la Escocia anglosajona se desarrolla en torno a ella, por la zona de Lothian, y desde allí se irá extendiendo por las Tierras Bajas el inglés antiguo, en su variante norteña, que llegará a ser, más adelante, la lengua de la corte escocesa, desplazando al gaélico, la lengua de los habitantes celtas.

Los invasores escotos, por su parte, habían ido conquistando y asimilando a los otros pueblos celtas de Escocia. El reinado de Kenneth McAlpin (c. 843-58), rey del reino picto-escoto que se llamó Alba, supone la primera unificación escocesa. Es posible que esta unificación se diera en parte como respuesta defensiva frente a los ataques de los vikingos; en el siglo IX comenzaron las invasiones escandinavas en Britania, que fueron muy intensas en Escocia.

Tras la conquista normanda de Inglaterra en el siglo XI, los normandos llegan también a Escocia, pero generalmente no desde Normandía sino procedentes de Inglaterra, en donde se habían asentado y habían recibido tierras. Algunas de estas familias normandas, que también recibieron tierras de los reyes celtas de Escocia, fueron las que después reinaron o gobernaron en el país. Como veremos, ése será el caso de las familias de Balliol y de Bruce, que a finales del siglo XIII se disputarán el trono de Escocia. Pero hay que notar algunos datos importantes: en primer lugar, que esas familias ya habían abandonado su francés normando en favor del inglés hablado en el norte de Inglaterra y en las tierras Bajas de Escocia,

---

[2] También se puede consultar un resumen de la historia de Escocia en el primer capítulo de la obra de Luis Moreno *Escocia, Nación y Razón* (Madrid: Consejo Superior de Investigaciones Científicas, 1995).

y que muchas de ellas seguían teniendo tierras en Inglaterra. Cuando Balliol y luego Bruce lleguen al trono, la monarquía escocesa ya no hablará en gaélico.

En realidad, podemos hablar de un proceso de "anglo-normandización" de los reyes celtas de Escocia a partir de Malcolm III Canmore, que reinó en la segunda mitad del siglo XI. Él y los reyes que le siguen mantienen relaciones con Inglaterra e intentan imitar el modelo de estado feudal anglonormando, muy distinto del sistema de clanes celta. En las Tierras Bajas se desarrollan los burgos, nuevos núcleos comerciales, que también responden a una estructura social muy diferente de la celta, y en donde se habla la variedad escocesa del inglés, más que el gaélico. En Escocia coexisten dos sociedades bien distintas. Los *Highlanders* o montañeses, es decir, los celtas que viven en las Tierras Altas (*Highlands*), llevan una vida independiente de la que se desarrolla en las Tierras Bajas (*Lowlands*). Mantienen su organización en clanes y sus leyes, y sus relaciones con los otros escoceses, los del llano (*Lowlanders*), son escasas y a menudo hostiles, con incursiones destinadas a robarles el ganado. Así, la frontera geográfica que separa las Tierrras Altas de las Tierras Bajas de Escocia se va convirtiendo en una frontera étnica y lingüística. Al oeste de esa línea, los habitantes celtas hablan gaélico. Al este, los de origen anglo-normando hablan inglés, con una fuerte influencia escandinava y después francesa. Esa situación se mantendrá prácticamente intacta hasta el siglo XVIII, cuando tras las rebeliones jacobitas el ejército británico penetre en las Tierras Altas y "abra" la zona gaélica al resto del Reino Unido. En el poema de Barbour podemos ver cómo Bruce —cuya primera esposa era de origen gaélico— tiene apoyos entre los clanes montañeses, pero también enemigos entre ellos.

Volviendo a la línea de reyes de Escocia, ya se ha indicado que con Malcolm III Canmore comienza a producirse una influencia inglesa. Este rey, que llegó al trono tras matar al usurpador Macbeth, que había asesinado a su padre, el rey Duncan, estaba casado con una inglesa, santa Margarita, y en su época comienzan a llegar ingleses a la corte escocesa. Con los reyes que le siguen continúa ese proceso. David I se casa con una inglesa y posee un ducado en Inglaterra . En su reinado se ceden tierras a familias anglo-normandas que llegarán a ser importantes en la historia, como las de Bruce, Balliol o Comyn. El rey Guillermo "el león", que fue hecho prisionero por los ingleses, llegó a ceder la soberanía de Escocia a Enrique II Plantagenet de Inglaterra en 1174, pero ésta le fue devuelta a Escocia, en vida del propio Guillermo, por Ricardo Corazón de León, que en 1184 canceló el tratado de cesión a cambio de dinero para sufragar su cruzada.

El problema sucesorio con el que da comienzo el poema de Barbour se produjo cuando Alejandro III, hijo de Alejandro II y nieto de Guillermo "el león", murió al caerse del caballo en una noche tormentosa cuando iba a reunirse con su segunda esposa, Yolanda de Dreux, en 1286. Alejandro III había sido un buen rey para Escocia, y parecía haber consolidado la dinastía de Canmore. Al morir sin hijos (los dos que había tenido con su primera esposa, Margarita de Inglaterra, habían muerto ya), su única heredera era su nieta Margarita, conocida como "la doncella de Noruega". Era hija de su hija Margarita, ya fallecida, y de Eric II de Noruega.

Eduardo I de Inglaterra quiso aprovechar la oportunidad para unir Inglaterra y Escocia mediante el matrimonio de su hijo, el Príncipe de Gales (el futuro Eduardo II) con Margarita, la heredera del trono de Escocia. Consiguió que los Guardianes del Reino de Escocia, con el apoyo de obispos, abades, y barones, representantes de la comunidad de Escocia, asintieran a ese matrimonio, y se redactó un tratado. Sin embargo, todo este plan se vino abajo cuando la niña reina murió en la islas Orcadas, camino de Escocia desde Noruega, en 1290.

Resulta casi inevitable preguntarse qué habría pasado si ese matrimonio se hubiese celebrado: la unión de las coronas de Escocia e Inglaterra se habría producido en 1290 en lugar de en 1603, y se puede argumentar que quizá se habrían ahorrado tres siglos de guerra entre los dos países. Aunque la especulación sobre "lo que podría haber sucedido" no es aceptable en la historiografía, lo cierto es que, dado el talante de Eduardo I, que había sometido a Gales por la fuerza, y su actuación posterior en Escocia, cabe pensar, con el historiador J.D. Mackie[3], que lo que Eduardo tenía previsto, más que una unión de las coronas, era la anexión de Escocia, el sometimiento de un país a otro. La manera de intentar someter a Escocia una vez que desapareció la posibilidad del matrimonio, y su forma de tratar a Juan Balliol, el pretendiente que él escogió como rey de Escocia, no dejan lugar a muchas dudas. De hecho, la despiadada actuación de Eduardo I sirvió para encender el nacionalismo escocés.

Lo que ocurrió, como narra el poema de Barbour, es que los más de doce pretendientes al trono de Escocia no se pusieron de acuerdo, y decidieron someter la cuestión sucesoria al arbitrio del rey Eduardo I de Inglaterra. Los dos pretendientes con derechos más claros eran Juan Balliol y Roberto de Bruce, abuelo del que sería rey y héroe del poema. Como queda indicado, ambos procedían de familias de origen anglo-normando, y habían emparentado con la casa real de Escocia. En efecto, procedían de dos hijas de David, duque de Huntingdon, hermano de Malcolm IV y de Guillermo "el león". David nunca llegó a reinar, pues a Guillermo le sucedieron su hijo Alejandro II y su nieto Alejandro III. Juan Balliol descendía de este David: su madre, Devorguilla, y su abuela, Margarita, eran hija y nieta de él. Roberto de Bruce, el rival de Juan Balliol, también descendía de David, pues era hijo de Isabel, su hija menor. Así pues, Balliol argumentaba que era el descendiente con más derecho por proceder de la hija mayor, mientras que Bruce argumentaba que era el descendiente más próximo. Eduardo I quiso que los pretendientes reconocieran que él tenía soberanía sobre Escocia, y les dio tres semanas para contestarle. Entró en Escocia con un ejército reclutado entre sus feudos del norte de Inglaterra, y logró que nueve de los pretendientes reconocieran su soberanía. Muchos de ellos, temerosos de perder las posesiones que tenían en Inglaterra, claudicaron. Eduardo tomó posesión de Escocia, argumentando que tenía que tenerla controlada para entregársela al pretendiente victorioso. A pesar de la protesta de las personas notables de Escocia, que decían que no se podía dar una contestación hasta que la pudiera dar el nuevo rey de Escocia, Eduardo pasó a actuar no como árbitro sino como juez, y designó a Juan Balliol.

---

[3] J.D. Mackie, *A History of Scotland* (2ª edición, revisada). Harmondsworth: Penguin, 1978.

Balliol se vio sometido a la voluntad de Eduardo, que lo trató como a un rey títere. J.D. Mackie señala que Eduardo exigió de Balliol la humillante dependencia que él mismo se negaba a conceder al rey de Francia, a quien Eduardo debía tener por señor en virtud de las posesiones que tenía en Gascuña. Muchos asuntos que deberían haber sido de la incumbencia del rey de Escocia se transfirieron a Inglaterra, y el propio Balliol fue llamado a Londres en distintas ocasiones por asuntos triviales. En 1294 se lo llamó para pedirle hombres y dinero para las campañas de Eduardo I en Francia. Los escoceses, exasperados por esa exigencia, formaron un consejo de cuatro obispos, cuatro duques y cuatro barones y en octubre de 1295 firmaron el primer tratado de la que se llamaría la "Vieja Alianza" con Francia. Cuando, en abril de 1296 Balliol, incapaz de aguantar más las humillaciones de Eduardo, se negó a apoyar su campaña y a reconocer la soberanía inglesa, el rey inglés ya había mandado saquear Berwick con una crueldad inusitada. Continuó la invasión de Escocia, y en julio de ese año Balliol se rindió, con su reino, al invasor. Él y su hijo fueron llevados a Inglaterra, y unos años después se les permitió pasar a Francia. Eduardo siguió avanzando por Escocia hasta Elgin, y del pueblo de Scone, en donde tradicionalmente eran coronados los reyes de Escocia ante la Piedra del Destino, se llevó esa piedra, que después quedó depositada bajo el asiento de un trono de madera usado en las coronaciones en la abadía de Westminster, y cuya devolución a Escocia sólo se acordaría en 1996[4].

Eduardo I formó un gobierno para Escocia como el que había preparado para Gales. El gobernador era un inglés, el duque de Surrey; también lo eran los demás miembros, y muchos de los otros cargos; los que eran escoceses eran nombrados por los ingleses. Se exigió un juramento de obediencia al rey de Inglaterra. La resistencia a esta invasión inglesa se fraguó en torno al hijo de un caballero de Renfrewshire, William Wallace, que se negó a jurar y pronto agrupó en torno a sí un pequeño ejército de resistentes. Se desplazó hacia el norte y se unió a otro cabecilla, Andrew de Moray, que también había reunido un ejército entre los pequeños terratenientes. Debieron de unirse en agosto de 1296, y posteriormente infligieron una importante derrota a los ingleses en Stirling. La resistencia montada por Wallace fue heroica, y obtuvo triunfos sonados contra los ingleses. Nunca tuvo mucho apoyo de los nobles escoceses, entre otras cosas porque éstos poseían tierras en Inglaterra, y temían perderlas, pero se le unieron muchos pequeños terratenientes y algunos nobles. A principios de 1298 fue armado caballero, y nombrado Guardián del Reino de Escocia. Las hazañas de Wallace, que se convirtió en seguida en un héroe popular, serían recogidas en otro poema épico, *Wallace*, de cuyo autor sólo conocemos el nombre, Hary (se le ha llamado Henry the Minstrel –el juglar– y Blin Harry –el ciego–). El poema, de una longitud parecida a la del cantar de Barbour sobre Bruce (tiene unos 12,000 versos pareados),

---

[4] El día de Navidad de 1950 un grupo de nacionalistas escoceses robó la piedra, que pesa 150 kilos, y se la llevó a Escocia. Un año después, fue encontrada en la abadía de Arbroath y devuelta a Londres, aunque se ha especulado con que la piedra devuelta fuera una falsificación. En 1996, tras consultarlo con la reina Isabel II, el primer ministro británico John Major anunció la devolución de la piedra a Escocia.

es posterior a éste, pues data de finales del siglo XV, mientras que el de Barbour es de 1376. La novela llevada al cine, *Braveheart*, ya mencionada, se basa en ese poema y en una tradición de historias y baladas que debe de tener su origen en la propia época de Wallace.

Los ejércitos de Wallace, como después los de Bruce, debieron sus primeros éxitos a una táctica de guerrillas, pero también lucharon con grandes formaciones en campo abierto, y en 1298 los arqueros ingleses les causaron una severa derrota en la batalla de Falkirk. Tras esa derrota, Wallace, que fue a buscar ayuda a Francia, nunca logró rehacerse como líder militar, y en agosto de 1305 fue capturado cerca de Glasgow, llevado a Londres y ejecutado por traidor. Le sacaron las entrañas y lo descuartizaron vivo; su cabeza fue clavada en una pica en el puente de Londres, y sus miembros distribuidos a distintas partes de Escocia. Todo ello sirvió para consagrarlo en la memoria popular como héroe nacional de Escocia.

¿Cuál fue el papel de Roberto de Bruce, el futuro rey, durante este periodo? Como se ha indicado antes, eso no se explica en el poema de Barbour, pero cambió de bando en más de una ocasión. Según el poema de Hary el juglar, luchó junto a los ingleses en Falkirk, y hay un pasaje en el que, tras la derrota, Wallace se dirige a Bruce llamándolo "renegado devorador de tu sangre". Esta idea se continúa en una escena en la tienda del rey inglés, en la que Bruce se sienta a comer con las manos ensangrentadas. Los lores ingleses se mofan de él, y no comprenden su respuesta: "esta sangre es mía: eso es lo que más me duele." En el poema, Wallace logra ganar a Bruce para la causa de los escoceses. Fuera eso así o no, parece que, tras la derrota de los escoceses en Falkirk, Bruce, junto con Comyn, fue uno de los líderes de la resistencia popular, pero en 1302 se sometió al rey Eduardo, tal vez porque supo que Francia apoyaba al depuesto Balliol. Algunos han interpretado su acatamiento de la soberanía de Eduardo I como una maniobra política que le permitió ir consolidando su posición entre los nobles de Escocia. También se ha dicho que al no recibir el trato que esperaba del rey inglés (no fue nombrado como uno de los cuatro Guardianes de Escocia, y sus tierras de Carrick quedaron bajo el control de sir Ingram de Umfraville, aunque el rey le había prometido devolvérselas) se volvió contra él. Una vez Juan Balliol había dejado de ocupar el trono de Escocia, Bruce parecía el pretendiente más directo.

Su rival más directo podía ser Juan Comyn "el rojo" (por el color del pelo), con quien Bruce ya había tenido una fuerte escaramuza, en la que casi murió, unos años antes. Bruce y Comyn se citaron en la iglesia de Dumfries, quizá para discutir sus posibilidades. En la propia iglesia, Bruce mató a Comyn, y los suyos mataron a otros hombres de éste. El episodio aparece narrado en el poema de Barbour. Matar a alguien en terreno sagrado era un sacrilegio que suponía ser excomulgado, y es curioso ver cómo lo cuenta el autor, al principio del Libro II, indicando que puede haber otra versión de los hechos y admitiendo que la acción le costó a Bruce muchísimos sufrimientos, aunque nunca menciona la excomunión que cayó sobre él.

Muerto Comyn, Bruce decide coronarse rey. El Domingo de Ramos de 1306, en Scone, lugar en donde tradicionalmente eran coronados los reyes de Escocia, y en presencia de los obispos de Glasgow, Saint Andrews y Moray, así como de los condes de Atholl, Lennox y Menteith y del abad de Scone, Isabel, condesa de Buchan, en representación de su hermano, el duque de Fife, colocó la corona sobre la cabeza de Roberto I. A partir de ese momento Eduardo I decide librar una guerra sin cuartel contra él, y nombra a sir Aymer de Valence gobernador de Escocia.

Estamos ya dentro de lo narrado en el poema. Si bien algunos de los hechos y hazañas que aparecen están claramente exagerados (por ejemplo los números de los contendientes de uno y otro bando en muchas batallas, o la cantidad de enemigos que logra matar un sólo hombre) prácticamente todo lo que sucede en él corresponde a hechos constatados. Así pues, tras esta breve introducción histórica, debe ser el propio poema el que narre la historia de Roberto de Bruce[5].

2. EL AUTOR Y SU OBRA

Antes ha quedado hecha la precisión de que *The Bruce* es la primera gran obra literaria de Escocia escrita en lengua no gaélica. En efecto, hay literatura en gaélico escrita en Escocia mucho antes: el poema *Goddodin*, compuesto por Neirin, seguramente cerca de Dundee, sobre el año 600, es el poema heroico en lengua vernácula más antiguo de la literatura europea (McDiarmid 1988:27). Como señala el profesor McDiarmid, Escocia tenía una tradición "romántica" en cuanto a sus orígenes desde antiguo. El autor de *The Bruce*, que escribe desde una tradición clásica y con fuerte influencia francesa, está dispuesto a narrar una historia a la que él llama "romance" y que adorna con comparaciones sacadas de *Le Roman de Thèbes* y *Le Roman d' Alixandre*, pero basada en hechos históricos sucedidos unos cincuenta años antes. Su héroe, Roberto de Bruce, les lee pasajes del "valiente Fierabrás" a sus hombres.

El hombre culto y muy leído que decidió escribir un poema épico sobre la gesta del rey Roberto disponía sin duda de la preparación necesaria para ello, y además contaba con los estímulos y los apoyos necesarios para hacerlo. John Barbour, cuya vida y obra han sido detalladamente expuestas y comentadas por McDiarmid (1985)[6], debió nacer sobre 1325, aunque esta fecha es un cálculo aproximado. Sabemos que fue nombrado arcediano de Aberdeen en 1357, y lo normal para la época, según la práctica de la Iglesia, sería que al ocupar ese cargo hubiera cumplido ya los treinta años. Sí conocemos la fecha de su muerte, el 13 de marzo de 1395. Teniendo en cuenta que Roberto de Bruce se coronó en 1306 y murió en 1329, resulta que Barbour, que sería muy niño a la muerte del rey, pudo conocer a personas que lo hubieran tratado en vida, y a gentes que vivieron algunos de los episodios que narra el poema. Esto resulta importante pues parece que algunas de sus fuentes son orales, y en algunos casos se trataría de testigos directos de los hechos narrados.

[5] Seguramente la mejor obra histórica sobre Roberto de Bruce es la de George W.S. Barrow, *Robert Bruce* (Edimburgo: Edinburgh University Press, 1976).

[6] Skeat también se ocupa de la vida y obra de Barbour en su edición (1870), pero McDiarmid ofrece datos nuevos.

Roberto de Bruce y su primera esposa, Isabella de Mar. Detalle del *Seton Armonial*, crónica ilustrada de la realeza de Escocia, de finales del siglo XVI. (Biblioteca Nacional de Escocia)

No hay muchos datos sobre la primera parte de su vida; de hecho, no se sabe dónde nació. El profesor McDiarmid, basándose entre otras cosas en datos lingüísticos y referencias geográficas del poema, sugiere que debió proceder de la zona próxima al río Liddel, en la frontera entre Inglaterra y Escocia, en lo que hoy es la región de Dumfries y Galloway. Es evidente que siguió la carrera eclesiástica, pero no es seguro del todo que obtuviera un título por la universidad. Aunque aparece en algunos documentos civiles con el tratamiento de "Master", nunca es así en los archivos religiosos en los que figura, tanto en Aberdeen como en Aviñón. En cualquier caso, para el cargo de arcediano eran necesarios unos conocimientos de derecho canónico que exigirían por lo menos haber asistido a la universidad. Es muy posible que estudiara en París, a donde regresó en 1365 y 1368, pero no se encuentra su nombre en los archivos de la facultad de letras. También es posible que pasase un año o dos en la facultad de derecho civil, como hizo su sucesor en el arcedianato de Aberdeen.

Está documentado que en mayo de 1355 era chantre de la catedral de Dunkeld, y que lo fue hasta julio de 1356. En 1357 aparece en un salvoconducto como arcediano de Aberdeen, cargo que, cabe suponer, ostentaba desde que el anterior ocupante fue nombrado obispo de esa diócesis en diciembre de 1355. Hay bastante documentación sobre su actividad eclesiástica, y parece haber viajado con cierta frecuencia por motivos de estudio, o acompañando a estudiantes (a Oxford, por ejemplo). Fue a Francia varias veces, aunque por periodos breves. Es posible que en algunas visitas fuera a París a adquirir libros, seguramente más para la catedral o por encargo de amigos ricos que para él mismo.

Por lo que se refiere a su trato con la familia real de Escocia, descendiente de Roberto I, su relación con la corte debió comenzar a partir de la llegada al trono de Roberto II, nieto de Roberto de Bruce y primer rey de la dinastía de los Estuardo, en 1371. Barbour desempeñó funciones de auditor e interventor de la hacienda pública a la vez que sus obligaciones como arcediano, que eran múltiples. McDiarmid señala que el desempeño de esos puestos en la administración a veces era recompensado con el ascenso al obispado; en el caso de Barbour no fue así, pero en cambio sí parece haber recibido compensación económica.

La relación con la corte de Roberto II y la familia real sin duda tuvo que influir en la redacción del poema sobre Roberto I. Si bien parece ser que Barbour ya tenía el plan de escribir una obra sobre Bruce antes de 1371, lo cierto es que hay documentación de pagos hechos al arcediano que seguramente serían para recompensarle por la redacción del poema, quizá concretamente por el manuscrito que él le presentó al propio Roberto II, y que por desgracia no ha llegado hasta nosotros. Barbour también recibió una donación de diez libras en diciembre de 1388, casi con toda seguridad como pago por su poema sobre la genealogía de los Estuardo.

La genealogía en cuestión se ha perdido, pero merece la pena hacer referencia a ella, pues por un lado el hecho de que la escribiera Barbour nos da una idea de su vinculación con la corte, y por otro nos da ocasión de recordar aquí el origen de la familia de los Estuardo y cómo se le quisieron buscar antepasados que no fueran ingleses.

David II, hijo de Roberto de Bruce, fue rey desde la muerte de su padre en 1329, siendo él un niño de cinco años, aunque reinó de forma intermitente, pues las guerras con Eduardo III de Inglaterra, que llegó a instaurar temporalmente al hijo de Juan Balliol en el trono de Escocia, le obligaron primero a exiliarse a Francia y después a estar prisionero en Inglaterra. Murió, ocupando el trono, en 1371. Como no dejó descendencia, la corona pasó al hijo de su hermanastra Marjorie[7]. Ésta se había casado con Walter Stewart, cuyo apellido original era Fitz Alan, pues procedía de una familia de origen anglo-normando cuyo jefe en Inglaterra era el duque de Arundel. Desde hacía seis generaciones, los Fitz Alan de Escocia habían ostentado el cargo de "stewart", o senescal. La palabra, de origen anglosajón, (*stiweard*), presenta el ensordecimiento de la /-d/ final en /-t/ que se da en Escocia. Tras tantas generaciones, el nombre del cargo pasó a ser el apellido de la familia, que después, por influencia francesa, se escribió Stuart. Éste es el origen de la dinastía de los Estuardo, cuyo primer rey es Roberto II de Escocia, hijo de Walter Stewart. (En 1603 los Estuardo llegaron a ser reyes de Inglaterra y de Escocia, cuando, tras la muerte de Isabel I de Inglaterra, que no tuvo descendencia, Jacobo VI de Escocia pasó a ser también Jacobo I de Inglaterra. Esto se debió a que Jacobo IV, que reinó de 1488 a 1513, se casó con Margarita Tudor, hija de Enrique VII de Inglaterra, de modo que sus descendientes lo eran también de los Tudor).

Dadas las relaciones de Escocia con Inglaterra, no era muy conveniente que fuera sabido que los Estuardo tenían su origen en ese país, por lo que a finales del siglo XIV los historiadores se vieron obligados a encontrar un origen celta para la casa real. Barbour parece haber sido uno de los que se ocuparon de proporcionar esa filiación a sus mecenas. El poema que escribió con ese fin no se ha conservado, pero hay alusiones a él en la obra de historiadores como Wyntoun, Fordun, Bower y Hector Boece, que lo citan como fuente, aunque en algunos casos rebaten sus tesis. Barbour parece haber creado la figura de Fleance, cuyo origen estaría en Gales (por lo tanto britano, celta, pero no inglés). Este sería el padre de un Walter que fue a buscar la protección del rey de Escocia y le sirvió tan bien que le fue concedido el cargo de "stewart" o senescal. La historia que cuenta Hector Boece, aunque él dice que la toma de Barbour, parece haber alterado bastante lo que pudo ser la narración de este autor. Sin embargo se ha hecho famosa porque fue recogida por Holinshed, de quien la tomó después Shakespeare para escribir *Macbeth*. En la versión de Boece aparece Banquo, padre de Fleance. Según esta "historia," las brujas le pronostican a Banquo que su descendencia reinará en Escocia, y, para evitarlo, Macbeth lo mata. Su hijo Fleance, sin embargo, logra escapar, y los Stewart (Estuardo) son los descendientes de Fleance.

---

[7] Roberto de Bruce se casó dos veces: la primera con Isabel de Mar, de la que tuvo una hija única, Marjorie, y la segunda con Elizabeth de Burgh, hija del conde del Ulster, con la cual tuvo dos hijas y un hijo, David, su sucesor, aparte de otro hijo, John, que murió de niño. Tuvo varios hijos fuera del matrimonio.

Es evidente que en Barbour podemos ver un escritor pagado por la corte, incluso para inventar una genealogía para la familia real; sin embargo el poema *The Bruce* no parece hecho específicamente para halagar a Roberto II. Más bien se trata de un canto a quienes lograron la libertad de Escocia frente a Inglaterra y, como ya se ha indicado antes, con una intención política, la de recordar la importancia de mantener esa libertad. El deseo de entroncar a los Estuardo con los antiguos reyes celtas y desvincularlos de Inglaterra que se ve en la genealogía antes citada también tiene que ver con esto; se quiere evitar cualquier reclamación de soberanía sobre Escocia por parte de los reyes ingleses, como había ocurrido en el pasado y, mediante la exaltación de lo logrado por Roberto I, evitar que sus herederos pudieran llegar a perder lo que tanto había costado conseguir. En eso se puede percibir el eco de la llamada Declaración de Arbroath, de 1320. Tras la famosa victoria de Bruce y los escoceses frente a los soldados ingleses de Eduardo II en Bannockburn, la guerra de independencia empezó a ser favorable a los escoceses, pero no terminó. Se libraron muchos combates más, favorables a veces a unos y a veces a otros. Los ingleses intentaron utilizar la autoridad del papa para doblegar a Bruce: éste había sido excomulgado después de matar a Comyn en la iglesia, y cuando los enviados papales renovaron esa excomunión, los nobles escoceses contestaron con una carta dirigida al papa Juan XXII, redactada por el abad de Arbroath y con el apoyo del clero escocés. En esa Declaración, redactada en latín, se decía:

> Estamos firmemente dispuestos a concederle (a Roberto de Bruce) nuestro apoyo en todo, tanto porque es su derecho y mérito, como por ser quien ha devuelto la seguridad al pueblo y defendido su libertad. Pero si, al cabo de ello, se apartara de los principios que tan noblemente ha perseguido y consintiera que nuestro reino o nosotros quedásemos sometidos al rey o al pueblo de Inglaterra, inmediatamente procuraríamos su expulsión como enemigo y destructor de sus propios derechos y de los nuestros y proclamaríamos rey a otro que defendiera nuestras libertades. En tanto sigan con vida cien de los nuestros, nunca consentiremos en someternos en modo alguno al imperio de los ingleses. Pues no es la gloria, ni es la riqueza, ni son los honores por lo que combatimos, sino sólo por la libertad, algo que ningún hombre cabal ha de perder si no es con la vida[8].

Los lectores del poema encontrarán ecos de la última parte de esa declaración en pasajes como el elogio de la libertad del libro I, o las palabras de Bruce a sus hombres antes de la batalla de Bannockburn en el libro XI, y el mecenas Roberto II, con su corte, también los encontraría, así como tendría que entender que para mantener el apoyo de los nobles, clérigos y pueblo de Escocia tendría que mostrar la misma firmeza en la defensa de la independencia que su ilustre abuelo.

---

[8] Cito la traducción que ofrece Luis Moreno (1995:25).

Estatuas de Eduardo I de Inglaterra y su esposa Leonor de Castilla (madre de Eduardo II)
en la catedral de Lincoln, en Inglaterra.

Por lo que se refiere a las fuentes históricas que manejó Barbour, McDiarmid opina que debieron de ser las mismas que utilizó Fordun para su crónica:
algunas crónicas, sin duda algunos cantares escritos, y las notas cronológicas o
documentos que se pudieran encontrar en los archivos de las abadías o catedrales.
Quizá leyera la crónica en verso, en latín, de Bernardo de Linton, canciller de
Roberto I, abad de Arbroath y redactor de la declaración citada arriba, y es casi
seguro que conocía esa declaración. McDiarmid, que analiza detalladamente
estas fuentes, sugiere que también pudo conocer la crónica (hoy perdida) de un
juglar inglés, Robert le Roy, que sirvió a los tres Eduardos en las guerras contra
Escocia.

Aparte de estas fuentes escritas, parece claro que Barbour recurrió a testimonios orales para muchos de los episodios que narra, así como a canciones
populares. Además, debió de tener informantes directos, personas que habían
participado en las campañas de Bruce, y que aparecen mencionadas en el poema,
como sir Alan de Cathcart, y John Thomasson de Loch Doone. Muchas familias,
y no exclusivamente nobles, tendrían sus propias tradiciones sobre las guerras.
Los veteranos de Bannockburn y sus descendientes parecen haber sido la principal fuente de información para la narración de esa batalla.

Los historiadores y los editores del poema de Barbour lo han cotejado con
las crónicas contemporáneas o inmediatamente posteriores. Las más importantes
son:

La *Scotichronicon* o *Chronica Gentis Scotorum* del escocés John de Fordun,
escrita en la década de 1380-90. Concretamente interesan los cuatro primeros
libros, obra del propio Fordun, que también escribió *Gesta Annalia*, cuya versión
de 1363 pudo consultar Barbour.

La *Origynale Cronykil* de Andrew of Wyntoun (muerto sobre 1420), una
historia de Escocia en verso, desde el principio del mundo hasta la llegada al trono
de Jacobo I. Incorpora unos 280 versos del poema de Barbour.

El *Chronicon* del inglés Geoffrey le Baker, que suele citar sus fuentes, algunas de las cuales son directas, testimonios de quienes vivieron algunos de los
hechos narrados en *The Bruce*.

La *Scalacronica* de Thomas Gray.

El *Chronicon de Lanercost*, crónica anónima de finales del XIV.

Las *Vrayes Chroniques* de Jean Le Bel (que murió en 1370).

Las *Chroniques* de Jean Froissart, muerto sobre 1410, que cubren el período
de 1325 a 1400. Froissart toma mucho de Le Bel, y suele aumentar y embellecer
los episodios que narra.

Las notas que acompañan a las ediciones de Skeat, McKenzie y McDiarmid
y Stevenson suelen remitir detalladamente a esas obras. En las de esta versión a
veces se alude a alguna de ellas, pero sólo citando el nombre del autor o de la crónica. Véase el apartado sobre notas.

El texto original: manuscritos y ediciones del poema. La lengua

No disponemos del original escrito por Barbour, y de *The Bruce* sólo se conservan dos manuscritos, ejecutados en 1487 y 1489. En el primero se lee que la copia la hizo "John de R.", y en el segundo que la hizo John Ramsay[9]. Skeat opina que los llevó a cabo el mismo copista, pero después de él McKenzie, en 1909, ya argumentó que se trataba de dos personas distintas, y J.A.C. Stevenson también se inclina a creer eso. Este estudioso sugiere que posiblemente están copiados de otros dos manuscritos distintos. La copia de 1489, el denominado manuscrito de Edimburgo, contiene el poema entero, y las características de la lengua indican, según el editor del texto, Stevenson, que se copió de un manuscrito que refleja un estadio más antiguo de la lengua. El manuscrito de 1487, el de Cambridge, que fue editado por Skeat a finales del siglo XIX, no está completo, ya que le faltan los tres primeros "libros" y cincuenta y seis versos del cuarto[10]. Las diferencias entre ellos no son muy grandes (una estimación aproximada, sin contar diferencias ortográficas, gramaticales o léxicas que no afecten al contenido, es que el 90% del texto es prácticamente el mismo).

Para esta versión, se ha optado por traducir a partir de la edición del manuscrito de Edimburgo hecha por McDiarmid y Stevenson[11], pero teniendo siempre presente la del de Cambridge, hecha por Skeat: se trata de una edición que tiene en cuenta las variantes del de Edimburgo, y de la edición de Hart de 1616[12]. Skeat puntuó su edición con criterios modernos, con lo cual, muchas veces, facilita la interpretación de pasajes cuya sintaxis resulta difícil. En la edición del manuscrito de Edimburgo, Stevenson (que fue quien se ocupó de la edición textual y los comentarios lingüísticos, mientras McDiarmid se encargó de la introducción y las notas) limitó el uso de signos de puntuación a comas, puntos y comillas –para los parlamentos en estilo directo– y los empleó de forma escasa, queriendo reflejar algo de la libertad del manuscrito de Edimburgo, que carece de puntuación y de mayúsculas. Aunque en algún caso la puntuación de Skeat induce a una interpretación errónea, en muchos otros ayuda a la comprensión. Hay que indicar

---

[9] La mejor descripción detallada de los manuscritos se encuentra en Skeat. Sobre las ediciones y manuscritos, consúltese López Couso y Moskowich-Spiegel (1994), así como Stevenson, "Textual and Editorial Introduction", vol. II de la edición hecha con McDiarmid.

[10] Ninguno de los dos manuscritos está dividido en "libros". La división de la obra en 20 libros la hizo Pinkerton en 1790, al editar el de Edimburgo, y se ha mantenido en casi todas las ediciones desde entonces, incluida la de McDiarmid y Stevenson, que es la traducida.

[11] Esa edición utiliza también el manuscrito de Cambridge, y todas las ediciones que se citan en la nota siguiente.

[12] Existen varias ediciones. Las principales son la de 1571 (Edimburgo) de la que sólo queda un ejemplar; la de Hart de 1616, basada en la anterior, pero con algunas diferencias; la de Pinkerton, de 1790, basada sólo en el manuscrito de Edimburgo; la de Jamieson, de 1820, basada en el mismo pero hecha con mayor acierto. Skeat hizo su edición para la Early English Text Society entre 1870 y 1889. Fue reeditada en facsímil, en dos volúmenes, en 1968. La edición de McKenzie, de 1909, se basa casi directamente en la de Skeat.

que tanto el manuscrito de Cambridge como el de Edimburgo contienen unos encabezamientos o resúmenes que anuncian la acción que sigue, dividiendo el poema en distintos bloques (no siempre coincidentes con los "libros"), que seguramente fueron añadidos posteriormente a la ejecución de ambos manuscritos. Muchos están en dialecto escocés, pero hay varios en latín. Aquí se han traducido y se han incluido, en negrita, dentro del texto, tal como están en la edición de Skeat. Se ha mantenido el mismo criterio que en ésta: en los libros del I al III los encabezamientos que no están entre corchetes proceden del manuscrito de Edimburgo; los que sí lo están proceden de la edición de Hart. En los libros del IV al XX los que aparecen entre corchetes son del manuscrito de Edimburgo (y en algún caso de la edición de Hart) y los que no están entre corchetes son del manuscrito de Cambridge[13]. Lo único que se ha dejado en latín ha sido el colofón del manuscrito de Edimburgo, en donde aparece el nombre del copista y la fecha de ejecución.

El poema está escrito en la variedad del inglés que recibe el nombre de *Scots*, o escocés[14]. Se trata de la evolución del inglés antiguo (también llamado anglosajón) en las Tierras Bajas de Escocia a partir del siglo XII. En principio es prácticamente igual que el dialecto norteño del inglés medio, pero va desarrollando características propias, y al período entre 1375 y 1450 se le llama *Early Scots*, o escocés temprano. La primera fecha se debe precisamente al poema *The Bruce*, redactado entre 1375 y 1376, que se considera la primera obra literaria en escocés. Conviene notar que Barbour llama *Inglis* (inglés) a la lengua que él escribe, como se puede ver en el libro V. El nombre de *Scottis* o *Scots* no se utilizó para esta evolución del anglosajón hasta finales del siglo XV. Las diferencias entre esta variedad empleada por Barbour y el dialecto del inglés medio utilizado por Chaucer –que es contemporáneo suyo– son bastantes, pero en absoluto hacen que los dos dialectos sean mutuamente ininteligibles. Un embajador español que visitó la corte escocesa a finales del siglo XV comparó las diferencias entre inglés y escocés con las que se daban entonces entre castellano y aragonés, y hemos de tener en cuenta que ese momento, un siglo después de Barbour, es cuando la diversidad entre la norma de Edimburgo y la de Londres fue mayor.

La lengua que utiliza Barbour incluye gran cantidad de galicismos, lo que se debe a que el escocés, como el inglés, había tomado muchos préstamos del francés tras la conquista normanda, y además al tema bélico del poema y a las fuentes literarias del autor. Barbour a menudo cita obras como el *Roman d'Alixandre*, escritas en francés, y en el ámbito de lo militar, las palabras relacionadas con la caballería, la estrategia o la intendencia son en su mayor parte de origen francés.

---

[13] El manuscrito de Edimburgo suele tener estos resúmenes escritos al pie de algunas de las columnas de texto (hay dos columnas por página).

[14] Aunque en español se ha utilizado "escocés" para referirse a la lengua celta de Escocia –el gaélico escocés– lo empleo aquí como traducción de *Scots*. La obra clásica para la historia del escocés sigue siendo la de J.A.H. Murray (1873), y Murison (1977) es una buena introducción. Un resumen esquemático en español se puede encontrar en Toda 1991.

El texto traducido: decisiones estilísticas

The Bruce está escrito en octosílabos pareados, y tiene una longitud de aproximadamente 13,600 versos[15]. La versión que se ofrece aquí está hecha en prosa, pero en un apéndice se ofrecen dos fragmentos traducidos en verso, con el texto original al lado[16].

Más difíciles que la elección entre verso y prosa pueden resultar las decisiones sobre el tipo de lengua que se debe emplear para traducir un texto del siglo XIV. Algunos teóricos de la traducción, y algunos traductores, han señalado como meta deseable que el texto traducido produzca en sus lectores un efecto similar al que produce o produjo el original en los suyos. Pero la traducción de textos de épocas anteriores plantea dificultades especiales en cuanto a esa equivalencia de efectos.

En el caso de obras como *The Bruce*, pensamos que lo deseable es que la traducción al español cause una sensación parecida a la que pueda producir en un lector actual de lengua inglesa la lectura del texto original, quizá modernizado en cuanto a ortografía y con alguna aclaración en cuanto al vocabulario o la sintaxis. Nos parece que forma parte del horizonte de expectativas de los posibles lectores de una gesta medieval a finales del siglo XX que el texto refleje la distancia temporal entre el momento de la escritura y el de la lectura. Si un lector de francés se enfrenta con *La Chanson de Roland*, uno de inglés con *The Wallace* o uno de español con *El poema del Cid* sabe que va a encontrar palabras, expresiones y estructuras sintácticas arcaicas, como las encontrará si examina otros documentos de esas épocas. Ese tipo de lectores puede esperar que un texto medieval traducido refleje algunas de esas características. Arcaizar, es decir, "dar carácter de antigua a una lengua, empleando arcaísmos", según la Real Academia, puede parecer, por lo tanto, el primer recurso estilístico en la tarea de traducir una obra medieval. Pero si bien la lectura de un texto original puede ofrecer en algunos pasajes graves dificultades cuya superación compensa al lector, no tiene por qué ser así en la traducción (cuando no era propósito del autor del texto original causar dificultades, entiéndase). La traducción de un texto medieval no debe añadir la carga de una lengua excesivamente arcaizada. Un criterio que resulta útil fue expresado por Walter Scott en la "Epístola dedicatoria" con que prologó su novela histórica *Ivanhoe* (1819)[17]. El novelista escocés comentaba que el escritor que quiera evocar una época pasada no debe abusar de los arcaísmos, pues corre el peligro de que

---

[15] La longitud depende de si se incluyen o no los versos que se encuentran en ediciones que suponemos basadas en manuscritos más próximos al original. Esos casos aparecen indicados en la traducción.

[16] En trabajos previos a la publicación de esta traducción expuse mis criterios y razones para haber optado por una versión en prosa, así como para haber adoptado algunas otras decisiones en lo referido al tipo de lengua, el uso de arcaísmos y la traducción de los nombres. En algún caso –como el referido al apellido Stewart, que entonces me proponía dar naturalizado como Estuardo– he cambiado de opinión, pero son muy pocos. Véase Toda 1992 y 1993 en la bibliografía.

[17] Por desgracia, no se suele incluir esta epístola en las numerosas ediciones que hay de esta novela en español. Se puede ver en la edición de bolsillo de la editorial Dent (Londres, 1977).

le suceda lo que al escritor Chatterton[18], quien, por abusar de ellos, acabó "escribiendo en un dialecto que jamás había existido". Scott hacía notar que, salvando las diferencias de ortografía, entre la lengua de Chaucer y la de su época había muchos más elementos en común que diferencias, y señalaba que lo importante es que la lengua del escritor que refleja tiempos pasados no sea "exclusivamente obsoleta e ininteligible", advirtiendo de que el autor no debe admitir, si le es posible, ninguna palabra o giro que "delate un origen directamente moderno". Estas observaciones parecen aplicables a la traducción de textos medievales. En esta versión de *The Bruce* no se ha intentado imitar el castellano antiguo. Se ha huido de una "pátina de antigüedad" basada en grafías obsoletas o en construcciones del tipo *la su espada* o *e díxole*. Hay algún vocabulario arcaico, pero sobre todo se ha procurado evitar palabras o expresiones que resulten "modernas", según lo sugerido por Scott.

En la traducción sí se han incluido algunas construcciones que son poco habituales en el castellano de hoy, pero que se entienden sin dificultad (como *fue muerto* en lugar de "lo mataron", o *es llegado* en vez de "ha llegado"). Por lo que se refiere al vocabulario, existe un campo en el que es necesario emplear con mayor profusión los términos antiguos, que es el referido a cosas de uso común en la época en que se escribió el texto. En *The Bruce* hay muchas palabras referidas a la guerra y a las fortificaciones que hoy día no se emplean, pero que conviene traducir con su nombre antiguo. Así, por ejemplo, palabras como *mesnada* o *batalla* (en el sentido de "una parte de un ejército", que aún aparece recogido en el diccionario de la Academia) han sido utilizadas para los términos "menye" y "battaile" (nótese que ambas son galicismos en el texto escocés).

La traducción que aquí se ofrece ha pretendido ser lo más fiel posible a la totalidad del texto, rehuyendo las omisiones aun cuando se produzcan repeticiones o redundancias, de manera que si se desea usar como ayuda para la lectura del original en muy pocas ocasiones se encontrarán "lagunas". De ese modo se quiere reflejar la técnica narrativa del original, que, conviene recordarlo, estaba escrito para ser leído o recitado en voz alta. Barbour repite palabras con bastante frecuencia, a veces separadas por muy pocos versos. Casi todas estas repeticiones se mantienen en la traducción, aunque en ciertos casos al hacerlo se ofrece alguna variación. Esto ocurre sobre todo con el verbo *say*, "decir", que es casi el único que emplea el poema para introducir las palabras en estilo directo. En el texto original se repiten a menudo las cualidades atribuidas a los personajes, de manera casi formularia, parecida a los epítetos de otros poemas épicos. Sin embargo, en *The Bruce* esto se suele hacer mediante breves oraciones de relativo, y en la traducción casi siempre se ha utilizado el mismo sistema en lugar de usar un epíteto: "Douglas, que era valiente" y no "Douglas el valiente".

El carácter oral del poema se deja sentir en los casos en los que el autor (mediante quien recita) se dirige a sus oyentes. Expresiones del tipo de "ahora os diré lo que pasó", "como ya dije antes", "tengo entendido", "según me han con-

---

[18] Poeta inglés (1752-70) que se dedicó a escribir textos imitando el inglés medio. Algunos poemas los quiso hacer pasar por obra de un supuesto monje del s. XV, Rowley.

tado", "quienes me escucháis", "una cosa que sucedió allí me maravilla tanto que la voy a contar" o "pero volvamos con el rey Roberto" son bastante frecuentes a lo largo del poema. De vez en cuando el autor desliza un comentario dirigido al público sobre la acción que está narrando. Así, al final del libro XV nos propone que dejemos las andanzas de Douglas, que acaba de lograr ciertas victorias, comentando que ahora "puede quedarse tranquilo en casa [...] pues creo que sus enemigos no lo buscarán durante un largo tiempo". Esta forma de narrar le lleva a utilizar en muchas ocasiones el presente histórico (y sobre todo el pretérito perfecto compuesto histórico), que se intercala en la narración en pretérito: "el rey llega", "Douglas ha emprendido el camino". Este recurso es más frecuente en el poema de lo que refleja la traducción. Se ha mantenido sobre todo en los casos en que parece evidente el deseo de actualizar la acción para los oyentes, dándole mayor inmediatez, pero no cuando el uso es estilísticamente casi equiparable al del pretérito, sobre todo en casos en los que parece haberse empleado más bien por razones de metro y de rima (añadir una sílaba, dejar un participio de pasado al final del verso), o si en español el cambio súbito de tiempo resulta poco natural incluso en una narración oral.

La aliteración, que había sido un componente fundamental de la poesía anglosajona, ya había dejado de utilizarse sistemáticamente en el verso cuando escribió Barbour, pero en el poema se dan bastantes casos en los que el autor busca deliberadamente la repetición de sonidos iniciales. Así por ejemplo se dice de Bruce que era *worthy wycht & wys* (fuerte valeroso y sabio) con tres adjetivos comenzados por /w/. No se ha intentado dar formas aliteradas en los mismos lugares en que aparecen en el poema, pero cuando ha sido posible se ha creado algún efecto aliterativo, como *preservó en su previsión, remaban siempre en rumbo recto* o *esmaltada con fino esmero*.

Por lo que se refiere a los nombres propios, siempre que ha sido posible se han dado equivalentes en español. De este modo, Robert the Bruce pasa a ser Roberto de Bruce (conviene señalar que el *the* no es más que una reinterpretación escocesa del *de* francés en el apellido original normando), James of Douglas pasa a ser Jacobo de Douglas, o "el de Douglas" cuando se le llama sólo *the Douglas*. Aunque la práctica actual evita la traducción o naturalización de nombres propios (salvo los de los reyes), en la época medieval era lo que se solía hacer, y aquí hemos seguido ese criterio. Los apellidos, naturalmente, no se traducen (John Thomasson aparece como Juan Thomasson). Los nombres de los santos aparecen traducidos siempre que sea posible: *Sainct Bryd*, la patrona de Douglas, es santa Brígida. Los topónimos no se traducen, pero sí, naturalmente, el nombre del accidente geográfico: *the river Wear* es "el río Wear". En compuestos como *Weardale*, en donde el segundo elemento indica el accidente geográfico, se hace lo mismo: "el valle del Wear". Para facilitar la localización de los personajes y topónimos –casi todos ellos históricos– en libros de historia y estudios sobre el poema escritos en inglés, se ha procurado, en las notas, citar esos nombres con las grafías con que aparecen en esos trabajos. Por lo que se refiere a los títulos, hay que notar que se ha usado "conde" para traducir el de *earl*, de origen anglosajón, como suele ser habitual.

En el poema las referencias a las personas o bandos no siempre resultan inmediatamente identificables desde los usos gramaticales de hoy. Por ejemplo, hay momentos en que se está hablando tanto del rey de Inglaterra como del de Escocia, y resulta difícil saber, en una primera lectura, a cuál de los dos se quiere aludir con la expresión *the king*. En esos casos se ha explicitado en la traducción, añadiendo "inglés" o "escocés" o bien el nombre del rey (Eduardo o Roberto). Otro tanto ocurre con el uso de los pronombres personales, sobre todo el plural *thai* (ellos), que a veces se utiliza para referirse a uno u otro bando indistintamente en el relato, produciendo cierta confusión: en la traducción se ha explicitado también, escribiendo "los escoceses" o "los ingleses", de modo que se pueda seguir el desarrollo de la lucha (que suele ser el caso) con mayor facilidad.

Molde del gran sello de Roberto de Bruce, Roberto I "Rex Scotorum", de 1326.
(Museo Británico)

Como ya ha quedado escrito al principio de esta introducción, las notas históricas y literarias que acompañan al texto traducido están basadas en las preparadas por el profesor Matthew P. McDiarmid para la edición del poema que hizo junto con James A.C. Stevenson. A ellas se deben la mayor parte de los datos que se ofrecen, y muchas observaciones y opiniones. En el caso de éstas, siempre se ha procurado reflejar en las notas que se trata de una idea u opinión expresada por este profesor. A veces se han incluido en las notas datos ofrecidos por otros editores como Skeat y McKenzie, que también aparecen mencionados.

Es evidente que no todas las notas preparadas para la edición del texto original son necesarias para la traducción. La mayoría de las notas textuales o aclaraciones sobre vocabulario sobran, pues de hecho se han tenido en cuenta ya al traducir. En cuanto a las notas históricas y literarias, se ha procurado dar toda la información que sirva para identificar personajes, contrastar con lo dicho en otras crónicas, e identificar las fuentes literarias citadas por Barbour. Como ya se ha indicado que, salvo mención expresa de otras fuentes, se ha seguido a McDiarmid, no se han reproducido todas las referencias a documentos históricos que él sí incluye en sus notas, remitiendo a su edición a quienes deseen tener esos datos concretos. En páginas anteriores ya se ha dado una lista de las crónicas más importantes, algunas de las cuales aparecen citadas en las notas.

Por otra parte, a veces resulta necesario incluir algunas observaciones del traductor, referidas tanto a problemas lingüísticos como a aspectos históricos que puedan ser menos conocidos por los lectores del texto traducido. Con el fin de no complicar mucho el sistema de notas y su lectura, no se ha hecho distinción entre notas de traducción y notas históricas y literarias, pero, teniendo en cuenta lo dicho antes, la diferencia entre unas y otras resulta perceptible.

Agradecimientos

Como ya ha quedado dicho, esta traducción recibió una ayuda concedida por el Ministerio de Cultura en 1991, lo que me permitió pasar algún tiempo en Edimburgo, dedicado a labores de investigación y documentación y a la primera fase de la traducción. Durante esa estancia en Escocia tuve ocasión de entrevistarme con el profesor Matthew P. McDiarmid, catedrático de la Universidad de Aberdeen, experto en literatura escocesa antigua y autor del aparato crítico histórico y literario que acompaña a la edición de *The Bruce* sobre la que se basa esta traducción. Tengo que agradecerle su amabilidad al recibirme en su casa de Aberdeen, sus consejos y observaciones, y su permiso para utilizar su trabajo como base de las notas que acompañan a esta traducción. También estoy muy agradecido al profesor Adam J. Aitken, catedrático de la Universidad de Edimburgo, por su ayuda y asesoramiento en algunos aspectos lingüísticos y textuales. El profesor Angus McIntosh, también catedrático de la Universidad de Edimburgo, ya me había prestado su ayuda y consejos por escrito y en una visita anterior. Durante esta estancia, tuve ocasión de hablar con él en varias ocasiones, tanto en su casa como en el Instituto de Dialectología Histórica, y siempre le estaré agradecido por su ayuda y su apoyo.

Gracias a él obtuve facilidades para trabajar en la Biblioteca de la Universidad de Edimburgo, a cuyo personal quiero expresar mi agradecimiento, así como al personal de la Biblioteca Nacional de Escocia, en donde pude consultar el manuscrito de Edimburgo de *The Bruce*.

En una fase de este proyecto estuvo previsto que el profesor Miguel Sevilla Gil, de la Universidad de Sevilla, cuya tesis doctoral dirigí, y que había trabajado conmigo sobre *The Bruce* en un curso de doctorado, se ocupase de la selección y preparación del material para la introducción y notas. Su muerte en 1994 acabó con esa colaboración y con la carrera de uno de los alumnos y profesores más brillantes de la especialidad de Filología Inglesa, y nos privó de su inestimable compañía y amistad.

En 1992 la Universidad de Salamanca me ofreció incorporarme a su recién creada Facultad de Traducción y Documentación. Quiero agradecer su confianza y la de mis colegas, que me eligieron director del Departamento de Traducción e Interpretación. Aunque esa nueva actividad retrasó la publicación de esta traducción, fue una experiencia que indirectamente dejó su huella en este trabajo.

Finalmente, quiero agradecer al editor, don José Luis de Celis, el haber decidido incluir en una de las ya numerosas colecciones de Ediciones Colegio de España esta primera traducción al español del poema de John Barbour sobre Roberto de Bruce.

La gesta de Roberto de Bruce

Libro I

Las historias para leer son deleitosas, aunque no sean más que fábulas. Por lo tanto, las historias que fueron verdaderas, si se cuentan de buen modo, deberían causar doble placer al oírlas. El primer placer está en la narración, y el segundo en el decir verdadero, que muestra las cosas tal como sucedieron; y las cosas verdaderas que son agradables al oído del hombre, resultan placenteras. Así pues, yo, gustoso aplicaría mi voluntad, si es que mi entendimiento diera para ello, a poner por escrito una historia verdadera, para que pueda durar por siempre en la memoria de ahora en adelante; para que ninguna duración del tiempo la deje en el olvido, ni haga que se pierda del todo su recuerdo. Pues las viejas historias que leen los hombres representan para ellos los hechos de gentes valientes que vivieron en el pasado, como si estuvieran en su presencia. Y, ciertamente, bien merecerían ser alabados aquéllos que en sus tiempos fueron fuertes y sabios, y vivieron sus vidas con grandes esfuerzos, y a menudo en el duro fragor de la batalla ganaron muy gran fama por sus hechos de armas, estando vacíos de cobardía.

Así fue el rey Roberto de Escocia, que fue valiente de corazón y mano; y el buen sir Jacobo de Douglas, que en su día fue tan valeroso, que por su fama y generosidad fue renombrado en tierras lejanas. Sobre ellos pienso hacer este libro[1], y pido ahora que Dios me dé gracia para que pueda llevarlo hasta el final, y tratarlo de tal modo, ¡que en él no diga más que cosas ciertas!

De cómo los señores de Escocia se sometieron por fin al arbitrio del rey de Inglaterra.

Cuando murió el rey Alejandro, que había dirigido y conducido a Escocia, el país, durante seis años, y aún más, a fe mía, quedó desolado después de su muerte[2], hasta que los barones por fin se reunieron e intentaron diligentemente elegir a un

---

[1] McDiarmid señala que esta afirmación no se debe entender referida sólo a Bruce y Douglas, a quienes se cita como ejemplos de una actitud, sino que el autor quiere escribir sobre todos los que fueron valientes en la defensa de su país, como apunta en el párrafo anterior.

[2] Se refiere a la muerte de Alejandro III, el 16 de marzo de 1286. Aquí comienza el problema sucesorio: su nieta Margarita "la doncella de Noruega" le sucedió formalmente, pero murió en 1290. En ese momento se presentaron más de una docena de pretendientes al trono. Finalmente, John Balliol fue proclamado rey en noviembre de 1292. Los años de 1286 a 1292 son los años a los que alude Barbour. Véase la Introducción.

rey que reinase en su tierra, que fuera descendiente de estirpe de reyes, que tuviera sangre real y más derecho a ser su rey que ningún otro. Pero la envidia, que es tan insidiosa, causó entre ellos la disensión. Pues algunos querían que Baliol fuera rey, ya que venía de la descendencia de aquélla que era la hermana mayor. Y otros rechazaban ese caso, y decían que su rey debía ser aquél que tenía el mismo grado de parentesco, y procedía del varón más próximo, por la rama colateral. Decían que la sucesión al trono no era como a los feudos inferiores, pues no podía suceder ninguna hembra mientras pudiera hallarse algún varón que estuviera en línea descendiente directa. Opinaban en contra de los seguidores de Baliol, los cuales sostenían que el más próximo en la línea, fuera hombre o mujer, habría de ser el sucesor. Y así, a ese otro bando le parecía que el señor de Annandale, Roberto de Bruce, conde de Carrick, era quien debía acceder al trono[3]. Había, pues, discordia entre los barones, y no lograban llegar a un acuerdo, hasta que, por fin, todos consintieron en que todas sus opiniones fueran presentadas ante sir Eduardo, rey de Inglaterra. Él debía jurar que, sin engaño, decidiría aquella disputa, indicando cuál de los dos que he mencionado debía acceder a tan alta posición; y que reinase quien tuviese el derecho[4].

Ese acuerdo les pareció el mejor, pues en aquella época había paz y sosiego entre Escocia e Inglaterra, y no podían darse cuenta del mal que se les avecinaba. Puesto que el rey de Inglaterra había estado en tan buena compañía y amistad con su rey, que era tan valiente, pensaron que, como buen vecino y como mediador amistoso, juzgaría el caso lealmente. Mas las cosas tornaron de otro modo. ¡Ah, pueblo ciego, lleno de necedad! Si os hubiéseis percatado con cuidado de qué peligros os podían surgir, no hubiéseis actuado de ese modo. Ojalá os hubiéseis dado cuenta de cómo ese rey siempre y sin descanso intrigaba para ganar más señoríos, y mediante su gran fuerza ocupaba tierras que le eran fronterizas, como Gales, y también Irlanda, a las que él sometió de tal modo, que aquéllos que eran de alto linaje tenían que huir a pie, como la chusma, cuando a él se le antojaba atacar a las gentes. Ninguno en Gales se atrevía a cabalgar hacia el combate, y ni siquiera, al caer la tarde, a quedarse dentro de los castillos o las villas amuralladas, para no perder la vida o los miembros; de tal modo tenía sometidos a quienes vencía con su gran fuerza[5]. De haberos dado cuenta, habríais visto que llegaría a ocupar con la astucia lo que no pudo tomar por la fuerza.

Si hubiéseis conocido lo que es la servidumbre, y tenido en cuenta cuál era su trato, cómo lo capturaba todo, sin restituir nada, habríais escogido, sin su juicio, un rey vosotros mismos, que hubiera gobernado esta tierra rectamente. Gales podría haberos servido de ejemplo, si lo hubiérais visto antes. Bien dicen los

---

[3] La redacción de los versos en los que se explica la disputa sucesoria es bastante oscura, como señalan tanto Skeat como McDiarmid. La traducción de estas últimas líneas transmite el sentido que debemos darle, aunque no es "literal".

[4] La primera sesión de esta "Gran Causa" se celebró en Berwick el 2 de agosto de 1291, y fue organizada y presidida por Eduardo I de Inglaterra, invitado por los escoceses.

[5] Eduardo había sometido Gales en 1283, sólo tres años antes de la muerte de Alejandro III de Escocia. El cronista Fordun, a quien sigue Barbour, narra cómo les había sido prohibido a los galeses, so pena de perder la vida o algún miembro, pernoctar en sus castillos o en las villas.

sabios que es afortunado quien recibe escarmiento en cabeza ajena. Pues, en verdad, las desgracias pueden presentarse del mismo modo mañana que ayer. Mas confiásteis en la lealtad, como gentes sencillas, sin malicia, y no supísteis qué podría ocurrir después, ya que en este mundo, que es tan ancho, nadie hay que pueda saber a ciencia cierta las cosas que están por suceder. Pero Dios, cuya es la mayor potestad, para su propia majestad reservó el ser capaz de conocer de qué manera mudarán los tiempos.

De esa manera convinieron los barones, como antes os dije; y, con el consentimiento de todos, le enviaron mensajeros al rey inglés, que entonces estaba en Tierra Santa, guerreando contra los sarracenos[6]. En cuanto se enteró de qué querían, se preparó sin la menor demora; abandonó el propósito emprendido, y regresó otra vez a Inglaterra. Desde allí, envió órdenes a Escocia para que se reunieran en consejo, diciendo que él acudiría presuroso a hacer, en todo, aquello que le habían pedido.

Mas al oír la disputa, le pareció en seguida que lograría hallar, si era astuto, la manera de ocupar, mediante su gran fuerza, el señorío. Le dijo entonces a Roberto de Bruce[7]:

–Si me tienes por tu señor, desde ahora para siempre, e igual tus sucesores, yo lograré que seas el rey.

–Señor –dijo él–, así me ayude Dios, yo no deseo ocupar el trono si no es porque me toca por derecho. Y si el buen Dios quiere que así sea, gobernaré tan libremente, en todo punto, cual debe hacerlo un rey; o como mis mayores ya antaño gobernaron con la lealtad más libre.

El otro se enfureció, y juró que el de Bruce jamás habría de ser rey, y así, airado, se marchó. Mas sir Juan de Balliol, ése sí sometió en todo su voluntad a la del inglés; lo que causó después muy grandes males. Fue rey tan sólo un corto tiempo[8]; a través de grandes sutilezas y ardides, por un motivo menor, o por ninguno, fue después arrestado y hecho prisionero, y quedó decaído en todo honor y dignidad. Si ello sucedió con razón o sin ella, ¡lo sabe Dios, que todo el poder tiene!

Una vez que sir Eduardo, el poderoso rey, de este modo hubo hecho lo que se le antojaba con Juan de Balliol, que fue tan pronto derrotado y hundido, se dirigió a Escocia presuroso y ocupó todo el país, de tal manera que villas y castillos quedaron bajo su dominio desde Wick, cerca de Orkney hasta Mull, en Galloway. Y lo ocupó todo con ingleses: los convirtió en jueces y regidores, y cada uno de los oficiales que son necesarios para gobernar el país lo escogió de la nación inglesa. Éstos se comportaron de forma tan indigna, tan malvada y avariciosa, tan altiva y desdeñosa, que nada de lo que hicieran los escoceses podía parecerles bien a ellos. A menudo violaban a sus esposas y a sus hijas, con

---

[6] Por los datos históricos que conocemos, Eduardo I no se hallaría aún en Tierra Santa (donde había estado en 1272), pero sí a punto de iniciar, o ya camino de, una nueva cruzada. En la traducción se mantiene el término "sarracenos" para *Saracenys*, que es el que se usa constantemente en el texto.

[7] Éste es el abuelo del héroe de la gesta, señor de Annandale, que reclamaba el derecho al trono frente a Balliol y los demás pretendientes.

[8] Véase la Introducción.

gran menosprecio. Y si había quien por ello se enfurecía, aguardaban la ocasión de hacerle daño, hasta que daban con algún motivo para lograr destruirlo. Y si algún hombre que estuviera cerca de ellos tenía alguna cosa de valor, como caballos, perros, u otra cosa que les agradase, con derecho o sin él se la quitaban. Si alguno intentaba llevarles la contraria, obraban de tal modo que perdiera la tierra, o la vida; o que viviera en la miseria. Pues los juzgaban a su antojo, haciendo caso omiso del derecho. ¡Ah! ¡De qué forma tan ruin los condenaban! A caballeros buenos y muy nobles, por motivos menores, o sin ellos, los ahorcaron colgándolos del cuello.

¡Ay! ese pueblo que siempre fue libre, acostumbrado a vivir en libertad, por su propia necedad y mala suerte se vio tratado con tan gran maldad, de modo que sus enemigos fueron sus jueces. ¿Puede caber mayor desgracia a un hombre?

¡Ah! ¡La libertad es una cosa noble! La libertad hace que el hombre tenga albedrío, y le confiere todo solaz. ¡Quien vive libremente, vive en paz! No hay sosiego para un corazón noble, ni ninguna otra cosa que le pueda agradar, si le falta libertad, pues el libre arbitrio es deseado sobre todas las cosas. No, el que haya vivido siempre libre no puede conocer bien la condición, la ira y el mísero destino que acarrea el vil sometimiento. Mas quien haya vivido sometido, entonces ése lo sabrá muy bien; tendrá la libertad por más valiosa que todo el oro que en el mundo hay, pues de este modo siempre los contrarios vienen a descubrirse el uno al otro. El que es siervo no tiene nada suyo, y aquello que posee lo somete a su señor, sea quien sea. No tiene suficiente libertad ni albedrío para marcharse, ni para hacer aquello que su corazón anhela. Algunos hombres de la clerecía, cuando disputan, suelen preguntar lo siguiente: si un hombre pide a su siervo que haga algo, y al mismo tiempo viene su esposa, y le pide lo que es su débito, ¿debe dejar de lado la necesidad de su señor para pagar primero lo que debe, y luego cumplir las órdenes del amo, o debe dejar sin pagar a su esposa y hacer lo que le ha sido ordenado? Yo dejo que den la solución aquéllos que gozan de mayor renombre. Pero puesto que ellos comparan las deudas del matrimonio con las órdenes del señor a su siervo, bien podéis ver, aunque nadie os lo diga, qué cosa dura es la servidumbre; pues los hombres sabios bien pueden ver que el matrimonio es la más fuerte atadura a la que un hombre puede someterse[9]. Y la servidumbre es mucho peor que la muerte, pues mientras un siervo vive su vida, se va consumiendo, en carne y hueso, y la muerte tan sólo le importuna una vez. Por pronto terminar, nadie imagina cuál es la triste condición de siervo.

Así vivieron, y en tal sometimiento, los pobres y los que eran de alta alcurnia. Pues los ingleses mataron con la espada a algunos de los señores, y a otros los ahorcaron, y les vaciaron las entrañas a otros; a otros los metieron en prisión, sin ninguna causa o motivo. Y entre otros del señorío de Douglas que fueron hechos presos, estaba sir Guillermo, que era amo y señor de Douglas. De él hicieron un mártir. En cuanto lo mataron en prisión, sus tierras, que son muy hermosas, las

---

[9] McDiarmid aclara que esta comparación, que ha suscitado muchos comentarios, se basa en una similar que se halla en *De contemptu mundi* de San Agustín.

entregaron al señor de Clifford. Sir Guillermo tenía un hijo, un muchachito, que entonces sólo era un pajecillo, pero que fue después un gran valiente[10]. Vengó la muerte de su padre de tal modo, que os aseguro que no había nadie vivo en Inglaterra que no le temiera, pues él partió tantas seseras que no hay nadie vivo que pueda contarlas. Mas a él le sucedieron cosas asombrosamente duras hasta que llegó a buena condición. No había aventura que pudiera asustar a su corazón, y que lo obligara a dejar de hacer aquello en que hubiera puesto su empeño, pues él siempre pensaba cautamente cómo hacer sus hazañas con prudencia. Pensaba él que bien poco valía quien no sufriese desventura alguna; también quería lograr grandes hazañas, en muy duros trabajos y combates, que hicieran que su fama fuera el doble. Así, siempre a lo largo de su vida, conoció grandes males y trabajos, y nunca se arredró ante el infortunio, sino que siempre persistió hasta el fin, y aceptó el sino que Dios le enviase. Sir Jacobo de Douglas se llamaba, y cuando oyó que su buen padre había sido tan cruelmente encarcelado, y que sus tierras en toda su extensión le habían sido entregadas al de Clifford, en verdad que no supo qué decir o hacer, pues él no tenía nada que gastar, y no había nadie que lo conociera que quisiera ayudarle lo bastante como para poder estar provisto. Entonces se sintió desconcertado, y al punto decidió en su corazón viajar al otro lado de la mar, y pasar en París algún tiempo, y sufrir su infortunio en donde nadie lo conociera, hasta que Dios le enviase ayuda. Tal como lo pensó, así lo hizo, y muy pronto viajó hasta París, y allí vivió de forma muy humilde[11]. Sin embargo, estuvo alegre y contento, y se comportó de forma tan ociosa como suele ocurrirle a quien es joven, y a veces tuvo compañías de baja condición; eso a menudo puede ser muy útil, pues conocer diversas condiciones nos puede ayudar de muchos modos, como en su día le sucedió al buen conde Roberto de Artois, pues, en más de una ocasión, el fingir ser de baja condición le resultó de gran ayuda. Y nos dice Catón en sus escritos, que es sabio a veces el fingirse loco. Allí en París vivió casi tres años, y entonces le llegaron las noticias del otro lado de la mar, diciendo que a su padre le habían dado muerte. Quedó afligido y desorientado, y quiso regresar pronto a casa, por ver si era posible, con esfuerzo, recuperar de nuevo su herencia, y liberar del yugo a sus hombres.

LA PRIMERA SUBLEVACIÓN DEL SEÑOR DE DOUGLAS

Se dirigió con prisa a Saint Andrews, donde muy cortésmente el obispo lo recibió, y le hizo que empleara sus cuchillos, para trinchar la carne ante él; y lo vistió de forma muy honorable, y mandó que le dieran aposento. Allí vivió durante mucho tiempo, y fue muy amado por su gran bondad, pues era de trato muy

[10] Comienza aquí la narración de la vida del otro gran personaje del poema, sir James Douglas, el amigo del héroe. Según McDiarmid, los testimonios sobre la primera etapa de su vida parecen ser puramente de tradición oral.

[11] La estancia de Douglas en París también se menciona en el poema *Wallace*, de Hary. El padre de Douglas, William, luchó junto a Wallace en 1296-97, y murió en la Torre de Londres en 1298.

agradable, sabio, cortés y de gentiles modos. También era amable y dadivoso, y amaba sobre todo la lealtad. La lealtad debe ser muy amada; por ella vive el hombre rectamente. Con sólo una virtud, y la lealtad, un hombre puede ser bastante bueno, pero sin lealtad ninguno puede lograr la gloria, ya sea fuerte o sabio; pues allí donde falta, no hay virtud cuyo valor llegue a ser tan grande que haga a un hombre lo bastante bueno para poder llamarlo un hombre bueno. El era leal en todas sus acciones, pues nunca se dignaba tratar con la traición ni con la falsedad. Tenía el corazón puesto en alto honor, y comportábase de tal manera que cuantos le eran prójimos lo amaban. Mas no era, sin embargo, tan hermoso que debamos hablar de su belleza. Era su rostro algo ceniciento, y el cabello era negro, según dicen; mas en sus miembros era proporcionado, sus huesos grandes y sus hombros anchos. Su cuerpo era bien formado, y magro, según me dijeron quienes lo habían visto. Cuando estaba contento era muy amable, modesto y dulce estando en compañía, mas quien se lo encontraba en la batalla lo veía de un modo muy distinto. Al hablar ceceaba levemente, mas eso le sentaba de maravilla. Al buen Héctor de Troya, en muchas cosas, se lo podría comparar, sin duda. Héctor, como él, tenía el cabello negro[12], fuertes los miembros, cuerpo bien formado, y estaba todo lleno de lealtad, y era cortés y sabio y valeroso; mas en punto a la hombría y la gran fuerza, yo no osaría comparar con Héctor a nadie que haya habido en este mundo. Douglas obró, no obstante, en su tiempo, de modo que llegó a ser muy alabado.

Allí vivió hasta que un día el rey Eduardo, lleno de orgullo, llegó hasta Stirling con muy gran mesnada, pues en ese lugar iba a celebrar un consejo. Hacia allí fueron muchos barones. El obispo Guillermo de Lamberton también se dirigió allá a caballo, e iba con él este escudero, sir Jacobo de Douglas. El obispo lo llevó ante el rey, y dijo:

–Señor, aquí os traigo a este joven, que dice ser hombre vuestro, y que os ruega que, por caridad, vos recibáis aquí su homenaje, y le concedáis su herencia.

–¿Qué tierras son las que reclama? –inquirió el rey.

–Señor, si os place, el señorío de Douglas, ya que su padre fue señor de allí.

El rey se enojó grandemente, y dijo:

–Señor obispo, ten esto por cierto, si quieres mantener tu lealtad: no me has dicho jamás tales palabras. Su padre fue mi enemigo cruel, y por ello murió en mi prisión, y estuvo en contra de mi majestad; por eso debo yo ser su heredero. Que vaya y compre tierras donde pueda, pues de ésas no ha de conseguir ninguna. Serán para el de Clifford, puesto que él siempre me ha servido lealmente.

Lo oyó el obispo contestar así, y no osó decirle nada más, sino que raudo huyó de su presencia, pues tenía tanto miedo a su crueldad, que no volvió a hablar más sobre aquello. El rey hizo lo que había venido a hacer, y luego regresó a Inglaterra, con muchos hombres de muy grandes fuerzas.

---

[12] En ninguna descripción de Héctor se dice que tuviera el cabello negro, pero eso casa bien con el apodo de Douglas, *the black Douglas* (Douglas el moreno, o negro). Las comparaciones en cuanto al modo de hablar parecen proceder de la *Historia* de Guido de la Colonna, cuyo Héctor tartamudea, y de la sección "les Voeux du Paon" del *Roman d'Alixandre*.

Señores que gustéis de escuchar, ahora ya comienza aquí el romance sobre hombres que pasaron grandes cuitas, y sufrieron muy duros trabajos antes de conseguir lo que querían. Mas luego nuestro Señor les envió tal gracia, que entonces ellos, por su gran valor, alcanzaron muy gran honor y altura, a pesar de todos sus enemigos, que eran tantos, que siempre por cada uno de ellos, había al menos mil. Mas, donde ayuda Dios ¿quién puede resistir? Y si hemos de decir la verdad, a veces había incluso más de mil. Pero Dios, que es quien más poder tiene, los preservó en su previsión, para vengar el daño y la persecución que aquella gente, mucha y miserable, trajo a la gente sencilla y valerosa que no podía defenderse. Por eso fueron como los Macabeos, que, como se dice en la Biblia, por su gran dignidad y valor lucharon en muchos duros combates para librar a su país de gente que, de modo inicuo, los había sojuzgado a ellos y a los suyos. Por su valentía, obraron de tal modo que con pocos hombres lograron vencer a reyes poderosos, según cuenta la historia, y consiguieron liberar su tierra, por lo que ha de ser alabado su nombre.

Este señor de Bruce, del que hablé antes[13], al ver cómo el reino perecía, y al ver al pueblo tan atormentado, sintió una gran lástima. Mas cualquiera que fuera esa lástima, no la mostró hasta que una vez sir Juan Comyn, cuando venían a caballo desde Stirling, le dijo:

—Señor, ¿no queréis ver de qué modo se gobierna este país? Matan a nuestra gente sin motivo, y ocupan esta tierra sin razón, y vos debíais ser señor de ella. Y si queréis vos confiar en mí, conseguiréis por ello haceros rey, siempre que me cedáis todas las tierras que ahora se encuentran bajo vuestra mano. Y si vos no queréis hacerlo así, ni asumir vos mismo tal estado, todas mis tierras completas serán vuestras, y dejaréis que tome yo ese estado, y saque a este país del sometimiento. Pues no hay en esta tierra hombre ni paje a quien no le alegrara hacerse libre.

Oyó el señor de Bruce estas palabras, y pensó que decía la verdad, y pues su voluntad lo apetecía, para ello pronto dio consentimiento, y dijo:

—Puesto que así queréis que sea, yo tomaré gustoso ese estado, pues sé que tengo el derecho, y suele suceder bastantes veces que el derecho convierte en fuerte al débil.

Los barones así se pusieron de acuerdo, y esa misma noche fueron escritos sus pactos y hechos los juramentos para mantener lo que habían hablado antes. Mas de entre todas las cosas, ¡maldita sea la traición!, pues no existe ni barón, ni duque, ni príncipe, ni conde, ni poderoso rey, por muy sabio que sea, y muy fuerte, por mucho ingenio, fama y renombre que posea, que pueda siempre guar-

---

[13] Skeat y otros señalan el error de Barbour: el señor de Bruce mencionado antes, pretendiente al trono, era el abuelo de aquél de quien se empieza a hablar ahora, el héroe del poema. McDiarmid apunta que el error parece intencionado. En efecto, así se atribuye a Roberto I una postura firme ante Eduardo I que no se corresponde con los hechos, ya que llegó a someterse al rey inglés antes de rebelarse definitivamente. Véase la Introducción.

darse de la traición. ¿No fue tomada Troya por traición, pasados ya los diez años de guerra? Entonces murieron muchos miles por la fuerza de las manos de quienes estaban fuera. Así lo escribió Dares en su libro, y Dictis, que ambos conocían esa historia[14]. Podrían no haber caído por la fuerza; la traición los tomó con malas artes. Y Alejandro el conquistador, que conquistó la torre de Babilonia, y todo lo ancho y largo de ese mundo, en doce años, por sus valientes hazañas, fue luego destruido por veneno en su propia casa, debido a gran traición[15]. Mas antes de morir dividió sus tierras. Qué gran dolor fue contemplar su muerte. Julio César también, que conquistó la Galia y la Britania como hombre valiente, y Africa, Arabia, Egipto, Siria, y toda Europa en su totalidad, y que por su dignidad y valor fue hecho primer emperador de Roma, luego, por quienes eran de su consejo privado, fue apuñalado hasta morir en su propio capitolio. Y cuando vio que ya estaba perdido, cerró sus ojos con sus propias manos, para morir con más honestidad.

También a Arturo, que por sus hechos de armas hizo a Britania dueña y señora de doce reinos que él ganó, y que además, como hombre noble ganó en la batalla toda la Francia libre, y venció a Lucio Ibero, que entonces era emperador de Roma, sin embargo, a pesar de su gran valor, Mordred, el hijo de su hermana, lo mató, y mató a muchos otros buenos hombres, por medio de traición y de perfidia, como en el *Brut* está atestiguado[16].

Así ocurrió con este pacto hecho, pues Comyn fue a caballo a ver al rey de Inglaterra, y le contó todo este caso, mas creo que no lo relató tal como era; pero sí le entregó el pacto escrito, por donde pronto se pudo demostrar la iniquidad. Por ello, luego, Comyn sufrió la muerte, sin que pudiera en nada remediarlo.

Cuando el rey vio el pacto escrito se encolerizó fuera de toda mesura, y juró que habría de vengarse de ese de Bruce que de tal modo pretendía luchar o levantarse contra él, o conspirar de semejante forma. Y a sir Juan Comyn le dijo el rey, que por su lealtad sería muy bien recompensado. El se lo agradeció humildemente, y pensó que obtendría el mando de toda Escocia sin que nadie se lo disputara cuando al de Bruce le hubieran dado muerte. Mas, a menudo, la intención del necio fracasa, y los empeños de los hombres sabios no siempre llegan a aquel fin al que ellos creen que han de llegar, pues Dios bien sabe qué debe hacerse. El empeño de Comyn se vio completamente malogrado, como relataré más adelante. Se despidió y se dirigió hacia casa, y el rey mandó inmediatamente convocar un parlamento, y allí hizo acudir a toda prisa a todos los barones de su reino; y al señor de Bruce le envió órdenes de acudir a esa asamblea. Y él, que no se había

[14] Dares el frigio y Dictis de Creta eran los supuestos autores de testimonios directos sobre la guerra de Troya, y los cita Guido de la Colonna, quien presenta a Eneas y a Antenor como traidores a Troya.

[15] En el *Roman d'Alixandre* se narra el envenenamiento de Alejandro en Babilonia a manos de Jopas.

[16] Se refiere a la *Historia Regum Britanniae* de Geoffrey de Monmouth (1100-1154), que comienza con la historia de Bruto, fundador epónimo de Britania. Wace tradujo la historia de Monmouth al francés como *Li Romans de Brut*, y esa obra fue la base del *Brut* de Layamon (c. 1200), escrito en inglés medio.

percatado de la traición ni de la falsedad, sin más demora cabalgó hasta el rey, y en Londres se encontraba ya alojado el primer día de aquella reunión; por la mañana se marchó a la corte. El rey se sentó en el parlamento, y ante su consejo privado mandó llamar al señor de Bruce, y le mostró el pacto escrito. Corrió grave riesgo de perder la vida, mas el Dios todopoderoso lo preservó para más altos fines, y no quiso que muriese así. El rey le conminó en ese lugar a ver el sello de la escritura, y le preguntó si él la había sellado. El miró el sello muy atentamente, y le respondió luego en tono humilde, diciendo:

–Como soy confiado, mi sello no siempre lo llevo conmigo; yo tengo a otro para que lo lleve. Por lo tanto, si fuera vuestra voluntad, os pido un plazo para ver esta carta y aconsejarme. Os pido hasta mañana cuando os reunáis, y entonces, sin más demora, presentaré aquí esta carta, ante vuestro consejo plenario; como fianza de ello yo ofrezco mi herencia entera en su totalidad.

El rey pensó que era bastante garantía, puesto que por fianza ponía sus tierras, y lo dejó marcharse con la carta a examinarla según lo acordado.

Libro II

Cómo Bruce evitó el engaño de sir Eduardo

[La huida de Bruce, y la muerte de Juan Comyn]

Roberto de Bruce marchó raudo a su alojamiento, mas sabréis que iba muy contento por haber conseguido ese plazo. Llamó a su condestable sin demora y le encargó que intentase por todos los medios que los hombres estuvieran bien entretenidos, pues él quería estar en su aposento un largo rato en privado, tan sólo acompañado de un escribano. El condestable se fue y cumplió la orden de su señor. El señor de Bruce, sin más demora, mandó en secreto traer dos caballos. Sin esperar más, él y el escribano saltaron a caballo sin ser vistos, y día y noche sin descanso alguno, quince días estuvieron cabalgando, hasta llegar por fin a Lochmaben[1]. Allí encontraron a su hermano Eduardo, que se quedó asombrado, según dicen, de verlos regresar tan en secreto. El le explicó a su hermano por completo cómo allí le estaban persiguiendo, y cómo había escapado por ventura.

[Aquí Juan de Comyn y otros son muertos en la iglesia de los frailes.]

Sucedió que al mismo tiempo, en Dumfries, justo allí al lado, sir Juan de Comyn hizo un alto. El de Bruce saltó a caballo y se dirigió hacia allí, y pensó sin más tardanza darle su merecido por haberlo descubierto. Hasta allí fue sin demorarse más, y con sir Juan de Comyn se encontró en la iglesia de los frailes, en el altar mayor, y le mostró con una alegre risa la escritura del pacto, y luego, con cuchillo, en ese mismo sitio le quitó la vida[2]. Sir Edmundo de Comyn también fue muerto, así como otros muchos grandes hombres. Y sin embargo, algunos dicen que ocurrió de otro modo esa disputa. Mas fuera como fuera, Juan de Comyn murió, eso lo sé bien. Sin duda allí pecó muy gravemente quien no concedió asilo ante el altar[3]. Por ello le cayeron desventuras tan grandes que yo nunca en los romances he oído contar cosas de un hombre que padeciera tanto como él y que luego llegase a tanto bien.

[Aquí el rey de los ingleses busca a Roberto de Bruce, mas no lo encuentra.]

Ahora regresamos de nuevo al rey, que por la mañana con sus barones se reunió en parlamento, y envió a valientes caballeros a buscar al señor de Bruce a su

---

[1] El castillo de la familia de Bruce, en Lochmaben, a unos 12 Kms. al noreste de Dumfries.

[2] El hecho sucedió en la iglesia de los franciscanos de Dumfries el 10 de febrero de 1306.

[3] La violación del santuario suponía la excomunión, que Bruce recibió de Roma, aunque no de los obispos escoceses. Barbour no la menciona.

alojamiento. Cuando lo hubieron llamado varias veces, y preguntaron por él a sus hombres, éstos dijeron que desde el día anterior no había salido de su aposento, y que con él estaba un escribano. Llamaron a su puerta entonces, y al no oír a nadie dar respuesta, la puerta derribaron, pero nada encontraron allí, aunque la estancia la registraron toda. Le dijeron al rey entonces lo que había sucedido, y cómo el de Bruce se había escapado. El rey se lamentó de aquella huida y juró airado, con gran vehemencia, que le sacaría las entrañas y lo ahorcaría. El rey amenazó como le plugo, mas el de Bruce pensaba que eso habría de suceder de otro modo.

Y cuando, como me habéis oído decir, hubo matado a sir Juan en la iglesia, regresó a Lochmaben, y envió a hombres a caballo a llevar cartas suyas a sus amigos por todas partes, para que acudieran a él con sus mesnadas; él también reunió a todos sus hombres, y pensó que iba a proclamarse rey. Por todo el país empezó a correr la voz de que el de Bruce había matado al de Comyn, y entre otros, le llegaron cartas al obispo de la ciudad de Saint Andrews, contando cómo había sido muerto ese barón. La carta le contaba todo el hecho, y él hizo que la leyeran a sus hombres, y luego les dijo:

—Sin duda yo espero que la profecía de Tomás de Ercildoun se verifique en él, pues así me ayude Nuestro Señor, tengo grandes esperanzas de que él sea rey, y que gobierne toda esta tierra[4].

[ENCUENTRO DE DOUGLAS CON EL REY ROBERTO]

Jacobo de Douglas, que en todas partes siempre trinchaba la carne ante el obispo[5], había oído leer la carta, y también escuchó atentamente todo lo que éste dijo. Y cuando fueron levantadas las mesas, pronto se retiraron a sus aposentos, y Jacobo de Douglas en privado le dijo al obispo:

—Señor, vos véis cómo los ingleses, por su fuerza me despojan de mis tierras, y ahora otros os han hecho comprender también que el conde de Carrick pretende gobernar el reino. Y, porque ha matado a ese hombre, todos los ingleses están contra él, y bien desearían quitarle su heredad. No obstante, yo quisiera estar con él. Así pues, señor, si os pluguiese, yo me pondría de su lado, para bien o para mal. Gracias a él espero ganar mis tierras, mal que les pese a Clifford y a los suyos.

El obispo le oyó y le tuvo pena, y dijo:

—Hijo mío, así me ayude Dios, yo bien quisiera que estuvieras allí, pero que a mí no se me culpe de ello. Puedes hacerlo de esta manera: tú tomarás mi palafrén Ferrante[6], pues no hay en esta tierra otro caballo más raudo ni que esté mejor domado. Has de tomarlo como cosa tuya, como si yo no hubiera consentido. Y

---

[4] Se refiere a la obra *The Romance and Prophecies of Thomas of Erceldoune* (editada por J.A.H. Murray en la Early English Text Society de Londres en el s. XIX). McDiarmid señala sin embargo que tal profecía, que parece referida a una conquista de Britania por parte de los escoceses, procede de las de Merlinus Caledonius, el segundo Merlín, que le fue atribuida a Thomas of Erceldoune.

[5] Douglas aparece aquí, como en el libro I, como escudero del obispo Lamberton, y se une a Bruce cuando éste va hacia Scone para ser coronado (lo que sucedió el 25 de marzo de 1306).

[6] Así se llama el caballo de Eménido en el *Roman d'Alixandre*.

si se opone el mozo de su cuadra, mira que te lo lleves contra él; de ese modo yo estaré excusado. Que Dios todopoderoso en su potestad os conceda a aquél a quien ahora pasas, y a tí, que obréis tan bien en todos los momentos que os defendáis de vuestros enemigos.

Le dio plata[7] para que la gastara, y luego le deseó buen día, y le pidió que se pusiera en marcha, pues no quería hablar hasta que se hubiese ido. Entonces Douglas se encaminó raudo hacia el caballo, como le habían dicho, pero el mozo que lo tenía a su cargo le opuso fuerte resistencia, y él, que se enojó en exceso, lo derribó de un golpe de su espada, y luego, sin detenerse más, ensilló el caballo a toda prisa y saltó sobre él sin perder tiempo, y emprendió su camino sin adioses. ¡Que el buen Dios que es el rey de todo el cielo lo guarde y lo proteja de enemigos!

Completamente solo, se encamina hacia la villa de Lochmaben, y no muy lejos de Arickstone se encontró al de Bruce quien, con una gran mesnada, se dirigía a Scone para sentarse en el trono del rey, y hacerse rey. Y cuando Douglas vio que se acercaba, aprisa cabalgó hacia él y lo llamó, y se humilló ante él muy cortésmente, y le explicó toda su condición, y lo que él era, y también de qué modo el de Clifford se había adueñado de su herencia. Dijo que venía a rendirle homenaje como a su legítimo rey, y que estaba dispuesto a pasar junto a él lo bueno y lo malo en todo punto. Cuando Bruce hubo oído su intención, lo recibió con cortesía grande, y le abasteció de hombres y armas. Pensó que debía de ser valiente, pues sus mayores fueron valerosos. De este modo se conocieron, y desde entonces no se separaron por ningún motivo mientras ambos tuvieron vida. Su amistad creció siempre más y más, pues uno sirvió siempre lealmente, y el otro, que era fuerte y valeroso y sabio, supo recompensar bien su servicio.

[CORONACIÓN DEL REY ROBERTO]

El señor de Bruce cabalgó hasta Glasgow, y mandó llamar hombres, hasta que reunió una gran mesnada de sus amigos, y luego aprisa cabalgó hacia Scone, y allí fue hecho rey sin más demora, y fue sentado sobre el trono real, como solía hacerse en aquel tiempo. Mas de los nobles, de sus elegancias, de su servicio y de su realeza, no oiréis nada de mí por ahora, sino que él recibió, de los barones que habían acudido, el homenaje, y luego fue por todo el país granjeándose amigos y amistades para mantener lo que había comenzado. Sabía que antes de ganar todo el país tendría que pelear muy duramente con el que era rey de Inglaterra, pues no había nadie vivo tan cruel, tan insidioso y tan malvado.

Cuando al rey Eduardo le dijeron cómo el de Bruce, que era tan osado, había acabado con Juan de Comyn, y cómo luego se había hecho rey, casi perdió la razón. Hizo llamar a sir Aymer de Valence[8], que era sabio y fuerte, y por sus manos valeroso caballero, y le ordenó juntar hombres de armas e ir a toda prisa hacia

---

[7] Plata: en general, dinero. El uso de "siller" (silver) para designar el dinero se ha mantenido en el dialecto escocés, como "argent" en francés, o "plata" en el español de Argentina.

[8] Sir Aymer de Valence, duque de Pembroke, era el lugarteniente del rey Eduardo I en Escocia. El 29 de septiembre de 1307 cesó en ese cargo, que fue ocupado por Jean de Bretagne.

Escocia, y quemar y matar y arrasar el país, y prometió todo Fife como recompensa a quien pudiera capturar o matar a Roberto de Bruce, que era su enemigo. Sir Aymer hizo lo que le mandó. Tenía con él buena caballería; con él estaban sir Felipe de Moubray y sir Ingram de Umfraville[9], que era tan prudente como sabio, y muy bueno en la caballería; y en su compañía la mayor parte procedía de Escocia, pues todavía entonces gran parte del país estaba en manos de los ingleses.

[PRIMERAS PALABRAS ENTRE EL REY ROBERTO Y SIR AYMER]

Entonces en gran mesnada fueron hasta Perth, que en aquellos días estaba toda amurallada, con muchas torres altas bien guarnidas, para defenderla si era atacada. Allí se estableció sir Aymer con toda su fuerte caballería.

El rey Roberto supo que estaba allí, y qué clase de jefes estaban con él, y reunió a toda su hueste. Tenía a muchos, de muy gran valor, pero eran muchos más sus enemigos; quince mil más que ellos, según oí contar. Sin embargo, él tenía allí, en esa necesidad, a muchos que eran bravos en sus obras y a barones arrojados cual jabatos. También estaban junto a él dos condes, que eran el de Lennox y el de Atholl. Eduardo de Bruce también estaba allí, y Tomás Randolph, y Hugo de la Hay, y estaban sir David de Berclay, y Fraser, Somerville, e Inchmartin[10]. Ya estaba allí Jacobo de Douglas, que aún tenía poco poder, y otras gentes, fuertes en la lucha, [como el buen Cristóbal de Seton, y Roberto de Boyd, de gran renombre, y otros muchos más de gran poder][11], mas ya no sé decir cuáles eran sus nombres. Aunque eran menos, eran muy valientes, y muy diestros en la caballería, y bien dispuestos en la formación llegaron a la villa de San Juan[12], y retaron a sir Aymer a que saliera a combatir, y él, que confiaba en el gran poderío de aquéllos que tenía a su lado, mandó a sus hombres armarse con presteza. Mas sir Ingram de Umfraville pensó que era demasiado riesgo salir a dar batalla abierta mientras los otros estaban así formados, y le dijo a sir Aymer:

[9] Sir Philip Moubray, señor de Kilmarnock y Dumfriesshire, se puso de parte de los ingleses hasta después de la batalla de Bannockburn (1314). Sir Ingram de Umfraville tenía tierras en Carrick, estaba emparentado con la familia de Balliol y, por lo tanto, era contrario a Bruce.

[10] Edward Bruce era el impetuoso hermano del rey Roberto, que más tarde sería ejecutado por los ingleses al intentar hacerse rey de Irlanda (véase el libro XVIII). Malcolm, quinto duque de Lennox, apoyó tanto a Wallace como a Bruce. John, duque de Atholl, estuvo con éste hasta que fue capturado y ahorcado a finales de 1306. Thomas Randolph, señor de Nithsdale, era hijo de la hermanastra de Bruce. Hugh Hay era hermano de sir Gilbert Hay, de Perthshire. Sir David Barclay, de Cairns, está documentado entre los hombres de Bruce en 1307. Fraser debe ser Alexander Fraser, de cerca de Stirling, que cayó prisionero en Methven. John Somerville, de Carnwrath, y sir David de Inchmartin (cerca de Perth), también cayeron prisioneros en esa batalla y fueron ahorcados en agosto de 1306.

[11] Estos versos no aparecen en el manuscrito de Edimburgo ni en el de Cambridge, pero sí en la edición de 1571. Sir Christopher Seton, que tenía tierras en Cumberland, se había casado con una hermana de Bruce. Fue apresado cuando huía tras la derrota de Methven y ahorcado en septiembre de 1306. Robert Boyd, que tenía tierras en Cunningham, estuvo en Methven, y luego se le menciona junto con Neil de Bruce en el asedio al castillo de Kildrummy.

[12] Perth también fue conocida durante mucho tiempo como St Johnston (Saint John's Town) por su iglesia de San Juan.

–Señor, si queréis confiar en mí, no debéis salir a atacarlos mientras están en orden de batalla, pues es su jefe un hombre fuerte y sabio, y muy buen caballero por sus manos, y con él tiene en su compañía a muchos hombres buenos y valientes; será pues muy difícil atacarlos mientras se estén así, tan bien dispuestos. Ahora haría falta muy gran fuerza para poder ponerlos en fuga, pues cuando están los hombres bien dispuestos, y para la batalla pertrechados, y siendo además muy buenos hombres, vos seríais mucho más prudente, y también mucho más temible, si ellos tuvieran ya su orden algo descompuesto. Y por tanto podéis, señor, decirles que pueden esta noche, si así quieren, ir a albergarse y a dormir y descansar, y que mañana, sin mayor demora, vos saldréis a presentar batalla, y a luchar contra ellos, si no faltan. Así se marcharán a acampar, y algunos se irán al pillaje, y aquéllos que se queden albergados, como vienen de hacer un largo viaje, en poco tiempo se habrán desarmado. Entonces, de la mejor manera, nosotros, con toda nuestra buena caballería, podemos cargar contra ellos duramente. Y ellos, que piensan descansar toda la noche, cuando nos vean en orden de combate cerrando contra ellos de repente, tendrán entonces un gran miedo. Y antes de que estén en orden de batalla, nosotros nos apresuraremos de modo que estemos dispuestos a atacar. Algunos hombres, que estando prevenidos son valientes, tiemblan de temor si de repente se ven atacados[13].

[EL REY ROBERTO ACAMPA EN METHVEN]

Tal como lo aconsejó, así lo hicieron; pronto enviaron un mensaje afuera, y les dijeron que se albergasen esa noche, y viniesen a la lucha por la mañana. Cuando vieron que no podían hacer más, los hombres de Bruce se dirigieron a Methven[14], y acamparon en el bosque. La tercera parte se marchó al pillaje, y el resto pronto estuvo desarmado, y se dispersaron a acomodarse aquí y allá. Entonces sir Aymer no esperó más; con toda la gente que tenía con él, cabalgó furiosamente por el camino más directo hacia Methven. El rey, que estaba desarmado entonces, los vio venir de forma tan forzada, y a sus hombres les gritó bien fuerte:

–¡A las armas, aprisa, y aprestáos! ¡El enemigo está ya a nuestra vista!

Así lo hicieron con muy grandes prisas, y raudos se subieron a caballo. El rey desplegó su estandarte cuando estuvieron todos reunidos, y les dijo:

–Señores, ahora podéis ver que esas gentes, a través de ardides, piensan hacer por medio del engaño lo que temen hacer por la fuerza. Ahora me percato de que quien se fía de su enemigo más tarde se ha de lamentar por ello. Y, sin embargo, aunque sean muchos, Dios puede bien regir nuestro sino, pues multitud no siempre da victoria, como se ve en muchas historias en donde pocos han vencido a muchos. Creamos que así haremos nosotros. Cada uno de vosotros es valiente y fuerte, y diestro en caballería, y conoce muy bien qué es el honor. Obrad pues de

---

[13] Este es el primero de varios parlamentos en los que sir Ingram, escocés, actúa como consejero de los ingleses, recordándoles las formidables virtudes de sus compatriotas.

[14] Methven se halla a unos 10 Kms. al oeste-noroeste de Perth.

tal modo que el vuestro quede en todo momento bien a salvo. Y una cosa más quiero deciros: aquel hombre que muere por su país, ése será acogido en los cielos.

Cuando esto hubo dicho, vieron venir a sus enemigos, cabalgando ya muy cerca, dispuestos en un orden muy prudente, y deseosos de obrar hechos de armas.

[LA BATALLA DE METHVEN, Y LA PRIMERA DERROTA DEL REY ROBERTO]

A ambos lados estaban, pues, dispuestos, y preparados ya para cargar. Tendieron sus lanzas ambos bandos, y tan rudamente cabalgaron unos contra otros, que las lanzas se partieron en pedazos, y muchos hombres fueron muertos, y otros heridos muy gravemente. La sangre brotaba de sus petos. Pues los mejores y los más valientes, que deseaban ganar honor, se lanzaron de lleno a la dura batalla repartiendo tremendos golpes. Allí se podía ver, entre esa muchedumbre, caballeros que fueron duros y valientes caídos a los pies de los caballos, unos heridos y otros ya bien muertos; la hierba estaba roja por la sangre. Los que aún estaban a caballo, aprisa sacaron con fiereza las espadas, y dieron y recibieron tales golpes, que temblaron las filas de hombres que había a su alrededor. Los hombres de Bruce, muy ardidamente demostraron su gran destreza en armas, y él mismo, por encima de los demás, daba golpes tan fuertes y pesados, que por donde pasaba le abrían camino. Sus hombres se vieron en grandes apuros para frenar la gran fuerza de sus enemigos, que tenían entonces tal ventaja, que cada vez ganaban más terreno. Los hombres de a pie del rey estuvieron a punto de ser vencidos, y cuando el rey vio a su gente empezar a flaquear, de pura rabia, lanzó su grito de guerra, y cargó hacia el combate con tal fiereza que tembló toda aquella muchedumbre. A cuantos alcanzaba, partía en dos, y les golpeaba mientras podía aguantar, y a sus hombres les daba grandes voces:

–¡A ellos, a ellos, que pronto pierden fuerza! ¡Esta lucha no puede durar mucho!

Y con esas palabras, con tanto brío seguía golpeando, y tan fieramente, que quien lo hubiera visto en esa lucha le tendría por valiente caballero. Mas aunque él era aguerrido y valiente, y también otros de su compañía, allí ningún valor pudo ayudarles, pues los hombres de a pie comenzaron a flaquear, y huyeron dispersándose aquí y allá. Mas los buenos, que estaban encendidos por la ira, se quedaron y aguantaron el terreno, para ganar para sí honor sin fin. Y cuando sir Aymer vio huir a los de a pie, y los pocos que se quedaban a luchar, llamó a su lado a muchos caballeros, y se lanzó al combate con tal fuerza, con su caballería, que arrolló a todos sus enemigos. Sir Tomás Randolph cayó preso allí, que entonces era un joven aspirante a caballero, y también sir Alejandro Fraser, y sir David de Berclay, Inchmartin y Hugo de la Hay, y Somerville y otros más. Al mismo rey también lo acosó muy duramente sir Felipe de Moubray, que cabalgó hacia él ardidamente, y le agarró la rienda, y empezó a gritar:

–¡Ayuda, ayuda! ¡Tengo al recién proclamado rey!

Al oírlo, acudió directamente, repartiendo golpes a ambos lados, Cristóbal de Seton, que, al ver al rey agarrado con su enemigo, asestó a Felipe tal golpe, que aunque era muy fuerte, lo hizo tambalearse mareado, y habría caído a tierra si no se hubiera agarrado al caballo; y de la mano se le soltó la brida. El rey lanzó su grito de guerra, y reagrupó a los hombres que estaban cerca de él, que eran tan pocos que ya no podían resistir más la fuerza de la lucha. Entonces picaron espuelas para salir de allí, y el rey, que estaba airado, pues vio a sus hombres huir de él, entonces dijo:

–Señores, puesto que ocurre que el hado nos es adverso aquí, bueno será que salgamos de este peligro hasta que Dios nos mande pronto gracia. Y aún puede suceder, si nos persiguen, que tengamos ocasión de vengarnos.

A estas palabras asintieron todos, y salieron galopando raudos. Sus enemigos también estaban tan cansados, que ninguno de ellos los persiguió, sino que con los prisioneros que habían capturado fueron directamente a la ciudad, muy contentos y alegres con sus presas. Aquella noche todos durmieron en la ciudad; no había nadie de tan gran renombre que se atreviese a quedarse fuera; tanto temían un nuevo ataque de sir Roberto, el valiente rey. Y pronto escribieron al rey de Inglaterra contándole lo que habían logrado. El se alegró al saber esas noticias, y por despecho mandó sacar las entrañas y colgar a todos los prisioneros, aunque fueran muchos. Pero sir Aymer no lo hizo así. A algunos les concedió vida y tierras, por olvidar su lealtad hacia Bruce y servir al rey de Inglaterra, y defender la tierra para él, y guerrear contra Bruce, como enemigo suyo. Tomás Randolph fue uno de los que, a cambio de su vida, se pasaron a ellos. De los otros que fueron capturados, por algunos pidieron rescate, mataron a otros, a otros los colgaron, y a otros más les sacaron las entrañas.

AQUÍ EL REY SUFRE GRANDES PENAS CON LOS SUYOS.

De esta manera fue rechazado Bruce, que mucho se dolió por sus hombres que habían sido muertos y presos. Estaba tan desconcertado, que no confiaba plenamente en nadie salvo en aquéllos de su compañía, que eran tan pocos que podrían ser unos quinientos, toda la mesnada. Su hermano estaba siempre junto a él, sir Eduardo, que era tan valiente, y estaba junto a él un barón osado, sir Guillermo de Boroundun[15]. También estaba allí el conde de Atholl, pero desde que fueron derrotados, faltaba el conde de Lennox, y éste pasó muy duras pruebas hasta que volvió a ver al rey. Mas siempre, como hombre fuerte, se supo comportar virilmente. El rey también tenía entre su gente a Jacobo de Douglas, que era fuerte y sabio y prudente. También a sir Gilberto de la Hay, a sir Neil Campbell[16], y a otros más cuyos nombres no sé decir. Todos como forajidos pasaron muchos días sufriendo su dolor en los montes de Mounth[17]. Comían carne y bebían agua

---

[15] Sir William de Boroundon no ha sido identificado definitivamente. McDiarmid dice que sería de la familia de Burghdon, en Roxburgh, y señala que en los documentos de esos años los demás miembros de esa familia aparecen en el bando opuesto a Bruce.

[16] Sir Neil Campbell, que tenía tierras junto a Loch Awe, se casó con la hermana de Bruce, Mary, y estuvo con él desde 1306 hasta que murió en 1315.

[17] La cadena de montañas que va de Fort William a Aberdeen.

luego. Bruce no se atrevía a ir al llano, pues todos los del vulgo le huían, y por salvar sus vidas deseaban pasar de nuevo a la paz inglesa. Así suele suceder siempre; nadie puede fiarse de la plebe salvo aquél que pueda ser su protector. Así se comportaron con Bruce entonces, pues él no podía protegerlos de sus enemigos, y ellos se volvieron hacia la otra mano. Mas el sometimiento que les hicieron sentir les hizo desear que Bruce triunfara.

AQUÍ EL REY ROBERTO CON LOS SUYOS VA HASTA ABERDEEN.

Así vivió Bruce entre los montes, hasta que la mayor parte de su mesnada estaba andrajosa y desvestida; no tenían calzado, más que el que se hacían con las pieles. Por lo tanto se fueron a Aberdeen, adonde acudieron Neil de Bruce y la reina, y otras damas buenas y hermosas, cada una por amor a su marido, que por fiel amor y lealtad, querían ser compañeras de sus males. Antes prefirieron sufrir con ellos las tribulaciones y las penas, que estar lejos de ellos. Pues el amor posee tal poder, que hace que todas las penas sean leves. Y muchas veces hace que los débiles cobren tal fuerza y tal entereza, que logran soportar muy grandes males y no rehuyen ninguna aventura que pueda suceder, siempre que puedan por medio de ella proteger sus vidas. Cuentan los hombres que, durante el sitio de Tebas, cuando hubieron sido muertos los hombres del rey Adrasto que asediaban la ciudad, las mujeres de su país fueron a llevárselo de nuevo a casa, al oír que todos sus hombres habían muerto. Y cuando el rey Capaneo, con la ayuda de Teseo, que a la sazón pasaba por allí, con una compañía de trescientos, atacó, a instancias del rey Adrasto, para tomar la ciudad que aún no había podido ser tomada, entonces esas mujeres comenzaron a derribar las murallas con picos, y así los asaltantes todos entraron y destruyeron la torre, y mataron a la gente sin piedad. Luego, cuando el duque se fue por su camino, y todos los hombres del rey Adrasto habían muerto, las mujeres lo llevaron a su tierra, donde no quedaba más hombre vivo que él[18].

En las mujeres hay muy buen consuelo, y gran solaz nos dan, de muchos modos. Así sucedió aquí, pues su llegada regocijó muy mucho al rey Roberto. Sin embargo, él se mantuvo de guardia todas las noches, y tomaba su descanso por el día. Permaneció en ese lugar bastante tiempo, y descansó muy bien a sus hombres, hasta que los ingleses oyeron decir que estaba allí con su mesnada, seguro y tranquilo. Entonces reunieron sus huestes aprisa, esperando atacarle por sorpresa. Mas él, que era sabio en sus acciones, supo que estaban dispuestos, y dónde, y supo que eran tantos que no podría luchar contra ellos. Ordenó que sus hombres se aprestaran deprisa, y se dispuso a salir de la ciudad; las señoras cabalgaban a su lado. Entonces regresaron a los montes, donde sufrían gran falta de alimentos. Pero el valiente Jacobo de Douglas siempre estaba ocupado afanándose en procu-

---

[18] Skeat cita la *Tebaida* de Estacio como fuente de este pasaje, pero McDiarmid señala que, aunque Barbour sin duda conocía esa obra, la fuente es un texto de *Le Roman de Thèbes*, cuyo final se corresponde con lo narrado aquí. En el manuscrito los nombres, que aparecen como Aristas, Campaneus y Menesteus, son errores de copista por los nombres del texto francés, Adrastus, Capaneus, Theseus.

rar alimentos para las damas; y lo conseguía de muchas maneras, pues a veces les traía venado, y otras con sus manos fabricaba redes para pescar lucios y salmones, así como truchas y también gobios; y a veces iban de pillaje y así obtenían lo que necesitaban. Cada hombre se esforzaba en conseguir y obtener para ellas qué comer. Mas de todos los que estaban allí, no había ninguno que fuera de mayor provecho para las damas que Jacobo de Douglas; y el rey a menudo se sintió consolado al ver su ingenio y su diligencia. De esta manera pasaron sus días hasta que llegaron a la fuente del río Tay[19].

[19] A unos 70 Kms. al norte-noroeste de Glasgow, en los montes de Breadalbane.

LIBRO III

AQUÍ EL SEÑOR DE LORNE ATACA AL REY A CAUSA DE LA MUERTE DE JUAN COMYN.

[DE CÓMO JUAN DE LORNE DERROTÓ AL REY ROBERTO]

El señor de Lorne[1] vivía cerca de allí, y era enemigo capital del rey porque éste había matado a su tío, Juan de Comyn; pensó vengarse de manera cruel. Cuando supo que el rey estaba cerca, reunió a sus hombres con presteza, y unió también a su compañía a los barones de Argyll. Eran al menos mil, o quizá más, y fueron a sorprender al rey, que estaba prevenido de su llegada. Mas tenía muy pocos hombres; sin embargo los esperó valientemente, y en el primer encuentro gran parte de la tropa cayó a tierra sin remedio alguno. Los hombres del rey se portaron bravamente, y mataron, derribaron e hirieron mucho, mas la gente del otro bando luchaba con las hachas tan cruelmente, pues iban todos a pie, que mataron a muchos de los caballos, y a otros les abrieron grandes brechas. Jacobo de Douglas fue herido en aquella ocasión, y también sir Gilberto de la Hay. El rey, que vio a sus hombres asustados, lanzó su grito de guerra y cargó contra los enemigos con tal fuerza que los hizo retroceder a todos, y a muchos los derribó. Mas cuando vio que eran tantos, y los vio propinando tan grandes golpes, temió perder a sus hombres, así que los reagrupó y les dijo:

–Señores, sería una locura para nosotros el seguir luchando, pues ellos han matado a muchos de nuestros caballos, y si tornáis a pelear con ellos perderemos a más gente de nuestra pequeña mesnada, y nosotros mismos estaremos en peligro. Así que me parece lo más conveniente que nos retiremos defendiéndonos hasta que estemos fuera de su alcance, pues nuestra fuerza se nos acaba pronto.

Entonces se retiraron todos, mas no fue eso cobardía, pues se mantuvieron juntos en formación cerrada, y el rey se dedicó en todo momento a defender la retaguardia, y por su valor consiguió rescatar a todos los que huían, y detuvo de tal modo a los perseguidores, que ninguno osó seguir más allá del campo de batalla, pues allí siempre aparecía él. Tan bien defendió a sus hombres, que quien lo hubiera visto entonces demostrar tan gran valor, y volver la cara tan a menudo, habría dicho que tenía que ser el rey de un gran reino.

Cuando el señor de Lorne vio que sus hombres le tenían tal pavor al de Bruce que no se atrevían a seguir la persecución, sintió gran ira en su corazón, y asombrado de que pudiera detenerlos, él sólo, sin ayuda, dijo:

---

[1] El verdadero señor de Lorne sería en aquel momento Alexander Macdougal de Argyll y Lorne, pero Barbour quiere referirse a su hijo John, ya que dice que Comyn era tío suyo. Los hombres de Lorne son de las Tierras Altas. La crónica de Fordun situa la batalla de Dalry (el episodio que se narra a continuación) entre Loch Tay y Tyndrum, y la fecha el 11 de agosto de 1306, más o menos cuando debió de comenzar el asedio al castillo de Kildrummy.

–Creo que el hijo de Marta hace como solía hacer Goll Mac Morna, que apartaba de Finn a su mesnada; del mismo modo él aparta a la suya de nosotros[2].

Puso así un ejemplo cicatero; sin embargo, podría haberlo comparado más adecuadamente a Gadifer de Laris; cuando el poderoso duque Betis atacó en Gadres a los saqueadores de Alejandro, y ese rey acudió a rescatarlos, el duque Betis se batió en retirada, y no quiso quedarse a luchar. Mas el buen Gadifer el valiente, se dedicó de forma tan osada a rescatar a todos los que huían y a frenar a los perseguidores, que incluso derribó a Alejandro, y también a Tolomeo, y al buen Corineo, así como a Danclins y a otros más, pero al final a él mismo lo mataron[3]. En esto falla la comparación, pues el rey Roberto caballerosamente defendió a toda su compañía, y corrió un grave peligro, y sin embargo salió sano y salvo.

[DE CÓMO EL REY MATÓ A LOS TRES HOMBRES QUE JURARON MATARLO.]

En esa tierra había dos hermanos, que eran los más arrojados que había en todo el país, y habían jurado que si veían a Bruce, dondequiera que se lo encontraran, o morirían ellos o lo matarían a él. Su apellido era Macindrosser, que es como si dijéramos los hijos de Durward, en verdad[4]. Entraba en su pacto un tercero, que era fuerte, insidioso y cruel. Cuando vieron al rey de buen renombre cabalgando detrás de su mesnada, y le vieron volverse tantas veces, esperaron hasta que hubo entrado en un paso estrecho, entre la orilla de un lago y la ladera[5], tan estrecho, según tengo entendido, que no podía dar vuelta a su caballo. Entonces todos a una fueron hasta él, y uno le agarró la brida, pero el rey le asestó tal golpe, que brazo y hombro salieron volando. Otro entonces lo agarró de la pierna, y metió la mano entre el estribo y su pie, y cuando el rey sintió allí la mano, se puso en pie con fuerza en los estribos, y picó en seguida espuelas al caballo, y se lanzó hacia adelante raudo, de modo que el otro perdió pie, pero seguía teniendo la mano bajo el estribo, a su pesar. El tercero al ver esto, con presteza subió a la ladera del monte, y saltó sobre el caballo del rey, detrás de él. En gran apuro se vio el rey entonces, mas pensó, como hombre que era sabio y precavido, hacer una proeza extraordinaria, y entonces agarró al que tenía detrás, a pesar suyo, y aunque se resistía lo levantó y lo puso delante de él, y luego con la espada le propinó tal golpe que le abrió la cabeza hasta los sesos. Se derrumbó todo rojo de san-

[2] La madre de Bruce, según Fordun (que era amigo de Barbour), se llamaba Martha, aunque en los documentos aparece como Marjorie, y era la heredera del ducado de Carrick, zona de habla gaélica. Parece lógico que Lorne aluda al linaje celta de Bruce por parte de madre. Goll Mac Morna y Finn Mac Cumhail son héroes tradicionales del Ulster. McDiarmid señala que en este pasaje, y después más adelante, Barbour tuvo a un informante de habla gaélica. En buena parte de su diócesis aún se hablaba esa lengua, y es posible que él la conociera un poco.

[3] La comparación corresponde a un pasaje de *Li Roman d'Alixandre*.

[4] Macindrosser (Makyne Drosser en el manuscrito): de nuevo se nota el informante de habla gaélica. En esa lengua, Mac na dorsair significa "hijo del guardián de la puerta", que es lo que significa Durward (door ward) en inglés. Los dos hermanos pertenecen a la noble familia de Durward cuyo jefe ostentaba el cargo hereditario de guardián de la puerta del rey.

[5] Loch Tay, en cuya orilla norte está el monte Ben Lawer.

gre, como el que siente la hora de la muerte. Y el rey entonces, a toda prisa, golpeó vigorosamente al otro, que a su estribo se había agarrado, y del primer golpe lo mató. De esta manera se libró el rey de aquellos tres crueles enemigos.

Cuando los de Lorne vieron al rey valerse por sí mismo de ese modo, y defenderse tan virilmente, no hubo ninguno entre ellos que se atreviera a atacarlo en la lucha; tanto miedo les daba su gran fuerza. Había allí un barón Macnaughtan cuyo corazón apreció mucho el valor del rey, y lo alabó muy calurosamente, y le dijo al señor de Lorne:

–Sin duda aquí podéis ver cómo ha sido cobrado el más duro tributo que jamás visteis cobrar en vuestra vida, pues ese caballero, por sus hechos valientes y su extremada hombría, ha derribado en poco tiempo a tres hombres de gran orgullo, y ha asombrado tanto a nuestra mesnada que nadie se atreve a darle caza; y tantas veces vuelve su caballo que parece no tenernos ningún miedo.

Entonces el señor de Lorne le dijo:

–Me parece que os place, en verdad, que mate de ese modo a nuestros hombres.

–Señor –dijo él–, así me guarde Dios, y con todo respeto, no es así; mas sea un hombre amigo o enemigo, de quien gana honor en la caballería deben hablar los hombres lealmente, y yo, sin duda, en todos mis días jamás oí, ni en canción ni en rima, contar de un hombre que tan raudo lograra obrar semejante hazaña.

De esta manera hablaron sobre el rey, que se fue en busca de sus hombres y los condujo sanos y salvos hasta donde no tenían que temer nada de sus enemigos. Los de Lorne de nuevo se marcharon, lamentando el daño que habían sufrido.

El rey situó esa noche a sus centinelas, y ordenó que se les diera de comer, y que los hombres se divirtiesen a su gusto. Pues la desazón, como él les dijo entonces, es lo peor que puede haber, pues de mucho estar desanimados, los hombres a menudo desesperan, y cuando un hombre pierde la esperanza, entonces ya del todo está vencido. Y cuando el corazón está desazonado, el cuerpo no vale un comino.

–Por lo tanto –les dijo–, sobre todo, no caigáis en la desesperación, y pensad que aunque ahora sufrimos males, aún puede Dios mandarnos gran alivio. Se cuenta de muchos hombres que estuvieron en peor trance que nosotros ahora, y luego Nuestro Señor les concedió tal gracia que lograron su empeño.

Roma en su día se vio en tan mal trance cuando Aníbal había vencido a su ejército, y envió a Cartago tres fanegas de anillos con piedras preciosas arrancados de los dedos de caballeros, y luego se dirigió hacia Roma, para destruir la ciudad entera. Y los que estaban dentro, señores y criados, hubieran huido al verle acercarse, de no haber sido por el rey Escipión, que amenazó con matarlos antes que dejarlos huir, y así los hizo regresar a todos. Luego, para defender la ciudad, hizo libres a siervos y esclavos, y a todos los hizo caballeros, y tomó entonces de los templos las armas que llevaron sus mayores, y que en nombre de la victoria estaban allí ofrecidas. Y cuando estuvieron armados y dispuestos, siendo hombres fuertes y valientes, y vieron que además eran libres, les pareció que antes querrían la muerte que ver tomada la ciudad. Y de común acuerdo, como un solo hombre, salieron de la ciudad para luchar, a donde Aníbal había desplegado su enorme fuerza contra ellos. Mas por la gracia del poder de Dios, llovió tan fuerte y tan copiosamente, que no hubo nadie tan valiente que osase quedarse en aquel sitio, sino que todos se apresuraron a huir, una parte hacia su campamento, y la otra de nuevo a la ciudad.

Así acabó la lluvia con la lucha, y lo hizo luego otras dos veces más. Cuando Aníbal vio esta maravilla, con toda su gran caballería dejó la ciudad y se fue por su camino, y más tarde fue tan duramente atacado por el poder de esa ciudad, que perdió su vida y su tierra[6]. Por el ejemplo de aquellos pocos que tan valientemente derrotaron a un rey tan poderoso, bien podéis ver que ningún hombre debe desesperar, ni dejar que su corazón sea vencido por ningún infortunio que suceda, pues nadie sabe en qué poco tiempo Dios le enviará por fin la gracia. Si los romanos hubieran huido, sus enemigos pronto habrían tomado la ciudad. Por lo tanto, los hombres que guerrean deben poner por siempre su empeño en enfrentarse al poder de su enemigo, a veces con la fuerza y otras con la astucia, y deben pensar siempre en llegar a su propósito; y si se vieran obligados a elegir entre morir o vivir cobardemente, antes deberían escoger morir como caballeros.

Así los confortó el rey, y para confortarlos recordó viejas historias de hombres que se encontraron con grandes dificultades, y a los que la fortuna contrarió en exceso, pero que al fin lograron su propósito. Así, les dijo que aquéllos que quisieran tener el corazón libre de desazones deberían siempre pensar en llevar toda su empresa a buen término, como antaño hizo César el valiente, que siempre se afanó tan arduamente en llevar a cabo, con todo su poderoso empeño, el propósito que deseaba, que a él le parecía que no había hecho nada mientras le quedase algo por hacer[7]. Por eso logró tan grandes cosas, como podemos ver en su historia. Pueden aprender los hombres del ejemplo de su constante voluntad, y es algo que comprende la razón, que quien toma en serio un propósito y luego lo persigue intensamente, sin desmayar y sin tentaciones, siempre que sea algo realizable, a no ser que tenga muy mala suerte, lo conseguirá en parte; y si llega a vivir lo suficiente, bien puede ser que lo consiga entero. Por lo tanto, ninguno debe desesperar de conseguir algo muy grande, pues si le sucede que no logra conseguirlo, la falta puede estar en su escaso esfuerzo.

A ellos les predicó de esta manera, y fingió estar de mejor ánimo del que tenía motivos para estar. Pues su causa iba de mal en peor; se encontraban siempre en tan duras condiciones, que las damas comenzaron a flaquear, pues no podían aguantar más el esfuerzo, y lo mismo les pasaba a otros que estaban allí. Juan, conde de Atholl, fue uno de ésos; cuando vio que el rey era por dos veces derrotado, y que tanta gente se alzaba contra él, y que vivían con tanto miedo y pasando tantas penas, su corazón empezó a perder todo ánimo. Y un día así le dijo al rey:

–Si puedo tener la osadía de decíroslo, vivimos con tan gran miedo, y a menudo pasamos tanta necesidad de alimento, y siempre pasamos tantas penas, con constantes vigilias, hambre y frío, que yo ya me encuentro tan cansado, que no estimo mi vida en un comino. Yo ya no puedo soportar estas penurias, y aun-

---

[6] Barbour toma esta historia, que simplifica, del *Chronicon de Gestis Romanorum de Martinus Polonus*.

[7] Lucano, *De Bello Civili*, II, 657: "Nil actum credens si quid superesset agendum".

que ello me acarree la muerte, tengo que descansar, sea donde sea. Así pues, dejadme ir, por caridad lo ruego.

El rey vio que su ánimo había cedido, y que había padecido en demasía. Le dijo:

—Señor conde, pronto lo veremos, y ordenaremos lo que sea mejor. Sea lo que sea, que Nuestro Señor os envíe gracia para defenderos de vuestros enemigos.

Con eso, llamó para que acudieran quienes eran más próximos a él. Entonces, entre ellos, les pareció mejor, y ordenaron como más conveniente, que la reina, y también el conde, con las señoras, fueran cuanto antes, con Neil Bruce, a Kildrummy[8]. Les pareció que allí podrían vivir a salvo, hasta que estuvieran bien avituallados, pues el castillo estaba tan bien fortificado que sería difícil tomarlo por la fuerza mientras hubiera en él hombres y alimentos. Tal como lo ordenaron, así se hizo; la reina y toda su compañía subieron a caballo y se marcharon. Quienes hubieran estado allí habrían visto, a la hora de la despedida, sollozar a las damas, bañando en lágrimas sus rostros; y a los caballeros, por amor a ellas, suspirar y llorar y lamentarse. Besaban a sus amadas al separarse. El rey entonces decidió una cosa: que de allí en adelante iría a pie, y a pie se enfrentaría con lo bueno y lo malo, y no tendría con él a hombres montados. Así entregó su caballo a las damas, que lo habían menester. La reina se marchó por su camino, y llegó a salvo hasta el castillo, donde su gente fue bien recibida, y agasajada con alimento y bebida. Mas ningún descanso podía hacer que dejara de pensar en el rey, que en tan difícil trance se encontraba, con sólo doscientos hombres a su lado; el rey, no obstante, no dejaba de darles ánimo. ¡Dios todopoderoso le ayude!

[LAS PENAS DEL REY ROBERTO ENTRE LOS MONTES.]

La reina así se quedó en Kildrummy, y el rey y su compañía, que no eran más de doscientos, desde que se deshicieron de los caballos, vagaron entre las altas montañas, donde él y los suyos a menudo sufrieron penalidades, pues ya se acercaba el invierno y tenían alrededor a tantos enemigos, que todo el país guerreaba contra ellos. Tan duras pruebas soportaron, con hambre y frío y lluvias torrenciales, que nadie vivo lograría contarlo. El rey vio el estado de su gente, y las penalidades que sufrían, y que el invierno ya se aproximaba[9], y que de ninguna manera podría soportar el frío en las montañas, ni aguantar en vela las largas noches. Pensó que debería ir a Kintyre, y hacer allí una estancia larga, hasta que pase el tiempo invernal, y luego sin más demora regresar a tierra firme, y seguir su destino hasta el final. Como Kintyre está en el mar[10], envió por delante a sir Neil

---

[8] El castillo de Kildrummy, a orillas del río Don en el centro de Aberdeenshire, era de Bruce.

[9] Señala McDiarmid que estas penalidades seguramente se exageraron en la tradición al confundirse con las durísimas circunstancias de 1307. El periodo histórico, agosto y septiembre de 1306, no hace suponer un clima tan adverso.

[10] Kintyre es una península que queda al oeste de la isla de Arran, en la costa sudoeste de Escocia. El objetivo de Bruce era el castillo de Dunaverty, que queda a unos 8 Kms. del promontorio conocido como Mull of Kintyre, en la punta sudoeste de la península.

Campbell, para que consiguiera naves y alimentos. Y acordó con él un cierto tiempo para que se encontraran junto al mar. Sir Neil Campbell, sin mayor demora, emprendió la marcha con su hueste, dejando a su hermano con el rey. Y tanto se afanó, que en doce días consiguió suficientes buenas naves, y vituallas en gran abundancia. Consiguió hacer tan buenas provisiones porque sus familiares que vivían en esa zona le ayudaron de buen grado.

[DE CÓMO EL REY ATRAVESÓ EL LAGO LOMOND]

Después de que él se hubo marchado, el rey se dirigió al lago Lomond[11], y allí llegó al tercer día. Mas no pudo encontrar barco alguno que pudiera pasarlo al otro lado. Entonces se afligieron grandemente, pues rodear el lago era muy largo, y además temían encontrarse a sus enemigos, que estaban muy extendidos. Se pusieron a buscar afanosamente a lo largo de la orilla del lago, hasta que Jacobo de Douglas por fin encontró una pequeña barca hundida, y la sacó a tierra a toda prisa. Mas era tan pequeña que apenas podía llevar a tres personas por el agua. Mandaron a decírselo al rey, que mucho se alegró de aquel hallazgo, y fue el primero en montarse en la barca. Con él se montó Douglas, y el tercero fue uno que, remando, pronto los dejó, secos, en el otro lado, y remó tantas veces de una parte a otra, pasando cada vez a dos personas, que en una noche y un día todos habían atravesado el lago; pues algunos de ellos sabían nadar muy bien, y llevaban un fardo a la espalda. Y de ese modo, a nado y a remo, pasaron todos y también sus cosas. El rey, mientras tanto, alegremente les contaba a aquéllos que estaban junto a él, romances del valiente Fierabrás, que bravamente fue derrotado por el muy valeroso Oliveros, y cómo los pares fueron asediados en la torre de Agramonte, por el rey Baligán, con más miles de hombres de los que puedo decir. Dentro tan sólo se encontraban once, y una mujer, y estaban en tal trance que no tenían alimento alguno, salvo lo que podían quitar al enemigo. Mas a pesar de ello se comportaron de tal modo que defendieron la torre virilmente hasta que Ricardo de Normandía, burlando a sus enemigos, logró avisar al rey Carlomagno, que mucho se alegró de sus noticias, pues pensaba que todos habían muerto. Entonces el rey se volvió aprisa, y ganó Mantrible y cruzó el río Flagot, y luego derrotó estrepitosamente a Baligán y a toda su flota, y libró a todos sus hombres, y conquistó los clavos y la lanza, y la corona que llevó Jesús; y un gran trozo de la cruz también ganó gracias a su valor[12].

---

[11] El lago que se encuentra cerca de Glasgow, al noroeste, y queda a unos 55 Kms. al suroeste de Loch Tay. Recuérdese que al final del libro II se dice que Bruce se dirigió a la fuente del Tay.

[12] La historia procede del romance francés *Fierabras*, de finales del siglo XII. Las grafías con que aparecen los nombres Fierabras y Balant (conocidos en español como Fierabrás y Baligán) en el manuscrito –Firumbras y Lawyne– sugieren, según McDiarmid, que Barbour conocía una versión inglesa como las que cita Skeat a propósito de este pasaje. El nombre del rey Carlomagno no aparece en el manuscrito, pero se ha preferido explicitarlo en la traducción. Los "pares" que estaban asediados son parte de los doce pares de Francia.

El buen rey Roberto, de esta manera, confortaba a quienes estaban junto a él, y les daba solaz y diversión, mientras terminaba de atravesar el resto de sus hombres.

Cuando hubieron cruzado el ancho lago, a pesar de los muchos enemigos que tenían, se regocijaron y alegraron mucho. Sin embargo, muy poco después tuvieron gran carencia de alimentos, y salieron a cazar venados en dos partidas. El propio rey iba en una de ellas, y sir Jacobo de Douglas iba en la otra. Entonces se dirigieron a los altos, y cazaron gran parte del día, y buscaron en las arboledas, y pusieron trampas, mas consiguieron poco que comer.

Sucedió entonces que por azar el conde de Lennox estaba en los montes cercanos, y cuando oyó sonar cuernos de caza, y gritos, se preguntó quiénes pudieran ser; comenzó a preguntar de tal manera que supo que era el rey Roberto. Y entonces, sin esperar más, con todos los de su compañía acudió raudo hasta el rey, tan feliz y contento que en modo alguno podría estarlo más. Pues él pensaba que el rey había muerto, y se encontraba tan desconcertado, que no osaba quedarse en sitio alguno. Desde que el rey fue derrotado en Methven, no había oído nunca ninguna cosa cierta sobre él. Así pues, con gran cortesía saludó al rey de modo respetuoso, y éste le dio la bienvenida muy alegre, y le preguntó de forma muy afectuosa, y todos los señores que allí estaban se regocijaron mucho del encuentro, y lo besaron con gran cortesía.

Causaba gran lástima ver cómo lloraban de alegría y dolor al encontrarse con su compañero, al que creían muerto; por ello lo acogieron aún más cordialmente. Y él lloró de nuevo de la pena, aunque nunca se alegró tanto de un encuentro.

Aunque, en verdad, yo digo que lloraron, eso no era propiamente llanto, pues entiendo que el llanto sólo le viene al hombre con el dolor, y que nadie puede llorar sin sufrimiento, salvo las mujeres, que pueden mojar sus mejillas con lágrimas cuando les place, aunque muchas veces nada haya que les cause daño. Mas yo sé bien, por cierto, digan lo que digan de ese llanto, que la mucha alegría o incluso la pena, pueden conmover tanto a los hombres que el agua sube desde el corazón, y les moja los ojos de tal modo, que es como el llanto, aunque no sea lo mismo en todo punto. Pues cuando los hombres lloran seriamente, el corazón está triste o airado; mas en cuanto a la pena, yo creo que el llanto no es más que una abertura del corazón que muestra la ternura de la compasión que en él se encierra.

De esta manera, los barones se vieron reunidos por la gracia de Dios. Tenía el conde carne en abundancia, y de muy buen talante se la dio, y la comieron de muy buena gana, y no buscaron para ella más salsa que el apetito que ataca a los hombres, pues tenían bien limpios los estómagos. Comieron y bebieron lo que había, y luego alabaron al Señor, agradeciéndole con gran contento el haberse encontrado de ese modo. El rey entonces les preguntó ansioso cómo les había ido desde que él los había visto, y ellos contaron muy tristemente las aventuras que les habían sucedido, y las grandes durezas y pobreza. El rey se compadeció al oírlo, y a su vez les contó apenado los contratiempos, los trabajos y las penas que había sufrido desde que se habían visto. No hubo ni uno entre ellos, de alta o baja condición, que no sintiera lástima y placer al oír rememorar los peligros que habían pasado. Cuando los hombres se encuentran a su gusto, les agrada oír hablar de las penas pasadas, y recordar su antiguo malestar a menudo les consuela y alivia, siempre que ello no suponga ninguna culpa, deshonor, maldad ni vergüenza.

Después de comer se levantó el rey, cuando hubo acabado sus preguntas, y se aprestó con toda su mesnada, y se dirigió a la mar[13], en donde sir Neil Campbell los recibió con barcos y con alimentos, velas, remos y otras cosas útiles para su pasaje. Entonces se embarcaron sin demora, algunos al timón y otros a los remos, y pasaron remando por la isla de Bute. Podían ver a muchos jóvenes bien parecidos mirando a lo largo de la costa cuando se alzaban al tirar de los remos; sus fuertes manos cuadradas, acostumbradas a empuñar enormes lanzas, agarraban los remos con tal fuerza que la piel se quedaba en la madera, y todos se afanaban, caballeros y peones; ninguno se podía distraer de gobernar ni de remar para hacer avanzar más a las naves.

Mas al mismo tiempo que ellos estaban embarcados, como me habéis oído decir, el conde de Lennox, y no puedo explicaros por qué razón, fue dejado atrás con su galera hasta que el rey se hubo marchado. Cuando algunos hombres de su tierra supieron que se había quedado atrás, salieron en su busca en barcos por el mar, y él, que vio que no tenía fuerza para luchar contra esos traidores, y que no había auxilio más cercano que la flota del rey, se apresuró a ir detrás de ella[14]. Mas los traidores lo persiguieron de tal modo que casi llegaron a alcanzarlo, por más empeño que pusiera en escapar. Cada vez se le acercaban más, y cuando vio que estaban ya tan cerca que podía escuchar sus amenazas, y vio que se seguían acercando, entonces le dijo a su mesnada:

–A no ser que empleemos alguna treta, pronto nos darán caza. Por lo tanto aconsejo que, salvo nuestras armas, arrojemos todas nuestras cosas a la mar, y cuando el barco esté aligerado, remaremos tan deprisa que lograremos escapar de ellos; además, se detendrán en la mar para coger nuestras cosas, y nosotros remaremos sin descanso hasta que hayamos escapado lejos.

Tal como lo pensó, así lo hicieron; pronto aligeraron el barco y luego remaron con todas sus fuerzas. Y así aligerado, el barco se deslizaba sobre el agua. Cuando sus enemigos los vieron alejarse cada vez más de ellos, se pararon a recoger las cosas que flotaban, y luego se volvieron atrás. Y así salieron de peligro.

Cuando de este modo hubieron escapado el conde y su mesnada, él se apresuró a ir tras el rey, que ya había llegado a Kintyre con toda su compañía. El conde le contó toda su historia de cómo había sido perseguido por el mar por aquellos que deberían ser los suyos, y cómo sin duda lo habrían apresado si no hubiera sido por que hizo arrojar por la borda todo lo que tenían, para aligerarse, y así consiguió escapar de ellos.

---

[13] Se trata de la ría del Clyde.

[14] El duque de Lennox está en sus dominios. La historia de que fuera perseguido por gentes de sus tierras es una de muchas aventuras de ese estilo conocidas por Barbour. McDiarmid sugiere que por prudencia política el autor no menciona el nombre del perseguidor, Sir John Stewart de Menteith (nieto de un senescal de Escocia), que tenía órdenes de perseguir a Bruce por mar. No obstante, este mismo estaría del lado de Bruce en Bannockburn.

—Señor conde —dijo el rey—, en verdad que puesto que habéis escapado no hay que lamentarse por lo perdido. Mas te voy a decir bien una cosa: que te han de ocurrir muy grandes males si con frecuencia te alejas de mi compañía. Pues a menudo, si estáis alejados, os veréis atacados duramente. Por lo tanto me parece que lo más conveniente para tí es mantenerte siempre a mi lado.

—Señor —repuso el conde—, así se hará. En modo alguno me alejaré de vos, hasta que Dios nos conceda la gracia de tener fuerza suficiente para mantener nuestra posición frente a nuestros enemigos.

Angus era entonces señor de Islay, y jefe y señor de todo Kintyre[15]. Recibió al rey de muy buen modo, y se puso bajo sus órdenes; él y los suyos se dedicaron a su servicio de muchas maneras. Para mayor seguridad le cedió su castillo de Dunaverty, para que en él viviera a su antojo. El rey se lo agradeció muy grandemente, y aceptó su servicio. No obstante, siempre temía que hubiera traición, y por lo tanto, según he oído decir, no confiaba plenamente en nadie hasta que no lo conocía del todo. Mas fuera el que fuera el temor que albergara, el rey les puso buena cara, y se alojó en Dunavertin tres días, pero no más. Luego mandó prepararse a su mesnada, para viajar por mar hasta Rathlin, que es una isla que se halla en el mar entre Kintyre e Irlanda[16], en donde siempre hay grandes corrientes, tan peligrosas de atravesar en barco, o más, que la corriente de Bretaña o el estrecho de Marruecos en España. Botaron los barcos y prepararon sin mayor demora anclas y jarcias, velas y remos, y todo lo necesario para navegar. Cuando estuvieron dispuestos se hicieron a la mar; el viento les era favorable. Izaron las velas y emprendieron viaje; pronto pasaron por el promontorio de Kintyre, y entraron en la corriente, en donde la marejada era tan fuerte que enormes olas que rompían con fuerza se alzaban como montes por doquiera. Los barcos se deslizaban sobre las olas, pues tenían el viento favorable; mas, no obstante, quien hubiera estado allí habría visto un incesante movimiento de barcos, pues, a veces, unos estaban en lo alto de las olas, como en un monte, mientras otros se deslizaban de arriba hacia abajo como si fueran a dirigirse hacia el infierno, y después, de repente, subían sobre las olas, mientras otros barcos que estaban cerca se precipitaban hacia lo profundo. Muy gran habilidad hacía falta para no perder el aparejo entre tantos barcos y con tales olas, pues a menudo las olas impedían ver la tierra, cuando estaban muy cerca de ella, y cuando los barcos navegaban muy cerca unos de otros, el mar se alzaba de tal modo que la creciente altura de las olas les impedía verse. Mas no obstante llegaron todos y cada uno a salvo a Rathlin, muy contentos y alegres de haber escapado de aquellas temibles olas.

---

[15] El castillo de Dunaverty había estado en poder de Malcolm Mac Coyllan, cuyas tierras le fueron confiscadas, pero es posible que Angus MacDonald de Islay, aliado de Bruce de entonces en adelante, lo ocupase. Bruce parece haber llegado antes del 9 de septiembre de 1306 y haberse ido sobre esa fecha. El castillo se rindió al duque de Lancaster ese mismo mes.

[16] La isla de Rathlin, que queda a unos 25 Kms. directamente al oeste del promontorio de Kintyre, y está frente a la costa del Ulster, pertenecía al ducado del suegro de Bruce, aunque nominalmente estaba asignada por el rey Eduardo de Inglaterra a Hugh Bissett.

Llegaron a Rathlin, y sin más desembarcaron, armados de la mejor manera. Cuando las gentes que allí vivían vieron llegar a hombres de armas en tales cantidades a su tierra, aprisa huyeron con todo su ganado a un castillo bien fortificado que había cerca de allí. Se podía oír gritar con fuerza a las mujeres, y huir con el ganado aquí y allá. Mas los hombres del rey, que eran ligeros de pies, los alcanzaron y los detuvieron velozmente, y los trajeron ante el rey, de modo que nadie resultó muerto. Con ellos acordó el rey, que ellos, para cumplir con su voluntad, se convirtieran todos en sus hombres. Y ellos se comprometieron a que ellos y los suyos, en todas las circunstancias, estarían siempre a su disposición, y a que, mientras él quisiera quedarse allí, todos los días le enviarían vituallas para trescientos hombres, y le reconocerían como señor, pero que sus posesiones serían respetadas por sus mesnadas. De este modo se hizo el acuerdo, y por la mañana, sin mayor espera, todos los hombres y muchachos de Rathlin se arrodillaron y rindieron homenaje al rey, y así le juraron fidelidad, para servirle siempre lealmente; y cumplieron bien lo convenido, pues mientras él estuvo en esa tierra, encontraron alimento para su compañía, y le prestaron servicio muy humildemente.

LIBRO IV

[DE CÓMO LA REINA Y SUS DAMAS FUERON CAPTURADAS Y APRISIONADAS, Y SUS HOMBRES MUERTOS]

Dejemos ahora al rey en la isla de Rathlin, descansando y sin luchar, y hablemos un rato de sus enemigos, que por su fuerza y su poderío hicieron una persecución tan dura, tan estrecha y tan cruel contra aquéllos que lo querían bien, o que eran familiares o amigos suyos, que causa una gran lástima oírlo. No perdonaron a nadie, de ninguna condición, que creyeran que era amigo suyo, ni de la Iglesia ni del siglo, pues a Roberto, obispo de Glasgow, y a Marcos, obispo de Man, los encerraron cruelmente, en prisión y con grilletes[1]. Y el valiente Cristóbal de Seton fue traicionado en el castillo de Loch Doon por un discípulo de Judas, Macnab, un falso y traidor que siempre había estado con él día y noche, y al que había hecho buena compañía[2]. Fue mucho peor que una traición entregar a semejante hombre, tan noble y tan renombrado, mas no se apiadó nada de él. ¡Así esté condenado en el infierno! Pues cuando lo hubo traicionado, los ingleses se lo llevaron raudos a Inglaterra ante el rey, quien lo mandó arrastrar, ahorcar y decapitar, sin piedad alguna, ni clemencia[3]. Sin duda fue un gran dolor que un hombre tan valiente como él fuera ahorcado de tan vil manera. De ese modo terminó su valentía. También sir Reinaldo Crawford y sir Bryce Blair fueron ahorcados en un granero en Ayr[4].

La reina y también la princesa Margarita, su hija –que más tarde se unió dignamente en santo matrimonio con Gualterio Stewart, el Senescal de Escocia–[5]

[1] Está documentado que ambos fueron apresados por Eduardo I, en más de una ocasión. Una epístola del papa Bonifacio al rey Eduardo I en 1300 menciona a ambos como prisioneros, y ésa parece ser la fuente de Barbour aquí. Robert Wishart, obispo de Glasgow, volvió a caer prisionero en 1306 y no regresó de Inglaterra hasta que se negoció su libertad tras la victoria escocesa en Bannockburn en 1314.

[2] Sir Christopher Seton (véase nota 11 al libro II) fue sitiado en el castillo de Loch Doon, de Bruce, y capturado allí el 26 de agosto de 1306; en septiembre lo ejecutaron en Dumfries. Macnab no ha sido identificado. Mc Diarmid aventura que pudo ser el yerno de sir Gilbert de Carrick, y señala que el informante de Barbour aquí debió de ser el posterior guardián del castillo, John Thomasson.

[3] En el texto original, *draw and hede and hing* (arrastrar, decapitar y ahorcar). Evidentemente el orden está alterado para dejar "hing" al final del verso y que rime con "king" en el anterior. En algunos casos es difícil saber exactamente qué se quiere indicar con el verbo *draw*. A veces significa arrancar los intestinos, y otras veces arrastrar con caballos. McKenzie dice que con Eduardo I se generalizó el castigo de arrastrar al reo con un caballo, luego ahorcarlo y, sin dejarlo morir, decapitarlo, y ése parece ser el caso aquí. Sin embargo, tanto el glosario de Skeat como el de McDiarmid y Stevenson dan sólo la acepción de destripar, y en la mencionada nota de McKenzie se cuenta cómo a Fraser le sacaron las entrañas. Véase también la nota 14.

[4] Sir Reginald Crawford, regidor de Ayr, fue apresado junto con sir Bryce de Blair. Quien los capturó fue sir Dougal Mac Dowel, que recibió las tierras de Bruce de Blair en recompensa. Es curioso que Barbour no menciona aquí que dos hermanos de Bruce, Thomas y Alexander, fueron capturados en esa misma incursión contra los ingleses en Galloway, en febrero de 1307, y ejecutados también el 17 de ese mes.

[5] *Walter, the Stewart* (el Senescal). El nombre del cargo palaciego –Stewart– pasó a ser apellido, escrito después Stuart, y ése fue el origen del nombre de esa casa real –Estuardo–, al casarse Marjorie, hija del rey Roberto de Bruce, con este Walter, y tener un hijo, Roberto II Stewart. Véase la Introducción.

quienes no querían de ningún modo quedarse en el castillo de Kildrummy y aguantar un asedio, se marcharon a caballo, con caballeros y escuderos, a través de Ross hasta el santuario de Tayn. Mas ese esfuerzo lo hicieron en vano, pues los hombres de Ross, que no querían tener ninguna culpa ni correr peligro, los sacaron del santuario, y luego los enviaron, a todos, directamente a Inglaterra, al rey, que mandó sacar las entrañas y ahorcar a todos los hombres, y puso a las damas en prisión, unas en castillo y otras en mazmorra[6]. Era una gran lástima oír que de este modo tratasen a la gente.

DE CÓMO EL PRINCIPE DE INGLATERRA ASEDIÓ KILDRUMMY.

Estaba entonces en Kildrummy, con hombres que eran fuertes y valientes, sir Neil de Bruce, y creo que también el conde de Atholl estaba allí. Ellos avituallaron bien el castillo, y procuraron alimento y combustible, y reforzaron el castillo de tal modo que les parecía que ninguna fuerza lograría tomarlo. Y cuando al rey de Inglaterra le llegaron noticias de cómo se habían preparado para defender ese castillo, se enfureció mucho, e hizo llamar aprisa a su hijo, el mayor y heredero declarado, un joven aspirante a caballero, fuerte y hermoso, sir Eduardo llamado de Caernarvon, que era el hombre más fuerte que se pudiera encontrar en país alguno. Éste era entonces Príncipe de Gales[7]. Mandó también llamar a dos condes, de Gloucester y Hereford, y les ordenó dirigirse a Escocia y poner bajo asedio con mano dura el castillo de Kildrummy; y que a quienes lo defendían los destruyeran sin rescate, o los llevaran presos hasta él.

[AQUÍ EL REY INGLÉS REÚNE A LOS SUYOS EN ESCOCIA]

Cuando hubieron recibido la orden, inmediatamente reunieron un ejército, y fueron veloces hacia el castillo, y lo asediaron duramente, y muchas veces atacaron con gran fuerza. Mas no consiguieron tomarlo, pues los que estaban dentro eran valientes y se defendían bravamente, y una y otra vez rechazaban a sus enemigos, golpeando a unos, hiriendo a otros y matando a otros. Y en muchas ocasiones hacían salidas y presentaban batalla junto a los muros, y a menudo herían y mataban a sus enemigos. En resumen, se comportaron de tal modo, que los de fuera se desesperaron, y pensaron regresar a Inglaterra, pues vieron que el castillo era tan fuerte, y además tenía tan buena guarnición, y vieron a los hombres defenderse tan bien, que no les quedó esperanza de tomarlo. Nada hubieran logrado en esa campaña, de no haber sido por la vil traición, pues había con ellos un traidor.

---

[6] El duque de Ross entregó a la reina (Elizabeth, la segunda esposa de Bruce) y a su hija Marjorie (hija de su primera esposa, Isabella) junto con los demás a Eduardo I.

[7] El que sería Eduardo II. Desde que Eduardo I sometió el país de Gales, el heredero de la corona de Inglaterra recibió el título de Príncipe de Gales, que aún hoy lleva el heredero de la corona británica.

Un bellaco desleal, un engañador llamado Hosbarne, hizo la traición[8]. No sé por qué motivo, ni con quién hizo ese acuerdo, mas según dijeron los que estaban dentro, cogió una reja de arado al rojo que estaba metida en el fuego y fue con ella a la gran bodega, que a la sazón estaba llena de grano, y la puso en lo alto de una pila. Mas no quedó escondida mucho tiempo. Dicen los hombres que el fuego y el orgullo no pueden esconderse sin ser vistos, pues la pompa delata al orgullo, y, si no, lo delata la jactancia, y nadie puede esconder el fuego sin que el humo o la llama lo delaten.

Así sucedió aquí, pues el fuego pronto comenzó a aparecer claramente, primero como una estrella, después como una luna, y muy poco después mucho más grande. Luego el fuego estalló en grandes llamas, y el humo se elevó muy espeso. Por todo el castillo cundió el fuego, y ninguna fuerza de hombres podía detenerlo. Entonces se retiraron a la muralla, que en aquel tiempo estaba parapetada por dentro igual que por fuera. Ese parapeto sin duda les salvó la vida, pues detuvo las llamas que, si no, les hubieran alcanzado. Cuando sus enemigos vieron la desgracia, se lanzaron todos a las armas y atacaron el castillo reciamente por donde se atrevían a entrar a pesar del fuego. Mas los que estaban dentro, que habían menester, plantaron una defensa tan grande y tan valiente, que más de una vez rechazaron a sus enemigos, pues no evitaban peligro alguno, ya que luchaban por salvar sus vidas. Pero el destino, que lleva hasta su fin a todas las cosas del mundo, los probó tanto que se vieron atacados por dos partes: desde dentro, por el fuego que los quemaba, y desde fuera, por los hombres que los cercaban, que quemaron la puerta a pesar de ellos. Pero como el fuego daba tanto calor, no se atrevieron a entrar tan pronto, y reagruparon a sus hombres y se fueron a descansar, pues era de noche, hasta que llegara la luz del día.

Frente a esta desventura que oís contar se encontraron los que estaban dentro, que sin embargo siempre se defendieron con coraje, y se comportaron de forma tan viril que antes del alba, con grandes esfuerzos, habían vuelto a tapiar esa puerta. Mas por la mañana, cuando ya había luz y el sol había salido radiante, los de fuera, en completo orden de batalla, llegaron dispuestos a atacar; pero los de dentro, puestos en esa situación, en la que ya no tenían alimentos ni combustible con los que poder defender el castillo, parlamentaron primero, y luego se rindieron para someterse a la voluntad del rey; mas ésta siempre fue muy mala para con los escoceses, como pronto se pudo averiguar, pues a todos les sacaron las entrañas y los ahorcaron. Cuando hubieron llegado a este acuerdo, y lo hubieron ratificado con seguridades, los sacaron pronto del castillo, y en poco tiempo desmocharon la cuarta parte de la torre, que cayó toda a tierra[9]. Luego emprendieron camino hacia Inglaterra. Mas cuando el rey Eduardo oyó contar cómo Neil de Bruce había defendido de forma tan valiente el castillo de Kildrummy contra su hijo, reunió una gran caballería y se dirigió raudo hacia Escocia. Pero cuando estaba adentrándose en Northumberland con su gran mesnada, le entró una enferme-

---

[8] No se ha podido identificar a este Hosbarne.

[9] El manuscrito pone *Snawdoun* (Snowdon), pero el castillo de Kildrummy nunca ha sido conocido por ese nombre, por el que sí fue conocido el castillo de Stirling. McDiarmid piensa que aquí Barbour se refiere a la torre principal, que podría haber llevado ese nombre.

dad por el camino, y lo puso en tan mal trance que no podía andar ni cabalgar[10].
Muy a su pesar, tuvo que quedarse en una aldea próxima, un pueblecito pequeño
e insignificante. Con gran esfuerzo lo llevaron hasta allí. Tan mal estaba que no
podía respirar, si no era con gran dificultad, ni hablar, si no era en voz muy baja.
Sin embargo, pidió que le dijeran cuál era el pueblo en el que se encontraba.

—Señor –le respondieron–, a este pueblo lo llaman Burgo de las Arenas[11].

—¿También lo llaman burgo? –dijo el rey–. Termina aquí entonces mi esperanza, pues no pensaba yo que sufriría los dolores de la muerte hasta que hubiera tomado con una gran fuerza el burgo de Jerusalén. Allí creí que acabaría mi
vida. Sabía bien que moriría en un burgo, mas no fui lo bastante sabio ni astuto
para pensar que fuera en algún otro. Ahora ya no puedo ir más lejos.

Así se lamentó de su necedad, y sin duda tenía motivo para ello, por haber
pretendido tener la certeza de aquello de lo que nadie puede estar seguro. Sin
embargo, se decía que él tenía encerrado un espíritu que le contestaba a aquello
que él quisiera preguntarle. Mas sin duda sería bien necio quien diese crédito a
semejante ser; pues los demonios son de tal naturaleza que les tienen envidia a los
humanos, ya que ellos saben bien y con certeza que los que viven rectamente en
esta tierra han de ganar el sitio desde donde ellos cayeron por su mucho orgullo.
Y por lo tanto a menudo ocurre que cuando se obliga a los demonios, por medio
de conjuros, a aparecer y a dar contestaciones, como ellos son tan falsos y crueles, contestan de tal modo que se puede entender de dos formas lo que dicen, para
engañar a quienes crean en ellos. Voy a poner ahora aquí un ejemplo de una guerra que oí que había ocurrido entre el país de Francia y los flamencos. La madre
del conde Ferrante era una nigromante, y conjuró a Satanás para preguntarle qué
sucedería en las luchas entre el rey de Francia y su hijo. Y él, como siempre suele,
le contestó de forma engañosa, y le dijo estos tres versos que siguen:

[VERSUS BELLI DE BOSBEK]

"Rex ruet in bello tumilique carebit honore
Ferrandus comitissa tuus mea cara Minerua
Parisius veniet magna comitante caterua."

Lo que en lengua inglesa quiere decir: "El rey caerá en la lucha, y quedará sin
el honor del entierro; y tu Ferrante, mi querida Minerva, regresará a París sin
duda alguna, seguido de una gran compañía de hombres nobles y valientes"[12].

[10] Aquí se introduce anticipadamente el relato de la muerte de Eduardo I –que sucedió el 7 de
julio de 1307–, no por error cronológico sino, según McDiarmid, porque la narración de la cruel política de ejecuciones durante el último año de su vida lleva al arcediano Barbour a especular sobre el
estado de gracia del rey en el momento de su muerte.

[11] El nombre es Burch (Burgh) in the Sand. Se ha traducido para que se comprenda la confusión
del rey.

[12] La historia la toma Barbour de la crónica en prosa latina de Guillaume le Breton, quien estuvo presente en la batalla de Bouvines en la que Felipe Augusto derrotó a una coalición formada por el

Este es el sentido del dicho que le contestó en latín. Él la llamó su querida Minerva porque Minerva, mientras vivió, siempre estuvo dispuesta a servirle a su antojo, y como ésta le hacía el mismo servicio, la llamó su Minerva, y también, por astucia, la llamó querida, para engañarla, de manera que ella atribuyera pronto a sus palabras el significado que más le conviniera a su entendimiento[13]. Estas dobles palabras la engañaron de tal manera que por culpa de ella muchos encontraron la muerte, pues ella, contenta de la respuesta, se la contó en seguida a su hijo, y le animó a que fuera a la batalla, pues sin duda tendría la victoria. Y él atendió a sus sermones y se apresuró a acudir a la lucha, en donde fue derrotado y humillado, y hecho prisionero y enviado a París. No obstante, en la batalla, su caballería derribó al rey, que cayó a tierra; pero sus hombres acudieron raudos en su ayuda. Cuando la madre de Ferrante oyó lo que le había sucedido a su hijo en la batalla, y de qué modo había sido derrotado, en seguida invocó al mal espíritu, y le preguntó por qué había mentido en la respuesta que le había dado. Él contestó que había dicho la verdad en todo.

–Te dije que el rey caería en la batalla, y así fue, mas no fue enterrado, como se puede ver. Y te dije que tu hijo iría a París, y eso es lo que hizo, siguiendo a una mesnada como en su vida había tenido ocasión de dirigir. Ahora confiesa que yo no he mentido.

La mujer en verdad se vio confundida, y no se atrevió a decirle más. Así, por medio del doble sentido, llegó aquella lucha a tal fin, pues una parte resultó engañada. De la misma manera ocurrió en este caso. El rey Eduardo pensaba ser enterrado en el burgo de Jerusalén, y sin embargo, murió en el Burgo de las Arenas, en su propia tierra. Y cuando estaba próximo a la muerte, los hombres que estaban en Kildrummy llegaron con los presos que habían hecho. Se dirigieron a ver al rey, y para consolarle le contaron cómo el castillo se les había rendido, y que le habían traído a los prisioneros para que hiciera con ellos lo que le pareciera, y le preguntaron qué habían de hacer con ellos. Entonces los miró de modo fiero y dijo sonriendo:

–¡Ahorcádlos y sacádles las entrañas![14]

Era asombroso ver cómo él, que estaba a las puertas de la muerte, contestaba de aquella forma, sin clemencia ni piedad. ¿Cómo podía esperar que aquél que

emperador Oto, el conde Ferrante de Flandes y algunos barones ingleses en 1214. Es curioso notar cómo, antes de traducir del latín, Barbour llama a lo que él escribe inglés (*Inglis*). El nombre de escocés (*Scottis, Scots*) para designar a la evolución del anglosajón en Escocia no se usó hasta finales del siglo XV.

[13] El espíritu, que es el diablo, la llama con el nombre de la diosa que le había servido. Los dioses paganos a menudo eran representados como ángeles caídos.

[14] *Hingis and drawis*. Véase la nota 3. La *Enciclopedia Británica*, bajo "drawing and quartering" (destripar y descuartizar) indica que hasta 1870 en el Reino Unido esa práctica fue parte de la pena capital por traición. El castigo completo consistía en arrastrar al condenado al lugar de la ejecución, colgarlo del cuello sin dejarlo morir, y sacarle los intestinos mientras aún vivía; éstos se quemaban ante sus ojos. Luego se le decapitaba, y el cuerpo se dividía en cuatro. El castigo se aplicó por primera vez en 1283, bajo Eduardo I, a David, príncipe galés, y en 1305 al patriota escocés sir William Wallace. Aquí se aplica, al menos en parte, a Neil Bruce y a los otros que habían caído prisioneros en Kildrummy.

verdaderamente juzga todo se apiadase de él, que por su gran crueldad ni en tal extremo mostraba clemencia?

Sus hombres cumplieron su mandato, y él murió poco después, y luego lo enterraron. Pronto su hijo fue proclamado rey.

[DE CÓMO JACOBO DE DOUGLAS PASÓ HASTA ARRAN]

Volvamos otra vez al rey Roberto, que se quedó en Rathlin, con su mesnada, hasta que casi hubo pasado el invierno, y tomó su alimento de esa isla. Jacobo de Douglas estaba enojado porque siguieran allí ociosos, y le dijo a sir Roberto de Boyd:

–Nosotros que estamos ociosos aquí somos una gran carga para la pobre gente de esta tierra, y yo he oído decir que en Arran, en un fuerte castillo de piedra, viven ingleses que con mano dura se han enseñoreado de esa isla. Vayamos allí, y bien pudiera suceder que lográsemos hostigarlos algo.

Sir Roberto repuso:

–Estoy de acuerdo; quedarnos más aquí no sería justo. Así pues, pasemos hasta Arran, pues yo conozco muy bien esa tierra, y también el castillo. Llegaremos hasta allí calladamente, de modo que no se percaten ni sepan nada de nuestra llegada, y nos emboscaremos allí cerca, donde podamos ver su salida. De este modo no será posible que dejemos de hacerles algún daño.

Con eso se aprestaron sin demora, y se despidieron de su rey, y se marcharon. Pronto llegaron a Kintyre, y luego siguieron remando, siempre pegados a la costa, hasta que llegó la noche, y entonces pusieron rumbo a Arran, y allí llegaron sanos y salvos, y metieron su galera en una ría, y la cubrieron bien para ocultarla. Sus aparejos, remos y timón los escondieron del mismo modo, y siguieron marchando por la noche, de manera que antes de que llegara la luz del alba estaban emboscados cerca del castillo, armados de la mejor manera. Y aunque estaban mojados y cansados, y muy hambrientos tras un largo ayuno, quisieron mantenerse escondidos hasta ver claramente su oportunidad.

Sir Juan de Hastings, en aquel tiempo, con caballeros de muy gran orgullo, y escuderos y hombres de a pie, que formaban una gran compañía, estaba en el castillo de Brodick[15], y a menudo, cuando le placía, salía a cazar con sus gentes, y de tal modo tenía sometida a esa tierra, que nadie osaba desobedecerle. Aún estaba dentro del castillo cuando Jacobo de Douglas, como ya he dicho, se emboscó. Esa vez sucedió por azar que el día anterior, al caer la tarde, el alférez inglés, trayendo vituallas y provisiones, ropas y armas, en tres barcas, había llegado a un lugar muy próximo a donde estaban emboscados estos hombres de los que antes hablé. Entonces vieron a más de treinta ingleses pasar desde los barcos, cargados con

---

[15] Es muy posible que sir John de Hastings, de Abergavenny, hubiera instalado en el castillo de Brodick, en la isla de Arran, su cuartel general, pues recientemente había recibido el ducado confiscado de Menteith y las Islas, que incluía Arran. El 28 de enero de 1307 está documentado un pago a él por haber suministrado barcos para impedir la huida de Bruce.

cosas muy diversas. Unos llevaban armas y otros vino, y los demás iban cargados todos con variedad de cosas, y otros más que había, como eran superiores, pasaban de vacío. Los que estaban emboscados, al ver eso, sin ningún miedo ni temor alguno, salieron de la emboscada y cayeron sobre ellos, y mataron a cuantos pudieron alcanzar. Los alaridos se alzaron fuertes y espantosos, pues los que tenían miedo de morir comenzaron a bramar y gritar como bestias. Los mataron sin clemencia alguna, de manera que en aquel mismo lugar casi cuarenta quedaron muertos.

Cuando los que estaban en el castillo oyeron a los suyos gritar y bramar de aquella forma, salieron a luchar: mas Douglas, al verlos acercarse, reagrupó a sus hombres en torno a él, y salió a su encuentro. Y cuando los del castillo lo vieron venir hacia ellos sin miedo, huyeron sin presentar combate, y los de Douglas los siguieron hasta la puerta, y mataron a algunos cuando entraban. Pero ellos atrancaron bien la puerta para que no pudieran atacarlos más. Así que los dejaron allí y regresaron hacia el mar, donde antes habían matado a los otros. Y cuando los que estaban en los barcos los vieron llegar, y supieron de qué modo habían destrozado a su mesnada, aprisa se hicieron a la mar, remando reciamente con todas sus fuerzas, pero tenían el viento en contra, y éste hacía alzarse las olas a tanta altura, que no podían nada contra ellas. Mas no se atrevían a volver a tierra, y estuvieron tanto tiempo allí cabeceando, que de aquellos tres barcos, dos se hundieron. Y cuando Douglas vio que era así, tomó armas y ropas, vituallas, vino y otras cosas que allí encontraron, y se dirigieron de nuevo tierra adentro, muy alegres y contentos con su botín.

Llegada del rey Roberto de Bruce a Arran

Cuando Jacobo de Douglas y su mesnada, por la gracia de Dios, se hubieron provisto de armamento, y de vituallas y ropa, se dirigieron a un lugar protegido, y allí se comportaron muy esforzadamente hasta el décimo día, en el que el rey, con todos los que estaban a su mando, llegó a aquella tierra, con treinta y tres galeras pequeñas.

El rey llegó a Arran y se dirigió a tierra. Se albergó en un pueblo, y entonces preguntó con mucho afán si alguien le sabría decir algo sobre forasteros llegados a esa tierra.

–Sí –dijo una mujer–, señor, en verdad yo os puedo hablar de forasteros que han llegado a esta isla. No hace mucho que, gracias a su valor, derrotaron a nuestro gobernador y mataron a muchos de sus hombres. En un lugar bien protegido cerca de aquí se aloja toda su compañía.

–Señora –dijo el rey–, si me quieres guiar hasta el lugar en el que están, yo te recompensaré sin falta, pues todos son de mi casa, y mucho me alegraría verlos, y creo que a ellos verme a mí.

–Sí –repuso ella–, señor, yo muy gustosa iré con vos y vuestra compañía hasta mostraros dónde se han asentado.

–Es suficiente, mi hermosa hermana; vayamos pues –le contestó el rey.

Emprendieron la marcha sin más demora, siguiéndola a ella, que indicaba el camino, hasta que al fin le mostró al rey un lugar en un valle boscoso, y le dijo:

–Señor, aquí vi yo acampar a los hombres por los que preguntáis. Pienso que seguirán viviendo aquí.

El rey entonces hizo sonar su cuerno, y mandó a los hombres que estaban junto a él que se estuvieran quietos y callados, y luego volvió a soplar el cuerno. Jacobo de Douglas le oyó soplar, y en seguida reconoció el sonido, y dijo:

–Por cierto que es ése nuestro rey; hace mucho que conozco su llamada.

Volvió a soplar una tercera vez, y entonces sir Roberto de Boyd lo conoció, y dijo:

–No hay duda de que ése es nuestro rey, vayamos a su encuentro a toda prisa.

Entonces raudos fueron a su encuentro, y ante él se inclinaron cortésmente, y el rey los recibió regocijado, y mucho se alegró de aquel encuentro, y luego los besó y les preguntó cómo había ido su expedición. Ellos se lo contaron todo sin falta, y luego alabaron a Dios por haberse encontrado, y marcharon con el rey a su campamento alegres y contentos.

[De cómo el rey envió a un hombre a espiar en Carrick quiénes le eran favorables.]

Al otro día el rey les dijo a sus hombres más próximos[16]:

–Todos sabéis, y bien lo podéis ver, cómo nos vemos desterrados de nuestro propio país por el poder de los ingleses, y cómo ocupan ellos por la fuerza lo que por derecho debería ser nuestro, y que si ellos pudieran, sin piedad también a todos nos destruirían. Mas Dios no quiera que nos llegue a suceder lo que ellos amenazan con hacernos, pues entonces ya no podríamos recuperarnos, y la hombría nos obliga a esforzarnos en buscar la venganza. Pues, veréis, tenemos tres cosas que nos impulsan a ser fuertes, valerosos y sabios, y a hostigarlos cuanto más podamos. Una es la seguridad de nuestras vidas, que en modo alguno estarían a salvo si se hallaran a merced de ellos. La otra cosa que nos anima es que ellos retienen nuestras posesiones por la fuerza y contra el derecho. La tercera es la alegría que nos espera, si sucede, como bien pudiera ser, que logramos la victoria y el dominio, y vencemos a su crueldad. Por lo tanto, debemos elevar los corazones para que ninguna desgracia nos doblegue, y encomendarnos siempre a ese fin que encierra en sí el honor y la alabanza. Y así pues, señores, si os parece conveniente, enviaré a un hombre a Carrick para que espíe y pregunte cómo es gobernado nuestro reino, y quiénes son amigos y enemigos. Y si él ve que podemos conquistar esa tierra, puede, en un día señalado, encender un fuego en el promontorio de Turnberry, y hacernos señales de que podemos llegar hasta allí sin riesgo

---

[16] Este discurso de Bruce a sus hombres presenta casi las mismas razones para luchar –también divididas en tres– que la arenga que hace Bruce antes de la batalla de Bannockburn (véase el libro XII). McDiarmid apunta que esa segunda arenga está basada en el primer libro de los Macabeos, pero ni él ni otros editores señalan el parecido que tiene con este primer pasaje.

alguno. Y si ve que no puede ser así, entonces que de ninguna manera haga fuego. Así tendremos conocimiento de si debemos pasar o quedarnos.

A estas palabras asintieron todos, y el rey entonces, sin esperar más, llamó a uno que le era muy próximo, y que era de Carrick, de su tierra, y le encargó más o menos lo que me habéis oído explicar antes, y le señaló un día concreto para hacer el fuego si viera que era cierto que tenían posibilidades de mantener una guerra en esas tierras. Y él, que estaba muy bien dispuesto a cumplir los deseos de su señor, y que era leal y valiente, y sabía guardar bien los secretos, dijo que estaba obligado en todo a cumplir su mandato, y que actuaría de forma tan prudente que no pudiera haber después ningún reproche. Tras esto se despidió del rey y se marchó por su camino.

Ahora se marcha el mensajero, que se llamaba Cutberto, según he oído decir. Pronto llegó a Carrick, y atravesó todo el país, mas en verdad que encontró a muy pocos que quisieran hablar bien de su señor, pues muchos no osaban hacerlo por miedo, y otros eran enemigos hasta la muerte del noble rey Roberto; más tarde lamentarían su oposición. Por todas partes estaba aquella tierra ocupada entonces por ingleses, que detestaban sobre todas las cosas al valeroso rey Roberto de Bruce. Carrick entonces había sido entregado entero a sir Enrique, señor de Percy, que estaba en el castillo de Turnberry con casi trescientos hombres, y tenía aterrorizado al país de tal modo que todos le prestaban obediencia[17]. Este Cutberto vio su gran crueldad, y al percatarse de que casi todos se habían convertido en ingleses, ricos y pobres, no se atrevió a descubrirse a nadie. Pensó no encender el fuego, y regresar sin más tardanza a su señor, y contarle la situación de aquella gente, que era tan triste y tan desesperada.

[DEL FUEGO QUE EL REY VIO ARDIENDO]

El rey, que seguía en Arran, cuando llegó el día que le había señalado a su mensajero, como ya os he explicado hace tiempo, estuvo buscando el fuego muy atentamente, y poco después del mediodía le pareció que bien veía un fuego que ardía muy brillante junto a Turnberry, y se lo enseñó a su mesnada. A todos les pareció que lo veían, y con alegres corazones comenzaron a gritar:

–Buen rey, apresuráos sin demora, para que al anochecer podamos llegar sin ser vistos.

Concedido –dijo él–, ahora preparáos, y que Dios nos asista en nuestro viaje.

En poco tiempo se les pudo ver echar sus galeras a la mar, y allí llevar los remos y timones, y otras cosas que eran menester.

---

[17] Sir Henry Percy, señor de Alnwick, era el guardián inglés de los castillos de los condados de Dumfries, Wigtown y Ayr, entre los que estaba el castillo de Bruce en Turnberry Point.

[AQUÍ UNA MUJER LE PREDICE EL FUTURO AL REY, Y LE ENTREGA A SUS DOS HIJOS.]

Mientras el rey paseaba arriba y abajo por la arena, ordenando que se aprestase la mesnada, llegó hasta allí la mujer que lo había recibido, y tras haberlo saludado, le dijo en privado estas palabras:

–Poned mucha atención a lo que os digo, pues antes de que paséis voy a mostraros una buena parte de vuestra fortuna, pero, sobre todo, especialmente os voy a dar conocimiento de cuál será el fin de vuestro empeño; pues en verdad que en esta tierra nadie conoce lo que está por venir tan bien como yo. Pasáis ahora en vuestro viaje para vengar el mal y los ultrajes que os han infligido los ingleses, mas no sabéis ninguno qué fortuna tendréis que soportar en vuestras guerras. Mas sabed bien y tenedlo por cierto, que una vez que hoy hayáis desembarcado, no habrá nadie tan poderoso ni de mano tan fuerte que os haga salir de vuestra tierra, hasta que todos se os hayan rendido. Dentro de poco tiempo seréis rey, y tendréis al país a vuestro mando, y venceréis a todos vuestros enemigos, mas habréis de soportar muchas tribulaciones hasta haber conseguido vuestro propósito. Pero sabréis sobreponeros a todas. Y para que creáis esto con certeza, enviaré a mis dos hijos con vos para que tomen parte en vuestro empeño, pues yo no dudo de que serán bien y justamente recompensados cuando os veáis elevado a vuestro poder.

El rey, que escuchó todo lo que dijo, se lo agradeció mucho, pues lo había confortado bastante. Sin embargo, no se creyó del todo sus palabras, ya que le asombraba mucho que ella pudiera saberlo con certeza. Y, en verdad, es asombroso cómo la ciencia de cualquier persona puede saber definitivamente las cosas que aún están por suceder, todas o algunas, a no ser que estuviera inspirada por aquél que desde siempre sabe todas las cosas de antemano, como si las tuviera presentes. Ese fue el caso de David y de Jeremías, Samuel, Joel e Isaías, que a través de su santa gracia predijeron muchas cosas que ocurrieron después. Mas los profetas se siembran tan escasos, que ahora en la tierra no se conoce a ninguno. Pero hay mucha gente que es tan curiosa, y tiene tanto deseo de saber cosas, que ellos, a través de su gran sabiduría, o si no, a través de la ayuda diabólica, de dos modos intentan tener conocimiento de lo que está por venir. Uno es la astrología[18], por medio de la cual los hombres de letras que son entendidos pueden conocer las conjunciones de los planetas, y hacia dónde les dirigen sus cursos, si hacia casas propicias o adversas, y cómo la disposición de todo el cielo puede dejarse sentir sobre las cosas, en regiones o en climas, que no obra en todas partes de igual forma, sino en unas más y en otras menos, dependiendo de si los rayos se emiten por igual o de modo sesgado. Pero a mí me parece que sería buena maestría para cualquier astrólogo decir: "esto ocurrirá aquí y en este día". Porque aunque un hombre se pase la vida entera en el estudio de la astrología, hasta que se rom-

---

[18] El tratado básico de astrología era *De Judiciis* de Ptolomeo. McDiarmid comenta que en los pasajes que siguen lo que preocupa al arcediano Barbour es el peligro de que la profecía, a través de la astrología u otros medios, pueda desacreditar el valor del libre albedrío y de la acción virtuosa, atributos que demuestran tener Bruce y los demás patriotas.

piera la cabeza por las estrellas, dice el sabio[19] que no lograría hacer en su vida tres predicciones ciertas, y aún así siempre temería hasta ver cómo resultaban. Eso no es, pues, un destino cierto. O si quienes estudian el arte de la astrología conocieran el nacimiento de todos los hombres, y supieran cuál fue la constelación que les confiere su disposición natural para inclinarse hacia el bien o el mal, aunque a través de la ciencia o las artes de la astrología pudieran predecir qué peligros acechan a quienes tienen cierta disposición natural, creo que no lograrían decir las cosas que les pueden suceder. Porque por mucho que un hombre esté predispuesto hacia la virtud o la maldad, puede muy bien refrenar su voluntad, por la práctica o por la razón, y volverse hacia todo lo contrario. Y muchas veces se ha visto suceder que hombres que estaban predispuestos al mal por sus estrellas, a través de su gran entendimiento han conseguido ahuyentar el mal, y han llegado a obtener gran renombre a pesar de su constelación. Así Aristóteles; pues si, según leemos, hubiese seguido su predisposición, habría sido falso y codicioso, mas su entendimiento lo hizo virtuoso[20]. Y puesto que los hombres de esta guisa pueden luchar contra el curso que es la causa principal de su destino, me parece que éste no es tan cierto.

La otra forma es la nigromancia, que enseña a los hombres a lograr, de diversas maneras y a través de exorcismos, que se les aparezcan espíritus y les respondan de distintos modos. Así lo hizo antiguamente la pitonisa, quien, cuando Saúl estaba desanimado por la fuerza de los filisteos, con su gran habilidad invocó pronto al espíritu de Samuel, o en su lugar al espíritu maligno, que en seguida le dio pronta respuesta[21]. Mas por sus propios medios ella no supo nada.

Además, el hombre siempre vive con gran temor de aquellas cosas que ha oído decir, sobre todo de las cosas venideras, hasta que conoce el final de ellas con certeza. Y puesto que los hombres viven en tal expectación, sin conocerlas verdaderamente, yo creo que quien dice que conoce las cosas venideras dice grandes mentiras. Mas tanto si aquélla que le anunció al rey Roberto cómo habría de terminar su empeño lo suponía o lo sabía enteramente, lo cierto es que todo sucedió tal como dijo, pues él llegó a ser rey, y a tener muy gran renombre.

---

[19] Salomón, considerado el autor del *Eclesiastés*. La anterior alusión a "romperse la cabeza" remite a la broma antigua del observador de estrellas que tropieza y cae.

[20] En el *Roman d'Alixandre* Aristóteles se acusa ante Alejandro de tener una naturaleza viciosa, que sólo había logrado mejorar mediante el estudio de la virtud.

[21] "Pitonisa" (en el texto *phitones*) era una formación común a partir del nombre de Pitia, sacerdotisa de Apolo en Delfos. Aquí se aplica a la nigromante de Endor del Antiguo Testamento (*Samuel* I, XXVII).

LIBRO V

Esto era en la primavera, cuando el invierno, con sus horribles galernas, había pasado, y los pajarillos, como la tórtola y el ruiseñor, comenzaban a cantar alegremente, y a emitir en sus cantos dulces notas y variados sonidos, y melodías agradables al oído, y los árboles comenzaban a echar brotes y también flores, para recuperar el tocado que el rudo invierno había arrancado de sus cabezas, y comenzaban a florecer todos los huertos[1].

En esa estación, el noble rey, con su flota y una pequeña hueste, creo que podrían ser unos trescientos, se hizo a la mar desde Arran un poco antes del atardecer. Remaron fuerte con todas sus fuerzas hasta que cayó la noche sobre ellos, y oscureció sobremanera, de modo que no sabían dónde estaban, pues no tenían piedra ni aguja[2], pero remaban siempre en rumbo recto, dirigiéndose hacia el fuego que veían arder claro y brillante. Lo que les guiaba no era sino el peligro, y en poco tiempo avanzaron tanto que arribaron junto al fuego, y saltaron a tierra sin demora. Y Cutberto, que había visto el fuego, estaba lleno de tristeza e ira, pues no se atrevía a apagarlo, y temía que su señor se hiciera a la mar. Por lo tanto esperó su llegada, y salió a su encuentro cuando arribaron. En seguida lo llevaron ante el rey, que le preguntó cómo le había ido, y él con el corazón abrumado pronto le dijo cómo no había encontrado a nadie afecto, sino tan sólo había visto enemigos, y que el señor de Percy, con una compañía de casi trescientos, estaba allí al lado en el castillo, repleto de odio y de orgullo, pero que más de dos partidas de su mesnada estaban albergadas en la ciudad, –y os odiaban más, mi señor rey, de lo que se puede odiar cualquier cosa.

Entonces dijo el rey muy airado:

–Traidor, ¿por qué entonces encendiste el fuego?

–Ah señor –dijo él–, así me guarde Dios, ese fuego jamás lo hice yo, ni antes de la noche supe de él; mas en cuanto lo vi pensé sin duda que vos y toda vuestra mesnada os haríais a la mar sin más tardanza; por eso he venido a esperaros, para advertiros de los peligros que pueden aparecer.

Este discurso enfureció al rey, que preguntó rápidamente a sus hombres más próximos qué era lo que pensaban que debían hacer. El primero en contestar fue sir Eduardo, su hermano, que era tan valiente, y que dijo:

---

[1] La descripción de la primavera, según McDiarmid, sigue las características que se dan en el *Secrees* del pseduo-Aristóteles, en su versión francesa *Le Gouvernement des Princes*. Resulta interesante compararla con la que inicia los *Cuentos de Canterbury* de Chaucer, contemporáneo de Barbour. En cuanto a la cronología, contando por tiempo común y no astronómico, en el libro IV se ha dicho que Bruce dejó Rathlin antes del final del invierno, lo que querría decir que llegó a Arran a mediados de febrero, y hacia finales de ese mes pasó a Carrick.

[2] Es decir, no tenían brújula (aguja ni piedra imán) que les señalase el norte.

–Yo os digo, en verdad, que no habrá peligro que me obligue a hacerme de nuevo a la mar. Yo pasaré aquí mi aventura, ya sea ésta llevadera o triste.

–Hermano –dijo el rey–, puesto que así lo quieres, bueno será que juntos pasemos venturas o desventuras, dolor o placer, tal como Dios nos los envíe. Y puesto que se dice que el de Percy quiere ocupar toda mi herencia, y que tan cerca de nosotros se encuentran sus hombres, que tanto nos detestan, vayamos y venguemos parte de ese odio. Y eso hagámoslo lo antes posible, pues ellos están confiados, sin temernos a nosotros ni nuestra llegada. Y aunque matásemos a todos mientras duermen, nadie podría reprochárnoslo, pues un guerrero no debe preocuparse mucho de si consigue derrotar a su enemigo por la fuerza o por la astucia, sino de que se mantengan siempre los pactos convenidos.

[AQUÍ EL REY ENTRA EN LA VILLA, Y MATAN A TODOS.]

Dicho esto se pusieron en camino, y pronto llegaron a la ciudad, tan silenciosamente, que nadie se percató de su llegada. Aprisa se dispersaron por la ciudad, y derribaron puertas brutalmente, y mataron a cuantos pudieron alcanzar; y los ingleses, que no podían defenderse, empezaron a gritar y bramar terriblemente. Mas los mataron sin piedad alguna, pues era su deseo más ardiente vengar el dolor y el mal que les habían causado a ellos y a los suyos. Los buscaron con ánimo tan cruel que los mataron a todos, menos a Mac Dowel, que fue el único que logró escapar con gran astucia y ayudado por lo oscuro de la noche[3].

El señor de Percy, en el castillo, bien escuchó el estrépito y los gritos, y también los oyeron los hombres que estaban dentro, y muy atemorizados tomaron las armas, mas no hubo ni uno tan ardido como para salir al oír los gritos. En semejante pánico pasaron esa noche, hasta que llegó la luz del día, y entonces cesaron en parte el fragor, la matanza y los gritos. El rey Roberto mandó entonces repartir todo el botín entre los hombres, y todos se quedaron allí quietos tres días. Tal fue el aviso que dio Bruce a esa gente en el primer momento, inmediatamente después de su llegada.

[UNA MUJER, PARIENTE DEL REY, LLEGA HASTA ÉL
CON CUARENTA HOMBRES.]

Cuando el rey y sus gentes arribaron, como ya os he contado, se quedaron algún tiempo en Carrick para ver quiénes serían amigos o enemigos, mas el rey encontró muy poco afecto. Y sin embargo, la gente, en parte, se inclinaba hacia él, pero los ingleses de forma tan terrible los gobernaban con la amenaza y el miedo, que nadie osaba mostrarle amistad. Mas una dama de aquella tierra, que era prima

---

[3] Véase la nota 4 al ibro IV.

suya en grado próximo[4], se alegró muy mucho de su llegada, y en seguida se apresuró hacia él con una compañía de cuarenta hombres, y los puso todos a disposición del rey, para ayudarle a guerrear, y él los recibió cortésmente, y a ella se lo agradeció de corazón, y le pidió noticias de la reina, y a la vez de sus amigos que había dejado en esa tierra cuando se hizo a la mar. Y ella se lo contó, muy tristemente; cómo su hermano había caído preso en el castillo de Kildrummy, y había sido ejecutado vilmente, y también el conde de Atholl, y cómo la reina, y otros más que eran leales a su bando, habían sido apresados y llevados a Inglaterra, y metidos en una dura prisión; y le contó al rey, llorando, cómo Cristóbal de Seton había sido muerto. El rey se entristeció al oír las noticias, y dijo, tras haber pensado un rato, las palabras que ahora os mostraré:

–Ay de mí –dijo el rey–, pues por amor a mí, y por su gran lealtad, esos hombres tan nobles y valientes han sido tan vilmente destruidos. Mas si yo vivo y dispongo de pleno poder, su muerte será bien vengada. El rey de Inglaterra, no obstante, pensó que el reino de Escocia era demasiado pequeño para ellos y para mí; así pues quiere que sea todo mío. Mas es gran lástima que el buen Cristóbal de Seton, que era tan noblemente renombrado, haya muerto en otro lugar que allí donde se puede demostrar el valor.

[Aquí Enrique de Percy huye a Inglaterra.]

El rey, suspirando, dijo así su lamento, y la dama se despidió de él y regresó a su morada, y muchas veces confortó al rey tanto con plata como con alimentos, los que podía obtener en esa tierra. Y él a menudo saqueó esa tierra, haciendo suyo cuanto encontraba, y retirándose luego a los montes, para desgastar la fuerza de sus enemigos. Durante todo ese tiempo, el de Percy, con una pequeña compañía, seguía en el castillo de Turnberry, pues temía tanto al rey Roberto que no se atrevía a salir para ir desde allí al castillo de Ayr, que entonces estaba lleno de ingleses, sino que se quedó acechando, como en una cueva, hasta que más hombres llegaran desde Northumberland bien armados, y con fuerte mano lo llevasen hasta su país. Para eso les envió un mensaje, y ellos con rapidez reunieron creo que más de mil hombres, y consultaron entre ellos si deberían ir o quedarse; mas estaban muy temerosos de adentrarse tanto en Escocia, pues un caballero, sir Gualterio de Lisle, dijo que era demasiado peligroso acercarse a esos rufianes. Sus palabras los desazonaron tanto que habrían abandonado ese viaje de no ser por un caballero de gran valor, que se llamaba sir Rogelio de San Juan, que los confortó con todas sus fuerzas, y les dijo tales palabras que todos juntos se dirigieron a Turnberry, en donde el de Percy saltó a caballo y aprisa regresó con ellos a Inglaterra, hasta su castillo sin sufrir contratiempos ni males[5].

[4] Barrow sugiere que esta dama podría ser Christian de Carrick, que estaría emparentada con Bruce por parte materna, y que pudo ser amante del rey, quien tuvo dos hijos naturales llamados Neil y Christian de Carrick.

[5] Es posible que Percy fuera relevado del castillo de Turnberry, pero permaneció en el suroeste de Escocia varios meses más. Sir Roger St John era mariscal de la caballería que luchó contra Bruce en Glen Trool y Glen Urrin en abril de 1307.

Ahora está el de Percy en Inglaterra, en donde, creo, se quedó algún tiempo, antes de prepararse para volver a guerrear a Carrick otra vez; pues él sabía que no tenía derecho, y además temía la fuerza del rey Roberto, que estaba luchando en Carrick, en la posición más fuerte de esa tierra, en donde un día Jacobo de Douglas fue hasta el rey y le dijo:

–Señor, con vuestro permiso yo querría ir a ver cómo están las cosas en mis tierras, y cómo tratan a mis hombres, pues me enoja en extremo que el de Clifford tan tranquilamente posea y mantenga el señorío que por derecho a mí me corresponde. Mas mientras yo viva y tenga fuerza para mandar a un soldado o a un patán, él no ha de poseerlo si no es luchando.

El rey le dijo:

–Yo ciertamente no veo cómo puedes sentirte seguro de viajar a esa tierra en donde los ingleses son tan fuertes, y tú no sabes quién es tu amigo.

Él le contestó:

–Señor, yo quiero ir necesariamente, y aceptaré lo que me depare la fortuna, ya sea para vivir o para morir.

Le dijo el rey:

–Puesto que es así, y tienes tanta ansia de ir, saldrás de viaje con mi bendición; y si te sucede alguna cosa que sea mala o dañina, te ruego que me des aviso pronto, y juntos nos enfrentaremos a lo que pueda acaecer.

–De acuerdo –dijo Douglas–, y con eso hizo una reverencia y se despidió, y emprendió el camino hacia sus tierras.

[EL PASO DE JACOBO DE DOUGLAS A DOUGLASDALE, SU HERENCIA.]

Ahora emprende su viaje Jacobo hacia su herencia de Douglas, con dos asistentes nada más. Eso era bien poco para tomar una tierra o un castillo. No obstante, él ansiaba comenzar a buscar el fin de su propósito, pues la buena ayuda está en un buen comienzo, ya que un comienzo bueno y valiente, si se continúa con inteligencia, a menudo puede hacer que algo casi imposible llegue a tener un final propicio. Así ocurrió aquí, mas Douglas era sabio, y vio que no podía en modo alguno guerrear con su enemigo en igualdad de fuerzas. Así que determinó actuar con astucia, y una tarde entró en Douglasdale, su tierra. Entonces vivía allí un hombre, que tenía amigos buenos y poderosos, y era rico en posesiones y ganado, y había sido leal al padre de sir Jacobo, y a él mismo en su juventud le había prestado muchos buenos servicios. Se llamaba Tom Dickson, en verdad[6]. Le envió recado, y le rogó que acudiera en seguida a hablar con él muy en secreto, y él fue a verlo sin ningún contratiempo. En cuanto le hizo saber quién era, comenzó a llorar de alegría y de lástima, y lo llevó derecho a su casa, en donde en una habitación lo tuvo oculto, con sus acompañantes, sin que nadie se percatara de ello. Comida y bebida, y otras cosas que pudieran aliviarlos, tuvieron en abun-

---

[6] Este Thomas Dickson sería recompensado más adelante con la baronía de Symington, a unos 16 Kms. al este-noreste de Douglas, que le fue conferida por Bruce entre 1315 y 1321.

dancia. Este buen hombre obró de forma tan sagaz, que hizo que todos los hombres leales de esa tierra, que habían vivido con el padre de sir Jacobo, acudieran, de uno en uno, a rendirle homenaje. Y él mismo fue el primero que lo hizo. El corazón de Douglas sintió una gran alegría al ver que los hombres buenos de su tierra querían ligarse a él de esa manera. Preguntó por el estado de esa tierra, y quién tenía el mando del castillo, y ellos se lo explicaron todo enteramente. Después entre ellos decidieron que él permaneciera escondido y en secreto hasta el Domingo de Ramos, que estaba próximo, pues iba a ser al tercer día, porque entonces la gente de aquella tierra estaría reunida en la iglesia, y los que estaban en el castillo también irían allí a llevar sus palmas, como gentes que no temían ningún mal, pensando que todo estaba bajo su voluntad. Entonces iría él con su dos hombres, mas para evitar que lo reconocieran, llevaría una capa vieja y raída, y un látigo como si fuera un trillador. No obstante, bajo la capa iría secretamente armado, y cuando los hombres de su tierra, que estarían todos preparados delante de él, le oyeran lanzar su grito de guerra, entonces atacarían con fuerza y audazmente, justo dentro de la iglesia, a los ingleses, de modo que ninguno lograse escapar de ellos, y así esperaban tomar el castillo, que estaba allí al lado. Y cuando esto que os cuento aquí estuvo planeado y convenido, cada uno regresó a su casa, y mantuvieron su acuerdo en secreto hasta el día en que habían de reunirse.

[AQUÍ EL DE DOUGLAS LOS MATA EN LA IGLESIA]

Llegado el domingo, la gente se dirigió a la iglesia de Santa Brígida, y los que estaban en el castillo salieron todos, señores y plebeyos, y fueron todos a llevar sus palmas, menos un cocinero y un portero.

Jacobo de Douglas se enteró de que salían, y de quiénes eran, y se apresuró a ir hacia la iglesia. Mas antes de que llegara, con demasiada impaciencia, uno de los suyos gritó:

–¡Douglas, Douglas!–.

Tomás Dickson, que era el que estaba más cerca de los del castillo, que estaban todos en el atrio, cuando oyó gritar "¡Douglas!" tan fuerte, desenvainó su espada y bravamente se lanzó entre ellos atacando a diestro y siniestro; mas sólo logró herir a uno o dos, y luego él mismo quedó tendido en tierra. Llegó entonces Douglas presuroso, y lanzó su grito con más fuerza; mas los del atrio tenazmente resistieron, y se defendieron bien, hasta que fueron muertos bastantes de esos hombres. Mas Douglas se comportó tan valerosamente, que todos los hombres que con él estaban tomaron ánimo al ver su buen hacer, y él no se reservó en absoluto, sino que probó su valor en la lucha de tal modo, que a través de su valentía y su fuerza ayudó tanto a sus hombres que por fin conquistaron el atrio. Cayeron sobre los ingleses con tal fuerza, que en poco tiempo se podía ver a dos terceras partes de ellos caídos, muertos o moribundos; los demás fueron hechos prisioneros, de manera que de treinta no hubo ni uno que no fuera muerto o capturado.

[Aquí se hace la despensa de Douglas.]

Cuando esto estuvo hecho, Jacobo de Douglas se llevó también a los prisioneros, y con los de su compañía se dirigió raudo al castillo, antes de que se alzaran gritos o clamores. Como quería tomar por sorpresa a los que habían quedado en el castillo, que no eran más que dos, envió a cinco o seis hombres por delante, que encontraron la puerta abierta y entraron, y allí mismo hicieron prisionero al portero, y luego al cocinero. Con eso, llegó Douglas a la puerta, y entró sin ninguna resistencia, y encontró allí comida preparada, y las mesas ya puestas con manteles. Mandó entonces atrancar las puertas, y se sentaron y comieron a placer, y luego se guardaron todas las cosas que pensaron que se podrían llevar, especialmente armas y armaduras, plata y joyas y ropajes. Las vituallas que creyeron que no podrían transportar las destruyeron de esta manera: todas las vituallas, menos la sal, como trigo, harina, y malta, las mandó llevar a la bodega, y volcarlas todas mezcladas en el suelo; y a los prisioneros que había tomado, los mandó decapitar allí mismo; y luego hizo abrir los toneles de vino. Una vil mezcolanza hizo allí, pues la harina y la malta, y la sangre y el vino, se unieron todos juntos en un amasijo horroroso de ver. Y por eso la gente de esa tierra, como allí se mezclaron tantas cosas, lo llamó "la despensa de Douglas". Luego, según oí contar, con la sal y con caballos muertos inutilizó el pozo, y lo quemó todo excepto la piedra, y después se marchó con su partida a su refugio, pues le pareció que si hubiera retenido el castillo pronto lo hubieran asediado, y él no tenía esperanza de ser rescatado. Y es una cosa demasiado peligrosa el estar sitiado en un castillo cuando falta una de estas tres cosas: vituallas, hombres armados, y esperanza de ser rescatados. Como él temía que le fallasen esas cosas, prefirió seguir luchando donde pudiera estar a sus anchas, y así perseguir su destino.

De este modo se tomó el castillo, y murieron todos los que estaban en él[7]. Entonces Douglas mandó que su mesnada se dispersara por varios lugares, pues se sabría menos dónde se hallaban si estaban desperdigados aquí y allá. Ordenó que los que estaban heridos quedaran acostados en sitios bien ocultos, y mandó llevarles buenos médicos hasta que estuvieran curados. Y él mismo, con muy pocos hombres, a veces uno, a veces dos y a veces tres, y algunas veces completamente solo, en secreto se recorrió esas tierras. Tanto temía a la fuerza de los ingleses que no se atrevía a dejarse ver, pues entonces ellos eran muy poderosos, y señores de casi todas esas tierras.

[Aquí Clifford reconstruye el castillo.]

Mas las noticias se propagan pronto, y esta hazaña de Douglas pronto llegó al oído de Clifford, que se dolió de las pérdidas que había sufrido, y

---

[7] Barbour dice que Douglas tomó por sorpresa su propio castillo el Domingo de Ramos, es decir, el 19 de marzo de 1307. McDiarmid indica que la fecha es posible, pero que parece haber habido un segundo ataque más devastador en la segunda mitad de mayo, y proporciona datos. Barbour parece haber unido los dos ataques en uno.

lamentó la muerte de los hombres que le habían matado, y luego se hizo el propósito de levantar de nuevo el castillo. Y por lo tanto, como hombre de gran poder, reunió una gran compañía, y marchó veloz hacia Douglas, y reconstruyó el castillo pronto, haciéndolo muy fuerte y resistente, y metió en él hombres y vituallas. Dejó entonces a uno de los Thirlwall como capitán, y luego regresó a Inglaterra[8].

[DE CÓMO UN HOMBRE Y SUS DOS HIJOS SE COMPROMETIERON A MATAR AL REY ROBERTO.]

En Carrick permanece el rey, con una compañía muy escasa; no pasaba de doscientos hombres. Pero su hermano sir Eduardo estaba entonces en Galloway, muy cerca de él, con otra compañía que retenía las fortalezas de esa tierra, pues aún no podían atreverse a intentar conquistarla toda. Pues sir Aymer de Valence, que era el gobernador del país bajo el rey inglés, estaba en Edimburgo, y cuando le llegaron noticias del desembarco del rey Roberto y su mesnada en Carrick, y de cómo había matado a los hombres del de Percy, reunió a sus consejeros, y con el consentimiento de ellos, envió al valiente sir Ingram de Umfraville, con una gran compañía, a Ayr, a atacarlo[9].

[AQUÍ EL CABALLERO INGLÉS CONTRATA A UN TRAIDOR.]

Cuando sir Ingram llegó allí no le pareció que fuera oportuno ir a atacarlo en los montes, así que determinó obrar con astucia, y se quedó quieto en el castillo hasta que, preguntando, averiguó que un hombre de Carrick, que era artero y fuerte, y que también tenía mucho poder entre los hombres de aquella tierra, era de la confianza del rey Roberto, pues era pariente próximo, y cuando lo deseara podía llegar a su presencia sin dificultad. Sin embargo, él y sus hijos aún vivían en aquella tierra, pues no deseaban que se supiese que eran partidarios de ese rey. En muchas ocasiones le advirtieron, cuando podían ver que estaba en peligro, y él por eso se fiaba de ellos. En verdad que no sé decir su nombre, mas he oído contar a varios que le faltaba un ojo, pero que era tan robusto y fuerte que era el hombre más temido que entonces vivía en Carrick. Cuando sir Ingram supo con certeza que nada de eso era mentira, en seguida lo hizo llamar, y él acudió a su orden. Sir Ingram, que era astuto y sabio, trató con él de tal manera, que logró que prometiera firmemente matar al rey a traición, y a cambio le ofreció por su servicio, si cumplía aquel plan, tierras por valor de más de cuarenta libras, que serían para él y sus herederos a perpetuidad.

[8] Según McDiarmid, John Thirlwall, que había estado en una incursión con Clifford en busca de Bruce en Glen Trool el 16 y 17 de abril, habría sido enviado a guardar el castillo reconstruido después del ataque de mayo.

[9] Cuando Bruce desembarcó, Aymer de Valence se dirigió en seguida a Ayr, y se mantuvo activo allí y más al sur desde febrero.

[DE CÓMO EL HOMBRE Y SUS DOS HIJOS ESTABAN DISPUESTOS A MATAR AL REY EN PRIVADO.]

De este modo se fragua la traición, y él se marcha de regreso a casa, donde esperó la ocasión de llevar a cabo su maldad. En gran peligro estuvo entonces el rey, que nada suponía de esta traición, pues aquél en el que más confiaba se ha comprometido vilmente a matarlo, y nadie puede traicionar mejor que aquél en quien se haya confiado. El rey se fiaba de él, y por lo tanto habría logrado obrar su felonía, si no hubiera sido porque el rey, por la gracia de Dios, tuvo conocimiento de que lo habían comprado, y de qué modo, y por cuánta tierra había aceptado darle muerte. Yo no sé quién le hizo la advertencia, mas el rey tuvo siempre tanta suerte, que cuando intentaron traicionarlo logró enterarse de ello antes de tiempo. Y muchas veces, según he oído decir, fue a través de las mujeres con las que le gustaba holgar, que le contaban todo lo que oían; quizá esta vez también ocurrió así, mas fuera como fuera, espero por Dios que sea más precavido[10]. Sin embargo, el traidor siempre tenía en su pensamiento, noche y día, cómo podría llevar a mejor fin su alevosa empresa. Hasta que, pensando, al fin en su corazón empezó a considerar que el rey tenía por costumbre levantarse temprano todos los días, y alejarse bien de su mesnada cuando quería ir a evacuar, y buscar un escondite él solo, o como mucho con tan sólo un hombre. Allí pensó sorprender con sus dos hijos al rey, y matarlo, y luego irse por el bosque. Mas no consiguieron su propósito. No obstante, los tres llegaron a un escondite retirado adonde el rey solía ir a hacer sus necesidades privadas. Se escondieron a aguardar que llegara, y por la mañana el rey se levantó cuando le vino en gana y va derecho hacia el escondite en donde estaban los tres traidores, para hacer sus necesidades. Él no pensaba entonces en traición, mas tenía la costumbre de llevar, a dondequiera que fuera, su espada colgada del cuello; y eso le fue un gran auxilio en este caso, pues si Dios todopoderoso no le hubiera puesto ayuda en la mano, no hay duda alguna de que hubiera muerto. Iba con él un paje de cámara, y de ese modo, sin más seguidores, se dirigió hacia el escondite.

[AQUÍ EL NOBLE REY MATA A TRES TRAIDORES ÉL SOLO.]

¡Que Dios ayude ahora al noble rey, pues está a punto de encontrar la muerte! Pues aquel escondite al que él iba estaba al otro lado de una colina, donde no lo podían ver sus hombres. Hacia allí fueron su paje y él, y cuando aparecieron a la vista, vio que los tres en orden de combate se iban hacia él con decisión. Entonces rápido le dijo al chico:

—Esos hombres quieren matarnos, y puede que lo hagan. ¿Qué arma tienes?

—Ay, señor, tan sólo tengo un arco y una flecha.

---

[10] En muchos pasajes, Barbour utiliza el presente histórico o hace comentarios en presente para dar mayor proximidad a su historia. No se debe olvidar que el poema sería leído en voz alta a un público.

—Dámelas sin demora.

—Ay señor, y qué queréis que haga?

—Apártate y mira lo que hacemos. Si ves que estoy ganando, tendrás armas; y si muero, retírate en seguida.

Con esas palabras, y sin más demora, le arrancó el arco de las manos, pues los traidores se estaban acercando. El padre tan sólo llevaba una espada; el otro llevaba espada y hacha corta, y el tercero tenía espada y lanza. Por su comportamiento entendió el rey que todo era como le habían dicho.

—Traidor —le dijo—, ahora me has vendido. No avances más y quédate ahí. No quiero que te acerques más a mí.

—Ah, señor, ¿os parece que no debo acercarme más a vos? ¿Y quién debería hacerlo, sino yo?

El rey le dijo:

—Quiero seguridad de que en este momento no te acercarás. Lo que hayas de decir, dílo de lejos.

Mas él, con falsas palabras engañosas, se iba acercando con sus dos hijos. Cuando el rey vio que no se detenía, sino que seguía avanzando fingiendo falsedades, tensó la ballesta y disparó. Le acertó al padre en el ojo, y entró hasta el cerebro, y él cayó de espaldas de inmediato. El hermano que llevaba el hacha, cuando vio a su padre allí caído, le quiso asestar un golpe al rey, y le lanzó un golpe con el hacha, mas el rey, que tenía la espada levantada, le dio tal golpe con tremenda fuerza que le partió el cráneo hasta los sesos, y lo hizo rodar por tierra muerto. El otro hermano, el que llevaba lanza, cuando vio a su hermano allí caído, como hombre furioso se arrancó hacia el rey con la lanza preparada. Mas el rey, que algo se temía, esperó la llegada de la lanza, y con un raudo golpe le cortó la punta. Y antes de que el otro tuviese tiempo de sacar la espada, el rey le asestó tal mandoble que le partió el cráneo hasta los sesos; cayó al suelo todo rojo de sangre. Y cuando el rey vio que los tres yacían muertos, limpió su hoja; entonces su paje se acercó corriendo y dijo:

—Sea alabado Nuestro Señor, que os ha concedido fuerza y poder para acabar con la felonía y el orgullo de esos tres en tan poco tiempo.

Y dijo el rey:

—Así me guarde Dios, que los tres hubieran sido hombres de valor, de no haber estado llenos de traición; pero eso ha sido, así, su perdición.

LIBRO VI

El rey ha regresado a su alojamiento, y pronto llegaron noticias de esta hazaña a sir Ingram de Umfraville, que pensó que la astucia y el engaño habían fracasado en aquel lugar. Y por eso se enojó tanto que de nuevo ha regresado a Lothian, a ver a sir Aymer y explicarle todo su caso. Éste se quedó muy maravillado de que un hombre pudiera llevar a cabo tan repentinamente semejante proeza de caballería, como lo había hecho el rey, que él solo se había vengado de los tres traidores, y dijo:

–Sin duda puedo ver que es cierto que el destino protege a los valientes, como podemos ver por esta hazaña. Si no fuera valiente en demasía, no hubiera podido aprovechar tan intrépidamente su ventaja. Me temo que su gran valor y su empeño logren conseguir lo que hasta hace poco nadie imaginaba.

AQUÍ LO PERSIGUEN LOS DE GALLOWAY

Así habló él del rey Roberto, que siempre, sin cesar ni un momento, se esforzaba aquí y allá por Carrick. Sus hombres estaban tan desperdigados, para obtener lo que les hacía falta, y también para reconocer aquella tierra, que con él tan sólo quedaban sesenta. Y cuando los de Galloway supieron que estaba con una compañía menguada, reunieron un grupo de doscientos o más. Y llevaron con ellos sabuesos, pues pensaban sorprenderlo, y si huía de algún modo, seguirlo con los perros de manera que no lograse escapar de ellos. Se prepararon un atardecer para tomar al rey por sorpresa, y se dirigieron derechos hacia él, pero él, que siempre tenía a sus vigías en los cuatro costados, desde mucho antes de que se acercasen tuvo noticias de su llegada, y de cuántos podían ser. Así que creyó que era mejor retirarse de allí con su mesnada, pues la noche ya había caído, y pensó que por la noche no verían lo bastante para saber por qué camino pudiera haberse ido con sus hombres.

Tal como lo pensó, así lo hizo, y descendió hacia un pantano, atravesando un arroyo, y en el pantano encontró un lugar estrecho que estaba como a dos tiros de arco del arroyo que habían atravesado. Y les dijo:

–Aquí podéis hacer un alto; echáos y descansad un rato, yo iré a vigilar en secreto. Si puedo oír alguna cosa, mandaré que os avisen, de modo que siempre tendremos la ventaja.

DE CÓMO PERSIGUIERON AL REY ROBERTO DE BRUCE CON UN SABUESO. [AQUÍ LUCHA SOLO CONTRA DOSCIENTOS.]

Ahora el rey emprende su camino, y con él se llevó a dos asistentes, dejando a sir Gilberto de la Hay al frente del resto de su mesnada[1]. En seguida llegó de

---

[1] Sir Gilbert Hay de Errol, que más tarde sería Condestable de Escocia. McDiarmid señala que aunque Barbour indica que estuvo siempre junto a Bruce, jamás hace comentario alguno sobre sus acciones.

nuevo al arroyo, y escuchó muy atentamente, mas entonces aún no pudo oír nada. Siguió andando a lo largo de la corriente, por la otra orilla, durante mucho rato. Vio las altas laderas escarpadas, y entre ellas el agua que seguía corriendo rauda y sin interrupción, y vio que no había otro vado por donde pudieran pasar hombres aparte de aquél que había usado él mismo. Tan estrecho era el acceso, que dos hombres no podían entrar a la vez, ni en modo alguno apretarse tanto que llegaran a la otra orilla juntos.

[Entonces ordenó a sus dos hombres que regresaran con sus compañeros a descansar y acostarse, pues él se quedaría vigilando para ver la llegada del enemigo.

–Señor –dijeron ellos–, ¿ y quién quedará con vos?

–Dios –les respondió él–, y nadie más. Marchad, pues yo deseo que así sea.

Hicieron lo que él había mandado, y quedó a solas][2]. Y cuando ya llevaba allí mucho tiempo, escuchó y pudo oír en la distancia a un perro que buscaba, y que cada vez se le acercaba más. Se quedó quieto por mejor oírlo, y lo oyó aproximarse cada vez más cerca; pero pensó que sería mejor quedarse allí hasta haber oído más indicios. Por el ruido de un perro no quería despertar a sus hombres, así que decidió esperar y averiguar qué clase de gente era, y si se dirigían directamente hacia ellos o pasaban lejos en otra dirección[3]. La luna brillaba claramente, y él se quedó quieto escuchando hasta que vio aparecer muy cerca de él a toda la mesnada con gran prisa. Entonces consideró rápidamente, que si se dirigía hacia sus hombres, antes de que pudiera haber regresado a donde estaban, ellos habrían atravesado el vado, y entonces tendría que escoger entre estas dos cosas: huir o morir. Mas su corazón, que era esforzado y valeroso, le aconsejó permanecer allí solo, y mantener al enemigo a la orilla del vado, y defender bien el acceso. Puesto que iba provisto de armadura, no tenía que temer a sus flechas, y si tuviera suficiente hombría, podría atacarlos a todos, puesto que sólo podían pasar uno por uno. ¡Qué valor tan extraordinario tiene, cuando él solo tan valientemente ha decidido, con apenas una ligera ventaja en el terreno, luchar contra más de doscientos!

Se dirigió entonces hacia el vado, y los del otro bando, que lo vieron en la orilla opuesta solo, se dirigieron en tropel hacia el arroyo, pues no tenían nada que temerle, y cabalgaron hacia él aprisa. Al primero lo acometió tan vigorosamente con la lanza, que lo hirió profundamente, y lo derribó a tierra. Los demás se lanzaron furiosos hacia él, pero el caballo del hombre derribado les impedía entrar en el paso, y cuando el rey vio que era así, apuñaló al caballo, que empezó a cocear, y luego se cayó en medio del paso. Los demás al ver eso se abalanzaron con un

---

[2] Los versos correspondientes a este fragmento no aparecen en el manuscrito de Edimburgo, pero sí en el de Cambridge. McDiarmid y Stevenson los dan por originales, y coinciden con Skeat en esto y en considerar que, en cambio, unos versos posteriores que aparecen en el de Edimburgo, señalados en la nota siguiente, son una repetición corrompida de esos mismos versos.

[3] A partir de aquí es donde en el manuscrito de Edimburgo, en el que faltan los versos señalados en la nota 2, aparecen los siguientes, que todos los editores mencionados tienen por una corrupción en la copia: "Tanto tiempo esperó que pudo oír el ruido de los que se acercaban. Entonces envió aprisa a sus dos hombres a avisar y despertar y alertar a su mesnada, y ellos se pusieron en camino y él se quedó allí a solas." McDiarmid comenta que, por lo que sigue, queda claro que Bruce manda a los dos hombres que regresen a su compañía, no que vayan a alertarla.

grito, y él, que era fuerte y arrojado les hizo frente junto a la ladera, y comenzó a darles tan buen pago, que dejó a cinco muertos en el vado. Entonces los demás se retiraron un poco, temiendo grandemente sus golpes, pues él no les daba tregua ni cuartel. Entonces uno dijo:

–Por cierto que somos los culpables. ¿Qué diremos al regresar a casa cuando un solo hombre lucha contra todos nosotros? ¿Quién habrá visto a unos hombres ser derrotados más vergonzosamente que nosotros, si ahora nos marchamos?

A eso, todos ellos respondieron con un grito:

–¡A él, a él! ¡No puede resistir mucho!

Con eso, lo acosaron de tal modo que si él no hubiera sido el mejor, lo habrían matado sin ninguna duda, más él se defendió de tal manera que allí donde daba un golpe certero, nada se le podía resistir. En poco tiempo dejó tumbados a tantos que el paso quedó cegado por caballos y hombres muertos, de manera que sus enemigos, debido a ese estorbo, no podían llegar hasta allí.

¡Ah, buen Dios! quien hubiera estado allí entonces, y hubiera visto de qué modo se enfrentó a ellos tan valientemente, sé bien que lo hubiera llamado el mejor de los vivos en su día, y si he de deciros la verdad, yo nunca he oído contar que en el pasado hubiera otro que matase a tantos él solo.

[EJEMPLO: CÓMO TEDEO MATÓ A CUARENTA Y NUEVE HOMBRES, Y EL LUGARTENIENTE SUFRIÓ VERGÜENZA Y DOLOR.]⁴

Es cierto que cuando Polinices envió a Tedeo hasta su hermano Etiocles con un mensaje en el que le pedía tener la herencia de Tebas durante un año, ya que ellos eran gemelos de nacimiento, los dos se pelearon, pues ambos querían ser rey. Pero los barones de aquel país los obligaron a ponerse de acuerdo de este modo: el primero sería rey durante un año, y durante ese tiempo el otro y sus mesnadas no debían estar en el país, mientras reinara el primer hermano. Después el segundo reinaría durante un año, y entonces el primero dejaría el país mientras reinara el otro. Así los dos reinarían cada uno un año, el segundo cuando hubiera pasado el año del primero. Para pedir que se cumpliera este acuerdo, fue enviado Tedeo a Tebas, y allí habló para reclamar el derecho de Polinices, pero Etiocles mandó a su lugarteniente que tomara hombres armados y saliera a encontrarse con Tedeo por el camino y lo matara sin mayor tardanza. El lugarteniente se marchó por su camino, y se llevó a cuarenta y nueve hombres, de modo que, con él, eran cincuenta. Hacia el atardecer, secretamente tendieron una emboscada en el camino por donde tenía que pasar Tedeo, entre una peña alta y el mar; y él, que de su maldad no sabía nada, emprendió su camino y se fue de regreso hacia Grecia. Y mientras cabalgaba hacia la noche, pudo ver a la luz de la luna gran cantidad de escudos que brillaban, y mucho se maravilló de quiénes pudieran ser. Entonces ellos dieron todos un grito, y él, que escuchó de repente un clamor semejante, se asus-

⁴ La historia que sigue aparece en la *Tebaida* de Estacio, y también en *Le Roman de Thèbes*. Igual que ocurre en el libro II, la fuente de Barbour aquí es la segunda obra.

tó un poco, mas en breves momentos recuperó el ánimo pues su corazón gentil y valiente lo reconfortó en aquella necesidad. Entonces picó espuelas al caballo y cargó contra todos ellos. Al primero con que se topó lo hizo caer, y luego desenvainó la espada y dio a su alrededor muy fieros golpes, y en poco tiempo hubo matado a más de seis. Entonces le mataron el caballo, y él cayó, mas se levantó presto, y a golpes se abrió sitio en torno suyo, y mató a una gran cantidad de ellos, mas resultó muy gravemente herido. Entonces descubrió un sendero que llevaba a lo alto de la peña. Por allí se subió con mucha prisa, defendiéndose muy valerosamente, hasta que hubo trepado un trecho por la roca, y encontró un lugar bien protegido en donde no podrían atacarlo más que de uno en uno. Allí se plantó y les presentó batalla, y todos ellos fueron a atacarlo, y a menudo ocurría que, cuando mataba a uno, al caer a tierra derribaba a otros cuatro o cinco. Así se estuvo defendiendo allí hasta que hubo matado a más de la mitad. Entonces vio a su lado una gran piedra, que por su mucha antigüedad estaba suelta y pronta a caer, y cuando los vio aproximarse a todos, hizo caer la piedra sobre ellos, y con ella mató a ocho hombres, y a los demás los dejó tan asustados que estuvieron a punto de rendirse. Entonces ya no quiso estar más preso, sino que salió corriendo hacia ellos con la espada desenvainada y cortó y mató con todas sus fuerzas hasta que hubo matado a cuarenta y nueve. Entonces apresó al lugarteniente y le hizo jurar que iría al rey Etíocles y le contaría la aventura que le había sucedido. Tedeo se comportó valientemente; él solo venció a cincuenta hombres. Los que esto leéis, decidid pues, si es más digno de alabanza el rey, que estando avisado tuvo el arrojo de detener él sólo a doscientos hombres, o Tedeo, que repentinamente, pues oyó el grito que lanzaron, habiendo hecho acopio de valor, venció a cincuenta hombres sin ayuda. Ambos llevaron a cabo su hazaña por la noche, y lucharon a la luz de la luna; pero el rey derrotó a más hombres, y Tedeo mató a más. ¡Decid ahora si merece mayor alabanza Tedeo o el rey!

De este modo que ya os he contado, el rey, que era osado y valiente, está luchando junto al vado, dando y recibiendo enormes golpes, hasta que hizo tal matanza que dejó el vado tan obstruido que ninguno podía pasar hasta él. A sus enemigos les pareció que era necio quedarse allí más tiempo, y todos juntos emprendieron la huida, y se fueron a casa por donde habían venido, pues los hombres del rey, al oír los gritos, se despertaron muy atemorizados y acudieron a buscar a su rey y señor. Los de Galloway, que los oyeron llegar, huyeron sin osar quedarse más.

Los hombres del rey, que temían por su señor, llegaron muy deprisa al vado, y en seguida se encontraron al rey, sentado solo, que se había quitado el yelmo, pues tenía calor. Le preguntaron cuál era su estado, y él les explicó toda la historia; de qué modo había sido atacado, y cómo le había ayudado Dios de manera que había logrado escapar de ellos sano y salvo. Miraron a ver cuántos había muertos, y encontraron caídos en ese lugar a catorce que habían muerto por su mano. Entonces alabaron a Dios todopoderoso por haber encontrado sano y salvo a su señor, y dijeron que ellos no debían temer en modo alguno a sus enemigos, puesto que su jefe tenía tal corazón y tales fuerzas que por ellos había emprendido él solo una lucha contra tantos.

Tales palabras dijeron sobre el rey, y quienes solían estar siempre con él se maravillaron de su arriesgada empresa, y quisieron acercarse a verle.

¡Ah! qué cosa tan preciada es el valor[5], pues hace que los hombres se ganen alabanza, si es perseguido diligentemente. Sin embargo, es difícil ganar honor por el valor, pues sólo el gran esfuerzo, unas veces para defender y otras para atacar, y el ser sabios en las acciones, hace que los hombres ganen el premio del valor, y ninguno puede ganar renombre si no tiene entendimiento para guiar sus hazañas, y ver qué ha de emprender y qué dejar. El valor tiene dos extremos. El primero es el arrojo temerario y el segundo es la cobardía, y ambos deben ser evitados.

El arrojo temerario lo quiere emprender todo, tanto lo que se debe acometer como lo que se debe dejar, mas la cobardía no hace nada, sino que todo lo abandona totalmente; mas es peor que suceda eso que lo sería la falta de prudencia. Por eso el valor tiene tanto renombre, pues es el medio entre esos dos extremos, y acepta lo que se puede emprender, y deja lo que hay que dejar, pues tiene tal guarnición de entendimiento que puede ver bien todos los peligros, y todas las ventajas que pueda haber. Yo me quedaría con el arrojo, siempre que la temeridad estuviera lejos, pues el arrojo con insensatez es un defecto, pero el arrojo mezclado con el entendimiento produce siempre el valor, pues éste no puede darse sin entendimiento.

Este noble rey del que hablamos, siempre combinaba el arrojo viril con el entendimiento, como se puede ver por este combate. Su inteligencia le mostró la estrecha entrada del vado, y también la salida, donde, según le pareció, sería difícil ganarle a un hombre que fuera valiente, y por lo tanto su arrojo rápidamente pensó que se podía emprender la hazaña, puesto que sólo podía atacar uno de cada vez. Y así, gracias al arrojo gobernado por el entendimiento, que él siempre entretejía juntos, logró obtener el premio del valor, y a menudo derrotar a sus enemigos.

DE CÓMO DOUGLAS MATÓ A THIRLWALL
[AQUÍ SON MUERTOS EL CAPITÁN INGLÉS Y OTROS.]

El rey aún permanecía en Carrick, y sus hombres que estaban dispersos por esa tierra acudieron raudos a su lado cuando les llegaron noticias de esta hazaña, pues querían compartir su destino con él si volvía a ser atacado de esa manera. Mas Jacobo de Douglas aún se encontraba entonces guerreando en Douglasdale, o si no, escondido en algún lugar cercano, pues quería averiguar cómo gobernaba el castillo quien lo tenía a su cargo, e hizo llevar a cabo muchas estratagemas para ver si salía confiado. Y cuando se percató de que él salía alegre-

---

[5] Aquí comienza un "elogio del valor" cuyos dos primeros versos tienen casi la misma forma que los del "elogio de la libertad" del libro I. Ése comienza: "*A fredome is a noble thing / Fredome mays man to haiff liking*", y éste: "*A quhat worschip is prisit thing / For it mays men til haiff loving*". sin embargo, el primer elogio (en su primera parte) resulta más sentido, y éste segundo es más conceptual, se diría que más eclesiástico.

mente con su mesnada, celebró una reunión en secreto con aquellos que eran de su bando, que eran tantos que se atrevían a luchar con Thirlwall[6] y con toda la fuerza que había en el castillo.

Se preparó para ir por la noche a Sandylands[7], y cerca de allí se emboscó bien oculto, y envió a unos pocos a preparar una trampa; por la mañana temprano éstos se llevaron el ganado que había cerca del castillo, y luego se retiraron raudos hacia donde estaban emboscados los demás. Entonces Thirlwall, sin mayor demora mandó armarse a sus hombres, e hizo una salida con todos los que tenía, siguiendo deprisa tras las vacas. Llevaba la armadura completa, salvo que la cabeza la tenía descubierta. Entonces, con los hombres que tenía, siguió a las vacas a gran velocidad, como un hombre que a nada teme, hasta que las tuvo a la vista. Entonces espolearon con todas sus fuerzas, persiguiéndolas sin orden ni concierto, y los de Douglas huyeron a toda prisa hasta que sobrepasaron la emboscada, y Thirlwall los seguía persiguiendo tenazmente. Y entonces los que estaban emboscados salieron hacia él, caballeros e infantes, y alzaron el grito de repente, y los de Thirlwall, que tan repentinamente vieron aparecer a aquella gente que espoleaba con ahínco entre ellos y su guarida, tuvieron un gran miedo, y como no estaban en orden de batalla, unos huyeron y otros se quedaron, y Douglas, que tenía con él a una gran mesnada, con gran ahínco los atacó y los hizo dispersarse rápidamente, y en poco tiempo los alcanzó de manera que casi ninguno consiguió escapar. Thirlwall, que era su capitán, cayó muerto en la lucha, así como la mayor parte de sus hombres; los demás huyeron despavoridos. La gente de Douglas los persiguió de cerca, y los que huyen toman el camino del castillo a toda prisa. Los primeros entraron veloces, mas los perseguidores corrieron tanto que alcanzaron a algunos de los últimos y los mataron sin piedad alguna. Y cuando los del castillo vieron cómo mataban a los suyos allí mismo, cerraron las puertas con gran prisa, y subieron a defender a las murallas. Entonces las mesnadas de Jacobo de Douglas se hicieron con todo lo que encontraron en torno al castillo, y luego se retiraron a su refugio. Tal fue la salida de Thirlwall ese día.

Cuando Thirlwall de esta manera hubo salido, como os cuento aquí, Jacobo de Douglas y sus hombres se prepararon todos y se encaminaron hacia el rey con gran prisa, pues habían oído la noticia de que sir Aymer de Valence tenía una gran caballería, tanto de escoceses como de ingleses, ya reunida para buscar con gran crueldad al rey, que en ese tiempo estaba con su gente en el valle de Cumnock, allí donde era más estrecho. Hacia allí llegó Jacobo de Douglas, y fue muy bien recibido por el rey, y cuando le hubo dado las noticias de cómo sir Aymer se aproximaba para echarlo de aquella tierra con perros y cuernos de caza, como si fuera un lobo, un ladrón o un maleante, entonces dijo el rey:

–Bien puede ocurrir que aunque él venga con todo su poder nosotros nos quedemos en esta tierra; y si viene, veremos qué sucede.

---

[6] Véase la nota 8 al libro V.
[7] A unos 8 Kms. al norte-noreste de Douglas.

[Aquí persiguen al rey Roberto sir Aymer y Juan de Lorne con un sabueso.]

El rey Roberto habló de esta manera, y sir Aymer de Valence reunió una gran compañía de hombres nobles y valientes, de Inglaterra y de Lothian, y también se llevó consigo a Juan de Lorn con todo su ejército, que sumaba más de ochocientos hombres valerosos y fuertes. Tenía allí además un sabueso, tan bueno que nada le hacía soltar el rastro. Algunos dicen que el rey Roberto lo había criado[8], y que lo tenía en tanta estima, que le daba de comer de su propia mano. El perro lo seguía a todas partes, pues lo quería de tal modo que no se apartaba nunca de él. Mas sobre cómo llegó a tenerlo el señor de Lorne, jamás oí la mínima mención[9]. No obstante, dicen que es cosa cierta que lo tenía en su poder, y que pensaba atrapar al rey gracias al perro, pues sabía que en cuanto olfateara su rastro una vez, ya no lo soltaría por cosa alguna.

Este Juan de Lorne odiaba al rey por causa de su primo Juan Comyn; y si pudiera matarlo o hacerlo prisionero, su propia vida no le importaría nada con tal de poder vengar a su pariente.

[De cómo sir Aymer y Juan de Lorne persiguieron al rey con el sabueso y el cuerno de caza.]

El gobernador, sir Aymer, en compañía de este Juan de Lorne, y otros más, también de buen renombre (Tomás Randolph era uno de ellos)[10], entró en Cumnock a buscar al rey, que estaba bien prevenido de su llegada, y se hallaba refugiado en los montes, y tenía con él a cuatrocientos hombres. Su hermano estaba con él aquella vez, y también Jacobo de Douglas. Vio que la gente de sir Aymer se quedaba en el llano y en la parte baja, e iba siempre en orden de batalla. El rey, que no podía suponer que eran más de los que allí veía, sólo miró hacia ellos, y a ninguna otra parte, y en eso fue poco precavido, pues Juan de Lorne muy astutamente pensó sorprenderlo por detrás. Así pues, con todos sus hombres, fue rodeando un monte, y se mantuvo oculto todo el tiempo, hasta que llegó tan cerca del rey, antes de que éste advirtiera su presencia, que ya estaba casi encima de él. Las otras huestes, con sir Aymer, atacaban por el otro lado. El rey estaba en gran desventaja, acosado por ambos costados por enemigos que amenazaban con matarlo, y la menor de aquellas dos partidas era mayor que su propia mesnada. Y cuando vio que cargaban hacia ellos, pensó aprisa qué tenía que hacer, y dijo:

—Señores, no tenemos fuerza para mantenernos y luchar; por lo tanto, dividámonos en tres. Así no podrán atacarnos, y en tres partidas lograremos escapar.

---

[8] En el manuscrito de Edimburgo se lee *as a traytour* (lo había criado como a un traidor), y en el de Cambridge *as a strecour* (como perro de caza).

[9] McDiarmid señala que el cronista Jean Le Bel cita la crónica perdida de Robert le Roy a propósito de historias en las que se busca a Bruce con sabuesos de este modo.

[10] Véase la nota 10 al libro II, y recuérdese cómo en ese libro se cuenta que Randolph, que había estado con Bruce, se pasó a los ingleses.

Luego les dijo a sus consejeros, en privado, a qué sitio debían dirigirse. Con eso, se pusieron en marcha todos, cada una de las partidas por su lado.

Juan de Lorne llegó hasta el lugar de donde el rey se había ya marchado, y puso sobre su pista al sabueso, que en ese momento y sin mayor demora comenzó a seguir el camino del rey, como si supiera bien en dónde estaba, y dejó de lado a las otras dos partidas, como si no quisiera hacerles caso alguno. Y cuando el rey vio que venía tras sus huellas en línea recta, pensó que sabían que era él, así que ordenó a su mesnada que en ese momento se dividieran en tres partidas, y se marcharan en seguida; y así lo hicieron sin tardanza, y se fueron por su lado en tres partidas. El sabueso hizo allí una gran proeza, y siguió siempre y sin cambiar de rumbo a la partida en donde estaba el rey. Y cuando el rey vio que todos en tropel iban detrás de él, y no seguían a sus otros hombres, se percató entonces de que le habían conocido, por lo que aprisa ordenó a sus hombres que se dispersaran rápidamente, y que cada uno fuera por su lado él solo, y así lo hicieron. Cada hombre se va por un camino distinto, y el rey se ha llevado consigo a su hermano de leche[11], nada más; y juntos esos dos se fueron por su lado. El sabueso siempre seguía al rey, y no cambiaba el rumbo por nada, sino que persistía tras su rastro sin vacilar, por donde había pasado; y cuando Juan de Lorne vio al perro ir tan decididamente tras él, supo que uno de aquellos dos era el rey, y ordenó a cinco de su compañía, que eran hombres fuertes y arrojados, y que además eran los más ligeros de pies de su mesnada, que corrieran tras él y lo alcanzaran, y que en modo alguno le dejaran escapar.

[AQUÍ ENVÍAN A CINCO HOMBRES ESCOGIDOS A CAPTURAR AL REY.]

Y en cuanto oyeron esta orden, se pusieron en marcha tras el rey, y le siguieron tan velozmente que pronto lo tuvieron a su alcance. El rey, que los vio aproximarse, se enojó sobremanera, pues pensaba que si eran valientes le podrían acosar y hacerle demorarse, y tenerlo así entretenido hasta que llegaran los demás. Pero si sólo hubiera temido a aquellos cinco, creo con certeza que no hubiera tenido mucho miedo. Mientras andaba le dijo a su compañero:

–Aquellos cinco se acercan mucho; ya casi los tenemos a la mano; ¿podrás prestarme tú alguna ayuda, pues pronto nos veremos atacados?

–Sí señor –dijo él–, toda la que yo pueda.

–Dices muy bien –repuso el rey–, a fe mía que los veo acercarse a nosotros. No avanzaré más, sino que aquí esperaré mientras me queda aliento, y veo qué fuerza pueden tener ellos.

El rey se plantó allí muy decidido, y los cinco llegaron en seguida, con grandes bravatas y amenazas. Entonces tres se fueron hacia el rey; y hacia su compañero, con las espadas en la mano, con brío se lanzaron los otros dos. El rey hizo

---

[11] Tener hermanos de leche era una costumbre celta; Carrick era zona céltica, y la madre de Bruce procedía de una antigua familia celta. No se conoce el nombre de este hermano de leche.

frente a los que le buscaron, y al primero le asestó tal golpe que le cortó la mejilla y la oreja hasta el cuello, y llegó hasta el hombro. Cayó al suelo sin sentido, y los dos, que vieron a su compañero caer tan pronto, tuvieron miedo y se retiraron un poco. El rey miró entonces a su lado, y vio a los otros dos luchando fieramente contra su acompañante. Con eso, dejó a los dos que le atacaban, y dio un salto hasta los que luchaban con su compañero, y a uno de ellos le cortó la cabeza de un golpe. Luego regresó a enfrentarse con los suyos. Vinieron hacia él con gran fuerza; él recibió al primero con tal brío, que con la espada de cortante filo le separó el brazo del cuerpo. Cuántos golpes dieron, no lo sé decir, mas al rey le fue tan bien, que aunque pasó esfuerzos y sufrimientos, mató a cuatro de sus enemigos. Poco después, su hermano de leche acabó con los días del quinto. Y cuando vio el rey que los cinco habían perdido la vida de ese modo, le dijo a su compañero:

—Bien me has ayudado, a fe mía.

—Os place decir eso —contestó él–, mas vos os enfrentásteis a la mayor parte de ellos, y de los cinco habéis matado a cuatro.

Respondió el rey:

—Tal como ha ido el juego, yo he podido hacerlo mejor que tú, pues he tenido más ocasión, puesto que los dos que se ocupaban de tí, al ver que a mí me atacaban tres, no tenían ningún miedo de mí, ya que pensaban que estaba muy acosado, y como no contaba para ellos, a mí me fue más fácil atacarlos.

Con eso el rey miró a su alrededor, y vio que la compañía de Lorne se acercaba con su sabueso. Entonces con su compañero se retiró veloz a un bosque cercano. ¡Dios los asista en su misericordia!

LIBRO VII

[DE CÓMO JUAN DE LORNE BUSCÓ AL BUEN REY ROBERTO DE BRUCE CON UN SABUESO.]

El rey se ha ido hacia el bosque, cansado, sudoroso y desconcertado. Pronto se internó en el bosque y fue bajando hacia un valle, por donde corría un arroyo entre los árboles. Allí se dirigió con mucha prisa, y se sentó a descansar, y dijo que no podía ir más lejos. Su compañero le dijo:

–Señor, no puede ser. Si os quedáis aquí pronto veréis a quinientos que desean mataros, y ésos son muchos para nosotros dos. Y puesto que no podemos por la fuerza, ayudémonos todo lo que podamos con la maña.

Dijo el rey:

–Puesto que así lo quieres, ve delante, y yo iré contigo. Mas muchas veces he oído decir que quien anda vadeando a lo largo de un arroyo un tiro de arco, hace que tanto el sabueso como el que lo lleva pierdan el rastro que le habían hecho seguir. Probemos ahora si es así, pues si no estuviera ese perro del diablo, yo no tendría miedo del resto de ellos.

[AQUÍ EL SABUESO LE PIERDE EL RASTRO.]

Tal como lo pensó, así lo hicieron y entraron pronto en el agua y fueron caminando aguas abajo, y más adelante salieron a tierra y siguieron con el mismo rumbo. Y Juan de Lorne, con gran aparato, llegó con su mesnada hasta el lugar en donde habían muerto sus cinco hombres. Se lamentó cuando los vio allí, y luego dijo, pasado un breve rato, que vengaría su sangre; mas el juego tornó de otro modo. No quiso permanecer más allí, sino que siguió aprisa tras el rey. Llegaron justo hasta el arroyo, mas allí el sabueso se detuvo, y vaciló de un lado a otro mucho tiempo, sin poder ir en ninguna dirección fija, hasta que por fin Juan de Lorne notó que el perro había perdido el rastro, y dijo:

–Hemos fracasado en esta empresa. De nada nos serviría seguir más adelante, pues este bosque es muy ancho y largo, y a estas horas él ya está muy lejos. Así pues es mejor que regresemos, y no gastemos más esfuerzo en vano.

Con eso reagrupó a su mesnada y regresó de nuevo a su ejército.

[O QUIZÁ LO MATARON CON UNA FLECHA.]

De este modo escapó el noble rey, aunque hay quien dice que su escapatoria se hizo de otro modo, y no vadeando, pues cuentan que tenía un arquero muy bueno, y que cuando éste vio a su rey en tan mal trance, que se había quedado solo, fue corriendo siempre a su lado hasta que el rey entró en el bosque. Entonces se dijo a sí mismo que se detendría allí por ver si podía matar al sabueso, pues sabía muy bien que si el perro seguía vivo perseguirían el rastro del rey hasta que lo alcanzaran, y bien sabía que entonces lo matarían. Y como quería ayudar a su señor, aventuró su vida y se quedó al acecho en un arbusto esperando a que el sabueso se pusiera a tiro, y pronto lo mató con una flecha, y luego se retiró por el bosque. Mas si esta escapatoria sucedió como antes la he contado, o como ahora, lo que sí sé, y no hay lugar a dudas, es que el rey escapó en ese arroyo.

De cómo los hombres que llevaban las ovejas pensaron matar al rey Roberto de Bruce.

El rey ha proseguido su camino y Juan de Lorne de nuevo ha regresado hasta sir Aymer, quien entonces regresaba de la persecución con sus hombres, que poco habían logrado en su empeño, pues aunque dieron una gran caza con mucho brío, poco consiguieron; sus enemigos escaparon casi todos. Dicen algunos que sir Tomás Randolph aquel día en la persecución capturó el pendón del rey, y que por ello recibió grandes honores y alabanzas del rey de Inglaterra[1]. Cuando los perseguidores se hubieron reagrupado, y Juan de Lorne se reunió con ellos, le explicó toda la historia a sir Aymer, de cómo se había escapado el rey, y cómo había matado a cinco de sus hombres y luego se había retirado al bosque. Cuando sir Aymer escuchó esto, en seguida se santiguó maravillado, y dijo:

–Es muy digno de alabanza, pues no conozco a nadie vivo que en semejante lance fuera capaz de defenderse así. Pienso que sería muy difícil de matar si estuviera en igualdad de condiciones.

De esta manera habló sir Aymer.

[Aquí tres traidores con una oveja se encuentran con el rey.]

El buen rey Roberto siguió su camino con su compañero hasta que hubieron atravesado el bosque. Entonces entraron en el páramo, que era elevado y ancho y largo, y antes de que hubieran atravesado la mitad, vieron a tres hombres que se acercaban, con aspecto de aventureros y vagabundos. Llevaban hachas y también espadas, y uno de ellos traía echada al cuello una gran oveja atada. Se encontraron con el rey y lo saludaron, y él les devolvió el saludo y les preguntó a dónde iban. Contestaron que buscaban a Roberto de Bruce, pues si podían encontrarlo, deseaban unirse a él. El rey les dijo:

–Si eso es lo que queréis, venid conmigo por nuestro camino, y pronto haré que lo veáis.

Por su modo de hablar barruntaron que él era el propio rey Roberto, y mudaron el rostro y los modales, y no se comportaron como antes, pues eran enemigos del rey, y pensaban fingir arteramente, y quedarse con él hasta que vieran la ocasión, y acabar entonces con sus días. Así pues, asintieron a sus pala-

---

[1] Véase la nota 10 al libro VI.

bras, pero el rey, que era sagaz, se dio cuenta por su comportamiento de que no le querían nada bien, y les dijo:

–Compañeros, hasta que todos nos conozcamos más, vosotros tres tenéis que ir delante juntos, y del mismo modo nosotros dos os seguiremos de bien cerca desde atrás.

Ellos dijeron:

–Señor, no es menester temer de nosotros nada malo.

–Ni yo lo temo –les contestó–, mas quiero que así vayáis, delante, hasta que nos conozcamos más unos a otros.

–De acuerdo –respondieron–, si lo deseáis así.

Y siguieron todos su camino. Así continuaron hasta que se aproximó la noche, y entonces los que iban delante llegaron a una alquería abandonada, y allí mataron la oveja e hicieron fuego para asar la carne, y le preguntaron al rey si deseaba comer y descansar hasta que la carne estuviera preparada. El rey, que, os lo aseguro, estaba hambriento, enseguida asintió a sus palabras, mas dijo que quería que él y su compañero estuvieran solos junto a un fuego, y que ellos tres en la otra punta de la casa encendieran otro; y así lo hicieron. Se retiraron a un extremo, y le enviaron la mitad de la oveja. Ellos dos asaron pronto la carne, y se pusieron a comer de buena gana, pues el rey llevaba mucho tiempo en ayunas, y se había esforzado grandemente, así que comió con avidez. Y una vez que, raudo, hubo comido, tuvo tan grandes ganas de dormir, que no pudo oponerles resistencia, pues cuando las venas están llenas, los hombres se sienten pesados, y la pesadez lleva hacia el sueño. El rey, que tanto se había esforzado, comprendió que tenía que dormir. A su hermano de leche le dijo:

–¿Puedo confiar en tí para que me despiertes cuando haya dormido un poco?

–Sí, señor –dijo él–, mientras yo aguante.

El rey entonces se adormiló un ratito, pero no durmió tranquilamente, sino que a cada poco alzaba la vista de repente, pues temía a aquellos tres hombres que estaban junto al otro fuego. Él bien sabía que eran enemigos, y por eso durmió como pájaro en rama.

[AQUÍ MATÓ A LOS TRES TRAIDORES.]

El rey se había adormilado un poco, cuando a su hombre le atacó tal sueño, que no podía ya abrir los ojos, y se quedó dormido y roncó mucho.

Ahora se encuentra el rey en gran peligro, pues si sigue durmiendo, aunque sea poco, lo matarán sin duda, ya que los tres traidores se habían dado cuenta de que él dormía, y también su compañero. Entonces se levantaron veloces y pronto desenvainaron las espadas, y se dirigieron hacia el rey, al ver que estaba dormido, pensando matarlo en pleno sueño. [A grandes pasos iban hacia él, mas en ese momento por la gracia de Dios][2], el rey abrió los ojos de repente, y vio a su acom-

---

[2] Los versos correspondientes aparecen en el manuscrito de Cambridge, pero no en el de Edimburgo.

pañante dormido a su lado, y a los otros tres que se acercaban. Se puso en pie de un salto, sacó la espada y les hizo frente, y al pasar le dio un fuerte pisotón a su compañero. Éste se despertó y se alzó medio dormido, pero de tal modo era presa del sueño, que antes de que se pusiera en pie uno de los que venían a matar al rey le dio tal golpe según se levantaba que ya no pudo ayudarle en nada. El rey estaba entonces en un trance tan malo como no lo había estado aún; de no ser por la armadura que llevaba habría muerto allí sin duda alguna. Mas a pesar de todo, en esa lucha se defendió tan bien, que mató a los tres traidores, con la gracia de Dios y su hombría. Su hermano de leche yacía muerto, y él se sintió muy desconcertado al ver que se había quedado solo. Hizo un lamento por su hermano de leche, y maldijo a los otros tres, y luego se puso en marcha solo, y se fue derecho al lugar señalado.

[AQUÍ EL REY ACUDE A LA CITA.]

El rey avanzó airado y encolerizado, lamentando tiernamente la muerte de su compañero, y siguió su camino en solitario, y fue derecho hasta aquella casa en donde había citado a su mesnada. Ya era noche cerrada para entonces; llegó al lugar y se encontró allí al ama de la casa sentada en el banco. Ella le preguntó quién era, y de dónde había llegado, y a dónde iba.

–Señora, un viajero –dijo él–, que se afana por todo este país.
Respondió ella:
–Todos los que se están esforzando en nombre de uno son bienvenidos aquí.
El rey le preguntó:
–Buena señora, ¿quién es aquél que hace que seáis tan inclinada hacia aquéllos que se esfuerzan?
–En verdad, señor, que os lo diré –respondió la mujer–. El rey Roberto de Bruce, que es el señor legítimo de este país. Sus enemigos lo acosan ahora, mas antes de que pase mucho tiempo, yo espero verlo como rey y señor de toda esta tierra, y ningún enemigo le podrá hacer frente.
–Señora, ¿tan bien lo queréis? –preguntó él.
–Sí señor –contestó ella–, así me salve Dios.
–Señora –dijo–, lo tienes aquí al lado, pues soy yo; de verdad te lo digo; es cierto, señora[3].
–¿Y dónde están vuestros hombres, que andáis así tan solo?
–En este momento, señora, no tengo a ninguno.
Ella dijo:
–En modo alguno puede ser así. Tengo dos hijos fuertes y ardidos; pasarán a ser vuestros enseguida.

---

[3] Según editan el manuscrito McDiarmid y Stevenson, aquí el rey pasa del "vos" al "tú", pues emplea la forma *thee* correspondiente a la segunda persona singular en dativo/acusativo, donde antes ha empleado *you*, que era la forma de plural empleada como forma cortés del singular. Ella, como es lógico, sigue usando la forma cortés. Normalmente, el rey se dirige a sus súbditos con el "tú" (*thou*), y ellos usan la forma de cortesía "vos" (*ye*), pero aquí, el rey, que en un primer momento no quiere identificarse como tal y no sabe con quién está tratando, ni si es amiga o enemiga, comienza la conversación usando la forma cortés.

Tal como ella lo dijo, así lo hicieron. Pronto juraron como hombres del rey[4]. Luego la mujer le hizo sentarse y comer. Mas apenas se había puesto a la mesa, cuando oyeron un gran estruendo en torno a la casa, y sin demora se pusieron en pie para defenderla, mas al poco el rey reconoció a Jacobo de Douglas. Entonces, regocijado, abrió las puertas rápidamente, y entraron todos los que habían llegado. Estaba allí sir Eduardo de Bruce, y también Jacobo de Douglas, que había escapado a la persecución y se había reunido con el hermano del rey. Luego se habían dirigido al lugar que les había sido señalado, con su compañía, que eran más de ciento cincuenta.

[AQUÍ SE REÚNE CON SU MESNADA.]

Cuando ellos vieron al rey, se alegraron de aquel encuentro, y le preguntaron cómo había logrado escapar, y él les explicó toda la historia: cómo los cinco lo persiguieron de cerca, y cómo pasó por el arroyo, y cómo se encontró a los tres ladrones, y cómo hubiera muerto estando dormido, de no haber despertado por gracia de Dios, y cómo su hermano de leche había muerto; todo se lo contó enteramente. Entonces en común alabaron a Dios porque su señor hubiera así escapado, y luego intercambiaron más palabras, hasta que dijo el rey:

–Hoy nos ha castigado la fortuna, que nos dispersó tan repentinamente. Esta noche nuestros enemigos dormirán confiados, pues piensan que hemos huido temblando aquí y allá, y que estamos tan desperdigados que en los próximos tres días no lograremos reagruparnos. Por lo tanto, confiados, esta noche descansarán tranquilos y sin guardias. Así que quien conociera dónde han acampado, y se echara sobre ellos de repente, con pocos hombres podría hacerles daño, y escapar después sin gran peligro.

–A fe mía –dijo Jacobo de Douglas–, que por casualidad, según venía, pasé tan cerca de su campamento que os puedo llevar a donde están, y si os apresuráis, aún puede ocurrir que tengamos ocasión de hacerles pronto más daño del que ellos nos han causado hoy, pues están desperdigados a su antojo.

Les pareció entonces que lo mejor era ir allí de inmediato, y así lo hicieron sin perder más tiempo, y allí llegaron al amanecer, cuando empezaba a despuntar el día.

[AQUÍ EL REY CON SU MESNADA CAE POR SORPRESA
SOBRE SUS ENEMIGOS, Y MATÓ A MUCHOS.]

Sucedió que una compañía se había aposentado en un poblado a más de una milla del grueso del ejército; decían que había unos doscientos. Allí mandó cargar el noble rey, y poco después, los que estaban durmiendo comenzaron a gritar y bramar de un modo horrible, y otros que oyeron los gritos se levantaron tan des-

[4] Para Skeat, esta historia de la mujer que le entrega dos hijos a Bruce es una repetición de la del libro IV, donde una mujer le augura el éxito y envía a sus hijos con él.

pavoridos que algunos de ellos iban desarmados buscando algún refugio aquí y allá, y algunos tomaron sus armas, y los hombres del rey sin piedad los mataron, y se tomaron tan cruel venganza, que las dos terceras partes, y aún más, cayeron muertos en aquel lugar, y el resto huyó hacia su ejército. Los del ejército, que oyeron el ruido y los gritos, y vieron a sus hombres llegar tan desgraciadamente, algunos huyendo desarmados por doquier, unos sanos, otros muy malheridos, se levantaron con un gran miedo, y cada uno se fue a su bandera, de modo que se alborotó todo el ejército.

El rey y los que estaban junto a él, cuando vieron ese alboroto, regresaron hacia su refugio, y allí llegaron sanos y salvos. Y cuando sir Aymer oyó decir cómo el rey había matado a sus hombres, y cómo luego habían regresado, dijo:

–Ahora podemos ver muy claramente que un noble corazón, donde quiera que esté, es muy difícil de vencer por la fuerza, pues donde hay un corazón valiente, es siempre firme contra la firmeza, y creo que no existe miedo alguno que lo pueda desalentar, mientras el cuerpo esté vivo y libre, como se puede ver por esta lucha. Creíamos que Roberto de Bruce había sido castigado de tal manera que no le podría quedar corazón ni ánimo para intentar semejante acción, pues lo dejamos en tal desventaja que él se había quedado solo, y todos sus hombres se habían ido de él, y tuvo que esforzarse de tal modo para rechazar a los que le atacaban, que esta noche debería haber deseado descansar por encima de toda otra cosa. Mas su corazón rebosa de valor, y nunca puede darse por vencido.

[AQUÍ SIR AYMER PASA HASTA CARLYLE.]

De este modo habló sir Aymer, y cuando los de su compañía vieron cómo se habían esforzado en vano, y cómo el rey había matado a sus hombres, y los de él habían escapado todos libres, les pareció que era necedad quedarse allí durante más tiempo, puesto que no podían hostigar al rey. Así se lo dijeron a sir Aymer, que decidió rápidamente dirigirse a Carlyle[5], y quedarse allí algún tiempo, y poner sus espías tras el rey, para saber todos sus movimientos, y cuando pudiera ver la ocasión, pensaba caer sobre él de repente con una gran mesnada. Así pues, con toda su compañía, toma el camino de Inglaterra, y cada uno regresa a su casa. Y él se fue aprisa a Carlyle, y allí pensaba permanecer hasta que viera su oportunidad de ir contra el rey, que entonces estaba aún en Carrick en donde a veces solía ir de caza con sus hombres.

[AQUÍ SE ENCUENTRA EL REY CON TRES TRAIDORES.]

Ocurrió que un día el rey salió en busca de la caza que había en esas tierras, y sucedió que ese día se fue a acechar a la orilla de un bosque, él solo con sus dos

---

[5] McDiarmid indica que es probable que Aymer de Valence fuera a Carlyle a buscar tropas de refuerzo, pues está documentado que le fueron enviadas, pero que también está documentado que él se movió por las tierras del oeste en esos meses.

perros; mas siempre llevaba consigo la espada. Llevaba poco tiempo allí sentado cuando vio salir del bosque a tres hombres con arcos en las manos, que se dirigían raudos hacia él, y se dio cuenta inmediatamente, por su aspecto y su comportamiento, de que no le querían nada bien. Se puso en pie y soltando la traílla dejó a sus perros sueltos. ¡Que Dios ayude ahora al rey Roberto! Pues a no ser que se muestre fuerte y sabio, se verá en un lance muy peligroso. Esos hombres sin duda eran todos enemigos de él, y le habían espiado sin descanso, para ver cuándo podían vengarse de él por Juan Comyn. Creyeron que ése era un buen momento, y puesto que él se encontraba solo, pensaron que debían matarlo en seguida, y que si lo lograban, y una vez que hubieran matado al rey podían ganar de nuevo el bosque, no tenían que temer a sus hombres. Aprisa se fueron hacia el rey, y tensaron los arcos cuando estuvieron cerca, y él, que temía grandemente a sus flechas, pues iba sin armadura, les dirigió raudo la palabra, y dijo:

–¡Vergüenza habría de daros, a fe mía, siendo yo uno y vosotros tres, dispararme con flechas desde lejos! Si tuviérais coraje de acercaros, y de atacarme con vuestras espadas, si lográseis vencerme de ese modo, mereceríais mucho más honor.

–En verdad –dijo uno de los tres–, que ningún hombre podrá decir que os tuvimos tanto miedo que os matamos con flechas.

Con eso, arrojaron los arcos, y avanzaron sin mayor demora. El rey les hizo frente con gran arrojo, y al primero lo golpeó tan vigorosamente que cayó muerto sobre la hierba. Y cuando un perro del rey vio a esos hombres atacar a su amo, saltó sobre uno de ellos y lo agarró por el cuello con mucha fuerza, hasta que lo hizo caer de bruces, y el rey, que había sacado la espada, vio de qué modo lo había ayudado; antes de que el hombre caído se pudiera levantar, lo atacó de tal manera que le partió la espalda en dos. El tercero, que vio cómo sus compañeros habían muerto sin remedio, se dio a la fuga hacia el bosque de nuevo, mas el rey lo siguió a toda prisa; y también el perro que estaba junto a él, cuando vio que el hombre se escapaba, se lanzó tras él y pronto lo alcanzó por el cuello y lo arrastró hacia el rey, y éste, que no estaba muy atrás, antes de que se levantara le dio tal golpe que lo dejó más muerto que una piedra.

Los hombres del rey, que entonces estaban cerca, cuando vieron que su rey había sido así atacado de repente, se apresuraron a ir hacia él, y le preguntaron cómo había sucedido, y él les explicó completamente cómo los tres lo habían atacado.

–En verdad –dijeron–, que podemos ver que es difícil emprender la lucha contra vos, que tan rápidamente habéis matado a esos tres, sin sufrir daño.

–A fe mía –dijo él–, que yo sólo maté a uno; Dios y mi perro mataron a los otros. La traición les ha perdido, en verdad, pues eran hombres vigorosos.

[Aquí sir Aymer pone al rey en gran peligro.]

Cuando el rey hubo escapado de esta manera por la gracia de Dios, hizo sonar su cuerno y rápidamente empezó a reagrupar en torno a él a sus hombres, y se dispuso a regresar a casa, pues no quería cazar más ese día. Se quedó algún tiempo en Glen Trool[6], y muy a menudo salía a cazar por divertirse, y por conseguir venado para sus hombres, pues era la estación. Durante todo ese tiempo, sir Aymer, con hombres nobles en su compañía, seguía en Carlyle esperando su ocasión; y cuando supo con certeza que el rey estaba en Glentrool, y que iba a cazar y a divertirse, pensó caer sobre él de repente con su caballería. Pensó salir de Carlyle y viajar de noche, y durante el día ocultarse, y así, con esa marcha forzada, pensaba sorprender al rey. Reunió una gran mesnada de gente de muy buen renombre, tanto escoceses como ingleses. Entonces se pusieron todos en marcha, y cabalgaron de noche muy secretamente, hasta que llegaron a un bosque cerca de Glentrool, en donde había acampado el rey, que no sabía nada sobre su llegada. ¡En gran peligro se encuentra ahora! Pues a no ser que Dios por su gran poder lo salve, lo matarán o lo harán cautivo, pues ellos eran seis por cada hombre del rey.

DE CÓMO SIR AYMER DE VALENCE ENVIÓ A UNA MUJER A ESPIAR AL REY ROBERTO EN GLENTROOL.

Cuando sir Aymer, como ya he contado, con sus hombres que eran fuertes y osados llegó tan cerca del rey que estaban a tan sólo una milla, se aconsejó con sus hombres sobre lo que debían hacer. Pues él les dijo que el rey estaba alojado en un sitio tan angosto, que la caballería no podría atacarlo, y si los hombres de a pie le presentaran batalla, sería difícil vencerlo, si le hubieran advertido de que llegaban.

–Por lo tanto, yo aconsejo que en secreto mandemos a una mujer a espiarlo; que vaya vestida pobremente. Puede pedir comida por caridad, y ver enteramente su situación, y de qué modo están acampados, y mientras tanto nosotros, con nuestras mesnadas, iremos avanzando por el bosque, a pie y completamente armados, como ahora. Si lo hacemos de manera que nos acerquemos hasta ellos antes de que adviertan nuestra llegada, no encontraremos ninguna oposición.

Este consejo les pareció el mejor, y entonces, sin mayor demora, enviaron a la mujer que había de ser su espía. Y ella tomó enseguida su camino, derecho hacia el campamento en donde el rey, que no temía un ataque por sorpresa, se paseaba sin armadura, alegre y feliz. En seguida vio a la mujer; le era desconocida, y, por lo tanto, la miró más detenidamente, y por su aspecto le pareció que no había venido para nada bueno. Entonces mandó que la prendieran enseguida, y ella, que temía que la matasen, les contó cómo sir Aymer, con el de Clifford y con la flor de la caballería de Northumberland, estaba casi encima de ellos.

Cuando el rey escuchó esas noticias, se armó sin esperar más, y lo mismo hicieron cuantos estaban allí. Luego formaron en orden muy cerrado, creo que había cerca de trescientos. Y cuando estuvieron todos reunidos, el rey mandó desplegar su bandera, y dispuso a sus hombres en buen orden; mas no había pasado ni un momento cuando muy cerca de ellos vieron a sus enemigos que avanzaban por el bosque, armados y a pie, con la lanza en la mano, y apresurándose muy

---

[6] En Galloway. Los acontecimientos narrados a partir del ataque de Bruce contra Turnberry relatado en el libro V suceden todos entre el sur de Carrick y Galloway.

grandemente. Pronto empiezan el estrépito y los gritos, pues el buen rey, que estaba el primero, fue bravamente hacia sus enemigos, y arrebató de la mano de un hombre que avanzaba a su lado un arco y una flecha ancha, y al primero de los enemigos lo alcanzó en el cuello, de modo que partió en dos garganta y gollete, y él cayó a tierra.

[AQUÍ MIL QUINIENTOS FUERON DERROTADOS POR
UNOS POCOS ESCOCESES.]

Al ver eso, el resto se detuvo, y sin esperar más, el noble rey le arrebató el pendón a su portaestandarte, y gritó:

–¡A ellos, pues están derrotados!

Con esas palabras, desenvainó raudo su espada y cerró contra ellos con tanto arrojo que todos los de su compañía se enardecieron al ver su hazaña, pues algunos que habían comenzado a huir, volvieron velozmente a la batalla, y se enfrentaron con sus enemigos tan vigorosamente que toda la vanguardia fue rechazada; y cuando los que estaban más atrás vieron que los primeros dejaban el lugar, volvieron las espaldas y huyeron, y se retiraron del bosque. El rey sólo mató a unos pocos, pues pronto se marcharon otra vez. Los desconcertó enormemente que el rey, con toda su mesnada, estuviese armado para defender aquel lugar que ellos pensaban haber tomado sin luchar, gracias a sus marchas nocturnas; eso los asustó de repente, y el rey los persiguió con tanta furia que ellos de nuevo, y con grandes prisas, huyeron del bosque hacia el llano, pues les había fallado el plan trazado. Aquella vez fueron humillados de tal forma, que más de mil quinientos hombres fueron rechazados por una pequeña mesnada, hasta tener que retirarse vergonzosamente[7]. A causa de esto, entre ellos surgieron pronto los enfrentamientos, pues cada uno culpaba a otro de su desventura. Clifford y Vaus tuvieron una disputa, y Clifford le dio una bofetada; entonces los demás tomaron partido, pero sir Aymer, que era sabio, los separó con grandes esfuerzos, y regresaron de nuevo a Inglaterra[8]. Él sabía que, si surgía entre ellos la disensión, no podría mantenerlos juntos sin disputas y luchas; por lo tanto, se volvió a Inglaterra, con más vergüenza que cuando había salido, ya que tantos y de tan gran renombre habían visto cómo tan pocos hombres les presentaban batalla sin que ellos hubieran tenido valor para atacar.

---

[7] Esta derrota de los ingleses probablemente se refiere a una retirada de Aymer de Valence llevada a cabo a finales de abril o principios de mayo, que causó gran irritación a Eduardo I.

[8] Explica McDiarmid que tras la derrota llegó al colmo la desconfianza que sentían los ingleses hacia aquellos escoceses que, más que aliados del rey Eduardo, eran enemigos de Roberto de Bruce. Algunos luchaban con los ingleses sólo con la esperanza de recuperar sus tierras, como el mencionado sir John de Vaus, quien al principio apoyaba a Bruce y sólo se pasó al bando inglés cuando le fueron confiscadas sus tierras de Dirlton en el este de Lothian. Las confiscó Valence por orden expresa de Eduardo I a finales de 1306.

Libro VIII

El rey, cuando se hubo ido sir Aymer, reunió a toda su mesnada y abandonó los bosques y montañas y se fue hacia el llano, pues ya ansiaba poner fin a lo que había iniciado, y sabía que no podía hacerlo si no era esforzándose. Primero fue a Kyle, y esa tierra la hizo obediente a él; la mayor parte de los hombres se le sometieron. Después, y sin cesar, puso bajo su señorío a la mayor parte de los de Cunningham. Sir Aymer estaba entonces en Bothwell[1], y sintió una gran furia en su corazón, pues los de Cunningham y Kyle, que antes le prestaban obediencia, habían abandonado su lealtad a los ingleses. Así que deseó vengarse, y envió a Felipe de Mowbray, con mil hombres bajo su mando, según oí decir, a Kyle, a guerrear contra el rey. Mas Jacobo de Douglas, que siempre tenía espías desplegados por todas partes, supo que venían, y que pasarían por el arroyo de Makyrnok[2]. Se llevó en secreto a aquéllos que eran de su compañía, que no pasaban de cuarenta, y se dirigió a un paso estrecho que está en el camino del Makyrnok; se llama el vado de Edir, y está entre dos pantanos, por donde no puede pasar ningún caballo. En la orilla sur, donde estaba Jacobo, hay una subida, un paso estrecho, y por el norte está el camino, tan malo como aparece hoy.

Douglas, con los que iban con él, se emboscó para esperar al enemigo. Podía verlos venir desde muy lejos, pero ellos no podían verlo a él. Estuvieron emboscados toda la noche, y cuando ya brillaba fuerte el sol, vieron llegar en orden de batalla a la vanguardia, con la bandera desplegada, y poco después vieron al resto, que no le iba muy a la zaga. Se quedaron muy quietos y escondidos hasta que los primeros de aquella mesnada hubieron entrado en el vado, y luego se abalanzaron sobre ellos con un grito, y con armas cortantes y afiladas rechazaron a algunos en el vado, y entre los otros, con flechas anchas barbadas, hicieron tan gran mortandad que comenzaron a retirarse. Mas detrás de ellos el camino estaba tan lleno de gente que por allí no podían huir rápidamente, y eso hizo que murieran muchos, pues no tenían ninguna otra salida más que por donde habían venido, a no ser que quisieran abrirse paso entre sus enemigos; pero ese camino les parecía demasiado peligroso. Sus enemigos les hicieron frente con tal ahínco, y sostuvieron la lucha con tanto valor, que les entró tanto miedo que aquéllos que pudieron huir primero así lo hicieron; y cuando la retaguardia los vio salir en desbandada, huyeron lejos cada uno por su lado. Mas sir Felipe de Mowbray, que cabalgaba con la vanguardia que había entrado primero en ese lugar, cuando vio en qué trance se encontraba, con el gran coraje que tenía, picó orgulloso espuelas al caballo, y a

---

[1] Carrick, Kyle y Cunningham son los distritos de Ayrshire que quedan al sur del río Doon y al norte del Irvine. El castillo y la baronía de Bothwell, que eran propiedad de la familia Murray, habían sido entregados a Valence por Eduardo I en 1301. El castillo se encontraba a orillas del río Clyde, al norte de Glasgow.

[2] McDiarmid aclara que este topónimo, que no fue bien interpretado por Skeat, se ha perdido. Se refería a un arroyo que iba desde la parroquia de Fenwick hasta la baronía de Rowallan, a unas millas al norte de Kilmarnock. Procedente de Bothwell, al noroeste, sir Philip naturalmente seguiría por la margen norte del arroyo, y Douglas, como indica Barbour, le esperó en el lado sur.

pesar de sus enemigos, cargó a través de lo más grueso de ellos, y hubiera escapado sin oposición, si no porque uno le agarrró la espada; pero su buen caballo no se detuvo, y siguió adelante decidido. Mas el otro aguantó tan fuerte, que la correa de la espada se partió, y espada y cinto se le quedaron en la mano, y él sin espada salió cabalgando fuera de su alcance, y allí se quedó y vio cómo sus mesnadas huían, y cómo el enemigo salvaba el espacio que quedaba entre ellos y sus hombres: entonces siguió su camino hacia Kilmarnow y Kilwinning, y luego hasta Ardrossan, y después, atravesando Largs, tomó el camino de Innerkip, hasta el castillo que entonces estaba todo lleno de ingleses[3], que lo recibieron con gran cortesía, y en cuanto supieron de qué modo había cabalgado solo desde tan lejos, atravesando entre los que eran todos sus enemigos, lo honraron muy grandemente y alabaron mucho su valor.

Así se escapó sir Felipe, y Douglas aún sigue en el lugar en donde había matado a más de sesenta. El resto se fue vergonzosamente, y huyeron de nuevo a casa, a Bothwell, en donde sir Aymer no se alegró nada cuando oyó contar que su mesnada había sido derrotada de aquel modo.

Mas cuando al rey Roberto le contaron cómo el osado Douglas había vencido a tantos con tan pocos hombres, se sintió muy alegre en su corazón, y toda su mesnada se sintió confortada, pues pensaron todos, caballeros e infantes, que tendrían que temer menos a sus enemigos, ya que su causa había ido tan bien.

[Aquí sir Aymer insta a luchar en el llano.]

El rey Roberto estaba en Galston, que está muy cerca de Loudon[4], y sometió toda aquella comarca. Cuando sir Aymer y los suyos oyeron cómo había arrasado la tierra, y cómo nadie se había atrevido a oponérsele, se enfureció mucho en su corazón, y con uno de su compañía le mandó un mensaje para decirle que si se atrevía a enfrentársele en el llano, el décimo día de mayo debería ir al pie del monte de Loudon, y que si quería enfrentársele allí, su valor sería más grande, y más noble, si le ganaba en el llano, con duros golpes y en combate igual, que si hacía mucho más, pero de forma artera.

El rey, que oyó a ese mensajero, sintió un gran despecho de que sir Aymer hablara de forma tan altiva, y así pues contestó airadamente, y al mensajero le dijo:

—Díle tú a tu señor que si estoy vivo, ese día me verá de muy cerca; si se atreve a seguir por el camino que ha señalado, pues, sin duda alguna, junto al monte de Loudon le veré.

---

[3] El castillo de Innerkip, que estaba en manos de los ingleses, está a unos 10 Kms. al sur de Wemyss Bay. Al llegar a Ardrossan, sir Philip había alcanzado la costa de Ayrshire; luego siguó subiendo por la costa y, atravesando la villa de Largs, llegó a Innerkip.

[4] Galston está a unos 8 Kms. al este de Kilmarnock, en la margen sur del río Irvine, y Loudon está en la margen norte. Bruce, que venía de Galston por la orilla sur del río, aguarda en el terreno más llano pero pantanoso que quedaba al sur del monte Loudon. McDiarmid opina que la fecha del 10 de mayo (de 1307) que da Barbour es aceptable.

[Aquí el rey prepara su ventaja en el lugar en donde debían luchar.]

El mensajero no esperó más, y volvió hasta su amo a caballo, y le dijo la respuesta en seguida, de lo que éste se sintió alegre y contento, pues, debido a su gran fuerza, pensó que si el rey se atrevía a venir a luchar, con la gran caballería que él tendría en su compañía, lograría derrotarlo, de modo que ya no tuviera remedio. El rey, por su parte, que era sabio y prudente, salió a caballo a reconocer y a elegir el lugar[5], y vio que el camino pasaba por un campo llano y seco, pero que a ambos lados había un terreno turboso ancho, que se extendía a un tiro de arco por cada lado del camino por donde pasaban los hombres cabalgando; y ese lugar le pareció demasiado ancho para esperar a hombres montados. Así que mandó cavar tres zanjas a ambos lados, que llegaran hasta el camino, y que quedaran espaciadas entre ellas a un tiro de arco o más. Tan hondas eran, y tan elevados los diques hechos con la tierra sacada, que los hombres no podrían pasar a no ser con mucho esfuerzo, aunque nadie se les opusiera. Mas dejó aberturas en el camino tan grandes que por ellas podían pasar quinientos hombres juntos a la vez. Allí pensó aguardar la batalla, y luchar contra ellos, pues él no temía que fueran a atacarle por los flancos, ni que vinieran por la retaguardia, y pensó que de frente sí podría defenderse. Allí mandó cavar otras tres zanjas profundas, pues si no podía conseguir detenerlos en la primera, aún tendría la segunda en su poder; y hasta la tercera, si sucediera que hubieran pasado las otras dos.

De esta manera se preparó, y luego reunió a su mesnada, que eran seiscientos hombres de armas, sin contar a los bagajeros, que eran otros tantos o aún más. Con toda esa mesnada se dirigió, la tarde anterior al día en que se habría de librar la batalla, a Little Loudon[6], en donde iba a esperar hasta ver llegar a sus enemigos. Luego pensaba apresurarse con sus hombres para llegar a las zanjas antes que ellos.

---

[5] McDiarmid da la siguiente explicación. Al hacer el reconocimiento del camino que tendría que seguir Valence desde Avondale, Bruce observa que hay una zona de terreno turboso que se extiende a lo largo de "un tiro de arco" a ambos lados del camino, más llano y seco, de modo que el enemigo le puede atacar por un frente demasiado ancho como para poder controlar la defensa. Se propone estrecharlo de forma que sus 600 lanceros puedan defenderse. Hace excavar tres trincheras largas y profundas (el cronista Le Baker también recoge tres trincheras en Bannockburn) en los terrenos laterales para dificultar el paso de la caballería, y excavaciones parecidas en el camino. Por este campo más restringido Valence envía dos divisiones de caballería (según la exageración de Barbour de 1.500 hombres cada una), supuestamente en tres cuerpos. El primero se descompone al chocar con los lanceros, y como sólo puede huir por donde ha venido, se encuentra con el segundo, y comienza la confusión y la huida. El pequeño cuerpo de caballería de Bruce persigue a los que huyen. El paralelismo con la táctica de Bannockburn es tan grande que debemos sospechar que hay una influencia retrospectiva en la narración de Barbour.

[6] Little Loudon era el terreno en torno al monte de Loudon, cerca de Allanton. Little (pequeño) seguramente distinguía esta zona de la parte oeste de la parroquia, en la que estaba el castillo.

[Aquí aparece a la vista sir Aymer con su hueste.]

En el otro bando, sir Aymer reunió una caballería tan grande, que podían ser cerca de tres mil, pertrechados y armados de buen modo. Luego, como hombre de gran nobleza, se dirigió hacia la cita cuando llegó el día señalado. Avanzó a buen paso hacia el lugar que había escogido para la batalla; el sol se había alzado y brillaba centelleando sobre los escudos. Había dividido a los hombres que mandaba en dos batallas. El rey Roberto pronto por la mañana vio llegar delante a la primera, bien formada, con filas cerradas, y detrás de él, pero bastante cerca, vio a la otra que la seguía. Sus yelmos bruñidos brillaban relumbrando a la luz del sol, y sus lanzas y pendones y escudos iluminaban con su luz todos los campos. Sus mejores banderas, bordadas y brillantes, los caballos de tonos tan distintos, los escudos de armas variados, y las cotas de malla cubiertas por sobrevestas blancas como la harina los hacían refulgir como si fuesen ángeles de los reinos celestiales.

[Aquí el rey Roberto se le enfrenta con unos pocos.]

El rey Roberto dijo:
–Señores, ahora véis cómo esos hombres, con su gran poderío, querrían, si pudieran cumplir su voluntad, matarnos a todos, y lo demuestran claramente; y puesto que conocemos su crueldad, vayamos a su encuentro con tan gran arrojo que los más fuertes de su mesnada queden acobardados, pues si a los primeros los recibimos con ahínco, pronto veréis que los de atrás quedan amilanados. Y aunque ellos sean más que nosotros, eso bien poco debe desanimarnos, pues en el momento de entablar la lucha no podrá ser su número mayor que el nuestro. Por lo tanto, señores, cada uno de nosotros debe hacer acopio de gran valor, para que aquí mantengamos nuestro honor. Pensad qué alegría nos espera, si aquí conseguimos, como bien puede ser, la victoria sobre nuestros enemigos; pues entonces no habrá nadie, cerca ni lejos, a quien debamos temer en este país.
Contestaron entonces cuantos estaban en torno a él:
–Señor, si Dios lo quiere, obraremos de modo que no sea reprochable.
–Vayamos adelante, pues –exclamó el rey–, ¡y que aquél que de nada lo hizo todo, por su poder nos guíe y nos salve, y nos ayude a mantener nuestro derecho!
Con eso se pusieron en camino raudos, más de seiscientos en compañía, firmes y valientes, ardidos y fuertes, mas demasiado pocos, os lo aseguro, para luchar contra tantos hombres, si no fuera por su desmesurado valor.
Ahora el noble rey sigue su camino, muy valeroso y en buen orden, y llega a la primera zanja, y se sitúa en el paso. Los bagajeros y la chusma que no podían servir en la batalla los dejó detrás de él muy quietos, sentados juntos en lo alto del monte . Sir Aymer ha visto al rey bajar hasta el llano desde el monte, con sus hombres que eran despiertos y osados, y le pareció muy dispuesto a defender o a atacar si alguien le presentaba batalla. Por lo tanto, confortó a sus hombres, y les instó a ser fuertes y valientes, pues si pudieran vencer al rey, y obtener la victoria en la lucha, serían muy bien recompensados, y aumentarían mucho su renombre.

En esto estaban ya cerca del rey, y sir Aymer dejó sus amonestaciones y mandó tocar a la carga, y los más adelantados de su mesnada, cubiertos con sus anchos escudos, y unidos en orden bien cerrado, las cabezas agachadas y las lanzas en ristre, se dirigieron derechos hacia el rey, que los recibió con tan gran vigor, que los mejores y de más valor cayeron a tierra en el encuentro. Allí se podía oír tal ruido de lanzas que se quebraban, y tales alaridos y rugidos de los heridos, que era pavoroso escucharlo, pues los primeros que cargaron recibieron grandes golpes de espada y fueron combatidos bravamente. Entonces comenzaron el fragor y los gritos.

[AQUÍ EL REY GANA EN BATALLA ABIERTA.]

¡Ah, Dios todopoderoso! Quien hubiera estado allí, y hubiera visto el valor del rey, y el de su hermano que iba junto a él, cómo detuvieron tan decididamente al enemigo, y cómo su buen hacer y su valor infundieron gran fortaleza a su mesnada, y cómo Douglas tan virilmente alentaba a quienes estaban junto a él, bien tendría que haber dicho que ellos tenían deseo de conquistar y obtener honor. Los hombres del rey fueron tan valientes, que con lanzas afiladas muy cortantes atravesaban a hombres y caballos, hasta que la roja sangre manaba rauda de las heridas. Los caballos que estaban heridos coceaban, y al hacerlo derribaban a sus propios jinetes, de manera que los de la vanguardia cayeron en montones aquí y allá. El rey, que los vio rechazados de ese modo, y los vio tambalearse de un lado a otro, cerró contra ellos con tal ahínco, y los golpeó tan ardidamente, que hizo caer a muchos enemigos. El campo estaba casi todo cubierto de hombres y caballos derribados, y al buen rey le siguieron quinientos hombres armados que no querían dar tregua alguna a sus enemigos. Los golpearon con tan gran coraje, que en poco tiempo se pudo ver allí a más de cien hombres caídos por tierra. Los restantes quedaron tan despavoridos que comenzaron a retirarse, y cuando los de retaguardia vieron a la vanguardia tan descompuesta, huyeron sin mayor demora. Y cuando sir Aymer vio a sus hombres huir todos juntos a la vez, sabedlo bien, se sintió muy triste, mas ninguna palabra suya logró hacer que regresaran con él, y al ver que su esfuerzo era en vano, volvió la grupa y se marchó, pues el buen rey los acosó de tal modo que unos murieron y otros cayeron presos, y los demás se fueron por su camino.

[AQUÍ SIR AYMER PASA A INGLATERRA.]

La gente huyó de esta manera, sin detenerse, y sir Aymer regresó de nuevo a Bothwell, lamentando el daño recibido, y tan avergonzado de haber sido vencido de ese modo que se fue derecho a Inglaterra, se presentó ante el rey y, lleno de vergüenza, renunció allí a ser gobernador de Escocia, y nunca más, por motivo alguno, a no ser que viniera acompañando al mismo rey, volvió a guerrear a Escocia[7]. Tan ahincadamente se tomó que en una batalla convenida, el rey Roberto, con unos pocos hombres, casi chusma, lo derrotara a él con su gran hueste de hombres renombrados por su valor. Ese enojo tenía sir Aymer; y el rey Roberto, que era intrépido, esperó quieto en aquel lugar a que sus hombres abandonaran la persecución, y luego con los prisioneros que habían tomado se fueron a su campamento, alabando mucho a Dios por su buena ventura. Quien allí hubiera estado habría visto a una gente alegre y contenta por su victoria; y además tenían a un señor tan amable y gentil, tan cortés y de buen trato, tan jovial y de tan buen humor, y tan fuerte en la batalla, tan sabio y también tan precavido, que tenían gran causa para estar contentos. Y sin duda estaban alegres, pues muchos que vivían por allí, cuando vieron cómo se defendía el rey, acudieron a rendirle homenaje. Entonces su poder fue aumentando, y él pensó que le convenía pasar los montes de Mounth con su mesnada, para ver quiénes podían ser sus amigos. Él confiaba en sir Alejandro Fraser, pues eran primos, y en su hermano Simón, en los dos[8], mas le eran menester muchos más, pues tenía muchos enemigos. Sir Juan Comyn, conde de Buchan, y luego sir Juan de Mowbray, y el buen sir David de Brechin, con todos los hombres que ellos mandaban, eran enemigos del noble rey[9]. Y como él sabía que eran sus enemigos, se dirigió en esa dirección, para saber qué clase de final iban a dar a tantas amenazas.

[7] Skeat comenta que el rey ante quien se presenta sir Aymer debería ser aún Eduardo I de Inglaterra, que no moriría hasta el 7 de julio de 1307. McDiarmid señala que las victorias de Bruce recién narradas no le dieron el control absoluto del suroeste que da a entender el poema. Acosado por Valence y por Eduardo II, Bruce tuvo que retirarse en algunas ocasiones. Sir Aymer dejó el cargo de gobernador, que fue ocupado por Jean de Bretagne el 29 de septiembre, pero no salió de Escocia hasta el 12 de octubre. En octubre, tras la marcha de Valence y habiéndose ido Eduardo II a Francia, Bruce volvió a ocupar Galloway, y fue entonces cuando tomó la decisión de pasar al norte de la ría del Forth, para controlar esa parte de Escocia antes de que Eduardo II regresara con más fuerzas. Bruce dejó que sus partidarios del sur se ocupasen de los ingleses y anglo-escoceses, que ahora estaban más bien a la defensiva. Su primer objetivo era el poder de los Comyn en el noreste. En noviembre y diciembre, tras pactar una tregua de conveniencia con John of Lorne, tomó y destruyó una serie de castillos importantes, y se adentró en las tierras hostiles del duque de Buchan.

[8] Alexander Fraser y Simon Fraser, de Kincardineshire, sólo se podrían considerar "primos" del rey una vez que Alexander se casara con Mary Bruce, hermana del rey, cosa que sucedería después. El manuscrito de Cambridge pone *frendis*, "amigos" en lugar de *cosyngis* "primos", que en todo caso hay que interpretar en el sentido amplio de "parientes". Skeat se extrañó de que aquí y en el libro X se mencionara a Simon Fraser, pues –como se dice en el libro II– había sido ejecutado en 1306, pero McKenzie señala que se trata de otro, citado entre los burgueses honorarios de Aberdeen en 1317 y que murió en la batalla de Halidon Hill en 1333.

[9] John Comyn, duque de Buchan (al igual que Robert Umfraville duque de Angus), había sido partidario de la facción de Balliol, y ahora lo era de los ingleses. Sir John Mowbray tenía tierras en Methven y fue nombrado gobernador inglés de la zona al norte de los montes de Mounth (parte de las montañas Grampian) en agosto de 1307. El "buen" sir David of Brechyne había estado en las cruzadas, y su posterior ejecución por traición tácita, no activa, a manos de los ingleses, suscitó mucha compasión.

DE CÓMO EL BUEN REY ROBERTO PASÓ HACIA EL NORTE, MÁS ALLÁ DE LOS MONTES DE MOUNTH.

El rey se preparó y se dispuso a viajar hacia el norte con sus hombres. Se llevó consigo a su hermano, y también a sir Gilberto de la Hay; el conde de Lennox estaba allí también, que iba con el rey a todas partes, y sir Roberto Boyd, y otros más[10].

El rey emprendió su camino, y dejó atrás a Jacobo de Douglas, con toda la gente que estaba con él, para ver si podía recuperar sus tierras. Douglas quedó expuesto a muy gran peligro, mas pasado poco tiempo, gracias su extremado valor consiguió someter a la paz del rey a todo el bosque de Selkirk, y también a Douglasdale y al bosque de Jedburgh. Y quien quisiera ponerse a narrar sus hazañas una por una, encontraría que había muchas, pues en su día, según me han contado, fue derrotado en trece ocasiones, y salió victorioso en cincuenta y siete. No le parecía bien estar ocioso mucho tiempo; aparte de su empeño no tenía otra voluntad. Creo que los hombres deberían alabarlo justamente.

[AQUÍ SIR JACOBO VENCE A MUCHOS HOMBRES, Y ANTES TIENDE UNA TRAMPA A LOS DEL CASTILLO.]

Este Jacobo, cuando se hubo ido el rey, reunió en secreto a todos sus hombres y regresó de nuevo a Douglasdale, y preparó a escondidas una trampa para los que estaban en el castillo. Allí tendió con astucia una emboscada, y a catorce o más de sus hombres les ordenó que, armados como estaban, tomaran sacos llenos de hierba, y los pusieran sobre sus caballos, y se encaminaran como si quisieran viajar hacia Lanark, lejos de donde estaba la emboscada. Y cuando los del castillo vieron pasar tanto cargamento en fila, quedaron muy maravillados de aquello, y se lo dijeron a su capitán, que se llamaba sir Juan de Webton[11]. Este era joven, fuerte y fiero, también alegre y alocado, y comoquiera que estaba enamorado, estaba muy dispuesto a salir fuera. Mandó a sus hombres tomar las armas y salir a obtener provisiones, pues las vituallas se acababan pronto. Salieron con gran denuedo, y espolearon de buena gana para perseguir el cargamento que habían visto, hasta que Douglas con los suyos quedó entre ellos y el castillo. Los hombres que llevaban el cargamento, en cuanto lo vieron, arrojaron raudos sus cargas, y también tiraron las ropas que los habían ocultado, y aprisa subieron a caballo y se volvieron sobre los ingleses de repente, y con un grito se encontraron con sus enemigos, que quedaron asombrados al ver que los que hacía un momento viajaban de forma tan humilde se volvían contra ellos tan ardidamente. Quedaron

---

[10] Sir Robert Boyd estaba con Bruce desde el principio, y había luchado contra Valence en Cumbernauld el 22 de septiembre de 1307.

[11] Indica McDiarmid que este romántico sir John Webton no ha sido identificado, aunque hubo un castillo de Webton en la margen este del río Dore en Herefordshire, Inglaterra. Walter Scott en su novela *Castle Dangerous*, inspirada en episodios del poema, lo llama sir John de Walton.

desalentados de repente, y hubieran querido regresar al castillo, cuando vieron a Douglas salir de su emboscada, y dirigirse hacia ellos con ahínco. No supieron qué hacer ni qué decir; a ambos lados veían a sus enemigos que los golpeaban sin tregua ni cuartel, y no pudieron hacer nada por defenderse, más que huir a refugiarse donde fuera; y sus enemigos los persiguieron con tal saña que no logró escapar ni uno solo. Sir Juan de Webton cayó muerto, y cuando hubo muerto, como os digo, encontraron en su escarcela una carta que le había enviado una dama a la que él amaba y con la que deseaba holgar, que decía que cuando él hubiera conseguido guardar durante un año en tiempo de guerra como buen aspirante a caballero, el peligroso castillo de Douglas, que era tan difícil de guardar, entonces bien podría pedir a una dama sus amores y sus favores. La carta se expresaba de ese modo.

Y cuando los hubieron matado de esa guisa, Douglas cabalgó hasta el castillo, y allí libró una lucha tan fiera que consiguió entrar; no sé con certeza si fue por la fuerza o por la astucia, pero obró de tal forma, y con tal poderío, que al alcaide y a todos los demás que estaban dentro, hombres y muchachos, los rindió y les dio dinero, y luego los envió a casa sin hacerles daño, al de Clifford, en su país[12]. Y luego se afanó tanto que tiró toda la muralla, y destruyó todas las dependencias. Después regresó al bosque, en donde soportó más de un duro ataque, y le sucedieron muchos buenos hechos de guerra. Quien pudiera relatarlos todos, tendría que decir que su nombre iba a perdurar con muy gran renombre.

[12] Recuérdese que las tierras de Douglas le habían sido entregadas al señor de Clifford.

Libro IX

De cómo el buen rey Roberto cayó enfermo en Inverurie.

Dejemos ahora en el bosque a Douglas, que descansará muy poco hasta que libre al país de los ingleses y de su poder, y regresemos hasta el noble rey, que, con su gente, se ha dirigido, con mucho brío y en buen orden, hacia los montes de Mounth, en donde se encontró con Alejandro Fraser y también con su hermano Simón, con todos los hombres que tenían . El buen rey los acogió de muy buen grado, y mucho se alegró de su llegada. Ellos le contaron al rey el pacto de Juan Comyn, conde de Buchan, quien, para que le ayudasen, había tomado a sir Juan de Mowbray y a otros más, y también a sir David de Brechin, con todos los hombres a los que mandaban, y añadieron:

—Y desea más que cosa alguna, tomarse la venganza en vos, señor rey, por sir Juan de Comyn, que fue muerto en Dumfries.

Dijo el rey:

—Así me salve Dios, yo tenía razón sobrada para matarlo, y ya que ellos están dispuestos a guerrear contra mí a causa de él, esperaré un poco hasta ver de qué manera demuestran su fuerza; y si ocurre que deciden luchar, si atacan nos defenderemos, y luego que ocurra lo que quiera Dios.

Dichas estas palabras, el rey aprisa salió rumbo a Inverurie[1], y allí le sobrevino tal enfermedad, que le hizo pasar muchas fatigas. Dejó de comer y de beber; sus hombres no podían conseguir medicina alguna que le sirviera a su rey; le fallaron todas sus fuerzas, y no podía andar ni cabalgar. Los hombres de su compañía, sabedlo, se afligieron mucho, pues no había ninguno que hubiera estado la mitad de triste si hubiese visto a su hermano muerto, tendido ante él en ese sitio, como lo estaban ellos por su enfermedad, pues él era todo su consuelo. Mas el buen sir Eduardo, el valiente, su hermano que era tan ardido, y sabio y fuerte, se esforzó grandemente en confortarlos con todas sus fuerzas, y cuando los señores que estaban allí vieron que la enfermedad atacaba al rey cada vez más, pensaron aprisa que no era conveniente quedarse allí, pues la tierra era toda muy llana, y ellos eran pocos hombres para quedarse al descubierto en el llano. Así pues, hasta que su capitán se recobrase de su terrible mal, pensaron ir a algún lugar protegido. Pues los hombres sin capitán, por muy buenos que sean, no serán tan buenos en sus hechos de armas como lo serían de tener un señor que los dirigiera, que se atreviera a correr riesgos sin desanimarse, y a aceptar el destino que Dios les enviara; pues cuando el capitán tiene tal voluntad y tal valor que se atreve a lanzarse al ataque, sus hombres siempre tomarán ejemplo de sus hazañas y de su coraje, y uno solo de ellos valdrá tanto como tres que tengan un mal jefe. El temor que éste tiene se introduce en sus hombres de tal modo que pierden la hombría a causa de su cobarde disposición. Pues si el señor que debiera dirigirlos no puede hacer nada, como si estuviera muerto, o se aleja de sus hombres huyendo, ¿no creéis que ellos se sen-

---

[1] Inverurie está en la confluencia de los ríos Ury y Don, a unos 25 Kms. al noroeste de Aberdeen.

tirán vencidos en sus corazones? Así es, según yo creo, a fe mía, a no ser que sus corazones sean tan nobles que no quieran huir, por su honor; y aunque algunos tengan tal valor, cuando vean huir al señor y a su mesnada, huirán raudos a su vez, pues todo hombre huye de la muerte. ¡Ved, pues, lo que hace quien tan ruinmente abandona a causa de su cobardía! Se vence a sí mismo y a los suyos, y deja el campo libre al enemigo. Mas aquél que, por su gran nobleza, siempre se expone a los peligros para reconfortar a sus gentes, hace que adquieran un ardor tan grande, que muchas veces consiguen llevar a buen fin cosas que parecían imposibles.

Eso hacía este buen rey del que os hablo; por su extraordinaria hombría reconfortaba a los suyos de tal modo que donde estuviera él nadie sentía miedo. Sus hombres no querían luchar mientras él estuviera postrado con su enfermedad, así que lo llevaron en una litera y se dirigieron hacia Slioch[2], pensando quedarse en ese refugio hasta que hubiera pasado su malestar.

[AQUÍ EL CONDE DE BUCHAN REÚNE HOMBRES CONTRA EL REY.]

Mas cuando el conde de Buchan supo que se habían ido allí, y que el rey estaba tan enfermo que había quienes temían que no sanara, hizo llamar aprisa a sus hombres, y reunió una enorme compañía, pues estaban allí todos los suyos, y además estaban sus amigos. Se hallaba allí sir Juan de Mowbray, y su hermano, según oí decir, y sir David de Brechin, con mucha gente bajo su mando.

Y cuando estuvieron todos reunidos, en seguida se pusieron en viaje hacia Slioch con todos sus hombres, para atacar al rey que entonces yacía enfermo. Esto era después de San Martín, cuando la nieve lo había cubierto todo. Llegaron cerca de Slioch, ordenados de la mejor manera, y entonces los hombres del rey Roberto, que estaban advertidos de su llegada, se aparejaron para defenderse si les atacaban, a pesar de que sus enemigos eran dos por cada uno de ellos.

Los hombres del conde se acercaban, tocando trompetas y haciendo un gran despliegue, y cuando estaban cerca armaron nuevos caballeros[3], y los que estaban en el lado del bosque se quedaron dispuestos en orden muy cerrado, y determinaron aguardar allí corajudamente la llegada de sus enemigos, mas no pensaban en modo alguno salir a enzarzarse en combate hasta que el noble rey estuviera recuperado; mas si los otros quisieran atacarlos, ellos pensaban defenderse pasara lo que pasara. Y cuando la compañía del conde vio que obraban tan prudentemente que se aprestaban a defender su refugio, enviaron por delante a sus arqueros, y a hombres de más fuerza para hostigarlos. Ellos, a su vez, también enviaron arqueros, que acosaron de tal manera a los del bando del conde que tuvieron que regresar a su batalla. Tres días estuvieron allí de esa guisa, y todos los días los hostigaban, pero los arqueros del conde siempre se llevaban la peor parte. Mas cuando los

---

[2] Slioch es una zona montañosa en la parroquia de Drumblade en Garioch. A diferencia de su situación anterior, allí el rey, protegido por las montañas, encuentra "refugio".

[3] Era frecuente armar caballeros antes de las batallas, momento que se consideraba el más adecuado. James Douglas, el amigo de Bruce, fue armado caballero justo antes de la de Bannockburn.

hombres próximos al rey vieron que sus enemigos permanecían ante ellos, y cada día aumentaban más, y que ellos eran pocos y estaban acorralados de ese modo, y que no tenían nada que comer, si no salían a buscarlo, entonces decidieron rápidamente que no se quedarían más allí, sino que se dirigirían a donde pudieran conseguir provisiones y alimento para ellos y los suyos.

Acostaron al rey en una litera, y se prepararon y emprendieron la marcha, de modo que todos sus enemigos pudieran verlos; cada hombre iba armado según su condición, dispuesto a luchar si los atacaban. En medio de ellos llevaban al rey, e iban agrupados cerrando filas en torno a la litera; y comenzaron a irse sin mucha prisa. El conde y quienes estaban con él vieron que se aprestaban a marcharse, y vieron con qué poco miedo emprendieron la marcha llevándose al rey, dispuestos a luchar con quien los atacara. Les empezaron a flaquear los corazones, y los dejaron ir en paz por su camino, y ellos regresaron a sus castillos.

[Aquí el rey se curó por la jactancia.]

El conde se dirigió a Buchan, y sir Eduardo de Bruce se fue derecho a Strathbogie[4] con el rey, y allí se quedaron hasta que empezó a recobrarse y a andar, y luego se pusieron de nuevo en camino hacia Inverurie, pues querían pasar en el llano la estación de invierno, ya que allí no habrían de faltarles vituallas.

El conde supo que estaban allí, y reunió aquí y allá una gran mesnada. Brechin y Mowbray y sus hombres se unieron al conde entonces, y formaban una muy grande compañía de hombres vestidos vistosamente. Marcharon hasta Old Meldrum[5] y allí acamparon con sus hombres tan sólo una noche antes de Nochebuena; creo que eran por lo menos mil. Allí se aposentaron todos esa noche, y por la mañana, cuando hubo luz, el señor de Brechin, sir David, se fue hacia Inverurie para ver si de alguna manera podía causar daño a sus enemigos. Llegó hasta el límite de Inverurie cabalgando tan repentinamente que mató a una parte de los hombres del rey, y la otra se retiró y huyó hacia el rey, que con la mayor parte de sus hombres estaba acampado al otro lado del río Don. Y cuando le trajeron noticias de cómo sir David había matado a sus hombres, pidió que le trajeran de inmediato su caballo, y ordenó a los suyos que se aprestasen con gran prisa, pues quería ir a luchar contra sus enemigos. Con eso se dispuso a levantarse, pero no estaba aún recuperado del todo. Entonces, algunos de sus consejeros le dijeron:

–¿Cómo? ¿Pensáis ir a luchar y aún no os habéis recobrado?

Sí –respondió el rey–, sin duda alguna, su jactancia me ha vuelto sano y fuerte; ninguna medicina me hubiera sanado tan pronto como lo han hecho ellos. Por lo tanto, así me salve Dios, o yo los venzo a ellos, o ellos a mí.

Y cuando los hombres oyeron que su rey se declaraba tan sano para la lucha, se alegraron mucho de su mejoría, y se aprestaron para la batalla.

[4] Queda junto a Huntly en Aberdeenshire.
[5] Cerca de Inverurie, al noroeste.

[Aquí el conde de Buchan huye, y sir David Brechin se entrega al rey.]

El buen rey con su mesnada, que podían ser unos setecientos, se dirigió hacia Old Meldrum, en donde estaba el conde con su hueste. Los vigías le vieron acercarse con las banderas desplegadas al viento, y avisaron aprisa a su señor, que mandó a sus hombres armarse de inmediato y los dispuso para la batalla. Dejaron detrás a los bagajeros e hicieron buen despliegue para la lucha. El rey se aproximaba con gran fuerza, y ellos esperaron, con mucho alarde, hasta que estuviera cerca, para cargar. Pero cuando vieron que el noble rey seguía avanzando sin vacilar, se retiraron un poco hacia atrás, y el rey, que en seguida supo que estaban casi derrotados, cargó contra ellos con su bandera, y ellos se retiraron más y más. Y cuando los hombres de infantería que tenían allí vieron que sus señores se retiraban de ese modo, volvieron las espaldas y salieron huyendo, y se dispersaron por aquí y allá. Los señores, que aún seguían juntos, vieron que su infantería estaba huyendo, y que el rey se acercaba bravamente; todos y cada uno se descorazonaron tanto que volvieron la espalda y huyeron. Permanecieron juntos un rato, y luego cada uno se fue por su lado. Nunca le cayó a nadie tan vil desgracia después de semejante despliegue de fuerza. Pues cuando la compañía del rey vio que huían tan deshonrosamente, los persiguieron con todas sus fuerzas, e hicieron presos a algunos, y a otros los mataron. Los demás salieron en desbandada; quien tenía buen caballo huyó mejor. Hasta Inglaterra huyó el conde de Buchan; sir Juan Mowbray fue con él, y ambos se refugiaron con su rey; mas tuvieron poco descanso, pues murieron poco después[6]. Y sir David de Brechin huyó a su propio castillo de Brechin, y lo guarneció de buen modo. Mas David, conde de Atholl, hijo del que estaba en Kildrummy, fue entonces y lo asedió allí; y él, que ya no quería guerrear más ni luchar contra el noble rey Roberto, se convirtió en hombre suyo con un buen pacto[7].

[Aquí el rey quema todo Buchan, y toma el castillo de Forfar y lo arrasa.]

Volvamos ahora al rey, que estaba muy alegre de su victoria, y mandó a sus hombres incendiar todo Buchan de punta a punta sin perdonar a nadie, y lo arrasó de tal modo, que pasados cincuenta años aún se lamentaba el saqueo de Buchan.

---

[6] El rey de Inglaterra ya era Eduardo II, pues Eduardo I había muerto en julio de 1307, y esto sucede en Navidad. En junio de 1308 el duque de Buchan y sir John Moubray ya no estaban en el norte de Escocia, y aparecen como gobernadores de Galloway y Annandale. El duque murió ese mismo año, pero sir John vivió mucho más: hasta febrero de 1322.

[7] McDiarmid señala que a partir de este punto la falta de información exacta y el deseo de narrar lo sucedido en una región antes de pasar a otra comienzan a afectar gravemente a la cronología de Barbour: sir David Brechin no aceptó a Bruce como rey hasta que fue capturado en fechas próximas a la batalla de Bannockburn (1314). Es posible que quien lo capturase fuera Atholl, que había dejado de servir a Eduardo II en 1311 ó 1312, pasándose a Bruce.

Después el rey sometió a su paz las tierras del norte, que humildemente acataron su poder, de manera que al norte de los montes de Mounth no quedaba nadie que no fuera de los suyos; su señorío aumentaba más y más. Entonces se dirigió hacia Angus, pensando liberar a todos los que estaban al norte del mar de Escocia[8]. El castillo de Forfar estaba entonces repleto de ingleses; pero Felipe, el guardabosques de Platane tomó a varios de sus amigos, y con escalas, muy secretamente, se fue hacia el castillo, y trepó por la muralla de piedra, y de ese modo tomó el castillo, por falta de vigilancia, con poco esfuerzo, y después mató a cuantos encontró. Luego le entregó el castillo al rey, que le hizo muy grande recompensa, y mandó que derribaran la muralla, y destruyó el pozo y el castillo.

De cómo el buen rey Roberto de Bruce asedió la ciudad de Perth.

Cuando el castillo de Forfar y todas sus torres hubieron caído a tierra, como os he contado, el rey, que era sabio, fuerte y osado, pensó que debía liberar todas las tierras al norte del mar de Escocia, y se fue a Perth con toda su hueste y puso cerco a toda la ciudad, y la asedió[9]. Mas en tanto hubiera hombres y comida, no podía ser tomada sino con grandes esfuerzos, pues entonces las murallas eran de piedra, y tenían altas torres muy fortificadas. En aquel tiempo vivían allí Montfichet y Oliphant[10], que tenían la ciudad bajo su protección. El conde de Strathearn también estaba, mas su hijo, con algunos de sus hombres, estaba fuera, con la mesnada del rey Roberto[11].

A menudo hubo escaramuzas duras y encarnizadas, y murieron hombres de ambos bandos. Mas el buen rey, que era sabio en todas sus acciones, vio las fuertes murallas de piedra, y la defensa que ellos presentaban, y lo difícil que era tomar la ciudad al asalto abierto, por la fuerza, y pensó obrar con argucias, y durante todo el tiempo que estuvo allí, espió y mandó averiguar con sigilo por dónde era el foso menos hondo, hasta que al fin dio con un lugar por donde se podía vadear con el agua hasta los hombros. Y cuando hubo encontrado aquel lugar, mandó a todos sus hombres prepararse, cuando habían pasado seis semanas de asedio, y recogieron todo su armamento, y abiertamente abandonó el asedio, y se marchó con toda su mesnada como si no pensase insistir más.

[8] Nombre que se le daba a la ría del Forth.

[9] La reconquista de Perth aparece antes de la expedición de Edward Bruce a Galloway en junio de 1308, pero ocurrió en 1313.

[10] Se sabe que Montfichet estaba en la guarnición de Perth en 1312; posteriormente se pasó a Bruce. Sir William Oliphant había defendido el castillo de Stirling contra Eduardo I en 1304; lo habían tenido preso en la Torre de Londres hasta 1308, y fue nombrado guardián inglés de Perth en 1312. Estas fechas indican que, en efecto, Barbour tiene mal la cronología en cuanto a la reconquista de Perth (ver nota 9).

[11] Se refiere a Malise, duque de Strathearn, y su hijo Malise, pero McDiarmid indica, con datos, que esto es cuestionable. Ambos sirvieron al rey inglés, pero es posible que el padre muriera en el sitio de Perth (en 1313) y el hijo (del que sabemos que estaba con Bruce en 1317) se pasase en ese momento al bando escocés.

Y los que estaban dentro de la ciudad, cuando lo vieron dispuesto a viajar, le gritaron y se mofaron de él; pero él siguió adelante sin volverse, como si no pensara regresar ni quedarse junto a ellos más tiempo. Sin embargo, en ocho días mandó construir escalas en secreto, que pudieran servir a su propósito, y luego, en una noche oscura, fue hacia la ciudad con su mesnada, mas dejó a los caballos y a los asistentes lejos de la ciudad, y luego reunió a sus jefes y a pie se dirigieron hacia la ciudad, muy calladamente. No oyeron hablar ni llamar a ningún centinela, pues tal vez los que estaban dentro dormían como quien nada teme. Entonces no tenían miedo del rey, pues no habían oído nada de él en los tres días anteriores, o aún más, así que estaban seguros y confiados. Y el rey, al no oírlos moverse, se alegró sobremanera, y tomó su escala en la mano, para dar ejemplo a sus hombres, y pertrechado con todo su armamento se metió en el foso, y con su lanza fue tanteando hasta que lo atravesó, mas el agua le llegaba hasta el cuello.

En aquel tiempo había en la compañía del rey un caballero de Francia, fuerte y ardido, y cuando vio al rey meterse en el agua de ese modo, y llevar sin miedo alguno la escala, se santiguó maravillado, y dijo:

–¡Ay, Dios! ¿y qué diremos de nuestros señores de Francia, que se llenan la panza con buenos bocados, y sólo quieren comer, beber y bailar, cuando un caballero tan valiente como éste, por su celo se expone a tal peligro por tomar un villorrio miserable?

Diciendo eso, corrió hasta el foso, y se metió detrás del rey; y cuando las gentes del rey vieron a su señor pasar en un momento, atravesaron el foso y sin más demora apoyaron sus escalas en la muralla, y se apresuraron a subir, mas el buen rey, según oí decir, fue el segundo hombre en escalar la muralla, y esperó allí hasta que sus mesnadas hubieron subido con gran prisa. Aún no se oían ruidos ni voces, mas poco después levantaron el grito quienes primero los vieron, de modo que la voz cundió por la ciudad, pero el rey, que venía preparado para atacar con sus hombres, se fue hacia el interior; mandó a la mayoría de sus hombres distribuirse por toda la ciudad, mas retuvo a su lado a un gran grupo, de modo que siempre estuviera bien pertrechado para defenderse si lo atacaban. Mas aquéllos a los que envió por la ciudad causaron tan gran confusión a sus enemigos, que estaban en sus camas, o que se desperdigaban huyendo por todas partes, que antes de que saliera el sol habían hecho prisioneros o derrotado a todos. Ambos regidores fueron apresados[12], y Malise de Strathearn se fue a buscar a su padre, el conde Malise, y por la fuerza lo capturó a él y a los suyos; después el noble rey le concedió el gobierno de sus tierras. Los demás, que se dispersaron por la ciudad, tomaron para sí en grandes cantidades hombres, armas y mercancías, y muchos otros bienes muy variados, hasta que quienes habían sido pobres, sin apenas posesiones, se convirtieron en ricos y poderosos. Mas no mataron a muchos, ya que el rey les

---

[12] Montfichet y Oliphant: véase la nota 10. Montfichet se pasó a Bruce, y Oliphant debió quedar en libertad pronto, pues en octubre de 1313 Eduardo II le libró un salvoconducto para visitar Escocia, quizá para pagar su rescate, y regresar.

había dado órdenes, so pena de castigo, de que no mataran a nadie salvo a quienes opusieran gran resistencia. Sabía que muchos eran gente de esa tierra, y tuvo piedad de ellos.

De esta manera fue tomada la ciudad, y luego él mandó derribar todas y cada una de las torres, y las murallas. No dejó en pie en aquella ciudad torre alguna, ni muralla, ni piedra sobre piedra; mandó destruirlo todo, y a los prisioneros que hizo allí los envió a donde pudieran encerrarlos, y sometió a su paz a toda esa tierra. Entonces ya no había nadie que se atreviera a oponérsele al norte del mar de Escocia.

[AQUÍ TODOS LOS ESCOCESES OBEDECEN AL REY, EXCEPTO LORNE.]

Todos obedecían su majestad, menos el señor de Lorne y la gente de Argyle que le apoyaba. Él se mantuvo siempre contra el rey Roberto, al que odiaba sobre todas las cosas. Mas antes de que termine el juego, yo creo que el rey se vengará de su crueldad, y que él se arrepentirá de haber estado siempre en contra del rey, quizá cuando ya no pueda remediarlo.

[AQUÍ SE ALABA MUCHO A SIR EDUARDO DE BRUCE.]

Cuando la ciudad fue tomada y arrasada de ese modo, el hermano del rey, sir Eduardo, que era tan valiente, tomó con él una gran compañía y se dirigió a Galloway, pues con sus hombres quería ver si podía recobrar esa tierra y arrancarla de las manos de los ingleses[13]. Este sir Eduardo, en verdad lo aseguro, era en sus acciones un noble caballero, y estando alegre, era dulce y jovial, mas era extraordinariamente ardido, y tan arriesgado en sus empeños que jamás se asustó de la multitud de hombres, y por ello a menudo derrotó a muchos con pocos, por lo que tenía renombre por encima de sus pares. Y quien quisiera relatar todos los hechos de su hombría y de su gran valor, podría escribir un gran romance. No obstante, yo pienso decir algo sobre él, pero no será ni la décima parte de sus hazañas.

Este buen caballero del que hablo, con toda la gente que lo seguía, pronto llegó a Galloway. Todo lo que encontró lo hizo suyo, y saqueó muy mucho aquella tierra. Mas entonces estaba viviendo en Galloway sir Ingram de Umfraville, que era renombrado por sus grandes proezas, que sobrepasaba en valor a la mayoría, y que por eso llevaba siempre consigo un bonete rojo atravesado en una lanza, como señal de que había llegado a lo más alto en la caballería. También estaba sir Aymer de San Juan; los dos gobernaban aquella tierra, y cuando se enteraron de la llegada de sir Eduardo, que tan fácilmente había atravesado el país, con gran prisa reunieron allí a sus mesnadas; creo que podían ser unos mil doscientos.

---

[13] La crónica de Lanercost cuenta que antes de septiembre de 1308 Edward Bruce, con Alexander Lindsay, Robert Boyd y James Douglas, ganó una batalla en Galloway; la crónica de Fordun la fecha el 29 de junio.

Mas él, con menos hombres, les hizo frente junto al río Cree, y los acosó de tal manera, con dura batalla y lucha valiente, que los puso a todos en fuga, y mató a doscientos, y aún más. Los jefes tomaron aprisa el camino de Buittle, para ser acogidos y ponerse a salvo, y sir Eduardo los persiguió de cerca, mas al final sir Ingram y sir Aymer llegaron al castillo, aunque los mejores de su compañía quedaron tras ellos, muertos en aquel lugar[14].

Cuando sir Eduardo vio que había fracasado la persecución, mandó tomar botín, y se llevó tanto ganado que maravillaba verlo. Desde el castillo de Buittle pudieron ver cómo él mandaba a sus hombres que se llevaran el botín, pero no podían hacer más que quedarse allí encerrados. Todo Galloway quedó asombrado por su hazaña de caballería, y él fue muy temido por su valor. Algunos hombres de aquella tierra se sometieron a su paz y le prestaron juramento.

Pero sir Aymer, que estaba humillado por la lucha que he contado antes, cabalgó hasta Inglaterra para levantar allí una gran compañía de hombres armados para vengarse de la vergüenza a la que lo había sometido sir Eduardo en la lucha a orillas del Cre. Allí reunió a más de mil quinientos buenos hombres, que eran todos de muy gran renombre. Con toda esa gente se puso en camino, y volvió a entrar secretamente en aquella tierra, con toda esa caballería, pensando en sorprender a sir Eduardo si podía hacerlo de algún modo, pues antes de regresar quería atacarlo en batalla abierta.

Ahora oiréis gran maravilla y altas proezas de caballería, pues sir Eduardo estaba en el país, muy cerca de allí, con su mesnada, y por la mañana muy temprano oyó a los campesinos alzar voces, y tuvo noticia de su llegada. Entonces sin demora se preparó, y saltó a caballo en un instante. Tenía entonces un grupo de cincuenta, todos bien montados y armados bien; ordenó a sus hombres de a pie que se retiraran a un paso estrecho que había cerca, y él cabalgó con sus cincuenta.

[AQUÍ VENCE CON MUCHA MÁS HOMBRÍA; ES DECIR,
A MIL QUINIENTOS CON CINCUENTA.]

Un caballero que entonces estaba en su mesnada, valiente y fuerte, firme y osado, cortés y apuesto, y de buena fama, de nombre sir Alan de Cathcart, me contó esta historia tal como yo la voy a narrar[15].

Cayó una gran niebla en la mañana, de modo que a causa de ella no podían ver a más de un tiro de arco. Sucedió que encontraron las huellas que habían dejado sus enemigos, que habían pasado antes por allí. Sir Eduardo, que siempre tenía grandes ansias de hacer proezas de caballería, con toda su hueste a gran velocidad

---

[14] Sir Ingram de Umfraville era uno de los gobernadores de las marcas del oeste en junio de 1308. Aymer de St John aparece en Galloway con su hermano sir Roger en mayo de 1307. El castillo de Buittle está en el río Urr cerca del castillo de Douglas en Kirkcudbrightshire.

[15] Sir Alan of Cathcart es uno de los informadores directos de Barbour; para McDiarmid, es posible que también sea la fuente del episodio anterior, y debe de serlo para otros episodios que suceden en esta región.

siguió el rastro por donde habían ido. Antes de media mañana la niebla se levantó de repente, y entonces él y su compañía se encontraron a menos de un tiro de arco del ejército. Entonces se lanzaron sobre ellos con un grito, pues sabían que si intentaban huir, no escaparía ni la cuarta parte, así que sir Eduardo prefirió arriesgarse a la muerte en la lucha antes que huir. Cuando la compañía inglesa vio que se les echaban encima esos hombres sin temor alguno, quedaron aturdidos de miedo; y los otros, sin esperar más, cargaron contra ellos tan ardidamente que derribaron a muchos. Quedaron los ingleses tan atónitos por la fuerza de ese primer asalto, que les entró un gran espanto, y pensaron que tenía que haber muchos más cuando los atacaban de ese modo. Una vez que hubieron atravesado raudos las huestes inglesas, los hombres de sir Eduardo volvieron las riendas y cerraron de nuevo, y de esa carga derribaron y mataron a una gran parte de sus enemigos; los demás quedaron tan asustados, que entonces se disgregaron mucho. Y cuando sir Eduardo y sus hombres los vieron en tal desorden, volvieron sobre ellos por tercera vez, y ellos, que los vieron cargar de nuevo, sintieron tal pavor que todos, caballeros e infantes, huyeron aprisa, desperdigándose. No hubo entre todos ellos ni uno lo bastante ardido para quedarse, sino que todos a la vez huyeron en busca de refugio, y él los persiguió, pues deseaba destruirlos, y a algunos los apresó, y otros fueron muertos, mas sir Aymer, con muchas dificultades, logró escapar y se fue por su lado. Todos sus hombres quedaron derrotados; unos apresados, otros muertos, y otros que escaparon. ¡Buena hazaña fue ésa, a fe mía!

[Sir Eduardo de Bruce en un año tomó doce castillos.]

¡Ved cómo el arrojo repentino, llevado hasta el final con brío, puede hacer a menudo que cosas aparentemente imposibles lleguen a buen término! Así mismo ocurrió en este caso; pues sin duda fue el arrojo lo que hizo que mil quinientos hombres fueran vencidos por cincuenta, cuando tocaban a treinta por cada uno; y dos contra uno ya es mayor fuerza. Mas el destino los guió de tal manera que todos fueron derrotados. Sir Aymer se fue a casa por su camino, muy contento de haber podido escapar; no creo que le queden ganas de guerrear en esa tierra durante mucho tiempo, mientras esté allí sir Eduardo. Y éste se quedó allí, guerreando contra los que eran rebeldes, y en un año peleó de tal manera que ganó toda aquella tierra para su hermano, el rey[16]. Mas eso le costó grandes esfuerzos, pues en ese tiempo le ocurrieron, según he oído decir, muchos grandes lances, que no están escritos aquí; mas yo sé bien que en ese año ganó trece castillos por la fuerza, y derrotó a más de un hombre valeroso; esto lo dirá quien quiera contar la verdad sobre él. Si hubiera tenido algo más de mesura, creo que no se podría haber encontrado otro más valiente que él en su tiempo, salvo su hermano, el rey, al que nadie igualaba en caballería, pues él siempre actuaba con mesura, y gobernaba sus hechos de armas con sabiduría, de manera tan valiente, que a menudo lograba llevar a buen término cosas casi imposibles.

[16] Barbour vuelve a simplificar, exagerando: los castillos mejor defendidos resistieron hasta 1312-13.

[AQUÍ SIR JACOBO DE DOUGLAS SE ENCUENTRA CON ALEJANDRO STEWART, SEÑOR DE BONKILL.]

Durante todo este tiempo sir Jacobo de Douglas estaba esforzándose en el bosque de Selkirk; y mediante el valor y la astucia, lo ocupó todo a pesar del poder de sus crueles enemigos, aunque ellos lo pusieron en graves aprietos. Mas a través de la inteligencia y de la valentía logró llevar su empresa a buen fin. En aquel tiempo le ocurrió por azar que una noche que estaba de campaña y pensó descansar en un castillo junto al río Lyne[17], cuando se acercaba con su mesnada, escuchó y oyó voces, y por ellas se percató de que había extraños albergados allí por esa noche. Y resultó ser como pensaba, pues el señor de Bonkill estaba allí (su nombre era Alejandro Stewart) con otros dos hombres muy valerosos: Tomás Randolph, de gran renombre, y Adán de Gordon, que habían llegado con una gran compañía y pensaban quedarse en el bosque y ocuparlo con su fuerza, y con tesón y esforzada lucha echar a Jacobo de Douglas de esa tierra[18]. Mas el juego tornó de otra manera, pues cuando Jacobo supo que había extraños acomodados en el lugar en donde pensaba descansar, fue raudo hacia el castillo y lo cercó por todas partes. Cuando los de dentro oyeron tanto estruendo en torno del castillo, se levantaron rápidamente y tomaron las armas sin demora, y salieron en cuanto estuvieron armados. Sus enemigos los esperaban con las armas desnudas, y los atacaron con saña, y ellos se defendieron valerosos con todas sus fuerzas, hasta que al fin sus enemigos los acosaron tanto que sus hombres les fallaron. Tomás Randolph fue hecho prisionero, y también Alejandro Stewart, herido en uno o dos lugares. Adán de Gordon, por su fuerza y su destreza escapó de la lucha, y varios de sus hombres; pero los que fueron apresados se sintieron muy apenados por su captura, como no podía ser menos.

[AQUÍ SIR JACOBO DE DOUGLAS LLEVA ANTE EL REY A SIR ALEJANDRO STEWART Y SIR TOMÁS RANDOLPH.]

Esa noche el buen señor de Douglas recibió a sir Alejandro, que era el hijo de su tío, de muy buena manera, y lo mismo hizo sin duda con Tomás Randolph, pues éste era pariente próximo del rey, ya que era hijo de su hermana. Y en la mañana, sin esperar más, cabalgó a ver al buen rey, llevándose a los dos con él.

---

[17] Este río corre a unos 30 Kms. al sur-sureste de los montes de Pentland y, pasado Lyne, se une al Tweed cerca de Peebles. Tenía varios castillos a lo largo de su curso; éste parece haber sido pequeño e indefendible, y Douglas espera encontrarlo vacío.

[18] Sir Alexander Stewart de Bonkill era hijo de sir John Stewart (hermano de James the Stewart, senescal de Escocia), del que se dice un poco más adelante en el poema que era tío de Douglas. Sir Alexander vovió a estar con los ingleses en 1312, pero se unió a Bruce poco antes de la batalla de Bannockburn. Sir Thomas Randolph, hijo de una media hermana de Bruce, que había quedado bajo la tutela de Sir Adam Gordon después de Methven (1306, en donde estuvo con Bruce), había participado con Valence en una acción contra Douglas en septiembre de 1307. Vuelto a capturar, se pasó definitivamente a Bruce antes de marzo de 1309, y llegó a ser el comandante preferido de Bruce. Adam Gordon no se unió a Bruce hasta 1314. Nótese cómo Barbour los alaba, a pesar de que en este momento del poema son enemigos.

El rey se alegró de ese presente, por el que estuvo muy agradecido, y entonces le dijo a su sobrino:

–Has renegado de tu lealtad algún tiempo, mas ahora debes reconciliarte.

Y él entonces contestó al rey, y dijo:

–Vos me reprendéis, mas es a vos a quien sería más propio reprender; pues ya que guerreáis contra el rey de Inglaterra, más valdría que dirimiérais vuestros derechos en lucha abierta y no con cobardía ni con astucia.

El rey le dijo:

–Bien puede suceder que antes de mucho tiempo las cosas lleguen a ese extremo; mas ya que hablas de forma tan violenta, justo es que tus palabras orgullosas sean castigadas, hasta que sepas qué es lo legítimo, y lo acates como debes.

El rey, sin esperar a más, ordenó que fuera encerrado en donde estuviera solo, y no tuviera libertad alguna.

LIBRO X

Cuando Tomás Randolph fue apresado del modo que he contado aquí, y encerrado a buen recaudo por las palabras que le dijo al rey, el buen rey, que no olvidaba el daño, el desprecio y la humillación que le había causado Juan de Lorne, reunió a su ejército y tomó el camino de Lorne, con sus hombres en buena formación[1]. Mas mucho antes de que llegara, Juan de Lorne tuvo noticias de que se acercaba, y reunió hombres por todas partes; creo que podrían ser unos dos mil[2]. Los envió a cerrar el camino por donde había de pasar el buen rey, y fue en un paso difícil, en la ladera del monte, que era tan angosto y estrecho que no podían atravesarlo dos hombres juntos. Hacia abajo era peligroso, pues un acantilado horrible y espantoso caía hasta el mar desde el paso, y hacia arriba estaba la montaña, tan encumbrada y escarpada y alta, que pasar por allí era muy duro[3]. Ben Cruachan se llama esa montaña; creo que en toda Britania no se puede encontrar otra más alta. Allí mandó Juan de Lorne que se emboscaran sus hombres, por encima del camino, pues si el rey pasaba por allí, pensaba que pronto sería vencido; y él mismo lo esperó en el mar[4], cerca del paso, en sus galeras. Mas el rey, que en todos los aprietos era siempre sabio y precavido, conoció cuál era la trampa, y que no debía ir por allí. Dividió a sus hombres en dos partidas, y al buen señor de Douglas, en quien residía tanto valor, le confió a todos los arqueros, y este buen señor se llevó consigo a sir Alejandro Fraser, el fuerte, y a Guillermo Wiseman, un buen caballero, y también fue con ellos sir Andrés Gray[5].

Estos, con sus mesnadas, se pusieron en marcha, y treparon por el monte con presteza, y antes de que los del otro bando se hubiesen percatado de ello, habían ocupado las alturas por encima de sus enemigos.

[1] La fecha de esta expedición no ha quedado establecida claramente. Barbour parece situarla en el verano u otoño de 1308, pero McDiarmid señala que hay datos que indican que se puede estar hablando de dos expediciones distintas: una en 1308, que recoge la crónica de Fordun, y otra posterior en 1309.

[2] McKenzie cita una carta de Lorne al rey Eduardo II en la que dice –claramente exagerando– que Bruce se aproxima a sus territorios con 10 ó 15.000 hombres, y que él sólo tiene 800. Evidentemente, a Barbour le interesa exagerar en el sentido contrario.

[3] Se refiere a la zona del paso de Brandir, por donde el río Awe pasa del lago Awe al lago Eitive, junto a la montaña Ben Cruachan. El puente de madera al que se alude más adelante debía estar en ese paso. Para llegar a él, Bruce tiene que pasar con sus hombres por la zona descubierta entre la cabecera del lago Awe y las faldas de Ben Cruachan. Lorne observa la emboscada que ha preparado desde un barco en el lago Awe. Walter Scott incluye dos extensas notas sobre la zona y la batalla en *La viuda montañesa*. (Véase Toda 1991).

[4] El lago Awe.

[5] Sir William Wiseman había tomado el castillo de Skelbo para Bruce en abril de 1308. Sir Andrew Gray era de una familia de Berwickshire. Fraser: véase nota 8 al libro VIII.

[AQUÍ EL REY SE ENCUENTRA CON LA MESNADA DE JUAN DE LORNE.]

El rey con sus hombres siguió por su camino, y cuando hubieron entrado en el paso, los hombres de Lorne, rápidamente, lanzaron su ataque sobre el rey, y le dispararon y le tiraron piedras enormes y pesadas, mas no le causaron mucho daño, pues tenía bajo su mando a hombres veloces y ágiles, cuyas armas no eran muy pesadas, de modo que subieron raudos por el monte, y evitaron que sus enemigos consumasen la mayor parte del daño[6]. Además, por el otro lado llegó Jacobo de Douglas con su mesnada, y se lanzó sobre ellos con un grito, y los hirió con flechas duramente, y luego con espadas cargaron contra ellos con fiereza, pues los de Lorne con gran hombría plantearon una gran y audaz defensa. Mas cuando vieron que los atacaban por dos frentes, y que sus enemigos tenían la ventaja en la lucha, muy pronto se dieron a la fuga, y ellos los persiguieron con saña, y mataron a cuantos pudieron alcanzar. Los que lograron escapar, sin más demora se dirigieron hacia un río que corría por la ladera del monte. Era tan caudaloso y profundo y ancho, que no se podía atravesar, salvo por un puente que quedaba por debajo de ellos. Hacia ese puente fueron derechos, pasaron e intentaron derribarlo, mas los que los perseguían, cuando los vieron detenerse, sin miedo ni temor se lanzaron sobre ellos con ardor, y los derrotaron totalmente, y guardaron el puente hasta que el rey con todos sus hombres hubo pasado tranquilamente.

A Juan de Lorne tuvo que disgustarle, creo, ver desde sus barcos en el mar cómo sus hombres eran muertos y perseguidos en el monte, sin que él pudiera hacer nada. Pues entristece igual de gravemente, a los buenos, valientes corazones, mirar el triunfo de sus enemigos, o sufrir ellos mismos ese daño.

[AQUÍ EL REY ASEDIA Y TOMA EL CASTILLO DE DUNSTAFFNAGE.]

En ese mal trance quedaron los de Lorne; pues muchos perdieron la vida, y otros se marcharon huyendo. El rey en seguida mandó tomar botín de toda aquella tierra, en donde se podía ver tal abundancia de ganado que era maravilla contemplarlo. El rey, que era fuerte, firme y osado, puso en seguida cerco a Dunstaffnage, y en seguida atacó el castillo para tomarlo[7], y en poco tiempo puso a los de dentro en tan mala situación que a pesar de ellos lo tomó. Puso un buen guardián en el castillo, y le entregó hombres y provisiones de modo que pudiera resistir mucho tiempo contra las gentes de aquella tierra.

Sir Alejandro de Argyle, que vio al rey arrasar su tierra de arriba abajo, envió mensajeros a negociar con él, y sin más demora se convirtió en hombre suyo, y el rey lo acogió en su paz. Mas Juan de Lorne, su hijo, en seguida volvió a estar en rebeldía, como siempre, y huyó por mar con sus barcos; pero los que quedaron en tierra obedecieron al rey. El recibió su homenaje, y luego se marchó a Perth, a

---

[6] Bruce tiene en sus filas a hombres de las Tierras Altas, tan buenos escaladores como los de Lorne.

[7] El castillo de Dunstaffnage estaba al norte de Oban, en donde el lago Eitive se abre al mar.

solazarse en el llano. Mas la zona de Lothian aún estaba contra él, y en Linlithgow había entonces un castillo grande y fuerte y repleto de ingleses que servía de refugio para quienes iban de Edimburgo a Stirling, o de Stirling a Edimburgo[8], con armas o vituallas, y desde allí hacían mucho mal al país.

Ahora oiréis, si así lo deseáis, peligros y aventuras acaecidos a quienes se esforzaban en tomar fuertes fortalezas y castillos. El de Linlithgow fue uno de ellos, y os contaré de qué modo fue tomado[9]. En aquella tierra vivía uno que era campesino, y con sus bueyes a menudo llevaba paja al castillo. Su nombre era Guillermo Bunnok, y era hombre fuerte en la pelea. Veía la triste condición de su país, y sentía gran enojo y compasión, al ver con qué gran rigor era gobernado por los ingleses, que hacían trabajar al pueblo desmesuradamente. Era hombre fuerte y decidido, y era además firme y arrojado. Tenía amigos que vivían cerca, y a algunos les manifestó sus pensamientos, y haciendo un pacto consiguió hombres que preparasen una emboscada mientras él iba con su carro a llevar heno al castillo. Mas su carro había de ir bien cargado, pues en el fondo de él irían ocho hombres escondidos, y cubiertos de heno, y él, que era atrevido y fuerte, iría caminando tranquilamente junto al carro. Un soldado fuerte y ardido iría delante conduciendo el carro, y llevaría un hacha bien afilada bajo su cinto, y cuando abrieran la puerta y ellos la estuvieran pasando, y el soldado le oyera gritar "¡acudid, acudid!", entonces él rápidamente cortaría con el hacha el enganche de los bueyes al carro y en seguida saldrían los que estaban escondidos y empezarían la lucha, mientras su mesnada, que estaría emboscada por allí cerca, llegaba para mantener la pelea.

Esto era en la época de la cosecha, cuando los campos bellos y anchurosos estaban cargados de grano, pues los distintos granos que crecían estaban maduros para servir de alimento a los hombres, y los árboles estaban cargados de varios frutos de diversas clases. En esta dulce época que nombro, los del castillo habían segado la hierba, y habían tratado con este Bunnok, que vivía cerca, para que se la llevara. El asintió sin el menor reparo, y dijo que por la mañana les traería una carga mejor y más grande y abultada que ninguna de las que había llevado hasta entonces. No cabe duda de que cumplió su palabra. Pues esa noche avisó en secreto a quienes habían de ir en el carro, y así también a los de la emboscada, y ellos se dieron tanta prisa, que antes del día estaban emboscados bien cerca del castillo, en donde pudieran oír la voz en cuanto fuera dada, y se quedaron quietos sin moverse, para que nadie notara su presencia.

Y este Bunnok también se esforzó en preparar el carro y a sus hombres, y un rato antes de llegar el día, los tenía bien cubiertos con el heno, y se dispuso a enganchar los bueyes y a esperar a que saliera el sol. Entonces algunos del castillo salieron por su cuenta a recoger la cosecha allí cerca. Y Bunnok, con la

---

[8] Linlithgow está a unos 30 Kms. al oeste de Edimburgo, prácticamente a la misma latitud. Stirling queda a unos 35 Kms. de allí, siguiendo unos 20 más al oeste y luego girando hacia el norte.

[9] Aquí parece haber cierto salto en la cronología, ya que el castillo de Linlithgow (construido por Eduardo I en 1301) seguía en poder de los ingleses en agosto de 1313. McKenzie sugiere que Barbour agrupa varias tomas de castillos en la narración.

compañía que había escondido en su carro, se puso en marcha sin esperar más, y dirigió su carro hacia el castillo. El portero, que le vio acercarse a la puerta, la abrió en seguida, y Bunnok, sin demorarse más, hizo pasar el carro, y cuando estaba justo entre los dos postes de la puerta, de modo que cerrarla era imposible, gritó en voz alta "¡acudid, acudid!" y entonces el de delante soltó la aguijada y con el hacha cortó el enganche. Bunnok, con gran rapidez, le asestó tal golpe al portero, que salieron juntos sangre y sesos; y los que estaban dentro del carro saltaron raudos fuera y pronto mataron a muchos del castillo que estaban por allí. Entonces empezó el griterío, y los que estaban emboscados cerca salieron de repente y con las espadas desnudas llegaron y tomaron el castillo sin oposición, y mataron a todos los que estaban dentro. Y los que habían salido antes, cuando vieron el castillo perdido, huyeron a refugiarse aquí y allá. Algunos se marcharon a Edimburgo, y otros se fueron a Stirling, y a otros los mataron por el camino.

DE CÓMO EL CONDE TOMÁS RANDOLPH PASÓ A SER HOMBRE DEL BUEN REY ROBERTO DE BRUCE.

De esta manera Bunnok, con su carro, tomó el castillo y mató a los hombres; luego se lo entregó en seguida al rey, que lo recompensó muy dignamente, y mandó derribarlo todo a tierra; y luego viajó por toda esa comarca, sometiendo a su paz todo el país, que quiso prestarle obediencia.

Y cuando hubo pasado algún tiempo, mandó llamar a sir Tomás Randolph, y trató con él de tan buen modo, que éste prometió ser hombre suyo. El rey le perdonó su ira, y para elevar su condición le dio las tierras de Moray, y lo hizo conde de ellas, y le concedió heredad sobre muchas otras tierras muy extensas[10]. Conocía su extremado valor, su gran inteligencia y su prudencia, su firmeza en la palabra y su lealtad en el servicio, y por lo tanto confió en él, y lo hizo rico en tierras y en ganado, y él, sin duda, se lo merecía, pues si es cierto lo que cuentan de él, era un caballero tan valiente, tan sabio, tan ardido y tan fuerte, y de una generosidad tan soberana, que mucho se podría decir de él, y puesto que yo pienso narrar historias suyas, y mostrar parte de sus buenas hazañas, describiré ahora su aspecto, y parte de su condición. Era de estatura mediana, y bien proporcionado, con mesura. Su rostro era ancho y hermoso; cortés era en extremo, y de buen trato, y de comportamiento muy seguro. Amaba la lealtad sobre todo. Contra la falsedad, la traición y la felonía estaba siempre encarnizadamente. Apreciaba el honor y la generosidad, y siempre mantuvo la rectitud. En compañía era gentil, y además era buen amador, y siempre quiso a los buenos caballeros; y si he de decir la verdad, estaba lleno de bondad, pues estaba todo hecho de virtudes. Aquí no voy a alabarlo más, pero más adelante oiréis de él, ya que por sus grandes hechos de valor, merece ser muy apreciado.

---

[10] Recuérdese el final del libro IX. Bruce lo hizo duque de Moray en 1312 y después señor de Annandale.

Cuando el buen rey hubo hecho así las paces con él, y le hubo entregado grandes señoríos, se volvió tan sabio y prudente que primero dejó bien aseguradas sus tierras, y luego se fue raudo a la guerra, a ayudar a su tío en su empresa. Con el consentimiento del rey, y con poco aparejo, se fue raudo a Edimburgo, con buenos hombres en su compañía, y puso sitio al castillo, que entonces estaba muy bien guarnecido, con hombres y vituallas en abundancia, de modo que no temían la fuerza de ningún hombre. Mas a pesar de ello, este buen conde emprendió el asedio abiertamente, y acosó a los que estaban dentro, tanto, que ninguno osaba salir. Podrán quedarse dentro y comerse las vituallas mientras tengan algo, mas creo que no les será posible conseguir más en el campo.

En aquella época, Eduardo, rey de Inglaterra, había encomendado ese castillo a sir Piers Libauld, un gascón; y cuando los de su guarnición vieron que les ponían tan fuerte cerco, sospecharon que había traicionado, y que había hablado con el rey Roberto[11]. Y por esa misma sospecha, lo arrestaron y metieron en prisión, y escogieron a un alcaide de su propia nación[12] para que los mandara, sabio y prudente y valeroso en la acción; y él empeñó inteligencia, fuerza y astucia en mantener el castillo en su poder.

Mas por ahora no hablaré más de ellos, y quiero hablar durante algún tiempo sobre el valiente señor de Douglas, que en aquella época estaba en el bosque, en donde ofreció más de un lance y de una buena hazaña de caballería, tanto de día como por la noche, a los que estaban en los castillos de Roxburgh y Jedburgh; mas yo tendré que dejar pasar muchos de esos episodios, pues no puedo recordarlos todos, y aunque pudiera, bien comprenderéis que no podría narrarlos por entero, pues no sería capaz de hacerlo. Mas aquellos que conozco por completo, ésos los voy a recordar lo mejor que sé.

LA TOMA DEL CASTILLO DE ROXBURGH POR DOUGLAS.

En este tiempo en que el buen conde Tomás asediaba Edimburgo, según dicen los escritos, Jacobo de Douglas dedicaba su inteligencia a averiguar cómo podría tomar el castillo de Roxburgh mediante la astucia o cualquier otro medio, hasta que mandó a Simón de Leidhous, un hombre hábil y curioso, que fabricara escalas de cuerda de cáñamo, con escalones de madera atados de tal manera que en modo alguno pudieran romperse. También hicieron un gancho de hierro, a su modo, que era fuerte y formado de tal manera que, una vez encajado en un vano entre dos almenas, con la escala colgando desde él, quedara sujeta firmemente. En cuanto esto estuvo pensado y hecho, el buen señor de Douglas reunió en secreto buenos hombres, creo que eran unos sesenta, y justo en la víspera del Miércoles

[11] El manuscrtio pone "Lombert", pero se trata de Piers Libauld, que era alcaide de los castillos de Edimburgo y Linlithgow en 1312. La acusación de traición puede ser cierta, ya que más adelante Libauld se pasó a Bruce, que poco después lo ejecutó por el mismo motivo.

[12] Sobre el uso de la palabra "nacioun" aquí, McDiarmid comenta que "sólo un modernismo obstinado puede negar el sentimiento nacionalista a esta época".

de Ceniza, al comienzo de la noche, se dirigieron al castillo. Con vestiduras negras ocultaron las armas y armaduras que llevaban. Llegaron cerca sin mayor demora, y enviaron lejos los caballos, y en una fila fueron avanzando, a cuatro patas cuando estaban cerca, como si fueran vacas o bueyes, que entonces se dejaban fuera, atados. Estaba muy oscuro, sin duda, y sin embargo, uno que estaba en el adarve le dijo al compañero que tenía al lado:

–Ése piensa divertirse bien –y nombró a un granjero de la tierra–, pues se ha dejado el ganado fuera.

El otro respondió:

–Seguro es que se divertirá esta noche, aunque el de Douglas se lleve las vacas.

Pensaron que Douglas y sus hombres eran vacas, pues entonces andaban todos a cuatro patas y de uno en uno. Douglas puso mucha atención a todas sus palabras, mas pronto ellos, hablando, se alejaron. Los hombres de Douglas se alegraron de eso, y se apresuraron a ir a la muralla, y pronto colocaron su escala, que hizo un ruido cuando el gancho quedó ajustado en el vano. Eso lo oyó uno de los centinelas, y prevenido, acudió allí raudo, mas Leidhous, el que había hecho la escala, se apresuró a escalar la muralla el primero. Pero antes de que hubiera subido del todo, el centinela de aquella parte le salió al encuentro en la subida, y como pensaba derribarlo, no hizo ruido, grito ni sonido, sino que se abalanzó hacia él directamente. Y Simón, que estaba en peligro de muerte, hizo un lance hacia él, y lo agarró por el cuello sin demora, y le clavó un puñal hacia arriba, hasta que se le fue la vida en sus manos. Y cuando lo vio caer muerto, se subió deprisa a la muralla y les lanzó el cuerpo a los de abajo, y dijo:

–Todo va como queremos; dáos prisa y subid rápidamente.

Y así lo hicieron sin perder más tiempo. Mas antes de que llegaran arriba, apareció uno, y vio a Leidhous que estaba allí solo, y supo que no era de los suyos. Entonces se lanzó hacia él con prisa, y le atacó valientemente, mas Simón lo mató en un instante, pues iba armado y era muy fuerte.

El otro, creo, iba sin armadura, y no tuvo con qué parar el golpe. Así empezó a pelear Simón, hasta que Douglas y toda su mesnada hubieron escalado la muralla, y entonces todos fueron a la torre.

La gente estaba toda en la sala, bailando, cantando y holgando de otros modos; la víspera de la Cuaresma es costumbre que haya jolgorio y regocijo entre la gente que tiene poder para sentirse segura. Así creían estar ellos entonces, mas antes de que se dieran cuenta, entraron en la sala Douglas y sus hombres, y gritaron muy fuerte, "¡Douglas, Douglas!". Y ellos, que tenían muchos más hombres, al oír gritar "Douglas" tan fieramente, se quedaron sobrecogidos por el grito, y no pudieron preparar defensa. Sin piedad los mataron los de Douglas, hasta que consiguieron la ventaja. Los otros huyeron a buscar refugio, temiendo a la muerte desesperadamente. El alcaide del castillo, que se llamaba Guillermo de Fiennes[13], cuando vio cómo iba la contienda, se encerró en la torre del homenaje, con otros de su compañía, y atrancó la entrada sin demora. Al resto, a los que quedaron

---

[13] Aparece en las crónicas como Gillemyng de Fenygges o sir William de Filinge. Era uno de los mercenarios franceses de Eduardo II, y tenía el castillo a su cargo al menos desde 1312.

fuera, los mataron o hicieron prisioneros, sin duda, salvo a alguno que saltara desde la muralla. Douglas se hizo amo de la plaza, y, mal que les pesó a sus enemigos, sus hombres se pasaron la noche yendo y viniendo por todo el castillo, hasta que despuntó la luz del día.

El alcaide, que estaba en la torre, Guillermo de Fiennes, hombre de muy gran valor, cuando vio el castillo perdido sin remedio, decidió defender la torre, mas los que estaban fuera le lanzaron flechas en tan gran cantidad que lo acosaron grandemente; sin embargo, retuvo la torre valientemente hasta el otro día, y entonces, en un asalto resultó tan malherido en el rostro que temió por su vida. Así que sin demora parlamentó y entregó la torre, de tal modo que él y todos los que con él estaban pudieran pasar seguros a Inglaterra. Douglas cumplió bien su palabra, y los acompañó hasta su país, mas allí él vivió muy poco tiempo, pues debido a la herida de su rostro, pronto murió y pronto fue enterrado.

Douglas tomó todo el castillo, al que entonces rodeaba una fuerte muralla, y envió a este Leidhous a ver al rey Roberto, que le dio una muy buena recompensa. Y mandó en seguida a su hermano, sir Eduardo, que era tan valiente, a que derribara tanto la torre del homenaje como la barbacana. Este acudió con una gran compañía, y los hizo trabajar tanto, que torre y muralla cayeron a tierra en muy poco rato; y se quedó allí hasta que todo Teviotdale se sometió a la paz del rey, excepto Jedburgh y algunos otros lugares que estaban próximos a los territorios ingleses.

[Aquí sir Tomás Randolph asedia Edimburgo.]

Mientras tomaban Roxburgh de este modo, el conde Tomás, que siempre tenía en mucho la valentía extrema, estaba poniendo cerco a Edimburgo, como ya os he dicho anteriormente. Mas en cuanto supo cómo Roxburgh había sido tomado gracias a una estratagema, puso todo su empeño, ingenio y denuedo, os lo aseguro, en encontrar alguna treta que lo ayudara, junto con el valor de caballero, a ganar la muralla del castillo mediante alguna argucia, pues sabía bien que ninguna fuerza lo conseguiría mientras hubiera dentro hombres y víveres. Por lo tanto, preguntó en secreto si se podía encontrar a algún hombre que se arriesgase a escalar las murallas sin ser visto, y él le daría buena recompensa; pues su intención era correr todos los peligros antes que dejar que el asedio no llegase a nada. Había allí entonces un tal Guillermo Francis, fuerte y osado, listo y curioso, que en su juventud había estado en el castillo. Cuando vio al conde Tomás tan decidido a encontrar alguna estratagema o engaño que le permitiera tomar el castillo, acudió a él en secreto y le dijo:

–Creo que mucho os alegraría que os indicaran alguna forma atrevida de poder pasar las murallas; y ciertamente, si queréis comenzar a asaltar de ese modo, yo comprometo mi servicio para mostraros cómo escalar la muralla, y yo iré el primero de todos; pasaremos por un lugar en donde con una escala corta, creo que bastará de doce pies, podamos subir a lo alto de la muralla sin hacer ruido. Y si queréis saber por qué sé esto, de muy buena gana os lo diré. Cuando yo era joven, hace ya algún tiempo, mi padre era de la guarnición de ese castillo, y yo era algo alocado y amaba a una moza aquí en la ciudad, y para poder visitarla en secreto sin sospechas, me hice una escala de cuerdas, y con ella bajaba por la muralla. Luego seguía por un camino estrecho que había encontrado en la roca; y a menudo conseguía mi propósito. Y cuando se acercaba el día, regresaba por el mismo camino, y siempre entraba sin ser visto. Me aprendí tan bien esa maniobra que puedo seguir derecho ese camino aunque la noche esté tan oscura que no se vea nada. Y si vos pensáis que queréis intentar subir detrás de mí de ese modo, yo os conduciré hasta lo alto de la muralla, si Dios nos salva de que nos descubran quienes la vigilan. Y si nos van tan bien las cosas que podemos colocar nuestra escala, una vez que el primero suba a la muralla se defenderá solo, si hace falta, hasta que hayan subido los demás.

El conde se alegró de sus palabras y le prometió una buena recompensa, y decidió tomar ese camino, y le mandó hacer pronto su escala, y guardar el secreto hasta que pudieran escoger una noche para su propósito.

La toma del castillo de Edimburgo por el buen conde Tomás Randolph.

Poco después estuvo hecha la escala, y entonces el conde, sin mayor demora, se preparó una noche en secreto, con treinta hombres fuertes y valientes, y en una noche oscura se pusieron en camino. Pasaron una prueba muy dura, y se expusieron a muy grandes riesgos. Creo que si hubieran podido ver con claridad no habrían emprendido ese camino, aunque no hubiera nadie que se lo impidiera; pues la roca era alta y temible, y muy peligrosa de escalar; si alguno se resbalaba y caía, muy pronto quedaría destrozado.

La noche era oscura, según he oído decir, y pronto llegaron hasta el pie de la peña, que era alta y escarpada; entonces Guillermo Francis pasó delante de todos, trepando por las hendiduras, y ellos le siguieron. Con gran esfuerzo, ora por aquí ora por allá, subieron por las hendiduras hasta que hubieron llegado a la mitad de la peña; y allí encontraron un lugar lo bastante ancho como para poder sentarse. Estaban cansados y sin aliento, y allí se quedaron para cobrar resuello; y justo cuando estaban allí sentados, encima de ellos en la muralla se reunieron todos los centinelas. ¡Que los ayude Dios todopoderoso, pues ahora están en gran peligro! Si ahora los vieran, no habría nadie que escapara vivo de ese sitio; los matarían a pedradas sin que pudieran hacer nada por evitarlo.

Mas la noche era oscura en extremo, de modo que no pudieron verlos; y, no obstante, aún hubo uno de ellos que tiró una piedra hacia abajo y dijo:

—¡Fuera! ¡os veo bien! —aunque en realidad no los veía. La piedra voló sobre sus cabezas, y se quedaron todos esperando. Los centinelas, al no oír nada moverse, se fueron todos juntos de allí, y se alejaron charlando. En seguida el conde Tomás y los que estaban sentados junto a él en la peña treparon raudos hacia la muralla, y llegaron hasta allí con gran esfuerzo y no sin muchas penas y peligros, pues de allí en adelante, trepar era mucho más costoso. Mas a pesar de las dificultades llegaron pronto hasta la muralla, que tenía cerca de doce pies de altura, y sin que los vieran ni oyeran, pusieron la escala en la muralla, y entonces Francis subió el primero, y detrás de él sir Andrés Gray; y el conde Tomás Randolph en persona, os lo aseguro, fue el tercero que tomó la muralla. Cuando los de abajo vieron a su señor subido de ese modo en la muralla, treparon tras de él como hombres locos. Mas antes de que hubieran subido todos, los que estaban de guardia los oyeron moverse y hablar quedo, y también el ruido de las armas, y se lanzaron fuertes contra ellos; y ellos los recibieron con valentía y sin piedad mataron a muchos. Entonces se alzó la voz por el castillo. "¡Traición, traición!" gritaron fuertemente. Algunos sintieron tal espanto que huyeron y saltaron por la muralla; a decir verdad, no huyeron todos, pues el alcaide, que era ardido, bien armado acudió al grito, y con él muchos otros fuertes y valientes.

El conde y su mesnada aún seguían luchando en la muralla, mas pronto derrotaron a sus enemigos. Para entonces sus hombres habían llegado todos a la muralla, y él pronto bajó hasta el castillo. Se puso en gran peligro, pues allí dentro había muchos más hombres, si hubieran sido más valientes que él; pero estaban asustados. Sin embargo, el alcaide y su compañía les hicieron frente con gran valor. Se pudo entonces ver una tremenda lucha, pues con armas de muchas clases se golpeaban unos a otros con todas sus fuerzas, hasta que las espadas relucientes quedaron ensangrentadas hasta la empuñadura. Se alzó entonces horrible el griterío, pues los que habían caído, o estaban atravesados, gritaban y rugían atrozmente. El buen conde y su compañía lucharon tan bravamente en ese encuentro que rechazaron a todos sus enemigos. El alcaide fue muerto allí mismo, y cuando él cayó, los restantes huyeron a refugiarse lo mejor que pudieron; ya no se atrevieron a seguir dando batalla. El conde se vio allí en tal aprieto, que de no haber sucedido por azar que el alcaide muriera, habría estado en un gran peligro; mas en cuanto huyeron, ya no lo hubo: cada uno de ellos, por salvar su vida, huyó a poner a salvo sus días, y algunos se descolgaron por la muralla. El conde tomó el castillo entero, pues no había nadie que se le opusiera. Nunca he oído contar de otro castillo que fuera tomado tan ardidamente, salvo únicamente el de Tiro, cuando Alejandro el Conquistador, que tomó la torre de Babilonia, saltó desde una torre de asalto a la muralla, en donde se defendió valientemente entre sus enemigos, hasta que sus nobles caballeros pasaron la muralla con escalas; no sentían miedo alguno a la muerte, pues en cuanto supieron que el rey había entrado en la ciudad, no hubo nada que pudiera detenerlos, ya que menospreciaban el peligro. Escalaron la muralla, y Aristeo llegó el primero hasta el buen rey, que se defendía con todas sus fuerzas, y estaba entonces tan acosado, os lo aseguro, que tenía una rodilla puesta en tierra, y la espalda apoyada en un árbol, por miedo a que le atacaran por detrás. Aristeo se lanzó entonces aprisa y con valor a la batalla, y les asestó tales golpes, que el rey se vio muy pronto rescatado, pues sus hombres saltaron la muralla por varios sitios, y fueron a buscar al rey, y lo rescataron luchando duramente, y en seguida tomaron la ciudad[14]. Quitando esta toma, yo nunca

[14] La fuente es, de nuevo, *Le Roman d'Alixandre*.

jamás he oído que en ninguna época pasada se tomase un castillo tan valientemente. Y de esta toma que yo os cuento ahora, santa Margarita, la buena y pia-
dosa reina, tuvo conocimiento en sus días mediante la revelación que le hizo aquél
que todo lo conoce y sabe, y así a modo de profecía dejó una bonita señal, y fue
que en su capilla mandó pintar un castillo, con una escala arrimada a la muralla, y
un hombre trepando, y tenía escrito encima de él, según cuentan los viejos:
"Guardáos del francés". Y por estas palabras que mandó escribir, los hombres
pensaban que el castillo lo tomarían los franceses, pero como se llamaba Francis
aquél que lo escaló en secreto, ella lo escribió como profecía, y luego sucedió
exactamente como ella había dicho que sería, pues en verdad que fue tomado, y
fue Francis quien los hizo subir por ese paso[15].

De esta manera se tomó Edimburgo; y los que estaban dentro, todos ellos, o
fueron apresados, o murieron, o saltaron por la muralla. Encontraron a sir Piers
Libauld, que como he dicho antes, había sido arrestado, aprisionado y sujetado
con grilletes[16]. Se lo llevaron sin demora al conde, quien mandó liberarlo en seguida, y él se convirtió en hombre del rey Roberto.

Entonces le enviaron noticias al propio rey para contarle cómo habían tomado el castillo, y él se apresuró a ir allí con una compañía de muchos hombres, y
mandó socavar completamente muralla y torre y echarlas a tierra; y luego viajó
por todas esas tierras, sometiendo la región a su paz. Por esta hazaña que fue tan
valerosa, el conde fue honrado grandemente; el rey, que lo vio tan arrojado, se alegró y regocijó más que ninguno, y para mejorar su condición, le dio tierras y ren-
tas más que suficientes, y él llegó a ser tan renombrado, que hablaban todos de su
gran coraje. Siempre asombró a sus enemigos, pues nunca huyó por la fuerza de
la lucha. ¿Qué más podré decir de su poder? Su gran hombría y su valor hacen
que aún hoy tenga renombre.

En esta época en la que se lograron tan valientemente todas estas hazañas de
los castillos que yo cuento, sir Eduardo de Bruce, el ardido, había tomado a su
antojo Galloway y Nithsdale enteros, y había arrasado todos los castillos, haciendo caer torres y murallas hasta el foso. Oyó entonces decir, y supo bien, que en
Rutherglen había una fortaleza; allí se dirigió con su mesnada, y la tomó en poco
tiempo, y luego se dirigió a Dundee, que entonces estaba ocupada, según me han
dicho, por los enemigos del rey, así que en seguida le puso cerco firme, y allí permaneció hasta que se entregó[17]. Después se dirigió a Stirling, en donde el buen sir
Felipe de Mowbray, que era tan valiente en la lucha, era el alcaide, y tenía a su
cargo el castillo del rey inglés. Allí plantó un cerco muy fuerte; a veces hubo algu-

---

[15] La capilla dedicada a santa Margarita, esposa del rey Malcolm Canmore, que murió en 1093,
fue construida en lo alto de la roca del castillo de Edimburgo a principios del s. XII. Barbour escribe
como si ella hubiera mandado pintar la escena. El texto aparece en francés en el manuscrito, y McDiarmid reconstruye el original como "Gardys wous de Francais".

[16] Véase la nota 11. Se nos ha dicho que había sido aprisionado por sus hombres, sospechoso de
traición en la toma de Linlithgow.

[17] Señala McDiarmid que ésta es la única noticia que tenemos de la toma del castillo de Rutherglen, que había sido asediado antes por Edward Bruce en 1308-09. Dundee seguía en manos de los
ingleses en agosto de 1312, pero parece haber sido reconquistada por Edward Bruce poco después.

na escaramuza, mas no se hicieron grandes proezas de caballería. Desde que puso el cerco, sir Eduardo pasó mucho tiempo en aquel sitio; es decir, desde la cuaresma hasta el día de San Juan[18]. A los ingleses que estaban dentro empezaron a faltarles los víveres entonces. Así que sir Felipe, ese hombre valeroso, hizo un pacto con los escoceses, que asintieron, y fue éste: que si, para el día de San Juan del año próximo, no habían acudido los ingleses a rescatar el castillo, entonces él sin falta lo entregaría enteramente. Ese pacto lo acordaron en firme.

[18] Referido al año 1313, eso supone desde algún momento después del 27 de febrero hasta el 24 de junio.

LIBRO XI

Cuando hubieron hecho este pacto, sir Felipe cabalgó hasta Inglaterra y le contó a su rey toda su historia, de cómo él disponía de doce meses enteros, tal como habían escrito en su acuerdo, para rescatar Stirling por la fuerza. Y cuando el rey le oyó decir a sir Felipe que los escoceses habían señalado un día para luchar, y que tenía tanto tiempo para prepararse, se alegró mucho, y dijo que era un exceso de arrogancia lo que les hacía cometer tal necedad, pues él pensaba estar, antes de ese día, tan preparado y tan bien provisto, que ninguna fuerza podría oponérsele. Cuando los nobles de Inglaterra oyeron que ese día había sido señalado claramente, les pareció una necedad demasiado grande, y pensaron que podrían hacer lo que quisieran si los otros los esperaban para pelear. Mas los planes del necio a menudo no se cumplen, e incluso los de los sabios no siempre llegan al final que ellos esperan. Una piedra pequeña, se suele decir, a menudo puede hacer volcar a un carro grande, y la fuerza del hombre no puede resistir contra la gracia de Dios que dirige todas las cosas; él sabe lo que le conviene a cada cosa, y todo lo dispone según sus ordenanzas.

LA TOMA DE STIRLING POR SIR EDUARDO DE BRUCE, AUNQUE LA BATALLA ENTRE ÉL Y SIR FELIPE DE MOWBRAY HABÍA SIDO FIJADA UN AÑO Y UN DÍA ANTES.

Cuando sir Eduardo, como os digo, hubo dado un plazo tan dilatado para que Stirling fuera entregado o rescatado, se fue directamente a ver al rey Roberto y le contó el pacto que había hecho, y el plazo que había concedido. Cuando el rey oyó el plazo, dijo:

–Eso se hizo poco sabiamente, a fe mía. Nunca he oído que se diera aviso con tanto tiempo a un rey tan poderoso como el de Inglaterra, que ahora tiene en sus manos a Inglaterra, Irlanda, y también Gales, y además de todo eso, Aquitania[1]; y una parte de Escocia aún permanece bajo su señorío. Y él está tan repleto de tesoros, que puede pagar mercenarios en abundancia, y nosotros somos pocos contra tantos. Bien puede Dios dirigir nuestros destinos, pero nos encontramos en una difícil situación para ganar o perder rápidamente en ese preciso momento.

Sir Eduardo replicó:

–Así me ayude Dios, aunque vengan él y todos los que él pueda mandar, lucharemos, por más que sean[2].

Cuando el rey oyó hablar así de la batalla a su hermano, lo apreció grandemente en su corazón, y le dijo:

---

[1] Aquitania era entonces posesión hereditaria de los reyes de Inglaterra.

[2] Para McDiarmid, Barbour recogió una dudosa tradición que hacía de Edward Bruce un guerrero temerario y alocado, a pesar de que los hechos nos muestran que era el más capaz y enérgico de los comandantes del ejército de Bruce, así como el que desempeñó misiones más variadas. Hasta la inevitable derrota en Dundalk, tuvo éxitos ininterrumpidos, y su destrucción de la vanguardia inglesa en Bannockburn resultó decisiva. Es poco probable que el rey Roberto no conociera de antemano las condiciones de este pacto con Mowbray.

–Hermano, puesto que las cosas han tornado de tal modo que esto ya está comprometido, preparémonos con hombría, y todos los que nos quieren bien y aman la libertad de este país, que se preparen para estar dispuestos, llegado ese momento, a luchar con todas sus fuerzas, de modo que si nuestros enemigos intentan rescatar Stirling al asalto, nosotros hagamos fracasar su propósito.

A esto asintieron todos, y ordenaron a sus hombres que se fueran disponiendo para estar preparados ese día de la mejor manera posible. Entonces todos los hombres de Escocia que estaban dispuestos a luchar, pusieron todo su empeño en pertrecharse para aquel día. Reunieron armas y armaduras, y todo lo necesario para la lucha.

Y en Inglaterra, el poderoso rey se preparó de tal manera, que de veras que nunca he oído decir que los ingleses fabricasen más pertrechos de los que hicieron entonces para la batalla. Pues cuando el día estaba próximo, reunió a toda su fuerza, y sin contar su propia caballería, que era tan grande que causaba maravilla, tenía en su compañía gente de gran valor de muchos países distintos. El conde de Hainault[3] también estaba allí, y con él había hombres valientes de Gascuña y de Alemania, y del ducado de Borgoña; tenía hombres fuertes y bien fornidos armados limpiamente de punta en blanco. Para la caballería de Inglaterra había reunido tanto, que no quedó sin bastimento ninguno que pudiera llevar armas, o tuviera fuerza para luchar en el campo. También tenía con él a todo Gales, y una gran mesnada de Irlanda; de Poitou, Aquitania y Bayona tenía a muchos de muy gran renombre, y de Escocia aún tenía entonces una gran mesnada de hombres valerosos[4].

Cuando todos estos estuvieron reunidos, tenía allí con él más de cien mil hombres de armas; cuarenta mil de ésos estaban provistos de armaduras y montados a caballo, y de ellos, tres mil iban sobre caballos cubiertos con panceras y malla, para ir en la vanguardia. Y tenía cincuenta mil arqueros, además de caballería ligera y hombres de a pie y la caterva que se ocupaba de las armaduras y las vituallas. Tenía tantos que era maravilla[5]. También pasaron carros, tantos, que, aparte de los que llevaban las armaduras, y de los que iban cargados con los pabellones y la vajilla y los enseres de cámara y salón, y vino, y cera, y munición de

[3] Quizá nombrado expresamente aquí por su destacada participación en la primera campaña escocesa de Eduardo III (1333).

[4] Aunque sin duda habría caballeros con sus séquitos de todos los lugares nombrados, según McDiarmid no consta que hubiera un contingente irlandés importante en Bannockburn. McKenzie señala sin embargo que las fuerzas irlandesas que había estaban mandadas por Richard de Burgh, duque del Ulster, padre de la segunda esposa de Bruce, Elizabeth de Burgh, con la que se casó en 1302 tras haberse sometido a Eduardo I. De su primera esposa, Isabel, hija de Donald, duque de Mar, Bruce tuvo una hija, Marjorie, madre de Roberto II.

[5] Las cifras están enormemente exageradas para ambos ejércitos. McDiarmid dice que es más razonable el cálculo que se da en la *Vita Edwardi Secundi*, que habla de "más de 2000 hombres a caballo y grandes números de infantes". Ése es el número documentado de caballeros ingleses que hubo en Falkirk contra Wallace en 1298, y allí los hombres de a pie fueron entre 10 y 15.000, con lo cual podemos suponer una proporción parecida. Los escoceses en Bannockburn seguramente no excederían en mucho los 3.500. La estrategia de Bruce logró, sin embargo, que un frente inglés muy estrecho chocase con una fuerza escocesa mucho mayor.

piedra, había ciento sesenta cargados con pollos. A dondequiera que fuesen, eran tantos, y sus formaciones tan anchas, y sus carros ocupaban tanto espacio, que se podía ver a aquel enorme ejército extenderse por todas las tierras. Quienes estuvieran cerca podrían haber visto a más de un hombre fuerte y valiente, y muchas armaduras bellamente adornadas, y muchos caballos de buena estampa cubiertos de ricas telas, muchos yelmos y cotas de malla, escudos, lanzas y pendones y tantos apuestos caballeros que parecía que en la lucha deberían vencer al mundo entero. Mas, ¿por qué he de alargar mi historia?

A Berwick llegaron todos ellos, y algunos se instalaron allí, otros acamparon fuera de la ciudad, en tiendas y pabellones. Y cuando el rey vio su ejército tan grande, y a sus hombres tan buenos y tan hábiles, se sintió muy contento en su pensamiento, y bien supuso que no había en todo el mundo un rey que se le pudiera oponer; pensó que todo lo tenía ganado, y entonces con largueza repartió entre sus hombres la tierra de Escocia. Con las cosas de otros era muy generoso. Y los que eran de su mesnada amenazaron a los escoceses en voz alta con grandes palabras, pero no obstante, antes de que consigan su propósito, ¡se habrán de hacer muchos agujeros en telas ahora enteras!

El rey inglés, de acuerdo con sus consejeros, dividió a sus hombres en diez batallas[6]; en cada una había diez mil, que pensaban que resistirían con fuerza en la lid, y lucharían con valor, sin ceder ante el poder de sus enemigos. Nombró jefes para cada batalla, que fueran conocidos por su buen mando, y a dos renombrados condes, el de Gloucester y el de Hereford, los puso al frente de la vanguardia, con muchos hombres bajo su mando, dispuestos en buen orden. Eran tan buenos caballeros que pensaban que si llegaban a luchar, ninguna fuerza podría resistir a su poder. Y cuando sus hombres estuvieron divididos en varias batallas, el rey ordenó la suya propia, y quiénes deberían estar a sus lados.

A sir Gil de Argentin lo puso a un lado para que le tuviera la rienda, y a sir Aymer de Valence, que era tan valeroso, al otro, pues confiaba en la extrema valentía de ambos más que en la de todos los demás[7].

Cuando el rey de esta guisa hubo ordenado, según me cuentan, sus batallas y su formación, se levantó pronto una mañana y se puso en camino desde Berwick. A su paso, las batallas, que eran tan anchas, ocultaban montes y valles al cabalgar desplegadas por los campos. El sol brillaba fuerte y claro, y las bruñidas armaduras refulgían de tal modo en su luz, que toda la tierra relumbraba. Las banderas flameaban hermosamente, y las insignias ondeaban al viento; había tantas y de tan variados escudos de armas, que haría falta gran habilidad para relatarlo, y si yo contase todo su aspecto, su porte y su manera de avanzar, aunque pudiera hacerlo, resultaría muy trabajoso.

[6] Esta división del ejército en diez grupos parece muy poco probable, por inefectiva, señala McDiarmid.

[7] Todos los nombrados estaban, efectivamente, en el ejército; Gloucester y Hereford compartían el mando de la vanguardia. Sir Aymer de Valence, duque de Pembroke, era el consejero principal en la división del rey. Sir Giles de Argentin había luchado contra Bruce en Methven y Loch Tay en 1306. La tercera división, o ala derecha, parece haber estado mandada por sir Robert Clifford.

El rey con toda esa gran mesnada se dirigió derecho a Edimburgo. Eran, sin duda, demasiados para luchar contra poca gente de una tierra pobre; mas cuando Dios ayuda, ¿qué puede resistirse?

El rey Roberto, cuando oyó decir que los ingleses, armados de ese modo, y en tan enorme cantidad entraban en su tierra, aprisa ordenó que sus hombres fueran llamados a las armas, y ellos acudieron de buen grado al bosque de Torwood, en donde el rey había ordenado que se reunieran[8]. Sir Eduardo de Bruce, el valiente, llegó con una muy gran compañía de buenos hombres armados de buen modo, ardidos y forzudos para la lucha. Luego llegó Gualterio Stewart, senescal de Escocia[9], que entonces era un joven imberbe, con una mesnada de hombres nobles, a los que se reconocía por su porte. El buen señor de Douglas también llevó consigo, lo aseguro, hombres habituados al combate; éstos sentirán menor miedo si les sucede que se ven rodeados por muchos; y sabrán buscar su ventaja para detener la fuerza de sus enemigos antes que los hombres que no acostumbran a luchar. El conde de Moray, con sus hombres en buena formación acudió luego, para luchar cumpliendo su pacto y muy dispuesto a mantener el poder de los escoceses. Además, muchos otros barones y caballeros de gran renombre acudieron valientemente con sus hombres.

Cuando estuvieron reunidos todos, creo yo que serían treinta mil y algunos más, sin contar los carruajes y los bagajeros que llevaban las armaduras y las vituallas. Entonces el rey pasó revista a todo el ejército, y observó su porte, y vio que presentaban gran aspecto. Tenían el semblante decidido; hasta el más cobarde parecía muy dispuesto a hacer su parte. El rey, que bien sabía de esas cosas, vio el aspecto de todos ellos, y a todos en común los encontró ardidos y valientes y sin miedo ni desánimo. En su corazón se sintió muy complacido, y pensó que hombres de tal voluntad, si ponían en ello su empeño, en verdad habrían de ser difíciles de derrotar. Y ellos, que vieron a su señor darles la bienvenida llanamente y de modo tan amable, sintieron alegría, y pensaron que bien debían esforzarse en duro combate y batalla encarnizada por mantener el honor de su rey.

El valeroso rey, cuando vio a su ejército entero reunido, y los vio dispuestos a cumplir su mandato con buen ánimo y corazón y a mantener bien su libertad, se alegró de muchos modos, y reunió a su consejo privado y les dijo:

–Señores, ahora véis que los ingleses con gran fuerza se han dispuesto para la guerra, pues quieren rescatar ese castillo. Por lo tanto, bueno es que ahora dispongamos cómo podemos malograr su propósito, y cerrarles el paso de tal modo, que no puedan pasar si no es con gran resistencia. Tenemos aquí a a nuestra disposición a treinta mil hombres y más; dividámoslos en tres batallas, y ordenémonos de tal manera que, cuando el enemigo se acerque, nosotros nos dirijamos a New Park[10], pues ellos tienen que pasar por allí, a no ser que decidan ir por más

---

[8] Se trata de un bosque al oeste de Falkirk, que se extiende al norte hacia Bannockburn.

[9] En esta aparición parece que se le nombra por el cargo, "Walter stewart of Scotland", pero Stewart ya se usaba como apellido de esa familia. Él es quien, al casarse con Marjorie, hija de Bruce (véase nota 4), da nombre a la dinastía de los Stuart (Estuardo) a partir de su hijo, Roberto II.

[10] Bruce estableció su base en el New Park,la extensión del bosque de Torwood al norte de Bannockburn, al parecer en la ladera este del monte Coxet. Desde ahí dominaba el camino estrecho, libre

abajo, y pasen por el pantano, y en ese caso nosotros tendríamos la ventaja allí. Y creo que sería muy conveniente que a esta lucha fuéramos a pie, y nos armásemos con armas ligeras; pues si nos dispusiéramos a luchar a caballo, puesto que nuestros enemigos son más, y tienen mejores monturas que nosotros, nos veríamos en gran peligro; y si luchamos a pie, en verdad que estaremos en ventaja, pues en el bosque, entre los árboles, los de a caballo siempre se ven entorpecidos, y los riachuelos pantanosos que hay allí abajo les causarán gran confusión.

Todos asintieron a esas palabras, y luego en poco rato ordenaron las cuatro batallas, y al conde Tomás Randolph le encomendaron el mando de la vanguardia, pues tenían una enorme confianza en su noble autoridad y en su alto valor de caballero; y para mantener su bandera, fueron asignados a su batalla señores de gran valor.

La segunda batalla le fue encomendada a aquél que era valiente en sus actos y famoso por sus grandes hechos de armas, que era sir Eduardo el valeroso. Creo que obrará de tal manera, vaya como vaya el juego, que sus enemigos tendrán motivo para lamentarse. Luego les encomendaron el mando de la tercera batalla a Gualterio Stewart y a Douglas, valiente en sus actos, que eran primos en grado próximo[11]; al segundo le fue encomendado el primero, que era joven, mas, no obstante, creo que cumplirá con su deber tan virilmente que no precisará más vigilancia. La cuarta batalla la tomó el noble rey bajo su propio mando, e incluyó en su compañía a todos los hombres de Carrick, y a los de Argyle y los de Kintyre, y a los de las islas de las que era señor Angus de Islay, y además de ésos, él tenía también una gran mesnada de hombres del llano; su batalla era fuerte y aguerrida. Dijo que él formaría la retaguardia, y que delante de él debería ir la vanguardia, y que, a cada lado, las otras batallas deberían avanzar, manteniéndose un poco alejadas. El rey, que iría detrás de ellos, vería dónde era menester su ayuda, y acudiría allí con su bandera.

LA BATALLA DE BANNOCKBURN,
LIBRADA Y GANADA POR EL BUEN REY ROBERTO DE BRUCE.

De este modo el rey, que era fuerte y sabio y bien prudente en sus planes, ordenó a sus hombres para la lid, bien dispuestos en todas sus cosas.

Llegada la mañana del sábado, el rey oyó decir a sus espías que los ingleses, con una enorme fuerza, habían pasado la noche en Edimburgo. Así pues, sin mayor demora se dirigió hacia New Park con todos los que estaban a su mando,

---

de arroyos pantanosos, que conducía al pueblo y al castillo. El ejército inglés tendría que pasar por allí, ya fuera atravesando el New Park o por los terrenos pantanosos más al este; en cualquier caso tendría que cruzar el arroyo (*burn*) Bannock.

[11] McDiarmid observa que esta división del ejército en cuatro grupos no coincide con los testimonios directos de los ingleses, que hablan de tres "batallas", que era el número habitual. Asignar el mando de otra división a Douglas y al joven Stewart no parece razonable ni merecido por sus méritos; sin embargo, en 1376 (al escribirse el poema), y dado que Roberto II era hijo de este Walter Stewart, era un gesto de cortesía que sería apreciado por el rey.

y los hizo acampar allí en el bosque. Y en un campo llano junto al camino por donde él pensaba que tenían que pasar los ingleses si querían llegar hasta el castillo por New Park, mandó a sus hombres cavar agujeros de un pie de ancho, y tan hondos que llegaran hasta la rodilla de un hombre, en tal número que parecía un panal de los que hacen las abejas. Toda esa noche estuvo trabajando, de manera que antes del día había hecho los agujeros, y los hizo cubrir con palos y con hierba verde, de modo que no se pudieran ver.

Entonces el domingo por la mañana[12], poco después de levantarse el sol, oyeron misa todos juntos, y se confesaron muy devotamente muchos, que pensaban morir o bien liberar a su país. Rezaron a Dios por su derecho. Allí no comió nadie ese día, pues como era vigilia de San Juan, ayunaron con sólo pan y agua. El rey, cuando hubo terminado la misa, salió pronto a ver los agujeros, y los encontró a su gusto. A ambos lados en una gran anchura estaba minado el campo, como ya he contado. Si sus enemigos pretenden pasar a caballo por ese camino, creo que no lograrán escapar sin caerse.

Entonces mandó dar la orden por todo el ejército de que se armasen con presteza, y que se preparasen del mejor modo; y cuando estuvieron reunidos, los mandó formar para la lucha, y entonces mandó pregonar en voz alta que quienquiera que encontrase que su corazón no iba a mantenerse firme para soportar aquel duro combate y ganarlo todo o morir con honor, que debía irse antes por su camino, y que sólo debían quedar con él aquéllos que estuvieran dispuestos a resistir con él hasta el fin, y a aceptar el destino que Dios les enviase. Entonces contestaron con un grito, y con una sola voz dijeron todos que ninguno fallaría por temor a la muerte hasta que hubiesen ganado la batalla.

Cuando el buen rey oyó a sus hombres contestarle tan decididamente, y decir que ni el miedo ni la muerte les causarían tal desazón que evitaran la lucha, sintió gran regocijo en su corazón, pues pensó que hombres de tal condición, tan buenos, tan valientes y tan excelentes podrían bien defender en la guerra su derecho contra hombres de mucha mayor fuerza.

Luego mandó a todos los soldados de a pie y a los bagajeros con las armaduras y las vituallas al New Park, bien lejos de él y de la caballería; tal como él lo mandó, ellos se fueron; eran casi veinte mil hombres. Se dirigieron hacia un valle, y el rey quedó con una buena mesnada; aunque eran sólo treinta mil, creo que se plantarán gallardamente y cumplirán con su deber como es debido.

Se quedaron entonces ordenados en fila, dispuestos a presentar fiera batalla si alguien los atacaba. El rey les ordenó que estuvieran preparados, pues él sabía con certeza que sus enemigos habían pasado toda la noche en Falkirk, y que luego se habían puesto en marcha hacia él con muchos hombres de gran poderío. Por eso envió a su sobrino, Tomás Randolph, el conde de Moray, con su mesnada, a guardar el camino junto a la iglesia, para que nadie pasase por allí a atacar el castillo, y dijo que él mismo guardaría la entrada por New Park con su batalla, por si intentaban atacar por allí; su hermano, sir Eduardo, y también el joven Gualte-

---

[12] En 1314 la víspera de San Juan cayó el domingo 23 de junio.

rio Estuardo, y el señor de Douglas, con sus mesnadas, deberían estar bien atentos a quién de ellos había menester de su ayuda, y acudir con los hombres que tenían. Entonces el rey envió a Jacobo de Douglas y a sir Roberto de Keith, que era condestable por herencia de todo el ejército, a que fueran a ver dónde estaban los ingleses, y ellos saltaron a caballo y marcharon, acompañados de hombres bien montados, y pronto divisaron el gran ejército, donde relumbraban los escudos refulgentes y brillaban los yelmos bruñidos, que bajo el sol lanzaban gran destello. Vieron muchas banderas bordadas, pendones y estandartes, muchas lanzas; y tantos caballeros a caballo, todos vestidos con flamantes sobrevestas, y tantas y tan anchas batallas, que al cabalgar tomaban tanto espacio, que el más grande ejército de la cristiandad se hubiera desanimado al ver a sus enemigos en tales cantidades, dispuestos a la lucha de ese modo. Cuando los espías hubieron visto a sus enemigos, como os digo, regresaron hacia el rey y le comunicaron en secreto la extensión que ocupaban, y la enorme fuerza que tenían. Entonces el rey les ordenó que no dieran señal alguna de que era así, sino que dijeran en público que los ingleses venían mal preparados, para animar a los suyos. Pues, a menudo, a través de una palabra puede surgir el desconsuelo y el daño, y también puede suceder que, por medio de una palabra, puedan surgir el consuelo y el valor, que hagan que los hombres consigan su propósito. Y así sucedió en este caso; el consuelo y el buen ánimo de los jefes reconfortó tanto a su ejército, que el menos ardido ahora deseaba demostrar que quería estar el primero para comenzar la gran lucha.

De este modo, el noble rey reconfortó a sus hombres gracias al semblante osado y alegre que de tan buena manera supo adoptar. A ellos les pareció que ninguna desventura podía ser demasiado grande siempre que pudieran verlo a él al frente, y que nada los afligiría si su valor podía auxiliarlos. Su valor, y el comportamiento que mostró, los reconfortaron de tal modo que el más cobarde se sintió valiente.

En el otro campo, con gran firmeza, los ingleses, dispuestos como ya me habéis oído decir antes, se acercaban con sus batallones, con las banderas ondeando al viento. Y cuando se hubieron acercado tanto que tan sólo había dos millas entre ellos, escogieron una gallarda compañía de hombres que eran fuertes y valientes, bien armados y sobre buenos corceles. Cuatro nobles de gran poder fueron los capitanes de esa tropa. El señor de Clifford, que era tan fuerte, era el jefe soberano de todos; creo que eran ochocientos hombres armados. Todos eran hombres jóvenes y gallardos, que ansiaban hacer gestas de caballería. Eran de lo mejor de todo el ejército, en su porte y en sus armas. Eran la más apuesta compañía de tantos hombres que se pudiera encontrar. Pensaron dirigirse hacia el castillo, pues creían que podría ser rescatado si conseguían llegar hasta allí. Esta mesnada se puso en camino, y se dirigieron hacia Stirling. Evitaron New Park, pues bien sabían que el rey estaba allí, y por más abajo de New Park pasaron, bastante más abajo de la iglesia, en grupo. El conde Tomás, que era tan valeroso, cuando vio que se iban por el llano, se lanzó contra ellos con gran prisa, con quinientos hombres nada más, enojado en su corazón, y entristecido, de que hubiesen ido por allí tan limpiamente, pues el rey le dijo rudamente que se le había caído una rosa de la guirnalda, ya que los ingleses habían ido por donde él tenía que guardar el camino. Así que se apresuró tanto que en poco tiempo llegó al campo llano con su mesnada, pues pensó que tenía que enmendar lo que había hecho mal, o si no encontrar su fin. Y cuando los ingleses lo vieron llegar sin ruido y sin miedo, y tomar el llano tan atrevidamente, aprisa cargaron contra él, y espolearon con fuerza a sus caballos, que los llevaron firmes y veloces. Y cuando el conde vio a aquella mesnada avanzar tan decididamente, les dijo a los suyos:

—No os dejéis asustar por su amenaza, sino tended las lanzas y ponéos todos espalda contra espalda, con las puntas de lanza hacia fuera; de esa manera nos defenderemos mejor si por ellos nos vemos rodeados.

Tal como lo ordenó, así lo hicieron, y pronto los otros llegaron hasta ellos. Delante de todos venía espoleando un caballero ardido de corazón y mano, que era un gran señor en su país. Sir Guillermo Dayncourt era su nombre, y cerró contra ellos bravamente, y ellos lo recibieron con tal fuerza que él y su caballo cayeron a tierra, y a él lo mataron sin pedir rescate. Los ingleses lamentaron mucho ese día su pérdida por su gran valor. Los demás ingleses siguieron avanzando con firmeza, mas ninguno de ellos cargó tan esforzadamente como él, sino que con mayor precaución, se reunieron todos en una sola partida y los rodearon por todas partes, atacándolos por todos los flancos. Los escoceses con sus lanzas causaban grandes heridas a los caballos que se les acercaban, y los jinetes que caían derribados perdían la vida, mientras los otros ingleses arrojaban lanzas, lanzones y puñales, y armas de diversas clases sobre los que luchaban, que se defendieron tan acertadamente, que sus enemigos se maravillaron, pues algunos se salían de la formación para alancear a los caballos de quienes los atacaban y derribar a los hombres. Entonces rudamente los ingleses les lanzaron espadas y mazas, de modo que entre ellos quedó una montaña de armas que habían arrojado. El conde y los suyos estaban luchando en gran peligro, pues, como os digo, ellos eran muchos menos que sus enemigos, y por todas partes estaban rodeados, y allí se descargaban enormes golpes sin piedad alguna. Sus enemigos los hostigaron sin tregua; en ambos bandos estaban en mal trance, pues el gran calor que padecían debido a la lucha y al sol hacía que toda su carne estuviera bañada en sudor; y surgía tal vaho de la respiración de hombres y caballos, y tal polvareda, que la oscuridad que había en el aire por encima de ellos era cosa maravillosa de ver. Estaban muy acosados, mas no obstante, con enorme esfuerzo se defendieron con gran hombría, y empeñaron voluntad, fuerza y poder para rechazar a los enemigos que tan fieramente los acosaban en aquella lucha. Mas si Dios no los ayuda pronto, se van a cansar de pelear.

DE CÓMO EL BUEN JACOBO DE DOUGLAS PIDIÓ PERMISO AL REY ROBERTO DE BRUCE PARA ACUDIR EN AUXILIO DEL CONDE TOMÁS RANDOLPH.

Mas cuando el noble y renombrado rey, con los otros señores que estaban junto a él vio cómo el conde temerariamente tomaba el campo llano, Jacobo de Douglas fue hasta donde estaba el rey y le dijo:

–¡Ay, señor! ¡Santa María! El conde de Moray abiertamente toma el campo con su mesnada; está en gran peligro si no recibe ayuda en seguida, pues sus enemigos son más que él, y además van bien montados, y con vuestra venia yo me apresuraré a ayudarlo, pues él lo necesita; está todo rodeado de enemigos.

Contestó el rey:

–Así me salve Nuestro Señor que no darás ni un paso hacia él. Si sale airoso, que reciba el honor; le ocurra lo que le ocurra, no cambiaré mi plan por él.

–En verdad –dijo Jacobo–, que yo no puedo de ninguna forma ver cómo lo sorprenden sus enemigos cuando podría prestarle ayuda; con vuestra venia, yo en verdad quiero ayudarlo o morir en el empeño.

–Hazlo, pues, mas pronto estad de vuelta –contestó el rey–, y él se puso en marcha.

Si llega a tiempo, creo yo, a fe mía, que le sabrá prestar tan buena ayuda que lo han de lamentar sus enemigos.

LIBRO XII[1]

Ahora Douglas emprende su camino; y en ese mismo tiempo sucedió por azar que el rey de Inglaterra, cuando se estaba acercando con su gran ejército al lugar en donde los escoceses estaban formados, como ya he dicho antes, mandó detener su batalla, y también las demás, para aconsejarse sobre si deberían acampar esa noche, o lanzarse a la lucha sin más demora. La vanguardia, que no sabía nada de que se hubiera detenido, ni de que se fuera a quedar allí, continuó su marcha hacia el bosque, sin detenerse, en buena formación, y cuando el rey Roberto supo que llegaban tan cerca en orden cerrado, mandó que se dispusiera su batalla. Montado en un pequeño palafrén ligero y gallardo, con un hacha en la mano, fue ordenando sus filas. A todas partes llevaba sobre su yelmo un gorro de cuero, y montada en él una corona, como señal de que él era el rey.

Y cuando Gloucester y Hereford, con sus batallas, se acercaban, delante de todos ellos iba cabalgando, con la celada calada y la lanza en ristre, sir Enrique de Bohun el valiente, que era un caballero fuerte y ardido, y primo del conde de Hereford[2]. Armado con buenas armas, cabalgaba a un tiro de arco por delante de todos los demás, y reconoció al rey cuando lo vio ordenar a sus hombres en filas, y también por la corona que llevaba sobre su yelmo. Se dirigió hacia él a toda prisa. Y cuando el rey lo vio venir tan audazmente por delante de todos sus compañeros, en seguida dirigió el caballo hacia él. Y sir Enrique, al ver al rey avanzar hacia él sin miedo alguno, cargó en su dirección con mucha prisa. Pensó que lo vencería fácilmente, y lo tendría a su merced, en cuanto vio lo mal que iba montado[3]. Cargaron uno contra otro en línea recta; sir Enrique no acertó en su golpe contra el rey, y éste, que estaba de pie sobre los estribos, con su hacha buena y dura le asestó un golpe con tal fuerza, que ni el gorro ni el yelmo pudieron detener el hachazo tan pesado que le dio, que le abrió la cabeza casi hasta los sesos. El mango del hacha se partió en dos, y sir Enrique cayó postrado a tierra, pues le faltó la fuerza. Este fue el primer golpe de la lucha, que fue llevado a cabo con valor. Y cuando los hombres del rey vieron cómo, con tan gran coraje y en el primer encuentro, él, sin miedo ni temor alguno, había matado de ese modo a un caballero de un solo golpe, se enardecieron de tal manera que cargaron con gran valentía. Cuando los ingleses los vieron avanzar con tanto brío, sintieron gran

---

[1] En este libro se narra la batalla de Bannockburn. Lo que precede en el anterior son los preliminares, cuando el ejérctio de Eduardo II está, en teoría, dirigiéndose al castillo de Stirling para liberarlo del asedio escocés. McDiarmid, que comenta los detalles tácticos a la luz de lo que dicen los cronistas de la época, dice que parece claro que el objetivo de Eduardo no era sólo liberar el castillo, sino librar y ganar una batalla abierta. Aquí no hay encabezamiento en el manuscrito (recordemos que la división en libros es moderna), pero en uno anterior (libro XI) ya se ha anunciado la batalla de Bannockburn.

[2] Sir Henry de Bohun era sobrino de uno de los dos comandantes de la vanguardia, Humphrey de Bohun, duque de Hereford.

[3] El "palafrén ligero" del rey no es el corcel que usaría en la batalla, sino un caballito con el que está pasando revista y ordenando a sus tropas.

miedo, especialmente porque el rey había matado tan rápidamente a ese buen caballero, y se retiraron todos. Ninguno osó quedarse a luchar; tanto temían la fuerza del buen rey. Y cuando los hombres del rey Roberto vieron cómo se retiraban todos en un solo grupo emprendieron una gran carga hacia ellos, que a toda prisa huyeron hacia atrás, y los escoceses que los persiguieron alcanzaron a algunos y los mataron, mas, a decir verdad, fueron pocos; la mayoría se salvó gracias a las patas de sus caballos. Mas aunque allí murieron pocos, fueron rechazados de forma ignominiosa, y se volvieron con mucha más vergüenza que cuando habían llegado desde su tierra.

Cuando hubo regresado el rey, que ordenó a sus hombres abandonar la persecución, los señores de su compañía lo reprendieron grandemente, en lo que se atrevieron, por haberse expuesto a tal peligro al enfrentarse a un caballero tan valeroso y fuerte en un lance como el que había sucedido, pues decían que muy bien podría haber sido la causa de la perdición de todos y cada uno de ellos. El rey no les dio respuesta alguna, mas se lamentó por el mango de su hacha, que con el golpe se había partido en dos.

El conde de Moray, sir Tomás Randolph, aún estaba luchando, con enemigos por todos los lados, y mató una buena cantidad de ellos. Mas él y sus hombres estaban cansados, a pesar de que con las armas se defendían virilmente, hasta que se aproximó el señor de Douglas, que mucho se apresuró a llegar allí. Y los ingleses que estaban luchando, cuando vieron a Douglas tan a mano, perdieron coraje y dejaron abrir una brecha. Jacobo de Douglas pudo ver por esa debilidad que estaban casi derrotados, y entonces ordenó a los que estaban con él que se detuviesen y no siguieran avanzando.

—Pues los que están allí luchando —dijo—, poseen tan gran valentía que muy pronto derrotarán a sus enemigos por su propia fuerza, aunque ninguno los ayude en la lucha; y si entramos ahora en liza, cuando están casi a punto de derrotarlos, la gente dirá que lo hemos hecho nosotros; y de ese modo, quienes a través de grandes tribulaciones y de la dura lucha han hecho méritos sobrados, perderán una parte de las alabanzas que merecen; y sería pecado menguar la fama de quienes poseen tan soberana valentía. Si él, por medio de la lucha dura y llana, ha logrado aquí una hazaña poco posible, debe alcanzar lo que se ha ganado.

El conde de Moray, que seguía luchando, cuando vio tal confusión entre sus enemigos, se lanzó aprisa sobre ellos, y los hostigó tan duramente con fuertes golpes, que finalmente huyeron, sin atreverse a seguir allí más tiempo. Tanto caballos como hombres muertos dejaron atrás, y se marcharon con gran prisa, no todos juntos, sino por separado. Algunos de ellos fueron alcanzados y muertos, y los demás regresaron al grueso de su ejército, tristes y doloridos por la derrota. El conde, que de ese modo se había defendido, y también los suyos, que estaban cansados, se apresuraron a quitarse los yelmos para airearse, pues estaban mojados; estaban todos cubiertos de sudor. En verdad, parecían hombres que habían probado su fuerza en la batalla, y os aseguro que lo habían hecho, y muy bravamente. Descubrieron que de toda su compañía tan sólo había muerto un soldado, y alabaron a Dios y se alegraron y regocijaron de haber escapado tan bien.

Entonces se dirigieron hacia el rey, y pronto llegaron hasta él. Les preguntó cómo les había ido, y los agasajó de muy buen modo por lo bien que se habían comportado. Todos se apresuraron, con gran respeto, a ver a Tomás Randolph, conde de Moray; por su gran valía y su coraje, todos querían rendirle honores. Tantos corrieron para ir a verlo, que allí se juntaron casi todos. Y cuando el buen rey los vio reunirse ante él de esa manera, alegres y contentos de que sus enemigos hubieran sido rechazados de aquel modo, se mantuvo callado algún tiempo, y luego les habló de esta guisa:

–Señores, debemos alabar y amar a Dios todopoderoso que está en lo alto, que nos envía un tan buen comienzo. Es una gran mengua para nuestros enemigos, que de esta guisa tan pronto han sido rechazados por dos veces, pues cuando los de su ejército lo oigan y sepan en verdad de qué manera su vanguardia, que era tan fuerte, y luego esa otra brava partida, que pienso que estaba formada por los mejores que habían podido escoger de entre los suyos, fueron vencidas tan repentinamente, yo creo, y sabédlo todos bien, que más de un corazón vacilará, que antes parecía muy valiente. Y si se desazona el corazón, el cuerpo ya no vale ni un comino. No obstante, no os digo esto para que sigáis mi voluntad de luchar; dependerá de vosotros. Pues si os parece conveniente que luchemos, lo haremos; y si lo queréis, nos retiraremos, para cumplir vuestro gusto. Yo consentiré en cualquier caso en hacer lo que decidáis; por lo tanto, decid llanamente vuestra voluntad.

Con una sola voz gritaron todos:

–Buen rey, sin más demora, por la mañana, en cuanto veáis el día, disponédlo todo para la batalla. ¡No flaquearemos por temor a la muerte, ni ahorraremos esfuerzo alguno, hasta haber liberado nuestro país!

Cuando el rey los oyó hablar de luchar de forma tan viril y tan ardida, sintió gran alegría en el corazón, y les dijo:

–Señores, puesto que lo queréis así, preparémonos al alba, de modo que antes de que salga el sol hayamos oído misa y estemos dispuestos, cada hombre en su propio grupo, formados frente a los pabellones en batallas con las banderas desplegadas; y cuidad que no rompáis las filas en modo alguno. Y, puesto que me amáis, os ruego que cada hombre, por su propio honor, se procure un buen portaestandarte. Y cuando llegue la hora de la lucha, que cada uno ponga todo su corazón y voluntad y fuerza para detener el orgullo desmesurado de nuestros enemigos. Llegarán montados a caballo y en buen orden, y cargarán sobre vosotros con gran prisa: recibídlos ardidamente con las lanzas, y pensad entonces en el gran mal que ellos y los suyos nos han hecho, y en el que aún piensan causarnos, si tienen fuerza para conseguirlo. Y ciertamente me parece que, sin temores, debemos ser fieros y valientes, pues disponemos de tres ventajas. La primera es que tenemos la razón, y por la razón Dios lucha siempre[4]. La segunda es que ellos han venido, haciendo alarde de su gran poder, a buscarnos en nuestra propia tierra, y han traído así, a nuestras manos, riquezas en tan grandes cantidades, que el más pobre de vosotros será rico y poderoso merced a ellas, si es que ganamos, como bien puede suceder. La tercera es que nosotros, por nuestras vidas, por nuestros

---

[4] El manuscrito de Cambridge difiere en este verso: "y por la razón debe luchar todo hombre".

hijos y nuestras mujeres, por nuestra libertad y nuestra tierra, nos vemos obligados a presentar batalla, y ellos tan sólo luchan por tener más poder, y porque nos desprecian, y porque querrían destruirnos a todos[5]; mas aún puede suceder que ellos lamenten habernos atacado. Y desde luego os advierto de una cosa: si llega a ocurrir (Dios no lo quiera), que ellos notan cobardía en nuestros actos, de modo que nos venzan abiertamente, no tendrán ninguna piedad de nosotros. Y puesto que conocemos su cruel intención, me parece que sería conveniente oponer la firmeza a la crueldad, y así llevar a cabo gran hazaña. Por lo tanto os requiero y os ruego, que con toda la fuerza que tengáis os esforcéis en el comienzo, sin cobardía ni temor, en recibir a los primeros que carguen con tal firmeza que los que les sigan tiemblen. Acordáos de vuestra gran hombría, de vuestro valor y vuestros hechos de armas, y de la alegría que nos espera si nos sucede, como bien puede ser, que logremos vencer en esta gran batalla. En vuestras manos, sin lugar a dudas, lleváis honor, fama y riquezas, libertad, dinero y alegría, si os comportáis como hombres; y todo lo contrario ocurrirá si permitís que la cobardía y la flaqueza de espíritu os sorprendan. Podríais haber vivido sojuzgados, mas porque ansiábais libertad estáis aquí conmigo. Por lo tanto, es necesario que seáis fuertes y arrojados sin miedo alguno. Y os advierto bien de una cosa: no puede sucedernos peor mal que caer prisioneros en sus manos, pues yo sé bien que ellos nos matarían, como mataron a mi hermano Neil[6]. Mas cuando yo me acuerdo de vuestra firmeza, y de las muchas grandes proezas que habéis llevado a cabo con valor, yo confío, y tenédlo todos por cierto, en que lograremos limpiamente la victoria en esta lucha; pues aunque nuestros enemigos tengan gran fuerza, no tienen la razón, y tan sólo los mueven el orgullo y la avidez de más dominios. Sólo hemos de ocuparnos de la vanguardia, pues este lugar está protegido de manera que, como véis, impide que seamos rodeados. Y también os ruego especialmente a todos, caballeros e infantes, que ninguno de vosotros, por avaricia, tome cosa alguna de sus riquezas, ni tampoco capture prisioneros, hasta que no los veáis tan castigados que el campo sea enteramente vuestro; y entonces, a vuestro placer podréis tomar cuantas riquezas haya allí. Si queréis obrar de esta guisa, obtendréis la victoria, sin duda. No sé qué más deba deciros, mas todos sabéis bien qué es el honor. Comportáos, pues, de tal manera que quede siempre a salvo vuestro honor. Y yo aquí os aseguro, lealmente, que si alguno muere en esta batalla, su heredero, desde el primer día, tomará posesión de sus tierras sin cargas, pechos ni tributos, por muy joven que sea[7]. Y ahora, aprestáos a luchar. ¡Que nos ayude Dios omni-

---

[5] McDiarmid señala que esta arenga está inspirada en el primer libro de los Macabeos, 3, 19-21: "que en la guerra no depende la victoria de la muchedumbre del ejército, sino de la fuerza que viene del cielo. Ellos vienen contra nosotros rebosando insolencia e impiedad con intención de destruirnos a nosotros, a nuestras mujeres y nuestros hijos, y hacerse con nuestros despojos; nosotros, en cambio, combatimos por nuestras vidas y nuestras leyes." Véase, por otra parte, la nota 16 al libro IV.

[6] Neil Bruce había sido ejecutado por orden de Eduardo I y bajo la supervisión del futuro Eduardo II. Véase el libro IV, y allí la nota 14.

[7] McDiarmid aclara: los herederos no tendrán que pagar derechos a la corona. Si se trataba de menores de edad, había unos derechos de tutela; si no, los que habitualmente se pagaban al hacerse cargo de una hacienda.

potente! Yo aconsejo que estemos armados toda la noche, en orden de combate, de manera que estemos preparados para enfrentarnos en cualquier momento con nuestros enemigos.

Le contestaron todos al unísono:

–Tal como vos mandáis, todo se hará.

Entonces se retiraron a sus tiendas y se prepararon para la lucha. Luego, al atardecer, se reunieron, y de ese modo pasaron toda la noche, hasta que amaneció el nuevo día.

Una vez que el señor de Clifford, como ya dije antes, fue rechazado con toda su mesnada, y además la vanguardia inglesa se vio obligada a retirarse, los ingleses relataron su derrota. Los de la vanguardia contaron cómo el rey Roberto había matado de un golpe, con gran osadía, a un caballero que era fuerte y ardido, y cómo todo el batallón del rey se aprestó a atacarlos duramente, así como también sir Eduardo de Bruce, cuando volvieron la espalda para retirarse, y cómo habían perdido algunos hombres. Y Clifford también contó entonces cómo Tomás Randolph había tomado el llano con pocos hombres, y cómo había sido muerto sir Guillermo Dayncourt el valiente, y cómo Randolph, conde de Moray, luchó tan virilmente, y mandó a sus hombres colocarse como un erizo, con las lanzas asomando hacia afuera, y cómo de nuevo fueron acosados, y murieron parte de sus buenos hombres.

Al oír esto, los ingleses se sintieron tan descorazonados, y tuvieron tanto miedo de esas noticias, que en al menos quinientos lugares se los podía ver andando y lamentándose juntos, diciendo:

–Nuestros señores, por ganar más dominios, siempre quieren luchar contra el derecho; mas quien guerrea sin tener razón ofende a Dios muy gravemente, y puede sufrir gran infortunio; y puede ser que aquí nos suceda eso a nosotros.

Y cuando sus señores se percataron del malestar y de las murmuraciones que iban haciendo de dos en dos sus hombres, inmediatamente enviaron heraldos por todo el ejército a proclamar que no debía haber desazón alguna, pues en las escaramuzas suele suceder a menudo que a veces se gana y a veces se pierde, pero que, llegada la gran batalla, aquello no podría volver a suceder en modo alguno; y que si lograban poner en fuga a los escoceses, en verdad quedaría vengado lo anterior. Por lo tanto, los instaron a que fueran dignos y valientes, y a que se mantuvieran firmes en la batalla, y tomaran venganza por su propia mano.

Ya pueden enardecerlos como quieran, y ellos pueden prometer también que cumplirán con corazón valiente todos los mandatos de sus jefes; mas, a pesar de eso, yo sospecho que el miedo estará en sus corazones.

El rey inglés, con su consejo privado, tomó la determinación de no luchar hasta la mañana, a no ser que fueran atacados; por lo tanto, esa noche acamparon en la parte baja del llano de Carse[8], y mandó prepararlo todo; y ellos dispusieron

---

[8] "The Kers". Es lo que se llama "The Carse of Balquhiderock", una vega llana al este de la iglesia de St Ninian (no lejos del castillo de Stirling) y libre de los arroyos pantanosos que quedan al oeste de Bannockburn. (Nótese que hay un arroyo llamado Bannock (*burn* es "arroyo") y además un pueblo que lleva ese nombre: Bannockburn.

su armamento para la batalla antes del amanecer. Y como en el llano había muchas charcas pantanosas, destrozaron casas y se llevaron la paja y las cañas de los tejados para hacer puentes por donde poder pasar. Algunos aún cuentan que los que estaban en el castillo, cuando cayó la noche, como sabían en qué dificultades se encontraban, fueron hasta ellos, pues estaban muy cerca, y les llevaron puertas y ventanas, de modo que antes de despuntar el día habían hecho puentes sobre todas las charcas, y tomaron el terreno seco montados a caballo, y dispuestos a dar la batalla, armados con todo su armamento.

La batalla de Bannockburn.

Los escoceses, cuando llegó el día, oyeron misa devotamente, y luego comieron sus raciones[9] y se prepararon. Y cuando estuvieron todos reunidos, y ordenados en sus batallas con sus anchas banderas desplegadas, armaron caballeros, como corresponde a quienes cumplen esos menesteres. El rey armó caballeros a Gualterio Stewart y a Jacobo de Douglas el fuerte, y también a otros de gran valía; a cada uno lo armó según su grado[10]. Una vez hecho esto que os digo, se pusieron en marcha en buena formación, y ocuparon el llano osadamente. En sus filas se podía ver a muchos hombres fuertes y ardidos, llenos de gran valentía.

En el otro bando, los ingleses, que brillaban como ángeles, no estaban ordenados de igual modo, pues todas sus batallas estaban juntas, en un único bloque. Si ello era debido a la gran estrechez del lugar en el que estaban aguardando la lucha, o al miedo que sentían, yo no lo sé; mas parecía que estaban todos ellos en un solo grupo, con la única excepción de la vanguardia, que, con una gran compañía de hombres, estaba formada aparte[11]. Quien hubiera estado allí podría haber visto a esa gente ocupar a lo ancho un enorme campo, en donde se podían divisar muchos escudos centelleantes, muchas relucientes y bruñidas armaduras, muchos hombres de muy gran valor, y muchas banderas refulgentes y brillantes.

Y cuando el rey de Inglaterra vio a los esoceses tomar el terreno seco tan abiertamente, y a pie, quedó maravillado, y dijo:

–¿Cómo? ¿Van a luchar esos escoceses?

–Sin duda, sí, señor –respondió un caballero, que se llamaba sir Ingram de Umfraville, y añadió:

–En verdad, señor, lo que ahora veo es la más asombrosa visión que haya visto jamás, pues para luchar contra la fuerza de Inglaterra los escoceses han decidido presentar batalla en un campo llano y seco. Mas si seguís mi consejo, los venceréis fácilmente. Retiráos repentinamente de aquí, con batallas y pendones, hasta

---

[9] Las raciones de los soldados escoceses solían consistir en harina de avena, bien en forma de tortas, bien en gachas (*porridge*).

[10] Como se ha señalado, era costumbre armar caballeros antes de las batallas. McDiarmid comenta que resulta sorprendente que Douglas no hubiera recibido este honor antes.

[11] Las crónicas contemporáneas también dicen que los ingleses estaban en un grupo, y que los que estaban en retaguardia no consiguieron llegar hasta los escoceses hasta que la vanguardia había sido totalmente desbordada.

que dejemos atrás nuestros pabellones, y pronto veréis cómo ellos, a pesar de sus señores, se desbandarán y se dispersarán para hacerse con nuestros pertrechos. Y cuando los veamos así dispersos, carguemos contra ellos con denuedo, y los derrotaremos fácilmente, pues entonces ninguno estará en orden de combate para poder resistir vuestra gran fuerza.

–Por mi fe que no haré eso –dijo el rey–, pues nadie ha de decir que yo rehuyo la batalla, ni que me retiro ante semejante chusma.

Cuando hubo dicho esto que yo cuento, los escoceses todos juntos se arrodillaron a rezar a Dios, y le hicieron una breve oración para que los ayudara en la lucha. Y cuando el rey inglés los vio arrodillados, dijo en seguida:

–¡Se arrodillan a pedir clemencia!

–Ahora decís verdad –dijo sir Ingram–, piden clemencia, pero no es a vos. Le ruegan a Dios por sus pecados. Y una cosa os digo con certeza: que esos hombres han de vencer o morir; no han de huir por miedo a la muerte[12].

–Pues así sea –contestó el rey. Y entonces, sin más demora, mandaron tocar a rebato. En ambos campos se podía ver a muchos hombres fuertes y valientes dispuestos a emplearse con las armas.

Así estaban preparados ambos bandos; y los ingleses que estaban en la vanguardia, con gran arrogancia se encaminaron derechos hacia la batalla que mandaba y encabezaba sir Eduardo de Bruce. Picaron espuelas a sus caballos, y cerraron contra ellos con fiereza. Los escoceses los recibieron ardidamente, de modo que en el encuentro se produjo tal estrépito de lanzas entrecruzadas, que se podía oír desde muy lejos. En ese encuentro, sin duda, muchos caballos fueron atravesados por lanzas, y más de un hombre bueno fue derribado y muerto, y se llevaron a cabo muchas acciones valerosas, pues sañudamente se atacaron con variadas armas. Algunos de los caballos heridos corrían y se revolvían desbocados, mas el resto de los hombres que podían unirse a la refriega no se detuvieron por eso, sino que cargaron animosamente, y los escoceses los recibieron con gran firmeza, con lanzas puntiagudas y cortantes, y hachas bien afiladas, con las que asestaban grandes golpes. La lucha allí era tan dura y encarnizada, que más de un hombre fuerte y valiente fue derribado por la fuerza en la pelea, y nunca más volvió a levantarse. Los escoceses se esforzaron mucho por rechazar el ímpetu de sus enemigos. Creo que no evitarán peligro ni esfuerzo alguno hasta que no los hayan puesto en gran aprieto.

Cuando el conde de Moray vio que la vanguardia inglesa se dirigía tan decididamente hacia las tropas de sir Eduardo, que lo recibieron con tanta fiereza, él con su bandera se dirigió hacia la gran hueste en donde se agrupaban las nueve batallas. Eran tan extensas, que tenían entre ellas varias banderas, y hombres en tan grandes cantidades que era cosa maravillosa de ver[13]. El buen conde se enca-

[12] Para McDiarmid, la fuente directa o indirecta de este pasaje es la descripción de la batalla de las Termópilas de Heródoto. Sir Ingram, el caballero escocés exiliado, hace el papel del rey espartano exiliado, Demarato, quien le dice al asombrado Jerjes que Leónidas y sus Trescientos están dispuestos a luchar y morir antes que huir. Por otra parte, las crónicas también recogen que los escoceses se arrodillaron a rezar.

[13] Es inconcebible, dice McDiarmid, que el destacamento de Moray atacase a las supuestas "nueve batallas" inglesas. Es posible que la división de Edward Bruce tuviera la parte principal en

minó hacia allí, con sus hombres en buena formación, y atacó tan duramente, que quienes hubieran estado cerca podrían haber oído el gran estrépito de las lanzas al quebrarse, pues sus enemigos replicaron con rapidez, y con gran orgullo cargaron a caballo como si quisieran pasar por encima del conde y de toda su compañía. Mas los escoceses los recibieron con tal firmeza que derribaron a muchos a tierra. Muchos caballos fueron allí heridos, y más de un hombre bueno cayó bajo las patas para ya no volver a levantarse. Allí se pudo ver combate rudo; defendían unos y atacaban otros, y en ambos bandos fueron asestados muchos golpes poderosos y descomunales, hasta hacer que la sangre brotara a través de las cotas de malla, y cayera chorreando hasta el suelo.

El conde de Moray y sus hombres se comportaron con tan gran bravura, que fueron ganando más y más terreno frente a sus enemigos, pese a que éstos siempre eran diez contra uno, o quizá aún más, de modo que parecía que los escoceses estaban perdidos entre esa gran mesnada como si estuvieran en medio de la mar. Y cuando los ingleses vieron al conde y a todos sus hombres juntos luchar tan bravamente, sin arredrarse, como si no tuvieran miedo alguno, los atacaron con todas sus fuerzas, y los escoceses, con lanzas y brillantes espadas, y hachas de filos muy cortantes, les hicieron frente. Allí se pudo ver gallarda lucha, y a muchos hombres de muy gran valor, con lanzas, mazas y puñales, y otras armas, intercambiar ferozmente sus vidas, de modo que muchos cayeron muertos; la hierba se tiñó de rojo con su sangre. El conde, que era fuerte y valeroso, y sus hombres, lucharon ese día tan virilmente, que creo en verdad que quien los hubiera visto habría tenido que decir que habían cumplido tan bien con su deber, que el enemigo hubo de lamentarlo.

detener y derrotar a la vanguardia de Gloucester, pero el testimonio directo que tenemos en la crónica de Lanercost, según el cual las dos divisiones de vanguardia de los escoceses avanzaron en línea y con sólo un pequeño intervalo entre ellas para enfrentarse a la vanguardia inglesa, parece más razonable. En un momento posterior, tanto Edward Bruce como Moray, apoyados por el rey Roberto, se enfrentarían a la desordenada retaguardia inglesa.

LIBRO XIII

Cuando esas dos primeras batallas hubieron iniciado el ataque, como antes os he dicho, Gualterio Stewart, y también el buen señor de Douglas, que estaban juntos en un mismo grupo, al ver al conde de Moray que, sin temor ni miedo, atacaba tan duramente a tantos enemigos con su compañía, acudieron a ayudarlo, con sus filas bien ordenadas. Cargaron tan sañudamente junto al conde, que sus enemigos pronto sintieron su llegada, pues con potentes armas de acero cayeron sobre ellos con todas sus fuerzas. Sus enemigos resistieron bien, os lo aseguro, con espadas y lanzas y con mazas. La contienda allí fue tan cruel, y tanta sangre derramaron, que había grandes charcos en el suelo. Los escoceses se comportaron tan bien, e hicieron allí tan gran matanza, y a tantos despojaron de sus vidas, que quedó todo el campo ensangrentado.

Una vez que las tres batallas de los escoceses estuvieron luchando juntas hombro con hombro, entonces se pudieron oír muchos golpes, y muchas armas que se estrellaban contra las armaduras, y se pudo ver rodar por tierra a muchos caballeros y caballos, y muchas ricas ropas mancilladas y pisoteadas. Algunos se mantuvieron en pie; otros perdieron la vida. Así estuvieron luchando largo tiempo, de modo que allí no se podían oír más sonidos que los gemidos y los golpes de las armas, que arrancaban chispas como cuando se golpea el pedernal. Se atacaban con tanto ahínco que no se oían gritos ni voces; con todas sus fuerzas se golpeaban con sus armas bruñidas y brillantes. Las flechas también volaban allí espesas; bien podrían decir quienes las vieron que formaban una terrible lluvia, pues allí donde caían, os lo aseguro, dejaban tras ellas tal señal, que era preciso curar muchas heridas. Los arqueros ingleses disparaban con tal rapidez, que de haberse prolongado su ataque, habría sido muy duro para los escoceses. Pero el rey Roberto, que sabía muy bien que esos arqueros eran temibles, y sus disparos dañinos y certeros, antes de la contienda ordenó a su condestable que con una gran mesnada de quinientos hombres armados de acero, bien montados sobre corceles rápidos, cargara entre los arqueros y los atacara con lanzas, de modo que no tuvieran sosiego para disparar[1].

Este condestable de quien os hablo, que se llamaba sir Roberto de Keith, como ya os he dicho antes, cuando vio que las batallas se enzarzaban en la lucha y cómo disparaban los arqueros, se apresuró a cargar hacia ellos, y los atacó por un flanco, y cerró contra ellos con dureza. Los alancearon despiadadamente, cayendo sobre ellos en gran número, y matándolos sin compasión, hasta que se dispersaron todos, y desde ese momento no volvieron a reunirse para disparar sus flechas.

---

[1] La crónica de Lanercost cuenta que los arqueros ingleses iban delante de su vanguardia, y que ganaron en su lucha contra los arqueros escoceses, mientras que Le Baker dice que dispararon desde atrás y mataron a más ingleses que escoceses. La estrechez del lugar les impidió disparar desde los lados. Barbour es el único que dice que Keith tuviera hombres a caballo. Tal vez los pequeños caballos escoceses pudieran cargar tras haber estado ocultos entre los árboles de New Park, pero resulta evidente, al consultar las crónicas inglesas, que la acción de Keith no tuvo la importancia que se le suele dar.

Cuando los arqueros escoceses vieron cómo habían sido dispersados los ingleses, cobraron más valor, y con todas sus fuerzas dispararon con ahínco contra la caballería inglesa, y les causaron muy grandes heridas, y mataron a un gran número de ellos. Lucharon muy bien y ardidamente, pues desde el momento en que, como ya os he dicho, fueron dispersados los arqueros enemigos, que eran, con creces, muchos más que ellos, de modo que ya no temían sus disparos, se tornaron tan atrevidos que les pareció que podían despreciar a todos sus enemigos.

El condestable con su compañía, entró, como ya os he dicho antes, entre los arqueros ingleses. Se fueron abriendo camino con sus lanzas por donde pasaban, y mataron a todos los que alcanzaron. Esto lo pudieron hacer con facilidad, pues no tuvieron que desviar una lanza ni parar un golpe. Contra hombres bien armados para luchar, hombres sin armaduras poco pueden. Algunos regresaron con gran prisa al grueso de su ejército, y otros huyeron definitivamente. Mas los hombres que estaban detrás de esos arqueros, y que a causa de ellos no habían podido avanzar para entrar en combate, comenzaron ahora a golpearlos en su huida. Los arqueros se habían vuelto cobardes, y habían perdido todo su coraje. Creo que ya no causarán gran daño a los escoceses con sus flechas. Y el buen rey Roberto, que siempre estaba lleno de muy gran valor, cuando vio cómo sus tres batallas atacaban tan ardidamente, y se mantenían tan bien en la lucha, y golpeaban tanto a sus enemigos, que parecía que ninguno de sus hombres tenía miedo, y cómo los arqueros fueron puestos en fuga, sintió gran alegría, les dijo a sus hombres:

–Señores, mirad que en esta lucha seáis valientes y tengáis buen juicio, y que ataquéis de forma tan ardida que cosa alguna pueda deteneros. Nuestros hombres están luchando con tal denuedo, que han descompuesto a sus enemigos hasta tal punto que pienso que a poco más que los acosen veréis que pronto estarán derrotados. [Ahora vayamos ardidamente contra ellos, y golpeémoslos con tal denuedo, que a nuestra llegada se den cuenta del mucho odio que les tenemos. Muchas razones nos dieron para ello; han ocupado nuestras anchas tierras, y a todos han sojuzgado. Se han apropiado de todos vuestros bienes; nuestros familiares y amigos, por defender lo propio, han sido despiadadamente ahorcados y desventrados, y si ellos pudieran nos destruirían. Mas creo que Dios, en su providencia, su gracia nos concede en este día, para que aquí de ellos nos venguemos][2].

Cuando hubo dicho esto, se pusieron en marcha y cargaron contra un cuerpo del ejército inglés con tal fuerza que a su llegada sus enemigos se vieron atropellados. Allí se pudo ver luchar con gran dureza, y a hombres que eran fuertes y valientes llevar a cabo muchos valerosos hechos de armas. Lucharon como si estuvieran poseídos por la rabia, pues cuando los escoceses vieron que sus enemigos les presentaban batalla tan valientemente, con todas sus fuerzas y toda su voluntad se echaron sobre ellos como hombres enloquecidos. Y allí donde lograban asestar un golpe de lleno, no había armadura que pudiese detenerlo. Destrozaban todo lo que alcanzaban, y descargaban tales golpes con las hachas, que abrían en

---

[2] Las líneas entre corchetes no aparecen en el manuscrito de Edimburgo ni en el de Cambridge, pero sí en el texto impreso en 1571 y en la edición de Hart. Tanto Skeat como McDiarmid y Stevenson los consideran auténticos.

dos los yelmos y cabezas. Sus enemigos, muy ardidamente, les hacían frente y los atacaban con brío, con armas hechas de muy duro acero. Sin duda se libró una gran batalla. Había tal estrépito de golpes, al estrellarse armas contra armaduras, y tal chasquido de lanzas que se rompen, y tales aprietos y empujones; tales gruñidos y gemidos, y un ruido tan enorme cuando se golpeaban unos a otros, con gritos de guerra de ambos bandos, y los hombres causaban y recibían tan grandes heridas, que era cosa espantosa de oír. Con eso, estaban las cuatro batallas de los escoceses luchando todas en un mismo frente[3].

¡Dios todopoderoso! Con qué valor obraron entonces sir Eduardo de Bruce y sus hombres entre sus enemigos, luchando con tan buen juicio, tan ardidos, valientes y gallardos, que la vanguardia inglesa se vio obligada a retroceder. A su pesar, los ingleses dejaron aquel lugar y regresaron a buscar refugio en el cuerpo de su ejército, que estaba siendo tan hostigado, que empezaban a tener miedo del ataque de los escoceses, que ya se habían unido en un solo escuadrón. Quien cayera en aquella lucha, creo que no se volvería a levantar. Allí se podía ver cómo, de diversa guisa, se llevaban a cabo bravamente grandes proezas de armas, y muchos que eran fuertes y ardidos cayeron por tierra bien muertos, dejando el campo rojo con su sangre. Las divisas y emblemas de armas que llevaban estaban tan teñidas por la sangre, que no era posible distinguirlas. ¡Dios todopoderoso! Quien entonces hubiera podido ver a Gualterio Stewart, el senescal, con su mesnada, y al buen señor de Douglas, tan osado, peleando en aquella lucha, tendría que decir que fueron dignos de todo honor quienes en la contienda acosaron de tal modo a sus enemigos que los hicieron retroceder por dondequiera que fueron. Allí se pudo ver más de un caballo que huía de la lucha sin jinete. ¡Ah, Señor! ¡Quién pudiera haber visto al buen conde de Moray y a los suyos, que asestaban tan grandes golpes, y que lucharon tan esforzadamente en la batalla, sufriendo grandes penas y trabajos, con tal fiereza que allí a donde iban, se abrían camino! Entonces se podía oír a los hombres lanzar sus gritos de guerra, y a los escoceses gritar con furia:

–¡A ellos! ¡A ellos! ¡A ellos, que ya ceden!

Con eso atacaron aún más sañudamente, y mataron a cuantos pudieron alcanzar. Los arqueros escoceses también dispararon sus flechas entre los ingleses[4] con gran presteza hiriéndolos de forma tan grave, que, obligados por los que luchaban contra ellos asestándoles golpes tan enormes y acosándolos con tanto denuedo, y por las flechas que cruelmente les causaban muchas grandes heridas, y además les mataban sus caballos, los ingleses tuvieron que replegarse un poco. Entonces tuvieron tanto miedo de morir, que su situación fue de mal en peor, pues los que luchaban contra ellos ponían todo su ahínco, su fuerza y voluntad, y también todo su corazón y su coraje, y todo su empeño y todo su poder en ponerlos en fuga totalmente.

[3] Es decir, la de Edward Bruce, la de Moray, la mandada por Douglas y Stewart, y la del propio rey Roberto.
[4] Dispararían desde el bosque que los protegía, sobre el flanco izquierdo de los ingleses.

DE CÓMO LOS SOLDADOS Y LOS POBRES HICIERON BANDERAS CON SÁBANAS, PARA AUXILIAR AL REY ROBERTO DE BRUCE Y A SUS HOMBRES.

En ese momento del que hablo aquí, cuando la batalla se estaba librando de esa guisa, y en ambos bandos se luchaba denodadamente, los soldados de a pie y campesinos y la caterva del campamento, a los que habían dejado en el bosque para proteger las provisiones[5], cuando supieron sin lugar a dudas que sus señores habían atacado a sus enemigos en una lucha cruel, eligieron capitán a uno de entre ellos. Colgaron sábanas anchas a modo de banderas en palos largos y en lanzas, y dijeron que querían ver la lucha y ayudar a sus señores en lo que pudieran.

Cuando todos estuvieron de acuerdo en ello, se reunieron en una gran compañía. Eran quince mil, o tal vez más, y muy aprisa se pusieron en marcha con sus banderas, en formación, como si fueran hombres fuertes y aguerridos. Con toda esa compañía, llegaron justo hasta donde podían ver la batalla, y de repente dieron una voz:

–¡Caed sobre ellos! ¡Matádlos en seguida!

Y se dirigieron hacia allá, mas aún se encontraban muy distantes. Y los ingleses, que, como dije antes, ya estaban cediendo terreno por la fuerza de la lucha, cuando vieron venir hacia ellos con tales gritos a semejante compañía, que no habían visto hasta entonces, y que les pareció debía tener tantos hombres como los que ya estaban allí luchando contra ellos, entonces se sintieron tan desanimados, que los mejores y los más ardidos que ese día habían tomado el campo desearon por su honor poder no estar allí, no lo dudéis. El rey Roberto, por sus movimientos, vio que estaban próximos a la derrota, y en voz muy alta lanzó su grito de guerra. Luego, con los de su compañía hostigó tan bravamente a sus enemigos, que éstos sintieron gran miedo, y cedieron cada vez más terreno, pues todos los escoceses que estaban allí, cuando los vieron evitar la lucha, arremetieron contra ellos con todas sus fuerzas, y los dispersaron en varios grupos, dejándolos al borde de la derrota. Algunos de ellos huyeron abiertamente, pero los que eran más fuertes y ardidos, a quienes la vergüenza les impedía huir, continuaron la lucha sufriendo grandes daños, y se mantuvieron firmes en la pelea.

Cuando el rey de Inglaterra vio a sus hombres huir por todas partes, y vio que el ejército enemigo se había vuelto tan fuerte y tan ardido, y que sus propios hombres estaban tan descompuestos que no les quedaba fuerza para detener a sus enemigos en la lucha, se sintió tan abatido que él y su compañía, quinientos hombres bien armados, emprendieron la fuga en tropel, y se dirigieron hacia el castillo. No obstante, he oído decir a algunos que sir Aymer de Valence, cuando vio que el ejército inglés estaba casi vencido, tomó la brida del rey y lo apartó de la lucha contra su voluntad. Y cuando sir Gil de Argentin vio que el rey y su mesnada se preparaban para huir velozmente, se apresuró a ir hasta el rey, y le dijo:

[5] Recuérdese que así se ha indicado en el libro XI. Estos hombres, que no iban armados para semejante lucha, habían quedado atrás.

–Señor, puesto que estáis decidido a iros de este modo, tened buen día, pues yo regreso a la lucha; hasta ahora, jamás he huido, y prefiero quedarme aquí y morir antes que huir y vivir avergonzado[6].

Sin más demora, volvió la grupa y cabalgó de nuevo. Como a nada temía, cargó contra la mesnada de sir Eduardo de Bruce, que era tan fuerte y tan valiente, gritando:

–¡De Argentin!

Ellos lo recibieron con sus lanzas, tantas, que él y su caballo cayeron juntos a tierra, y a él lo mataron allí mismo. Fue una gran lástima su muerte. A fe mía, que era el tercer mejor caballero de los que vivían en su época[7]; llevó a cabo muchas jornadas gloriosas. Luchó contra los sarracenos en tres ocasiones, y en cada una de ellas venció a dos jefes moros. ¡Aquí llegó a su fin su gran valor!

Una vez que sir Aymer hubo huido con el rey inglés, ninguno se atrevió a quedarse allí, y todos huyeron por doquier en desbandada perseguidos de cerca por los escoceses. A decir verdad, estaban tan espantados, y escaparon tan raudos, llenos de temor, que una gran partida huyó hasta el río Forth, y allí se ahogó la mayor parte de ellos. Y el río Bannock, entre las laderas, estaba tan repleto de hombres y caballos, que sobre aquellos cuerpos ahogados se podría haber atravesado sin mojarse. Los bagajeros, labriegos y caterva, cuando vieron que la batalla estaba ganada, se lanzaron sobre los ingleses, que ya apenas podían defenderse, y comenzaron a matarlos de tal forma que daba lástima verlo. No he oído decir nunca que en país alguno se encontraran unos hombres en tan grave trance. A un lado aguardaban sus enemigos, que los mataban sin piedad, y al otro tenían el río Bannock, que era muy difícil de cruzar por lo profundo y cenagoso, de modo que no podían vadearlo. A su pesar, tuvieron que quedarse, de modo que algunos se ahogaron y a otros los mataron. Ninguno de los que fueron hacia allí pudo escapar; sin embargo, se libraron muchos que huyeron hacia otras partes, como ahora os contaré.

El rey, con los que lo acompañaban, huyó con prisa hacia el castillo, y hubiera querido entrar, pues no sabían por qué camino podrían escaparse, pero Felipe de Mowbray le dijo:

–El castillo, señor, está a vuestra disposición, mas si entráis en él pronto veréis que seréis asediado, y no habrá nadie en toda Inglaterra que intente rescataros. Y sin auxilio no hay castillo alguno que pueda resistir por mucho tiempo, como bien sabéis. Así pues, tomad ánimo, reagrupad a vuestros hombres firmemente en torno a vos, y marchad rodeando el bosque en formación lo más cerrada posible. Creo que a vuestros perseguidores ya no les quedarán fuerzas para luchar contra tantos.

---

[6] Esta historia de cómo Argentin puso a salvo al rey Eduardo II reprochándole la huida aparece en las crónicas. Barbour concuerda con el autor de la de Lanercost al decir que Argentin murió junto a Gloucester, jefe de la vanguardia.

[7] La crónica de Bower cuenta cómo Robert le Roy, heraldo de Eduardo II, al serle preguntado, dijo que los tres mejores caballeros del momento eran el emperador Enrique de Luxemburgo, Roberto de Bruce, y Sir Giles de Argentin, y Barbour recoge la historia.

Siguieron su consejo, y pronto pasaron el castillo y rodearon la Mesa Redonda[8], bordearon el bosque, y se dirigieron raudos hacia Linlithgow. Mas creo que pronto se verán acompañados por gentes que, sin duda, ellos preferirían tener más lejos, pues sir Jacobo, señor de Douglas, fue hasta el rey Roberto y le pidió que le dejara perseguirlos. El rey se lo concedió sin demora, mas Douglas tenía pocos hombres de a caballo; apenas si había sesenta en su mesnada. Sin embargo, se apresuró a ponerse en camino en pos del rey inglés. Ahora le dejaremos que siga su camino, y más tarde contaremos bien lo que le sucedió en la persecución.

DE CÓMO EL BUEN DOUGLAS PERSIGUIÓ AL REY DE INGLATERRA TRAS LA BATALLA DE BANNOCKBURN.

Cuando la gran batalla terminó, de la guisa que he contado, con más de treinta mil muertos o ahogados en aquel lugar, y algunos hechos prisioneros, y otros huidos por distintos sitios, el conde de Hereford se apartó de la refriega con una gran mesnada, y se dirigió derecho a la villa de Bothwell, que entonces estaba en poder de los ingleses, y ocupada como plaza de guerra. Sir Gualterio Gilbertson era allí el capitán y tenía la plaza a su cargo. El conde de Hereford se dirigió hacia allí, y le dejaron pasar la muralla, así como a cincuenta de sus hombres. Los alojaron en casas por separado, para que allí no tuvieran poder alguno. El resto se dirigió hacia Inglaterra, mas tengo entendido que las tres cuartas partes de esa mesnada murieron o cayeron prisioneros; el resto llegó a casa con grandes penalidades.

También sir Mauricio de Barclay se apartó de la gran batalla con una gran partida de galeses; por doquiera que fueran se los podía reconocer, pues iban casi desnudos, o todo lo más llevaban ropas de lino. Siguieron su camino con gran prisa, mas muchos de esa compañía cayeron prisioneros antes de llegar a Inglaterra, y a muchos también les dieron muerte[9]. Otros huyeron en distintas direcciones, pero hacia el castillo de Stirling, que estaba cerca de allí, huyó tal cantidad, que era cosa asombrosa de ver. Las peñas en torno al castillo estaban cubiertas por todas partes por aquellos que, debido a lo seguro de aquel lugar, habían buscado allí refugio. Y como eran tantos los que habían huido hacia el castillo, el buen rey Roberto, que era sabio, retuvo a sus hombres buenos junto a él, por temor a que esos ingleses se alzasen de nuevo. A decir verdad, ésa fue la razón por la que el rey inglés logró escapar y regresar a su tierra. Cuando el campo quedó tan limpio de ingleses que ya no quedaba allí ninguno, los escoceses pronto se adueñaron de todo lo que pudieron encontrar, como plata, oro, ropas y armaduras, así como vajilla y cualquier otra cosa sobre la que pudieran poner sus manos. Una vez

[8] Es el nombre de un monte. Según McDiarmid, Eduardo II, que huía hacia el este, y a quien se le negó la entrada al castillo, siguió el consejo de Mowbray y rodeó ese monte, que está ligeramente al sudoeste del castillo, pasó por el bosque conocido como Old Park junto a Stirling y se encaminó a Linlithgow y de ahí a Berwick.

[9] Maurice, señor del castillo de Berkeley en Gloucestershire, se salvó y llegó a ser guardián de Berwick en 1315-16.

hecho esto que os relato, el rey Roberto envió a una gran compañía a que subieran a las peñas a atacar a los que habían huido de la gran batalla, y éstos se rindieron sin resistencia. En seguida los hicieron prisioneros, y regresaron junto a su rey. Pasaron todo el resto del día, desde que terminó la lucha, saqueando y tomando riquezas. Una vez que los que habían muerto en la batalla quedaron desnudos, despojados, era en verdad cosa asombrosa ver a tantos hombres muertos yacer juntos. Doscientos pares de espuelas de oro les quitaron a caballeros muertos[10]. El conde de Gloucester, al que llamaban sir Gilberto de Clare, murió allí, como también sir Gil de Argentin, y Payn Tiptoft, y otros más a los que no puedo nombrar. En el bando de los escoceses murieron dos valientes caballeros: Guillermo de Vepont fue uno de ellos, y el otro Gualterio de Ross, a quien sir Eduardo, el hermano del rey, amaba y tenía en tan gran estima, que lo quería como a sí mismo. Cuando supo que había muerto, sir Eduardo se sintió tan triste y desesperado, que dijo, con ánimo triste, que preferiría que no hubiera existido esa jornada, antes que verlo muerto de aquel modo. Quitando esa ocasión, nadie lo vio jamás lamentar la muerte de otro hombre. La causa de que lo quisiera tanto, era que él tenía por amante a la hermana de sir Gualterio, y rechazaba a su propia mujer, Isabel[11]. Y a causa de ello, hubo tan gran distancia entre él y el conde David de Atholl, hermano de esta señora, que en la noche de San Juan, cuando ambos reyes se aprestaban a luchar, el conde se llevó las vituallas del rey Roberto de Cambuskenneth, y mandó atacar a sir Guillermo de Airth, y lo mató, y con él a muchos otros hombres[12]. Por ello después fue desterrado a Inglaterra, y todas sus tierras fueron confiscadas por el rey, que dispuso de ellas según su voluntad.

Cuando, como ya os he dicho antes, el campo quedó vacío y despojado, el rey Roberto y toda su compañía, alegres y contentos, felices y regocijados por la gracia que les había sido concedida, regresaron a su campamento a descansarse, pues estaban muy cansados. Mas el rey se sentía apenado por el conde Gilberto de Clare, que había muerto en el campo de batalla, pues estaba cercanamente emparentado con él[13]. Mandó que lo llevaran a una iglesia y lo velaran toda aquella noche.

[10] En el manuscrito de Cambridge se lee 700 pares (es decir, caballeros muertos), lo que parece una exageración mayor que la del manuscrito de Edimburgo, cuyos 200 pares también resultan excesivos comparados con las crónicas, como argumentan McKenzie y Skeat.

[11] Walter de Ross era el hijo menor de William, conde de Ross, y tenía tierras en Glenken, en Galloway, cedidas por Edward Bruce. El 1 de junio de 1317 se le concedió a Edward Bruce una dispensa para casarse con Isabel, hermana de este Walter, pero seguramente no le llegó antes de que muriera en Irlanda. Mc Diarmid señala que Isabel de Atholl no era la esposa de Edward Bruce (si es que *wyf* en el manuscrito debe interpretarse así), sino su amante, de la que tuvo un hijo. Estas circunstancias pueden explicar la repentina defección de Atholl, que había regresado junto al rey Roberto en 1311. También es posible que esperase una victoria inglesa; su esposa era la hija del Comyn a quien había matado Bruce, y el hermano de ésta estaba en el ejército inglés.

[12] Este sir William había defendido a Balliol y después había sido gobernador inglés de Forfar, antes de unirse a Bruce. Airth está a unos 13 Kms. al sureste de Stirling.

[13] Gilbert de Clare, duque de Gloucester, era concuñado de Bruce, ya que se había casado con Maud, hermana de Elizabeth, su esposa, ambas hijas de Richard de Burgh, duque del Ulster. Un fraile franciscano encontró el cuerpo de Gilbert y Bruce le dio permiso para llevarlo a enterrar a Tewkesbury, en el sur de Inglaterra.

Al día siguiente, al amanecer, el rey se levantó, según su costumbre. Un caballero inglés, que andaba errante, al que por azar nadie había capturado, había escondido sus armas en unos matorrales, y esperó hasta que vio salir al rey de buena mañana. Raudo se fue hacia él; su nombre era sir Marmaduque de Twengue[14]. Se encaminó derecho hacia el rey, y saludó con la rodilla en tierra.

–Bienvenido, sir Marmaduque –dijo el rey–. ¿De qué hombre eres prisionero? De ninguno –respondió–, mas a vos aquí me rindo, y quedo a vuestra voluntad.

–Y yo te recibo, señor –contestó el rey. Mandó entonces tratarlo cortésmente, y lo tuvo en su compañía mucho tiempo. Más tarde lo envió a Inglaterra, bien pertrechado y sin pedir rescate, y además le dio grandes presentes. Un hombre valeroso que obre así se hace merecedor de muy gran fama.

Cuando Marmaduque se hubo entregado de esta guisa, llegó sir Felipe de Mowbray y le rindió el castillo al rey. Cumplió perfectamente lo pactado, y el rey trató con él de tal manera, que pasó a ser un hombre de su bando, y guardó lealtad al rey Roberto hasta el último día de su vida.

Ahora contaremos cómo el señor de Douglas llevó a cabo la persecución. Tenía a muy pocos en su compañía, mas avanzó con gran velocidad. Al pasar por el bosque de Torwood, se encontró con sir Lorenzo de Abernethy, que con una compañía de ochenta hombres iba a ayudar a los ingleses, pues entonces todavía era inglés. Mas cuando se enteró de cómo habían tornado las cosas, decidió dejar el bando inglés, y allí mismo juró lealtad y obediencia al señor de Douglas. Entonces ambos siguieron la persecución, y antes de que el rey de Inglaterra hubiese pasado de Linlithgow, se le acercaron tanto, con los hombres que iban con ellos, que podrían haber cargado, pero les pareció que eran demasiado pocos para luchar contra la gran partida de ingleses que había allí, pues eran quinientos hombres armados a caballo. Cabalgaban juntos en formación cerrada, y llevaban los caballos sujetos bajo rienda. Iban mandados muy sabiamente, pues parecía que estaban siempre preparados para defenderse con todas sus fuerzas si los atacaban. El señor de Douglas, aunque no quiso intentar la lucha abierta contra ellos, los persiguió tan de cerca con sus hombres, que iba alcanzando a algunos de la retaguardia. Ningún inglés podía quedarse rezagado a más de un tiro de piedra de sus compañeros, pues si lo hacía, en seguida lo mataban, o lo hacían prisionero, y ninguno de los suyos le quería prestar ayuda, por mucho amor que le tuviera. De este modo los fue hostigando hasta que el rey con su mesnada llegó a Winchburgh[15]. Entonces descabalgaron todos para dar descanso a sus caballos, y Douglas y su compañía también se pararon a descansar cerca de ellos. Los ingleses eran tantos, e iban tan bien armados, y estaban tan dispuestos para la lucha, y los de Douglas, que carecían de ayuda, eran tan pocos, que él no quería atacar en lucha abierta, mas siempre cabalgaba cerca de ellos, esperando su ocasión con perseverancia. Allí se descansaron algún tiempo, y luego saltaron a caballo y prosiguieron. Él se mantenía siempre cerca de ellos; no les dejaba ni respiro para hacer aguas una sola

---

[14] Sir Marmaduke de Twengue tenía tierras en Yorkshire, y era veterano en las campañas de Escocia.

[15] Queda en el camino de Linlithgow a Edimburgo, a unos 17 Kms. al oeste de la capital.

vez; y si alguno se veía en ese trance, de modo que quedaba rezagado, en seguida era hecho prisionero. Los persiguieron de aquella guisa hasta que el rey con todos sus hombres llegó al castillo de Dunbar, donde él y algunos de su mesnada fueron bien recibidos, pues entonces el conde Patricio aún era de los ingleses. Hizo que se repusieran bien con comida y bebida, y luego mandó preparar una barca y envió al rey por mar hasta Bamborough, en su propio país[16]. Dejaron sueltos sus caballos, pero creo que muy pronto fueron capturados.

Los demás ingleses, aquéllos a los que habían dejado fuera, se unieron en una partida y se dirigieron derechos a Berwick en tropel. Mas, si hemos de decir la verdad, fueron acosados estrechamente hasta llegar allí, pero no obstante llegaron bien a Berwick, y allí los acogieron dentro de la ciudad, pues de lo contrario habrían sufrido un gran peligro. Cuando el señor de Douglas vio que todo su esfuerzo había sido en vano, se encaminó de nuevo hacia su rey.

Así se escapó el rey inglés. ¡Ved qué cosa cambiante es la fortuna, que un momento le sonríe a un hombre, y al siguiente lo castiga cruel! Nunca es capaz de mantenerse estable. A este poderoso rey de Inglaterra lo situó muy alto en su rueda. Salió de su tierra con una asombrosa fuerza de caballeros armados, y de arqueros, y de hombres de a pie, y de caballería ligera, como ya he narrado antes, y en una sola noche, y en un día, ella lo puso en tan duro trance, que tuvo que alegrarse de poder huir hacia su casa en una barca con unos pocos hombres a su lado. Mas por el giro de esa rueda no debe lamentarse el rey Roberto, porque su parte de la rueda subió a lo alto cuando la del otro descendió, pues como bien sabréis, si hay dos contrarios opuestos uno al otro en una rueda, cuando uno está arriba, el otro, abajo. Y si sucede que la fortuna hace girar la rueda, lo que antes se encontraba en alto debe bajar; y lo que estaba abajo anteriormente, debe ahora subir, por el contrario. Así les sucedió a estos dos reyes. Cuando el rey Roberto se encontraba en tan mal trance, que estaba sufriendo grandes penas, el otro estaba en plena majestad; y cuando el poder del rey Eduardo se hundió, el rey Roberto subió hacia arriba, y entonces le cupo a él la fortuna de encontrarse en lo alto, y a su antojo.

El rey Roberto permaneció en Stirling, y a los grandes señores que encontró muertos en el campo de batalla, mandó enterrarlos dignamente en tierra consagrada. Al resto de los muertos que había allí los enterraron en enormes fosas. Después mandó derribar el castillo y las torres hasta dejarlos a ras de suelo. Luego envió a sir Eduardo de Bruce a Bothwell con una gran mesnada, pues desde allí le habían llegado noticias de que el rico conde de Hereford y muchos otros hombres poderosos también se encontraban en ese lugar.

Sir Eduardo hizo un trato con sir Gualterio de Gilbertson, que le entregó el castillo así como al conde y a los demás. Envió al conde al rey Roberto, que ordenó que fuera encerrado, hasta que al fin llegaron a un acuerdo: el conde regresaría a Inglaterra, libre y sin pagar rescate, y a cambio de él serían liberados el obispo Roberto, que había quedado ciego, y la reina, a la que habían hecho prisionera,

---

[16] Las fuentes inglesas dicen que Eduardo II fue por mar de Dunbar a Berwick.

como ya dije antes, y su hija, la princesa Margarita[17]. El conde fue rescatado a cambio de estos tres, y cuando regresaron libres a casa, el rey casó a su hija, que era hermosa, y era además su heredera, con Gualterio Stewart. Pronto engendraron en su lecho, por la gracia de Dios, un hijo varón, al que dieron el nombre de Roberto, como su buen abuelo. También llegó a ser rey, y gobernó el país después de su valiente tío David, que reinó cuarenta y dos años[18]. En el tiempo en el que se compuso este libro, ese Roberto era el rey; habían pasado cinco años de su reinado, y era el año de gracia de mil trescientos setenta y cinco, y él contaba sesenta de edad. Habían pasado cuarenta y seis años desde que el buen rey Roberto había llegado a su fin[19]. ¡Dios nos conceda que sus descendientes gobiernen sabiamente esta tierra, y tengan a su pueblo protegido, y apoyen el derecho y la lealtad tan bien como él lo hizo en su tiempo!

Ahora el rey Roberto estaba en lo alto, pues cada día aumentaba su poder. Sus hombres se hicieron ricos, y su país abundaba en grano y en ganado, y en toda otra clase de riquezas. La alegría, el solaz y el contento estaban extendidos comúnmente, pues todo hombre estaba alegre y complacido. Después de aquella gran jornada, el rey, tras consultar con su consejo privado, mandó pregonar en varias ciudades que quienes sostuvieran que tenían derecho sobre tierras o propiedades en Escocia, debían presentarse a reclamarlas antes de que pasaran doce meses, y pagar lo que le fuera debido al rey. Y debían saber todos, sin duda alguna, que nadie sería escuchado si se presentaba después de ese año.

Poco después de hacer esto, el rey, que tenía muy gran ánimo y valor, mandó reunir un gran ejército. Se dirigieron a Northumberland y allí quemaron casas, y saquearon, y luego regresaron a su tierra. Esto lo cuento brevemente, pues no se hizo allí ninguna hazaña de caballería que merezca ser relatada. El rey entró a menudo de esta manera en Inglaterra, que entonces abundaba en riquezas, para enriquecer a sus hombres[20].

[17] Walter Gilberston "de Hameldune" inició las fortunas de los Hamilton, pues en 1315 recibió tierras en Clydesdale. Robert Wishart, el patriota obispo de Glasgow, estaba preso en Inglaterra, junto con la reina Elizabeth y su hija Marjorie.

[18] Aquí se narra el origen de los Estuardo (Stewart, escrito luego Stuart). Los 42 años de reinado de David, hijo de Bruce, no fueron muy gloriosos. Llegó al trono en 1329, siendo un niño, y Randolph fue el primer regente. Atacada Escocia por Eduardo III de Inglaterra, que puso en el trono a Eduardo Balliol, hijo del depuesto John, en 1333 David huyó a Francia. Regresó en 1341, pero en 1346 fue vencido por los ingleses y llevado prisionero a Inglaterra, de donde salió, pagándose un rescate, en 1357, tras el tratado de Berwick. En 1371, reinando en Escocia, murió sin hijos, y le sucedió su sobrino Robert Stewart (Roberto II).

[19] McDiarmid dice que pocas veces se da una fecha de autoría tan precisa, y que, sin embargo ésta ha sido mal interpretada, pues se suele aceptar 1375 como la fecha de composición del poema cuando, teniendo en cuenta que el nuevo calendario de Barbour comenzaba el 25 de marzo, se debe entender que se trata de 1376.

[20] En agosto de 1314 Edward Bruce atacó el norte de Inglaterra, y el rey Roberto lo hizo más tarde en ese año.

LIBRO XIV

DE CÓMO EL CONDE DE CARRICK PASÓ A IRLANDA PARA CONQUISTARLA, Y CON
ÉL EL CONDE TOMÁS RANDOLPH, Y SIR FELIPE DE MOWBRAY, SIR JUAN STEWART,
SIR JUAN SOULIS, Y RAMSAY DE AUCHTERHOUSE.

El conde de Carrick, sir Eduardo de Bruce, que era más valiente que un leopardo, y a quien no le gustaba estar en paz, pensó que Escocia era demasiado pequeña para él y su hermano, así que se hizo el propósito de convertirse en rey de Irlanda[1]. Para ello envió emisarios y tuvo tratos con gentes irlandesas, que se comprometieron lealmente a hacerlo rey de toda Irlanda siempre que él, luchando duramente, lograra vencer a los ingleses que entonces ocupaban aquella tierra. Ellos lo ayudarían con todas sus fuerzas. Él, que les oyó hacer tal promesa, sintió un gran agrado en su corazón, y con el consentimiento del rey Roberto reunió hombres de muy gran valor. Cuando llegó el mes de mayo, se embarcó en Ayr, y se dirigió hacia Irlanda. Llevaba en su compañía al conde Tomás Randolph, tan valiente, y al buen sir Felipe de Mowbray, un hombre muy seguro en la contienda, y a sir Juan de Soulis, un buen caballero, y a sir Juan Stewart, que era osado, y también a Ramsay de Auchterhouse, que era fuerte y buen caballero, y a sir Fergus de Ardrossan, y a muchos otros caballeros más[2]. Llegaron a salvo a Wolringsfirth[3], sin que nadie los atacase, y enviaron todos los barcos de regreso a casa. ¡Han emprendido una gran hazaña! pues siendo tan pocos como eran, y no pasaban de seis mil hombres, se disponían a guerrear por toda Irlanda, en donde habían de ver a muchos miles que saldrían armados a luchar contra ellos. Mas aunque eran pocos, eran osados; y sin miedo ni temor, divididos en dos batallas tomaron el camino de Carrickfergus[4]. Mas los señores de aquel país, Mandeville, Bisset, y Logan, y también Savage, reunieron a todos sus hombres, y cuando estuvieron

---

[1] Barbour sigue la línea del historiador Fordun, que acusa a Edward Bruce de una ambición desmesurada. McDiarmid señala que, en parte, el propósito de presentarlo así es exonerar al rey Roberto del fracaso de la campaña irlandesa. A pesar de la victoria de Bannockburn y de las incursiones contra Inglaterra, ésta no había reconocido los derechos de Bruce. Poner en entredicho el dominio de los ingleses en Irlanda podría ayudarle, pero Bruce no quería comprometerse muy a fondo, ni parece probable que creyera de verdad que su hermano pudiera ser rey de ese país. En el mes anterior a la partida de Edward (que fue el 25 de mayo de 1315), se dejaron de lado los derechos de la hija de Bruce, Marjorie, y un parlamento reunido en Ayr lo proclamó a él heredero del trono de Escocia.

[2] Salvo sir John Ramsay, de Auchterhouse, en Angus, todos los escoceses que se mencionan aquí y en el resto de la campaña irlandesa procedían de la parte gaélica del oeste de Escocia, y en sus manifiestos los Bruce y Donal O'Neill de Tyrone ponían de relieve su origen céltico común. Sir John Stewart era hermano de Walter Stewart, el yerno del rey Roberto.

[3] McDiarmid identifica este topónimo, que tiene grafía muy distinta en el manuscrito de Cambridge y en otros documentos, con Oldersfleet, en la ría de Larne, en el noroeste de Irlanda, frente a la costa occidental escocesa.

[4] Al sur de Larne, en la ría de Belfast. Allí estaba el castillo de Richard de Burgh, conde del Ulster, suegro del rey Roberto, partidario de los ingleses. Barbour lo llama equivocadamente Richard of Clare a lo largo de toda la narración. Véase la nota 9.

reunidos, eran casi veinte mil. Cuando supieron que había llegado semejante mesnada a su tierra, con todos los hombres que tenían allí se dirigieron hacia ella muy aprisa. Sir Eduardo, al enterarse de que se le estaban acercando, mandó disponer bien las filas de sus hombres. El conde Tomás mandaba la vanguardia, y el propio sir Eduardo la retaguardia.

Sus enemigos se aproximaron para luchar, y ellos les hicieron frente sin arredrarse. Allí se pudo ver una gran refriega, pues el conde Tomás y sus mesnadas cargaban contra sus enemigos con tal fuerza, que en poco tiempo allí se pudo ver a cien hombres ensangrentados caídos por tierra. Los caballos, heridos por las lanzas, se encabritaban, coceaban y brincaban, haciendo que cayeran sus jinetes. Entonces la compañía de sir Eduardo cargó tan ardidamente que hizo retroceder a todos sus enemigos. Quien fuera a tierra en aquella lucha, no es fácil que lograra levantarse. Los escoceses se comportaron tan bien, y de forma tan osada en aquella contienda, que sus enemigos se vieron avasallados, y todos emprendieron la huida. En aquella batalla murió o fue capturada toda la flor de la caballería del Ulster[5]. Tomás, conde de Moray, cobró allí gran fama; sus bravos hechos de caballería infundieron valor a su mesnada. Fue éste, en verdad, un buen comienzo, pues nada más llegar, en lucha abierta, habían derrotado a un enemigo cuatro veces mayor en número. Después se dirigieron a Carrickfergus, y allí acamparon. El castillo estaba entonces bien repleto, recién provisto de hombres y vituallas, y sin demora le pusieron sitio. Muchas salidas osadas llevaron a cabo los irlandeses durante ese cerco, hasta que al fin aceptaron una tregua, y la gente del Ulster se sometió a sir Eduardo. Este deseaba seguir cabalgando por aquella tierra. Diez o doce reyes de aquel país, según he oído decir, fueron hasta él y le juraron lealtad, mas duró poco tiempo el juramento[6]. Dos de ellos, un tal MacDuilechain, y otro llamado MacArtain, ocuparon un paso en su camino, por el que tenía que atravesar forzosamente, con dos mil hombres con lanzas y otros tantos arqueros. Allí reunieron todo el ganado de aquellas tierras, para protegerlo. A ese lugar lo llaman Innermallane, y no hay en Irlanda un paso más estrecho[7]. Allí esperaron a sir Eduardo, pensando que no lograría salir de aquel lugar. Él pronto se puso en camino, y se dirigió derecho al paso. El conde de Moray, sir Tomás, que siempre se ponía el primero en la lid, llegó a pie con su mesnada, y entró osadamente en el paso. Los reyes irlandeses de los que he hablado antes, con todos los hombres que tenían, le hicieron frente con firmeza, mas él atacó de tal modo con los suyos, que, a pesar de sus enemigos, ganó el paso.

Los escoceses mataron allí a muchos enemigos. También los persiguieron por el bosque, y tomaron botín en tan gran cantidad, que todo su ejército se alimentó durante más de una semana. Sir Eduardo permaneció en Kilnasaggart[8], y pron-

---

[5] McKenzie señala que en esa batalla, junto al río Bann, los escoceses pusieron en fuga a Sir Richard de Burgh, suegro de Bruce, y mataron a muchos ingleses.

[6] Los jefes irlandeses a menudo reciben el nombre de reyes en los documentos. Los primeros que se unieron a Edward Bruce fueron O'Kane, O'Neill, O'Hanlon, MacGilmurry, O'Hagan, MacArtain y MacDuilechain. Los dos últimos, como narra el poema, se volvieron contra él.

[7] McDiarmid lo identifica como el paso de Moiry, entre Newry y Dundalk, en Ulster.

[8] Junto al castillo de Moiry, en el paso de Moiry.

to oyó decir que en Dundalk se habían reunido todos los señores de aquel país. Se habían reunido en un ejército. El primero allí era sir Ricardo de Clare, que era lugarteniente del rey de Inglaterra en toda Irlanda[9]. El conde de Desmond estaba allí, y también el conde de Kildare, así como los señores de Bermingham y de Verdon, que tenían muy gran renombre, y el señor de Butler, y sir Mauricio Fitz Thomas. Todos habían acudido con sus hombres, y formaban un ejército muy grande, en verdad[10]. Cuando sir Eduardo supo con certeza que allí se había reunido tanta caballería, mandó que se aprestara su ejército en seguida, y se dirigió hacia Dundalk, y acampó cerca de la ciudad[11]. Mas como sabía con certeza que en ella había muchos hombres, dispuso entonces sus filas, y se mantuvo en orden de batalla, para protegerse si los atacaban. Cuando Ricardo, conde del Ulster, y los otros señores que allí estaban supieron que las batallas de los escoceses habían llegado hasta tan cerca, tomaron la decisión de no luchar aquella noche, pues ya era tarde. Acordaron que al día siguiente, poco después de salir el sol, harían una salida con todos sus hombres. Por lo tanto, aquella noche ya no se hizo más, y ambos bandos quedaron acuartelados. Aquella noche los escoceses mantuvieron una gran vigilancia, y al día siguiente, en cuanto hubo luz, se dividieron en dos batallas, y con todas las banderas desplegadas, esperaron dispuestos a la lucha. Los que se encontraban dentro de la ciudad, cuando hubo salido el sol, y ya brillaba, enviaron a cincuenta hombres a ver el despliegue de los escoceses, y si avanzaban. Salieron a caballo y pronto los vieron, y luego regresaron sin demora. Cuando estuvieron todos de vuelta, les dijeron a sus señores que los escoceses parecían fuertes y muy decididos, mas añadieron:

–Pero no son, sin duda alguna, ni media cena para nuestros hombres.

Sus señores, al oír estas noticias, sintieron gran alivio y alegría, y mandaron gritar por la ciudad que todos se armasen con presteza. Una vez armados y pertrechados, y ya dispuestos para la pelea, salieron en buena formación, y pronto dieron con sus enemigos, que aguantaron la embestida con firmeza. La lucha comenzó allí cruelmente, pues ambas partes ponían todo su empeño en empujar a sus enemigos, y se golpeaban con todas sus fuerzas. Durante mucho tiempo se prolongó la dura contienda sin que fuera posible saber quién habría de salir victorioso. Desde poco después de salir el sol hasta mediada la mañana, la lucha se mantuvo en la incertidumbre. Mas después, sir Eduardo de Bruce, que era valiente, con todos los de su compañía, se lanzó sobre ellos con tal fiereza que no pudieron resistir más en la lucha, y huyeron todos en desbandada. Los escoceses los

[9] McDiarmid indica que el verdadero Richard of Clare estaba en Inglaterra en 1315 y nunca fue lugarteniente de Eduardo II en Irlanda, si bien en 1316 le fueron agradecidos sus "grandes esfuerzos" contra los escoceses. Barbour le atribuye su nombre a Richard de Burgh, conde del Ulster, sistemáticamente en toda la narración sobre Irlanda. Skeat también hace notar esa confusión. En la traducción se ha enmendado, y a partir de ahora aparece como "Ricardo conde del Ulster" en lugar de "de Clare".

[10] Edward Bruce atacó Dundalk el 29 de junio de 1315. McDiarmid opina que lo detallado del relato sugiere que la fuente fue un participante, quizá John Thomasson, pero señala que los nombres citados parecen haberlo sido descuidadamente, (véase la nota 9) y algunos deben corresponder a otras acciones.

[11] Dundalk está al fondo de la bahía de Dundalk, a unos 75 Kms. al norte de Dublín.

persiguieron con ahínco, y entraron todos a un tiempo en la ciudad, entremezclados unos con los otros. Allí se pudo ver una matanza cruel, pues el muy noble conde Tomás Randolph, que les dio caza con su mesnada, hizo tal carnicería en la ciudad, y llevó a cabo tal matanza, que las calles quedaron todas ensangrentadas, cubiertas con los cuerpos de los muertos. Los señores lograron escapar todos. Una vez que la ciudad, como os digo, hubo sido tomada a fuerza de mucho luchar, y hubieron muerto o huido todos sus enemigos, los escoceses se acuartelaron allí, en donde había gran cantidad de vituallas, y tan gran abundancia de vino, que el buen conde temió que sus hombres se emborrachasen, y en la embriaguez se tornaran peleones. Por lo tanto racionó el vino, dándole una ración a cada hombre, y a fe mía que eso era suficiente. Aquella noche estuvieron bien tranquilos, y muy contentos por el gran honor que habían ganado por su gran valentía.

Después de esa lucha se quedaron en Dundalk tan sólo otros tres días, y luego se dirigieron hacia el sur. El conde Tomás siempre iba delante, y según cabalgaban por el campo, podían ver sobre los montes a tantos hombres, que causaba asombro. Mas cuando el conde enarbolaba su bandera y se dirigía hacia ellos, huían todos, y no había ni uno que se quedase para dar batalla. Siguieron cabalgando hacia el sur, hasta que llegaron a un gran bosque, que se llama Kilrose, según me han dicho, y allí plantaron su campamento. Durante ese tiempo, Ricardo, conde del Ulster, el lugarteniente del rey inglés en Irlanda, había reunido un gran ejército[12]. Tenía cinco batallas grandes y anchas que buscaban a sir Eduardo y a sus hombres, y se le estaban acercando mucho.

Sir Eduardo de Bruce muy pronto supo que avanzaban hacia él, y estaban cerca. Hizo maniobrar a sus hombres para hacerles frente, y los hizo salir valientemente al llano. El conde quiso ver cuántos venían, y envió a sir Felipe de Mowbray, y también a sir Juan Stewart. Salieron ambos a espiar, y pronto vieron las huestes enemigas que se acercaban; unos cincuenta mil hombres, a primera vista. Volvieron hasta sir Eduardo, y le dijeron que había muchos hombres. El les respondió:

–Cuantos más sean, mayor honor el nuestro, si es que procedemos virilmente. Aquí nos encontramos en peligro, y hemos de conseguir honor o muerte. Estamos demasiado lejos de casa para huir; así pues, que cada uno se haga fuerte el ánimo. Esos son hombres alistados en esta tierra, y estoy seguro de que huirán si se ven atacados con coraje.

Todos dijeron que harían lo más posible. Dicho eso, se les acercaron las batallas enemigas, dispuestas para el combate, y ellos hicieron frente con gran fuerza a diez mil hombres valientes. Los escoceses entonces iban todos a pie, y sus enemigos sobre caballos bien pertrechados, algunos con panceras de hierro y acero. Mas al encontrarse, los escoceses atravesaban aquellas armaduras y alanceaban a los caballos, y derribaban a los hombres. Entonces hubo allí una cruel lucha. No

---

[12] El conde del Ulster llevó a los hombres de Connaught, bajo el mando de Felim O'Conor, a Ardeer, en donde se les unieron las fuerzas de Munster y de Leinster el 22 de julio. Insistió en avanzar solo, y se produjo una escaramuza (no la batalla que describe Barbour) entre Louth e Inishkeen. Después de ésta, siguiendo el consejo de O'Neill, Bruce se retiró.

puedo relatar todos sus golpes, ni quién derribó a quién en la lid, mas os aseguro que en muy breve tiempo, los de Irlanda se vieron tan acosados que ya no se atrevieron a seguir más allí, y huyeron todos en desbandada. Dejaron muertos en el campo de batalla a muchos de sus mejores hombres. El lugar quedó sembrado de armas, de armaduras y de muertos. Aquel gran ejército fue duramente rechazado, mas sir Eduardo no permitió que nadie diera caza a los que huían, sino que regresaron al bosque en donde habían dejado sus bagajes. Esa noche festejaron con sus hombres, y alabaron a Dios por la gracia recibida. Este buen caballero, tan valiente, bien podría ser comparado con Judas Macabeo, que en la lucha nunca evitó enfrentarse a una multitud, siempre que tuviera un hombre que oponer a diez.

Así, como he contado, Ricardo, conde del Ulster, y su gran ejército fueron rechazados. A pesar de ello, él se afanó en reunir más hombres, pues esperaba vengarse de la derrota. Le enfurecía extraordinariamente haber sido vencido en la batalla, y por dos veces, por tan pocos hombres. Los escoceses, que se habían retirado al bosque para descansar, pasaron allí dos noches, alegremente entregados al solaz y esparcimiento. Después se dirigieron hacia las tierras de O'Dempsey, un rey irlandés que había hecho juramento de lealtad a sir Eduardo. Con anterioridad le había pedido que protegiese sus tierras, prometiendo que no les faltarían vituallas, ni nada que pudiera ayudarlos. Sir Eduardo creyó en esa promesa, y allí se dirigió con su mesnada. O'Dempsey les mandó cruzar un gran río, e hizo que acamparan en un lugar muy hermoso, que estaba en el llano, junto a un arroyo. Luego les dijo que iba a mandar que les llevaran vituallas, y se puso en camino sin tardanza. Su intención era traicionarlos, y los había llevado a aquel lugar, de donde habían alejado todo el ganado al menos a dos jornadas de distancia, de modo que en aquellas tierras no podrían encontrar nada que mereciera la pena comer. Esperaba debilitarlos por el hambre, y luego echarles encima a sus enemigos. Este fementido traidor había mandado hacer una presa en la salida de un lago que estaba más arriba de donde había situado a sir Eduardo y los escoceses, y por la noche la abrió. El agua bajó entonces con tal fuerza sobre los hombres de Eduardo de Bruce, que estuvieron en peligro de ahogarse, pues antes de que se dieran cuenta, estaban flotando. Con grandes esfuerzos lograron escapar, y salvaron la vida por la gracia de Dios, mas perdieron gran parte de sus armas y bagajes. A fe mía, que no les preparó O'Dempsey un gran festín, y sin embargo, tuvieron bastante, pues si bien les faltó la comida, ¡bebida hubo bastante, os lo aseguro! Allí se vieron en un grave trance, pues tenían gran necesidad de alimentos, y se encontraban entre dos ríos, y no podían atravesar ninguno. El Bann, que es un brazo de la mar, y no puede ser cruzado con caballos, estaba entre ellos y el Ulster. Hubieran estado en grave peligro, a no ser por un corsario de la mar, cuyo nombre era Tomás de Down, que oyó decir que aquel ejército se encontraba en grandes dificultades[13]. Subió navegando por el Bann hasta llegar muy cerca de donde estaban. Ellos lo conocían bien, y se alegraron.

[13] Thomas of Down, descrito como un pirata escocés por los ingleses cuando lo capturaron en 1317. Se había dedicado a hostigar a la navegación inglesa y a transportar tropas escocesas al menos desde 1314, cuando se reconquistó la isla de Man. Seguramente procedía de Dun, al oeste de Montrose.

Con cuatro barcos que había llevado, los pasó a todos al otro lado del Bann. Cuando llegaron a tierra habitada, encontraron comida y provisiones suficientes, y acamparon en un bosque. Nadie de aquella tierra sabía dónde estaban. Allí se descansaron y repusieron.

Al mismo tiempo, Ricardo, el conde del Ulster, y otros grandes señores de Irlanda se encontraban cerca de ellos, acampados junto a un bosque. Cada día enviaban hombres a traerles provisiones de todas clases desde la ciudad de Connor, que estaba a algo más de diez millas de allí. Todos los días, cuando iban y venían, pasaban tan cerca del ejército escocés que apenas quedaban dos millas entre ellos, y cuando el conde Tomás Randolph supo de sus idas y venidas, reunió una buena compañía, trescientos hombres fuertes y valientes, a caballo. Allí estaban sir Felipe de Mowbray, y también sir Juan Stewart, sir Alan Stewart, sir Roberto Boyd y otros más. Salieron a esperar a los avitualladores que regresaban hacia su ejército con provisiones que traían de Connor. Cayeron sobre ellos tan repentinamente, que se sintieron todos asustados, y soltaron sus armas y empezaron a pedir clemencia de forma lastimosa. Los escoceses los capturaron tan limpiamente, que no escapó ni uno solo. A través de ellos supo el conde Tomás que al atardecer algunos hombres de su ejército solían salir del bosque e ir al encuentro de las provisiones. Entonces se le ocurrió un ardid, y mandó que sus hombres se vistieran con las ropas de los prisioneros, y que tomaran sus pendones. Esperaron a que se aproximara la noche, y luego se dirigieron hacia el ejército enemigo. Desde aquella gran hueste los vieron acercarse, y pensaron que eran sus avitualladores, de modo que cabalgaron hacia ellos, cada hombre por su cuenta. No podían temer que fuesen sus enemigos, y además tenían mucha hambre, así que no guardaron formación. Cuando estaban cerca, de repente el conde y los que iban con él cargaron contra ellos con las armas desnudas, y lanzaron sus gritos de guerra. Sus enemigos, que se vieron atacados tan inesperadamente, sintieron tanto miedo que no tuvieron coraje para defenderse, y quisieron volver hacia su ejército. Los escoceses los persiguieron, y mataron a tantos, que los campos quedaron cubiertos de cuerpos. Allí perecieron más de mil hombres. Los persiguieron justo hasta su hueste, y luego regresaron por su camino.

De este modo obtuvieron las vituallas, y mataron a muchos irlandeses. Luego el conde, con su compañía, llevó en seguida hasta sir Eduardo a los prisioneros, junto con las provisiones, y él mucho se alegró de su llegada.

Esa noche festejaron a gusto, pues se sentían bien tranquilos; mantuvieron siempre una buena guardia. En el otro bando, sus enemigos, cuando se enteraron de cómo les habían matado a sus hombres y quitado sus provisiones, decidieron dirigirse a Connor y acogerse en la ciudad. Eso lo hicieron con gran celeridad, y cabalgaron hasta allí de noche. Allí encontraron gran cantidad de vituallas, y se solazaron a placer, pues se sentían seguros dentro de la ciudad. Por la mañana enviaron espías para ver dónde estaban los escoceses, mas éstos los capturaron a todos y los llevaron a su propio campamento. El conde de Moray le preguntó de buena manera a uno de ellos dónde estaba su ejército, y qué pensaban hacer, afirmando que si resultaba ser cierto lo que le dijera, lo dejaría ir libre, sin rescate. Él contestó:

–En verdad, os diré que ellos piensan, mañana, cuando sea de día, ir a buscaros con toda su mesnada, si es que pueden averiguar dónde estáis. Han mandado pregonar por estas tierras, que, so pena de muerte, todos los hombres deben acudir esta noche a la ciudad, y en verdad que serán tantos, que en modo alguno querréis pelear con ellos.

–Por mi fe –replicó él–, bien puede ser.

Con eso se fue a ver a sir Eduardo, y le relató toda la historia. Entonces decidieron en consejo que esa misma noche, sin demora, cabalgarían hasta la ciudad, de modo que quedasen entre ella y los que habían de llegar de fuera. Tal como lo pensaron, lo hicieron. Pronto llegaron frente a la ciudad, e hicieron alto a eso de media milla de ella. Cuando llegó la luz del día, cincuenta de los otros, a caballo, subieron a un monte pequeño que estaba a muy poca distancia de la ciudad, y vieron el campamento de sir Eduardo de Bruce. Gran maravilla les causó el ver que tan pequeña cantidad de hombres osara emprender tan gran empresa cual era presentarse ardidamente a batallar contra toda la caballería de Irlanda. Y así era, en efecto, pues allí se habían reunido contra ellos, junto con el lugarteniente Ricardo, conde del Ulster, Butler y los condes de Desmond y Kildare, y Bermingham, Verdon y Fitz Warin, y sir Pascual de Florentin, un caballero de la Lombardía, de gran valor en los hechos de armas. También estaban las familias de Mandeville, Bisset, Logan, Savage, y muchas más; y acudió uno llamado sir Nicolás de Kilkenan. Con sus señores había tantos hombres, que por cada uno de los escoceses creo que ellos eran cinco o más. Cuando los espías hubieron visto al ejército escocés, regresaron aprisa y les contaron a sus señores que no era menester buscarlo más, pues ya había llegado hasta ellos. El conde Tomás Randolph, que había visto a esos cincuenta jinetes en el monte, tomó una buena mesnada de hombres a caballo, podían ser unos cien, y se dirigió hacia allí. Se emboscaron en una cañada, y al poco tiempo vieron venir desde la ciudad a una partida que se dirigía a aquel monte a observar. Se alegraron, y se mantuvieron quietos dejando que se les acercaran, y de repente cayeron sobre ellos en bandada. Los otros, que vieron que de golpe se les venían encima ardidamente, se atemorizaron. A pesar de ello, hubo algunos que se quedaron a presentar batalla, mientras otros emprendían la huida. Mas en muy poco tiempo, los que se habían quedado a luchar se vieron tan hostigados que huyeron todos, y los escoceses los persiguieron hasta las puertas de la ciudad, y mataron a una gran parte de ellos, y luego regresaron a su ejército.

LIBRO XV

Cuando los que estaban dentro de la ciudad vieron que mataban a sus hombres y los perseguían hasta allí de aquel modo, se lamentaron mucho, y en seguida gritaron:

–¡A las armas!

Entonces se armaron todos, y se aprestaron a la batalla. Salieron de la ciudad en orden de combate, con las banderas desplegadas, preparados para atacar a sus enemigos lo mejor que pudieran en una cruel lid. Y cuando sir Felipe de Mowbray los vio salir tan bien dispuestos, fue hasta sir Eduardo de Bruce y le dijo:

–Señor, bueno será que busquemos algún ardid que nos sirva de ayuda en esta lucha. Nuestros hombres son pocos, pero tienen la voluntad de hacer más de lo que pueden. Por lo tanto propongo que dispongamos nuestros bagajes, sin ningún soldado o peón, con nuestras banderas delante. Parecerá que son más hombres de los nuestros. Cuando esas gentes salgan de la ciudad, y vean nuestras banderas, creerán que somos nosotros, y a toda prisa cabalgarán hacia allá. Ataquémoslos entonces por un flanco, y habremos logrado gran ventaja, pues en cuanto se hayan metido entre el bagaje, se verán entorpecidos, y entonces nosotros, con toda nuestra fuerza, podremos cargar y hacer cuanto podamos.

Lo hicieron todo como él propuso, y los que salieron de Connor se dirigieron hacia las banderas, y picando espuelas cargaron con presteza. Los cinchos de barriles que allí había hicieron tropezar a los caballos, y entonces el conde con los suyos cargó y comenzó a atacarlos duramente, y sir Eduardo, un poco más lejos, cargó también, y tan ardidamente, que más de uno cayó, ya condenado, bajo las patas de los animales. El campo pronto se regó con sangre. Lucharon todos con muy gran crueldad, y se golpearon tan terriblemente, usando hasta los palos y las piedras, al devolverse golpes ambas partes[1], que era cosa espantosa ver aquello.

Mantuvieron la pelea de forma tan valiente en ambos bandos, dando y recibiendo violentos golpes, que hubo de pasar la mañana antes de que se pudiera ver quién podría ser superior. Mas poco después, los escoceses avanzaron con tal fuerza, y los atacaron con tanto ímpetu, como si cada uno fuera un campeón, que todos sus enemigos emprendieron la fuga. No hubo ni uno sólo tan fuerte que se atreviera a aguardar a su compañero; cada uno huyó por donde pudo. La mayor parte fue hacia la ciudad, y el conde Tomás Randolph y sus hombres los persiguieron con tanto ahínco, espada en mano, que se entremezclaron con ellos, y entraron juntos en la ciudad. Entonces la matanza fue tan sañuda que la sangre corría por las calles. A cuantos alcanzaban daban muerte, de tal manera que allí murieron casi tantos como en el campo de batalla. Allí Fitz Warin fue hecho pri-

---

[1] El verso *with stok with stane and with retrete* le causó problemas a Skeat, que interpretó *stok* como "lance" y *retrete* como "señal de retirada". McDiarmid, citando ejemplos de otros usos, aclara que *stock* es "palo" y que *retrete* se utilizó con el sentido de "golpe que se devuelve". Traduzco según esta interpretación: "con palos y piedras" puede no ser literal, sino querer decir "con cualquier arma disponible".

sionero, mas Ricardo, el conde del Ulster[2], sintió tal miedo que huyó hacia el sur. ¡Me parece que en todo ese mes no le ha de quedar ánimo para luchar!

Sir Juan Stewart, un noble caballero, allí fue traspasado por una lanza muy afilada, mas luego logró ir a Montpellier[3], y allí estuvo convaleciente mucho tiempo, hasta que al final sanó. Sir Eduardo de Bruce y su mesnada se alojaron en la ciudad. Esa noche estuvieron alegres y contentos por la victoria que habían obtenido[4].

A la mañana siguiente, sin más demora, sir Eduardo mandó que fueran a averiguar qué provisiones había en la ciudad. Allí encontraron tal abundancia de grano y harina, cera y vino, que quedaron maravillados. Sir Eduardo ordenó que todo fuera llevado a Carrickfergus, y luego él y sus hombres se dirigieron allí, y le pusieron sitio a ese castillo y lo mantuvieron valientemente hasta que hubo pasado el Domingo de Ramos. Entonces ambos bandos pactaron una tregua hasta el martes de Pascua, de modo que pudieran pasar aquellos días santos en penitencia y oración[5]. Mas llegada la víspera de Pascua, por la noche arribaron quince barcos que venían de Dublín, todos cargados de hombres armados; creo que eran al menos cuatro mil. Entraron todos ellos al castillo. El viejo sir Tomás de Mandeville era el capitán de aquella tropa. Entraron al castillo en secreto, pues sus espías habían comprobado que muchos de los hombres de sir Eduardo estaban dispersos por el país, así que pensaban hacer una salida por la mañana, sin demorarse más, y sorprenderlos repentinamente, pues pensaban que estarían confiados en la tregua que habían acordado. Pero yo pienso que la falsedad siempre tendrá mal fin. Sir Eduardo nada sabía de esto, pues no pensaba en la traición, mas a pesar de la tregua, no había dejado de montar la guardia en torno al castillo. Cada noche hacía que los centinelas lo vigilaran bien, y aquella noche estaba de guardia Neil Fleming con sesenta hombres fuertes y valientes.

En cuanto hubo clareado el día, los que estaban dentro del castillo, que ya se habían armado y aprestado, bajaron el puente y comenzaron a salir en gran número. Cuando sir Neil Fleming los vio, mandó en seguida a un hombre a avisar al rey Eduardo de Bruce[6], y les dijo a los que estaban junto a él:

---

[2] En el manuscrito se mantiene el error señalado en la nota 9 al libro XIV, y se le sigue llamando Richard of Clare.

[3] Montpellier, en el sur de Francia, tenía en su universidad la facultad de medicina más prestigiosa de Europa.

[4] Edward Bruce entró en la ciudad ocupada de Connor el 10 de septiembre de 1315. El duque del Ulster escapó, pero su primo William de Burgh fue capturado.

[5] En los *Anales de Irlanda* no se menciona esta tregua (que iría del 4 –Domingo de Ramos– al 13 de abril de 1316). En cambio se explica que sir Thomas Mandeville sorprendió a los escoceses el 8 de abril y mató a 30, y que dos días después, en otro ataque, él mismo murió. Para McDiarmid, la versión de Barbour es más verosímil, ya que no es fácil que Mandeville abandonara su mando del castillo, pero sí que el ver llegar barcos desde Dublín o Drogheda le animase a efectuar la salida que describe el poema.

[6] El texto dice "al rey", y evidentemente se refiere a Edward Bruce, quien sin embargo no fue coronado rey de Irlanda hasta unas semanas después, el 2 de mayo de 1316. Como señala McDiarmid, Barbour a menudo quiere acabar de narrar una acción antes de pasar a otra, y aquí hace que Edward Bruce esté todo el tiempo en el sitio del castillo, cuando en realidad dejó un cuerpo de hombres allí y marchó al sur, donde logró varias victorias que le permitieron coronarse; de hecho el castillo de Carrickfergus no se tomó hasta el mes de septiembre.

—Ahora verán los hombres, os lo juro, quién se atreve a morir por su señor. Mantenéos firmes ahora, pues, yo, desde luego, voy a luchar contra toda esa hueste. Aquí los retendremos, en la lucha, hasta que pueda armarse nuestro jefe.

Dichas esas palabras, atacaron. Eran sin duda demasiado pocos para luchar contra tan gran mesnada, pero no obstante, con todas sus fuerzas se echaron sobre sus enemigos tan esforzadamente, que éstos quedaron maravillados de ver que su hombría era tal que no tenían miedo a la muerte. Mas sus enemigos los hostigaron de tal modo que no hubo valor que les sirviera. Allí les dieron muerte a todos ellos; no hubo ni uno sólo que escapara.

DE CÓMO EL REY DE IRLANDA, LLAMADO EDUARDO, DIO CON LOS ESCOCESES.

El hombre que había ido hasta el rey, para prevenirlo del ataque, lo hizo con gran prisa. A sir Eduardo lo llamaban comúnmente el rey de Irlanda. Cuando oyó las noticias, muy aprisa se vistió para la batalla. Doce hombres fuertes que estaban en su cámara también se armaron en seguida, y luego él, con su bandera, tomó ardidamente el centro de la ciudad. Ya se acercaban mucho sus enemigos, que habían dividido sus fuerzas en tres partes. Tomás de Mandeville, con una gran mesnada, entró derecho en la ciudad. Las otras partidas se quedaron a ambos lados de ésta, para poder cazar a los que huyeran. Pensaban que a todos los que hubiera allí los matarían sin rescate alguno. Mas el juego tornó de otro modo, pues sir Eduardo con su bandera, y los doce hombres de los que hablé antes, cargaron tan valerosamente contra esa hueste, que fue cosa asombrosa. Gilberto Harper fue el primero; era el más valiente en la lucha de cuantos vivían entonces, de su misma condición[7]. Con un hacha empezó a abrirse camino con tal fuerza, que en seguida mató a un hombre, y luego a otros tres en poco tiempo. Reconoció a Tomás de Mandeville por sus armas, y le asestó tal golpe que lo hizo caer a tierra. Sir Eduardo, que estaba cerca de él, se dio la vuelta, y con un puñal, allí mismo le arrancó la vida. Entonces Fergus de Ardrossan, que era un caballero de gran coraje, cargó con más de sesenta hombres. Acosaron a sus enemigos de tal modo, que ellos, que habían visto matar a su señor, perdieron el valor, y desearon poder no estar allí. A medida que podían armarse, iban apareciendo más escoceses que se unían a la refriega. Golpearon a sus enemigos con tal fuerza, que comenzaron a retroceder, y los persiguieron hasta las puertas de la ciudad. Hubo allí una gran lucha y resistencia. Allí mató sir Eduardo por su mano a un caballero del que se decía que era el mejor y el más valiente de toda Irlanda. Su apellido era Mandeville, mas no sé decir cuál era su nombre[8]. Sus hombres se vieron muy

---

[7] *Harper* (arpista) le hizo suponer a Sweet que se trataba de un juglar, y "de su condición" llevó a McKenzie a suponer lo mismo. McDiarmid sin embargo señala que era un apellido corriente entre soldados y terratenientes en la época. En el libro XVIII se narra su muerte.

[8] En una crónica se dice que murió John, hermano de sir Thomas Mandeville cuya muerte ya se ha narrado.

hostigados, ya que los que estaban en la torre del castillo no se atrevían a abrir las puertas ni a bajar el puente. Y sir Eduardo, según me han contado, atacó a cuantos intentaron refugiarse allí con tal fiereza, que de todos los que salieron contra él en ese día no hubo ni uno sólo que no cayera muerto o prisionero. Entonces se unió a la lucha Macnakill, con doscientos lanceros, y mató a todos los que pudo alcanzar. Este mismo Macnakill, con una estratagema, capturó cuatro o cinco de los barcos irlandeses, y dejó sin vida a todos los hombres que había en ellos[9].

Cuando se terminó toda esta lucha, Neil Fleming aún estaba con vida. Acudió sir Eduardo para verlo; en torno a él yacían sus hombres, muertos y amontonados por doquier, y él, en sus últimos estertores, se moría. Sir Eduardo sintió gran pena, y se lamentó mucho por él, por su gran hombría, su valor y sus hazañas de armas. Hizo tan gran lamento, que sus hombres se maravillaron mucho, pues no tenía costumbre de lamentarse por ninguna cosa, ni quería oír lamentos de sus hombres. Se quedó junto a él hasta que murió, y luego lo hizo llevar a lugar sagrado, y ordenó que fuera enterrado con gran solemnidad.

DE CÓMO EL REY ROBERTO ATRAVESÓ EL ISTMO Y CONQUISTÓ LAS ISLAS.

Así resultó la salida de Mandeville; sin duda la falsedad y el engaño siempre tendrán mal fin, como bien se puede ver por este caso. Atacaron en tiempo de tregua, y en un momento como es la Pascua, cuando Dios resucitó para salvar a los hombres de la mancha del pecado de Adán, y por ello les ocurrió una gran desgracia, pues todos ellos, como me habéis oído decir, cayeron muertos o fueron apresados. Y los que estaban dentro del castillo sintieron tanto miedo en esa hora, pues podían ver que no había de llegarles auxilio de parte alguna, que pactaron, y en un día le entregaron el castillo para salvar la vida, y él cumplió perfectamente lo pactado[10]. Tomó el castillo bajo su mando, y lo avitualló bien, y le puso un buen alcaide, y permaneció en él algún tiempo.

Ahora no hablaremos más de él, sino que volveremos al rey Roberto, del que hace mucho tiempo que no hablamos. Cuando hubo acompañado hasta la mar a sir Eduardo y a su mesnada, [se preparó para ir él con sus barcos hasta las Islas. Se llevó con él a Gualterio Stewart, su yerno, y una gran mesnada][11], y a otros hombres de gran nobleza. Se dirigieron al istmo de Tarbert en galeras preparadas para ese viaje. Al llegar, tuvieron que arrastrar sus barcos; había una milla de tierra entre los mares, pero crecían muchos árboles[12]. El rey mandó arrastrar los bar-

---

[9] Al contrario de lo que sucede con casi todos los personajes del poema, no se ha podido identificar a éste.

[10] El castillo en realidad no se tomó hasta septiembre. Véase la nota 6.

[11] Los versos correspondientes a estas líneas no están en el manuscrito de Edimburgo, pero sí en el de Cambridge; sin duda, como señala Skeat, por error del copista: la palabra *menyhe* (mesnada) repetida cuatro versos más abajo tuvo la culpa. La rima no se alteraba, y se omitieron esos versos.

[12] "Las Islas" se refiere a las que quedan al suroeste de Escocia; entre las grandes están Islay, Jura y Mull. La península de Kintyre está unida a tierra firme por el istmo de Tarbert, que es por donde pasan. Los troncos de los árboles se usarían para hacer rodar los barcos sobre ellos.

cos por allí, y como el viento les soplaba de espaldas, ordenó a sus hombres levantar mástiles y cuerdas sobre los barcos, y atar las velas en lo alto, e hizo que los hombres fueran a los costados tirando de las naves. Les ayudó el viento que soplaba, de manera que en poco tiempo toda su flota hubo atravesado. Y cuando los que vivían en las Islas oyeron contar cómo el rey había hecho que sus barcos pasaran, con las velas armadas, por la lengua de tierra de Tarbert, se sintieron muy descorazonados, pues sabían por una vieja profecía que aquél que consiguiera hacer pasar sus barcos entre los dos mares con las velas desplegadas, conquistaría las Islas por su mano, y nadie se le podría resistir por la fuerza[13]. Así que todos fueron hasta el rey; no hubo ninguno que desobedeciera sus órdenes, salvo Juan de Lorne. Mas éste pronto fue aprisionado, y llevado a presencia del rey, y los que estaban bajo su mando, que habían quebrantado su lealtad al rey, sufrieron pena de muerte. El rey hizo prisionero a este Juan de Lorne, y lo envió a Dunbarton, para que allí estuviera encarcelado algún tiempo. Después fue enviado a Lochleven, donde pasó otro tiempo prisionero, y creo que allí encontró su fin.[14] El rey Roberto, una vez que todas las Islas, grandes y pequeñas, quedaron sometidas a su voluntad, permaneció allí toda esa estación, cazando, holgando y recreándose.

La batalla entre el señor de Douglas y el señor Neville de Inglaterra.

Mientras el rey subyugaba las Islas tal como acabo de contar, el buen señor de Douglas permanecía en el bosque, defendiendo la tierra bravamente. En aquel tiempo estaba viviendo en Berwick un gascón, Edmundo de Caillou, que era caballero de gran renombre, y en Gascuña, su país, era señor de un gran señorío. Tenía Berwick bajo su custodia[15], e hizo un alistamiento secreto y reunió una gran compañía de hombres fuertes y bien armados. Con ellos saqueó toda la parte sur de Teviotdale, y una buena parte del territorio fronterizo, y luego regresó a Berwick. Sir Adam de Gordon, que para entonces se había pasado al bando escocés, los vio llevarse todo el ganado, y pensó que eran pocos, [pues no vio más que una partida que huía, y a los que se llevaban el botín. Entonces fue a toda prisa hasta sir Jacobo de Douglas, y le contó cómo los ingleses habían tomado el botín y luego habían huido hacia Berwick con todo su ganado, y dijo que eran pocos][16],

[13] Según la saga, en 1089 Magnus, rey de Noruega, atravesó el istmo de ese modo y reclamó Kintyre. Es posible que la tradición a la que se hace referencia en el poema proceda de ahí.

[14] Es posible que Barbour confunda la suerte de algún otro jefe de las Tierras Altas con la de John of Lorne. Éste, que apoyaba a los ingleses, estuvo activo en las costas de Irlanda y Escocia hasta mayo de 1316, cuando, habiendo quedado inútil, recibió una pensión de Eduardo II. Murió en septiembre.

[15] Raimond (no Edmond) de Caillou no era el alcaide del castillo de Berwick, como se da a entender, pero sí está documentado que en el día de San Valentín de 1316 una partida de soldados de Berwick que, famélicos, se dirigían a saquear Melrose dirigidos por él, fue interceptada por Douglas. Murió junto con otros gascones de la partida.

[16] Los versos correspondientes faltan en el manuscrito de Edimburgo, pero estén en el de Cembridge.

y que si él se apresuraba, pronto los alcanzaría y podría recuperar todas las vacas. [Sir Jacobo en seguida estuvo de acuerdo en perseguirlos, y con sólo los hombres que tenía allí con él, sin más demora se le unió en el camino. Los persiguieron a gran velocidad, y pronto estuvieron cerca de ellos. Antes de que pudieran verlos bien, ya los habían alcanzado. Entonces los saqueadores y la partida de soldados ingleses se unieron en un solo grupo, y así formaban una buena compañía. Hicieron que llevaran el ganado][17], delante de ellos, los muchachos y patanes que no tenían fuerza para luchar. El resto, detrás, formó una defensa. El de Douglas los vio a todos juntos, y vio que su ánimo era bueno, y además que eran tantos, que había dos hombres por cada uno de los suyos.

–Señores –dijo–, ya que los hemos perseguido de tal modo que ahora estamos tan cerca que no podemos evitar la lucha si no es huyendo vilmente, que cada uno se encomiende a su dama y piense en las muchas veces en que se ha visto en grave trance y ha salido bien. Pensemos en hacer lo mismo hoy, y aprovechemos la ventaja que nos da este vado que hay aquí cerca, pues en seguida vendrán hacia nosotros a luchar. Pongamos nuestra voluntad, fuerza y empeño en hacerles frente con gran coraje.

Dichas esas palabras, muy aprisa desplegó su bandera, pues sus enemigos estaban muy cerca. Cuando éstos vieron que tenía tan pocos hombres, pensaron que pronto acabarían con él, y cargaron muy decididamente. Allí se pudo ver una cruel lucha, una muy dura lid donde los hombres daban y recibían grandes golpes. Douglas se vio allí muy acosado, mas el gran ardimiento que mostraba infundía tal ánimo a sus hombres que ninguno pensaba en cobardía. Ponían todo su empeño en la batalla, y mataron a muchos enemigos. Y aunque éstos eran muchos más que ellos, el destino los trató de tal modo que Edmundo de Caillou encontró la muerte en aquel mismo lugar. Cuando hubo muerto, el resto de sus hombres pronto fueron derrotados. Los escoceses dieron caza y mataron a algunos de los que huían, y recobraron todo el ganado. A fe mía que ésta fue la lucha más dura en la que se encontró el buen señor de Douglas con tan pocos hombres, pues si no hubiera sido por su gran valor al matar al jefe enemigo en la lid, le habrían matado a todos sus hombres. Él siempre tenía por costumbre, cuando se encontraba muy acosado, el esforzarse en matar al jefe, y esta vez sucedió que así lo hizo. Logró muchas victorias de ese modo.

Cuando sir Edmundo hubo muerto de esta guisa, el buen señor de Douglas se dirigió de nuevo hacia el bosque. Sus enemigos le temieron mucho; se extendió la noticia de su hazaña de modo que allí cerca, en Inglaterra, estaba en boca de todos los hombres. En aquel tiempo, sir Roberto Neville estaba en Berwick, cerca de la frontera en donde el señor de Douglas vivía con sus hombres en el bosque. Sentía de éste una gran envidia, pues veía cómo, con gran hombría, iba aumentando cada vez más su territorio. Oyó a los hombres que con él estaban hablar de la fuerza del señor de Douglas, de lo esforzado que era en la batalla, y de cómo solía tener buena fortuna. Mucho se enfureció al oír aquello, y dijo:

---

[17] Los versos correspondientes faltan en el manuscrito de Edimburgo, pero aparecen en el de Cambridge.

–¿Y qué creéis? ¿Es que no hay ninguno que valga algo, sino sólo Douglas? Habláis de él cual si no tuviera par, mas yo juro ahora aquí, ante vosotros, que si entra alguna vez en esta tierra, me encontrará en seguida, estaré a mano. Y si yo llego a ver que su pendón es desplegado en señal de guerra, cargaré contra él, sin miedo alguno, por mucho que penséis que es muy valiente.

Pronto llegó noticia de este juramento hasta el señor de Douglas, que dijo:

–Si él quiere cumplir esa promesa, yo haré que antes de que pase mucho tiempo nos pueda ver a mí y a mi compañía muy cerca de él.

Entonces reunió a sus seguidores, que eran hombres de muy gran valor, y una noche, en buena formación, se dirigieron hacia la frontera, de modo que por la mañana temprano estaban a las puertas de Berwick. Allí ordenó que fuera desplegado su pendón, y envió a algunos de sus hombres a quemar dos o tres aldeas, pero les dijo que volvieran pronto, de modo que estuvieran disponibles para luchar, si fueran necesarios. Cuando supo con certeza que Douglas estaba tan cerca, y vio su pendón desplegado, Neville, con todos los hombres de su compañía (y era una gran hueste, pues en aquel tiempo estaban con él todos los hombres buenos de aquella tierra, de manera que tenía allí muchos más que los escoceses), se dirigió a lo alto de un monte, y dijo:

–Señores, mi deseo sería acabar con el mal que nos causa Douglas todos los días, pero me parece oportuno que esperemos hasta que sus hombres se hayan dispersado por estas tierras para saquear. Entonces caeremos fieramente sobre ellos, y los tendremos a nuestra merced.

Todos asintieron, y se quedaron esperando en el monte. Los hombres de la tierra acudieron raudos, y se agruparon en torno a Neville. Entonces el valiente Douglas pensó que era necio esperar más, y cabalgó hacia aquel monte, y cuando Neville vio que no se marchaban a saquear, sino que avanzaban contra ellos con todas sus fuerzas, supo bien que pensaban luchar, y dijo a sus mesnadas:

–Señores, pongámonos en marcha. Aquí tenemos a la flor de este país, y somos más en número que ellos. Ataquémoslos, pues, ardidamente, ya que Douglas, con esa caterva, no tiene fuerza para rechazarnos.

Cargaron entonces todos juntos. Allí se pudo oír quebrar de lanzas; unos a otros se daban grandes golpes, y la sangre brotaba a chorros de heridas anchas. Luchaban con denuedo en ambos bandos, pues ambos se esforzaban en lograr hacer volverse atrás a su enemigo. Los señores de Neville y de Douglas se encontraron en medio de la pelea. Entonces hubo entre ellos gran combate. Luchaban sañudamente, con todas sus fuerzas, lanzándose uno a otro grandes golpes, mas Douglas, pienso yo, era más fuerte, y estaba más hecho a batallar. Puso su corazón y voluntad en librarse de su enemigo, hasta que al fin, con gran esfuerzo, logró acabar con la vida de Neville. Entonces lanzó fuerte su grito de guerra, y con su mesnada cargó contra los demás tan duramente que en poco tiempo se pudo ver a sus enemigos emprender la huida. Los escoceses los persiguieron con todas sus fuerzas. Sir Rauf de Neville y el barón de Hilton fueron capturados en la persecución, así como muchos otros hombres fuertes. En esa lucha hubo muchos muertos, hombres que habían sido muy valientes. Y cuando el campo quedó limpio, porque sus enemigos habían muerto, o huido, o caído prisioneros, entonces Douglas mandó saquear toda esa tierra. Tomaron todo aquello que encontraron, quemaron las aldeas a su paso, y luego regresaron sanos y salvos. Douglas distribuyó el botín entre su mesnada según sus méritos, y no se quedó nada para él. Semejante comportamiento debe mover a los hombres a amar a su señor, y a fe mía que así les sucedió a los suyos. Él siempre los trató muy sabiamente, y lo hizo también con tanto amor, y alabó de tal modo sus hazañas, que supo hacer que hasta el más cobarde se volviera valiente cual leopardo. De este modo, obrando con amor, hizo a sus hombres fuertes y ardidos.

Cuando Neville y Edmundo de Caillou hubieron muerto, el temor al señor de Douglas y su renombre se extendieron tanto por las tierras fronterizas de Inglaterra, que todos los que vivían allí lo temían como al diablo del infierno. Yo mismo he oído decir a menudo, que era entonces tan temido que cuando las mujeres querían regañar a sus hijos, con el rostro enfadado les decían que los iban a entregar al Douglas negro[18]. Por su gran osadía y valor le temían tanto sus enemigos, que temblaban con sólo oír su nombre. Ahora puede quedarse tranquilo en casa algún tiempo, pues creo que sus enemigos tardarán mucho en buscarlo. Dejemos, pues, que siga en el bosque; no hablaremos más de él por el momento, sino del valeroso Sir Eduardo de Bruce, que aún estaba en Carrickfergus. De él nos vamos a ocupar ahora.

[18] "Douglas negro" se refiere al color del pelo. La de las madres y los hijos es una historia parecida a la que se contaría después sobre el Duque de Alba en tierras de Flandes.

LIBRO XVI

Cuando sir Eduardo de Bruce, como ya dije antes, hubo derrotado a sir Ricardo, conde del Ulster[1], y a los barones de Irlanda por tres veces gracias a su valor y su arrojo, y luego hubo regresado con sus hombres a Carrickfergus, el buen conde de Moray, sir Tomás, le pidió permiso para pasar a Escocia, y él se lo concedió, a pesar suyo[2]. Le encargó que le pidiera especialmente al rey Roberto que acudiera a Irlanda a verlo, pues de estar los dos juntos, no habría nadie en esa tierra que les pudiera oponer resistencia. El conde emprendió la marcha, y se embarcó, y se fue navegando por la mar. Pronto arribó a Escocia, y se fue en seguida a ver al rey. Este lo recibió con gran alegría, y le pidió noticias de su buen hermano, y de las luchas que habían llevado a cabo allí, y él se lo contó todo sin excepción. Cuando el rey acabó de preguntarle, él le dio el recado de su hermano; respondió el rey que muy gustosamente iría a verlo, y a ver los asuntos de aquel país y de aquella guerra.

Reunió entonces una gran mesnada, y a dos señores de muy gran valor los nombró gobernadores en su ausencia, para que dirigieran bien el país. Uno era Gualterio Stewart, y el otro Jacobo de Douglas[3]. Luego se dirigió hacia la mar, y en Loch Ryan, en Galloway, se embarcó con todos sus hombres. Pronto arribó a Carrickfergus. Sir Eduardo se alegró mucho de su llegada, y salió raudo a recibirlo, y lo acogió con gran regocijo. Hizo lo mismo con todos los que venían con él, especialmente con el conde de Moray, sir Tomás, que era su sobrino. Luego se dirigieron al castillo, y allí hubo grandes festines y agasajos en su honor. Allí permanecieron tres días, dados a la alegría y regocijo.

DE CÓMO EL REY ROBERTO DE BRUCE PASÓ A IRLANDA CON SU HERMANO EDUARDO.

El rey Roberto llegó de esta manera a Irlanda, y cuando hubo pasado tres días en Carrickfergus con sus hombres, decidieron en consejo que, con su fuerza al completo, pasarían por toda Irlanda, de un extremo a otro[4]. Sir Eduardo, el her-

---

[1] En el manuscrito se le sigue llamando Richard of Clare, manteniendo el error señalado ya en la nota 9 al libro XIV, aunque se trata de Richard de Burgh, conde del Ulster.
[2] Moray navegó hacia Escocia el 14 de septiembre de 1315 con los cuatro barcos de Thomas Dun, y regresó a Irlanda sobre el 6 de diciembre con 500 hombres. Volvió a Escocia en marzo de 1316, y en septiembre seguía allí. Parece ser que ya no volvió a Irlanda hasta que lo hizo con la expedición del rey Roberto en 1317.
[3] Barbour es la única fuente que dice que el rey nombrara a estos dos caballeros para gobernar en su ausencia.
[4] Roberto de Bruce debió llegar a Irlanda en febrero de 1317, pues aquí se nos dice que tres días después de reunirse con su hermano emprendieron su marcha por el país, y eso fue el 23 de febrero. Aunque poco más abajo se nos dice que es el mes de mayo, hay que tomarlo como una convención literaria, según McDiarmid: mayo es el momento de acometer las grandes empresas, y la descripción de la primavera que se da es la habitual en este contexto. En el libro V ya hemos visto otra descripción primaveral, cuando Bruce llega a Carrick, cosa que sucedió en febrero de 1307.

mano del rey, cabalgaba delante, en la vanguardia. El propio rey mandaba la retaguardia, y llevaba en su compañía al conde Tomás Randolph, tan valiente. Se dirigieron hacia el sur, y pronto pasaron Inderwillane[5].

Esto sucedió en el mes de mayo, cuando los pájaros cantan en las ramas, entremezclando sus notas con hermoso son a causa de la dulzura de la estación más suave, y las hojas se extienden por las ramas y junto a ellas brotan brillantes capullos y los campos están cubiertos de flores, de buen aroma y de colores varios, y todo se vuelve alegre y vistoso. Fue entonces cuando este buen rey emprendió camino hacia el sur, como ya he dicho antes. Entonces el lugarteniente Ricardo, conde del Ulster, supo que el rey Roberto había arribado, y que pensaba dirigirse hacia las tierras del sur. Reunió a hombres libres y caballeros de toda Irlanda; también caballería ligera y soldados de a pie, hasta que tuvo casi cuarenta mil. Mas aún no quería arriesgarse a luchar en campo abierto contra todos sus enemigos. En cambio, se le ocurrió un ardid: que él, con toda esa gran mesnada, se emboscaría en una espesura, bien escondido junto al camino por donde hubieran de pasar sus enemigos. Dejarían pasar a la vanguardia, y cuando se hubiera alejado, cargarían ardidamente, con todos sus hombres, contra la retaguardia. Hicieron lo que habían planeado; en un bosque se escondieron bien, y la hueste escocesa les pasó cerca, mas ellos no se mostraron nunca. Sir Eduardo de Bruce siguió cabalgando, muy por delante, con los de su mesnada; no pensaba en los de la retaguardia. En cuanto hubo pasado sir Eduardo, el conde del Ulster, sir Ricardo, mandó soldados de infantería ligera, que eran buenos arqueros, a hostigar a la retaguardia. Entonces dos de ellos se apostaron a la orilla del bosque y dispararon contra los escoceses. El rey, que tenía allí consigo a mas de cinco mil hombres fuertes y valientes, cuando vio que esos dos disparaban contra ellos, y se acercaban tanto sin recelo, supo bien que, sin duda, habían de tener refuerzos cerca. Así que ordenó que ningún hombre fuera tan temerario que cargara contra ellos, sino que avanzaran en formación cerrada, y cabalgasen dispuestos al combate, para defenderse si los atacaban.

–Pues pronto, os lo aseguro, –dijo el rey–, aquí habremos de vérnoslas con más.

Pero sir Colin Campbell[6], que se hallaba cerca de donde los dos soldados estaban disparando con denuedo, de repente picó espuelas hacia ellos, y pronto alcanzó a uno, y lo mató con la lanza. El otro se volvió y disparó, y de un flechazo le mató el caballo. Al ver eso, el rey acudió raudo, y preso de la ira, empuñando un gran garrote le asestó a sir Colin tal golpe que éste se desplomó sobre su arzón, y el rey mandó en seguida que lo desmontasen[7]. Mas otros señores que allí estaban apaciguaron algo al rey, y él dijo:

–La desobediencia a una orden puede ser causa de nuestra derrota. ¿Pensáis que esa chusma se atrevería a atacarnos, estando nosotros tan cerca y en forma-

---

[5] El paso de Moiry, como se ha anotado en el libro XIV.

[6] Éste era ahora cabeza de la familia Campbell, de Lochawe, tras la muerte de su hermano Neil, citada en el poema.

[7] El caballo ha muerto; o bien no podía desmontarse él o, como sugiere Skeat, habría que suponer que había montado en otro caballo y que el rey lo castiga a luchar a pie.

ción, si no tuvieran a mano más refuerzos? Yo sé muy bien, lo sé sin duda alguna, que muy pronto tendremos qué hacer; cuidad pues, que cada uno esté dispuesto.

Después de dicho eso, unos treinta arqueros, quizá más, aparecieron y comenzaron a hostigarlos de tal modo que hirieron a algunos hombres del rey. Este ordenó entonces a sus arqueros que disparasen para rechazarlos. Con eso, llegaron a un llano, y allí vieron formados contra ellos a cuarenta mil, divididos en cuatro batallas. El rey Roberto dijo:

–Ahora, señores, veamos quiénes serán valientes en esta lid. ¡A ellos, sin más demora!

Cabalgaron hacia ellos tan fieramente, y cargaron con tal ardimiento, que una gran parte de sus enemigos cayó por tierra en el primer encuentro. Las lanzas se quebraban de tal modo cuando se estrellaban unos contra otros, que allí había un estrépito tremendo. Testuz contra testuz topaban los caballos, muchos caían muertos por el suelo. Más de un hombre fuerte y valeroso, al cargar en la lucha contra otro, cayó a tierra derribado, muerto. La roja sangre brotaba de muchas heridas en tal cantidad que corría a raudales por el suelo. Airados y furiosos, se golpeaban con tal denuedo con armas desnudas y brillantes, que allí murieron muchos buenos hombres, pues los que eran ardidos y fuertes, y anhelaban la lucha cuerpo a cuerpo, se abrían paso para estar al frente. Allí se pudo ver una cruel lid, una dura batalla. Os aseguro que en la guerra de Irlanda no hubo lucha tan violenta como aquélla[8]. Aunque sir Eduardo ganó diecinueve victorias en menos de tres años, y en muchas de esas batallas venció a treinta mil hombres o más, con caballos protegidos hasta los cascos, en todas esas luchas siempre tuvo un hombre por cada cinco del enemigo, en el peor caso. Mas el rey Roberto, en esta contienda que ahora cuento, siempre tuvo a ocho enemigos por cada uno de sus hombres. Pero se supo tener con tal valor, que sus hazañas de armas y su osadía reconfortaron mucho a su mesnada, y hasta el más cobarde fue ardido, pues donde el rey veía la lucha más trabada, allí cargaba, y se abría sitio a su alrededor. El valiente conde Tomás Randolph estuvo todo el tiempo junto al rey, y luchaba como si estuviera preso de la ira. Y así, al ver el gran valor de ambos, sus hombres se sintieron tan envalentonados que no huían de ningún peligro, sino que luchaban con soltura y valentía, y golpeaban con tal fuerza a sus enemigos, que éstos se sintieron asustados. Los escoceses, que vieron por sus acciones que los otros empezaban a rehuir el combate, cargaron sobre ellos con todas sus fuerzas, y los acosaron golpeándolos tan duramente, que al final volvieron las espaldas. Cuando los vieron darse a la fuga, los atacaron con todo su empeño, y mataron a muchos en la huida. Los hombres del rey los persiguieron de tal modo que huyeron todos, desbandándose.

Ricardo, conde del Ulster, tomó el camino de Dublín apresuradamente, junto con otros señores, y puso guarniciones en todos los castillos y ciudades que estaban bajo su dominio. Allí los pusieron en fuga de tal modo, que pienso que a este

---

[8] No hubo ninguna gran batalla mientras el rey Roberto estuvo en Irlanda. McDiarmid dice que tal vez el duque del Ulster intentó una emboscada, y que esa escaramuza se magnifica aquí para resaltar que las dotes de mando del rey Roberto estaban muy por encima de las de su hermano.

sir Ricardo no han de quedarle ganas de probar su fuerza en la batalla, ni de emprender la lucha, mientras el rey Roberto y su mesnada se encuentren en ese país. De ese modo guarneció las fortalezas. El rey Roberto, que era tan digno de alabanzas, vio a muchos hombres muertos sobre el campo; y a uno de los que habían hecho prisioneros, que iba vestido de forma muy galana, lo vio llorar muy tiernamente, y le preguntó por qué se lamentaba. Éste le respondió:

–Señor, sin duda alguna, no es extraño que llore. Aquí veo a muchos que han perdido la vida, la flor de todo el norte de Irlanda, los que eran más valientes con las armas, y más temidos en la dura lid.

Contestó el rey:

–A fe mía que haces mal, pues más razones tienes para alegrarte, puesto que has escapado a la muerte.

Sir Ricardo, conde del Ulster, y todos sus hombres fueron, pues, derrotados de esta manera, con pocos hombres, como os dije antes. Y cuando Eduardo de Bruce, el osado, supo que el rey había luchado de aquella forma contra tantos enemigos, sin que él estuviera allí, no se pudo ver a un hombre más triste. Mas el buen rey le dijo entonces que era debido a su propia necedad, pues había cabalgado alocadamente, tan por delante, que no había servido de vanguardia a los que iban detrás de él. Le dijo que quien en la guerra quiera ir en la vanguardia no debe en ningún momento perder de vista a su retaguardia, pues gran peligro puede haber en ello.

De esta lucha no hablaremos más, pero el rey y cuantos estaban allí prosiguieron su marcha en mejor formación, y más cerca unos de otros que nunca. Cabalgaron a sus anchas por todo el país; no encontraron a nadie que se les opusiera. Pasaron más allá de Drogheda, y también de Dublín, sin que nadie les presentara batalla, y luego se dirigieron hacia el sur, y fueron hacia Limerick, que es la ciudad más meridional que puede encontrarse en Irlanda[9]. Allí se descansaron dos o tres días, y luego se prepararon para viajar de nuevo. Y cuando estaban ya dispuestos, el rey oyó a una mujer gritar, y preguntó en seguida qué ocurría.

–La lavandera es, señor –le dijo uno–, que se ha puesto de parto ahora mismo. Por eso hemos de dejarla atrás, y por eso se queja de ese modo.

Respondió el rey:

–En verdad sería una lástima que la dejáramos sola en tal trance, pues creo sinceramente que no hay un hombre que no se compadeciera de una mujer en esa hora.

Detuvo entonces a todo su ejército, y mandó plantar pronto una tienda. Hizo que entrara allí sin más demora, y que la acompañaran otras mujeres. Esperó hasta que hubo dado a luz, y luego volvió a emprender la marcha, no sin antes haber dado órdenes sobre cómo debían llevársela de allí. Fue ésta en verdad gran cortesía, que un rey tan grande y tan poderoso hiciera esperar así a sus huestes por una pobre lavandera.

---

[9] Así lo creía Barbour. Limerick está en el suroeste, en la desembocadura del Shannon. Los escoceses no llegaron a entrar en Dublín, debido a las medidas defensivas tomadas por los ciudadanos que, entre otras cosas, retuvieron a Richard de Burgh, duque del Ulster, que por ser suegro de Bruce les era sospechoso. Según McDiarmid el objetivo de este periplo de cuatro meses era humillar a los ingleses demostrando su debilidad y fomentar la insurrección de los irlandeses.

De nuevo se dirigieron hacia el norte, atravesando toda Irlanda, por todo Connaught hasta Dublín, y luego por Meath y Oriel[10], y Munster y Leinster, y todo el Ulster, hasta Carrickfergus sin tener que dar batalla, pues no hubo nadie que osara atacarlos. Los reyes de los irlandeses acudieron todos a rendir homenaje a sir Eduardo, salvo uno o dos de ellos. Regresaron de nuevo a Carrickfergus, y en todo su camino no hubo ninguna lucha; y si hubo alguna escaramuza, no merece la pena hablar de ella aquí. Entonces los reyes irlandeses regresaron a sus territorios, y se comprometieron a obedecer en todo los mandatos de sir Eduardo, a quien llamaron su rey[11]. Ahora se encontraba en buena situación para conquistar por entero aquella tierra, pues tenía de su parte a los irlandeses y al Ulster, y había avanzado tanto en su campaña, que había atravesado toda Irlanda, de punta a punta, gracias a su fuerza. Si hubiera obrado con más discreción, en lugar de hacer su voluntad apresuradamente, y hubiera puesto más mesura en sus acciones, probablemente habría conquistado Irlanda entera. Mas su orgullo desmesurado, y su voluntad, que era más que ardida, le impidieron lograr su empeño, como os contaré más adelante.

DE CÓMO EL BUEN DOUGLAS MATÓ AL CONDE DE RICHMOND DE INGLATERRA.

Dejemos ahora aquí al noble rey, tranquilo y a su gusto, y hablemos del señor de Douglas, que se había quedado encargado de guardar las fronteras. En la vega de Lintalee puso a trabajar a hábiles albañiles y les hizo construir una buena mansión. Y cuando hubieron levantado las casas, mandó que fueran bien aprovisionadas, pues pensaba estrenarla, y halagar bien a sus hombres. Por entonces vivía en Richmond un conde al que llamaban sir Tomás. Sentía gran envidia del de Douglas, y dijo que si llegaba a ver su bandera desplegada en señal de guerra, en seguida cargaría contra ella. Oyó contar cómo Douglas pensaba quedarse en Lintalee y hacer festejos, y supo también que el rey Roberto con una gran mesnada había salido del país, junto con sir Tomás, conde de Moray, así que pensó que el país quedaba débil de soldados para defenderlo contra hombres decididos que atacaran[12]. Él tenía entonces el gobierno y el mando en las fronteras de Inglaterra. Entonces reunió hombres en torno a sí, hasta que tuvo casi diez mil, y mandó que llevaran hachas de leñador, pues pensaba ordenar a sus hombres que talaran el

---

[10] El itinerario de regreso no incluyó Connaught, y Munster y Leinster deberían preceder a Meath y Oriel. Este último nombre corresponde a la zona que hoy ocupan los condados de Louth y Monaghan, fronterizos con el Ulster.

[11] Los seguidores de Edward Bruce, la mayoría de ellos del Ulster, lo habían reconocido como rey de Irlanda el 2 de mayo de 1316. Barbour nos hace suponer que tenía el apoyo de todos los jefes irlandeses, y que su derrota se debió a falta de "mesura", pero eso no fue así.

[12] Edmond, conde de Arundel y guardián inglés de la zona fronteriza con Escocia, llevó a cabo una razia contra la casa fuerte de Lintalee, a orillas del Jed, a principios de 1317. Thomas of Richmond, a quien aquí se confunde con el conde, era señor de Burton-Constable en Yorkshire. No se ha identificado a Ellis.

bosque de Jedburgh entero, hasta que no se viera allí ni un árbol. Se pusieron en camino, mas el buen señor de Douglas, que siempre tenía espías por todas partes, pronto tuvo noticias de que pensaban cabalgar y caer sobre él por sorpresa. Aprisa reunió a cuantos pudo de su mesnada; creo que tenía con él entonces unos cincuenta fuertes y valientes, bien armados y pertrechados de punta en blanco. También tenía una gran mesnada de arqueros junto a él. Había un lugar en el camino por donde él pensaba que tendrían que pasar, que tenía bosque a ambos lados. La entrada era muy grande y ancha, pero, como un escudo, se iba estrechando hasta llegar a un punto en que el camino no era más ancho que un tiro de piedra. El señor de Douglas se dirigió allí cuando supo que ellos se acercaban. En una hondonada, a uno de los lados, emboscó a todos sus arqueros, y les ordenó guardarse bien ocultos hasta que le oyeran dar la voz de alarma. Entonces deberían disparar ardidamente sobre sus enemigos y causarles grandes daños hasta que él hubiera atravesado entre ellos, y luego deberían unirse a él. Luego hizo atar los abedules jóvenes que crecían juntos en abundancia a ambos lados del camino unos con otros, de manera que no se pudiera pasar a caballo entre ellos. Una vez hecho esto, esperó en el otro lado. Richmond, muy bien armado, venía en el primer batallón. El señor de Douglas lo vio bien, y mandó a sus hombres que se estuvieran quietos hasta que los tuvieran a la mano, y hubieran entrado en el paso estrecho. Entonces cargaron sobre ellos con un grito, dando fuerte la voz de "¡Douglas, Douglas!"

Richmond, que era valiente, cuando oyó alzar ese grito, y vio la bandera de Douglas claramente, se dirigió hacia allí en seguida. Los escoceses los atacaron tan ardidamente que se abrieron paso entre ellos; derribaban a cuantos se encontraban. El de Richmond allí fue derribado; Douglas se detuvo junto a él, le dio la vuelta, y, con un puñal, en ese mismo sitio le quitó la vida. Sobre su yelmo llevaba un sombrero, y Douglas se lo llevó como trofeo, pues estaba forrado de piel. Luego se fueron de allí deprisa, y entraron en el bosque. Los arqueros se comportaron bien allí, pues dispararon con tino y valentía. Las mesnadas inglesas sintieron un gran miedo, pues de repente, antes de que se dieran cuenta, Douglas y todos los de su compañía estaban entre ellos, y casi habían atravesado todas sus filas y logrado su propósito antes de que pudieran defenderse. Cuando vieron que habían matado a su señor, lo recogieron y se dieron la vuelta para apartarse de los disparos. Luego se retiraron a un llano, y puesto que su señor había muerto, allí mismo decidieron acampar y pasar la noche. Entonces Douglas, que era fuerte, tuvo noticias de que un oficial, Ellis, con más de trescientos enemigos, se había dirigido a Lintalee, para tomar alojamiento para su ejército. Douglas se fue hacia allá en seguida con toda su compañía, y encontró a Ellis comiendo, con todos los suyos a su alrededor. Cargaron sobre ellos con coraje, y con espadas muy afiladas se sirvieron con muchas ganas. Mataron a tantos que casi ninguno logró escapar. Se sirvieron en tal abundancia, con espadas cortantes y puñales, que casi todos dejaron allí la vida. Les dieron un cruel entremés; ¡aquel plato resultó demasiado pesado!

Los que escaparon por azar se volvieron derechos a su ejército, y contaron cómo les habían matado a los suyos de modo que casi ninguno se había librado. Y cuando los de su hueste oyeron cómo los había tratado Douglas, que había matado a su avanzadilla, y los había dispersado a todos, y había matado a su señor

176

en medio de su propia mesnada, no hubo ni uno sólo tan valiente que le quedaran ganas de atacar a Douglas. Así que se reunieron en consejo y decidieron regresar a casa, y hacia casa se fueron. Se apresuraron tanto en el camino, que pronto estuvieron en Inglaterra. Dejaron el bosque aún en pie; no les quedaron ganas de cortarlo, especialmente mientras tuvieran a Douglas por vecino, y tan cerca. Y él, que los vio retirarse, supo que había muerto su señor; por el sombrero que se había llevado también lo supo, pues uno de los hombres capturados le dijo, en verdad, que el de Richmond llevaba habitualmente aquel sombrero de piel. Se alegró entonces Douglas más que nunca, pues supo bien que su enemigo cruel, el de Richmond, había sucumbido.

Sir Jacobo de Douglas, de esta guisa, por su valor y por su gran empeño, defendió dignamente su tierra. Esta hazaña de armas, os lo aseguro, fue emprendida con gran osadía, y ejecutada muy ardidamente, pues sin lugar a dudas, derrotó a aquella hueste, que eran diez mil hombres, con tan sólo cincuenta hombres de armas.

También os puedo contar otras dos hazañas muy bien logradas con cincuenta hombres; [las llevaron a cabo tan valientemente, que fueron muy loadas, por encima de otros hechos de armas logrados en su tiempo][13]. Ésta que he contado fue la primera que llevaron a buen fin con sólo cincuenta hombres. La segunda sucedió en Galloway, en donde, como ya me habéis oído contar antes, sir Eduardo de Bruce, con cincuenta, venció a sir Aymer de San Juan, que mandaba a mil quinientos[14]. La tercera fue en Ewisdale, cuando sir Juan de Soulis era gobernador de aquel lugar. Con cincuenta hombres le cerró el paso a sir Andrés Harclay, que llevaba en su compañía a trescientos hombres bien montados. Este sir Juan, en lucha abierta, por su soberano coraje y valor los venció bravamente a todos ellos, y capturó a sir Andrés. No voy a relatar aquí cómo ocurrió, pues quien lo desee puede oírselo cualquier día a las muchachas jóvenes, que lo cantan entre ellas al jugar[15].

Esas fueron las tres bravas hazañas, y pienso que siempre serán alabadas, mientras los hombres puedan recordarlas. Sin duda alguna, es muy adecuado que los nombres de aquéllos que en su tiempo fueron tan valientes, y que aún causan alegría al oírlos, por su valor y por su osadía, permanezcan por siempre en la memoria. ¡Que aquél que es rey de los cielos los lleve a la gloria celestial, en donde dura siempre la alabanza!

En este tiempo, en el que el de Richmond fue derribado de ese modo, hombres de la costa de Inglaterra, que vivían junto al río Humber, o cerca de él, se reunieron en una gran hueste y se hicieron a la mar en barcos, dirigiéndose a Escocia sin demora, y pronto entraron en la ría del Forth. Pensaban que harían su voluntad, pues bien sabían ellos que el rey había salido fuera del país, y con él muchos de muy gran valor. Así que entraron en la ría y subieron por ella navegando hasta que, al llegar junto a Inverkeithing, algo más al oeste, hacia Dunfermline, bajaron

---

[13] Las líneas entre corchetes están en el manuscrito de Cambridge pero no en el de Edimburgo. Se dan por auténticas.

[14] La victoria de Edward Bruce sobre Aymer de St John se ha narrado en el libro IX.

[15] Sir Andrew Harclay, regidor de Carlisle, fue capturado poco antes del 23 de noviembre de 1316. McDiarmid opina que, si no fue cerca de Ewisdale, debió de ser en el suroeste de Escocia donde Barbour oyó la canción sobre la proeza de Sir John Soulis.

a tierra y comenzaron a saquear. El conde de Fife y el alguacil, al ver que se acercaban barcos a sus costas, unieron fuerzas para defender su tierra, y siguiendo por la orilla a los que navegaban, quisieron impedir el desembarco. Y cuando los de las naves los vieron hacer esa maniobra desplegados de aquella forma, se dijeron entre ellos que no serían capaces de impedirles que desembarcaran. Entonces pusieron proa a tierra, tan aprisa que llegaron en seguida, y arribaron muy decididamente. Los escoceses los vieron saltar a tierra, y sintieron tal miedo de ellos, que todos juntos volvieron las grupas y se alejaron, y los dejaron desembarcar sin oponérseles. No se atrevieron a luchar contra ellos, y, a pesar de ser casi quinientos, se retiraron todos. Cuando estaban huyendo de ese modo, sin haber intentado defenderse, el buen obispo de Dunkeld, que se llamaba Guillermo de Sinclair, llegó con una buena mesnada; creo que había sesenta de a caballo. Él mismo iba gallardamente armado, y montado sobre un corcel brioso. Una casulla ocultaba su armadura. Sus hombres también iban bien armados.

Se encontró con el conde y el alguacil que iban huyendo con su gran mesnada, y les preguntó qué prisa tenían en regresar tan rápidamente. Ellos le contestaron que sus enemigos, con mano fuerte, habían desembarcado en tan gran número, que les parecía que eran demasiados, y ellos demasiado pocos para oponérseles. Cuando el obispo oyó esa razón, les dijo:

–El rey debería recompensaros bien, ya que con tanto empeño os ocupáis de defender su tierra en su ausencia. Ciertamente, si hubiera de daros lo que merecéis, tendría que mandar que os cortaran las espuelas de oro que lleváis en los calcañares. Así exige la justicia que se trate a los cobardes. ¡Quien ame a su señor o a su país, que ahora se vuelva rápido conmigo!

Con eso se despojó de la casulla, tomó en la mano una recia lanza, y cabalgó hacia sus enemigos. Todos dieron la vuelta y lo siguieron, pues les había hecho tal reproche que no hubo ni uno que huyera de él. Él cabalgó al frente con firmeza, y ellos lo siguieron en orden cerrado hasta que estuvieron cerca de sus enemigos que habían desembarcado. Algunos estaban dispuestos en formación, y otros habían salido de pillaje. Cuando los hubo visto el buen obispo, dijo:

–Señores, ahora sin temor ni miedo cerremos contra ellos con fiereza, y con facilidad los venceremos. Si nos ven que atacamos sin congoja, de manera que aquí no vacilemos, muy pronto los tendremos derrotados. Ahora portáos bien, pues hoy veremos quién ama el honor de nuestro rey.

Entonces todos en buena formación picaron espuelas hacia el enemigo. El obispo, que era muy ardido, y grande y fuerte, cabalgó al frente. Cargaron todos en tropel, y en el primer encontronazo los ingleses recibieron tal daño de sus lanzas que retrocedieron y quisieron huir. Se volvieron con prisa hacia sus barcos, y ellos los persiguieron con saña, y los mataron tan despiadadamente, que todos los campos quedaron cubiertos de ingleses que habían muerto en esa lucha. Los que aún conservaban la vida corrieron hacia la orilla, y los escoceses que los persiguieron mataron a cuantos pudieron alcanzar. Mas los que aún lograron escaparse, se fueron a sus barcos con gran prisa; y en un bote se metieron tantos, tan hostigados por sus enemigos, que se volcó, y allí se ahogaron todos los hombres que se habían subido.

Allí llevó a cabo un inglés una gran hazaña de fuerza, según he oído decir. Cuando había sido perseguido hasta su bote, un escocés le puso las manos encima, y él lo agarró por los dos brazos y, quisiera o no quisiera, a su pesar se lo cargó a la espalda, y se fue con él hasta el bote, y lo echó dentro. Creo que esa fue una gran hazaña de fuerza. Los ingleses que consiguieron escapar llegaron rápidamente hasta sus barcos, y navegaron hacia casa tristes y apenados por haber sido rechazados de esa forma[16].

De cómo el buen rey Roberto regresó a casa desde Irlanda.

Cuando los ingleses de los barcos hubieron sido derrotados tal como he contado, el obispo, que se portó tan bravamente que infundió valor a cuantos estaban allí, seguía en el campo de batalla, en donde había casi quinientos muertos, sin contar a los que se habían ahogado. Cuando hubieron despojado todo el campo, cada uno regresó por su camino. Al obispo le fue muy bien; por su valor y por su gran arrojo se logró esa jornada victoriosa, y por eso el rey, a partir de ese día, le tuvo amor y fe y lo honró mucho, y lo tenía en tan alta estima, que lo llamaba "mi obispo propio".

Así defendieron el país, a ambos lados de la ría del Forth, mientras el rey se encontraba fuera. Éste, como ya he dicho, había recorrido toda Irlanda, y había regresado a Carrickfergus. Y una vez que su hermano, como si fuera rey, tuvo a todos los irlandeses bajo sus órdenes, y también a todo el Ulster, el rey Roberto se dispuso a regresar a casa. Dejó a una gran parte de sus hombres más valerosos, con mejor fama como caballeros, junto a su hermano, y luego se dirigió hacia la mar. Cuando ambas partes se hubieron despedido, se embarcó. Llevaba consigo al conde de Moray, sir Tomás. Izaron las velas sin demora, y arribaron a tierras de Galloway sin novedades[17].

[16] Este desembarco en Fife, entre Inverkeithing y Dunfermline, probablemente sucedió entre el 13 de mayo y el 11 de junio de 1317, período durante el cual cinco barcos mandados por el conde de Arundel estuvieron atacando la costa este de Escocia. Duncan, conde de Fife, había vuelto a ser leal a los escoceses en 1315. William Sinclair había ocupado el obispado de Dunkeld en 1312. Había peleado en Dunbar en 1293 y se escapó del castillo de Gloucester en 1303. Es posible que Barbour oyera esta historia cuando era chantre de Dunkeld en 1356.
[17] El rey Roberto se fue de Irlanda en mayo de 1317.

LIBRO XVII

LA TOMA DE LA CIUDAD DE BERWICK POR LOS ESCOCESES GRACIAS A SIMÓN DE SPALDING.

Los señores de Escocia se alegraron cuando supieron que el rey había regresado, y acudieron raudos a su encuentro. Él los recibió muy cordialmente, y los agasajó de muy buen grado. Su regreso les causó tal alborozo que no es posible decirlo con palabras. En su honor hicieron gran festejo. Por doquiera que pasara cabalgando, todo el país salía gustoso a verlo, y hubo gran regocijo en esta tierra. Ya había ganado entonces toda Escocia. Desde el valle del Rede hasta las Orcadas[1], ninguna parte escapaba a su gobierno, con la única excepción de Berwick[2]. En aquella época vivía allí un hombre que era gobernador de la ciudad, que sospechaba de todos los escoceses, y los trataba muy mal[3]. Siempre les tuvo mala voluntad, y los tenía duramente sometidos, hasta que un día sucedió que un burgués, Simón de Spalding, pensó que era una cosa muy triste el verse tratados siempre de esa forma. Por lo tanto decidió en su corazón que, en secreto, haría un pacto con el condestable escocés, Roberto Keith, con cuya prima estaba él casado, y tal como lo pensó lo hizo, con premura[4]. Le envió en seguida, y en secreto, cartas por medio de un hombre de su confianza, y le señaló una hora a la que debía acudir, una noche, con escalas y con hombres buenos y fuertes, a la puerta de las vacas[5]. Le ordenó que guardara el secreto, y le dijo que se encontraría con él junto a la muralla, pues a él le tocaría la guardia allí esa noche.

Cuando el condestable leyó la carta, permaneció un rato meditando, pues sabía que él solo no tendría fuerza bastante para lograr tan gran empresa, y si llamaba en su auxilio a un señor, el otro se enojaría. Por lo tanto se fue hasta el rey, y le enseñó, a solas, la carta y el encargo recibido. Cuando el rey oyó que esa estratagema había sido propuesta verdaderamente, y le pareció que no había en ella engaño alguno, le dijo:

–Sin duda has obrado como hombre sabio al venir a decírmelo el primero, pues si se lo hubieras dicho a mi sobrino sir Tomás, conde de Moray, habrías disgustado al señor de Douglas, y si se lo hubieras dicho a éste, habría ocurrido lo contrario. Mas yo obraré de tal modo que consigas tu propósito sin que ninguno de los dos te cobre aversión. Cumplirás con la fecha acordada, y con aquéllos que

---

[1] "De norte a sur". El Rede, un afluente del río Tyne, nace en Escocia y se une a éste ya en Inglaterra, cerca de la frontera. Skeat y Mckenzie indican que *Red Swyre* sería "el paso del Rede", es decir el valle por el que pasa el río, que forma el paso de Escocia a Inglaterra a través de los montes Cheviot. Las islas Orcadas (Orkney) indican la parte más septentrional de Escocia.

[2] Berwick fue tomada por los escoceses el 28 de marzo de 1318.

[3] El gobernador y alcaide del castillo en 1317 era sir John Wysham; desde finales de ese año, Roger Horsley.

[4] El nombre que figura en las crónicas es Peter Spalding, y era inglés. No se ha confirmado su parentesco con Keith, aunque McDiarmid cree que el informante de Barbour fue alguien de esa familia.

[5] Cowport, antes llamada Cowgate. Por esa puerta se salía a los campos conocidos como Magdalen Fields.

puedas reunir, te emboscarás al anochecer en el bosque de Duns[6]; mas hazlo en secreto. Yo ordenaré al conde Tomás, y también al señor de Douglas, que acudan, cada uno con sus hombres, a hacer lo que tú creas conveniente.

El condestable, sin mayor demora, se despidió y se fue por su camino, y guardó bien sus palabras hasta que llegó el día que le habían señalado. Entonces se llevó con él a su cita a algunos de los mejores hombres de Lothian, pues en aquella época era alguacil de aquella zona. Llegó al bosque de Duns en secreto con su mesnada al atardecer, y poco después, con una buena hueste, llegó el conde Tomás, que se había encontrado con el señor de Douglas. Formaban una muy buena compañía una vez que se hubieron unido. Cuando el condestable les hubo explicado el pacto línea por línea a ambos señores, prosiguieron su camino.

Dejaron los caballos lejos de la ciudad. Por contarlo brevemente, obraron de tal forma que sin ser vistos por nadie, salvo por Simón de Spalding, que fue quien hizo que se llevara a cabo esa acción, adosaron sus escalas a la muralla, y sin ser vistos subieron todos y se quedaron escondidos hasta que pasara la noche. Los señores ordenaron que la mayoría de los hombres se debía agrupar junto a ellos, y defender una posición, y que el resto debía dispersarse por la ciudad, y matar o hacer prisioneros a cuantos hombres pudieran alcanzar. Mas pronto quebrantaron esta orden, pues en cuanto comenzó a clarear el día, más de dos terceras partes de los hombres se dispersaron por toda la ciudad. Tan ávidos estaban de botín, que corrieron como si estuvieran locos, y tomaron casas y mataron hombres. Cuando los otros vieron que sus enemigos caían sobre ellos tan repentinamente, dieron la voz por toda la ciudad, y corrieron a reunirse aquí y allá; en cuanto se había reunido un grupo, intentaba oponer resistencia. Si hubieran estado prevenidos, creo que habrían vendido caras sus muertes, pues eran buenos hombres, y muchos más que quienes los habían atacado. Pero estaban dispersos de tal forma que no les fue posible reunirse.

Hubo dos o tres grandes refriegas, mas los escoceses se portaron tan bien que dominaron a sus enemigos, y finalmente éstos se vieron tan desbordados que emprendieron la fuga todos ellos. Algunos llegaron al castillo, mas no todos, y algunos se dejaron caer por la muralla, y otros fueron hechos prisioneros, y otros murieron en la lucha. Siguieron luchando de este modo hasta que fue casi mediodía, y entonces los ocupantes del castillo, junto con los que habían huido hasta allí, que formaban una gran compañía, cuando vieron las banderas escocesas ondeando, rodeadas de pocos hombres, abrieron las puertas en seguida, y salieron al ataque ardidamente. Entonces el conde Tomás, que era valiente, y también el buen señor de Douglas, con los pocos hombres que tenían allí, les hicieron frente con diversas armas. Quien hubiera estado cerca habría podido ver a hombres valientes luchando con denuedo. Los ingleses pelearon fieramente, y con todas sus fuerzas se empeñaron en hacer retroceder a los escoceses. Creo que lo hubieran logrado, a fe mía, pues éstos eran menos que ellos, si no hubiera sido por un caballero recién armado, que se llamaba sir Guillermo, y era conocido por dos

---

[6] Quedaba a unos 24 Kms. al oeste de Berwick y era propiedad del conde de Moray.

sobrenombres, de Keith y de Galston[7]. Se portó tan valerosamente aquel día, y se expuso a tan grandes peligros, y asestó tan grandes golpes a su alrededor, que allí donde veía que la lucha era más trabada acudía con gran fuerza, y luchaba tan esforzadamente, que abría camino para sus mesnadas. Los que iban con él atacaron a sus enemigos tan sañudamente que éstos volvieron la espalda y se dirigieron hacia el castillo. Entraron en él con grandes pérdidas, pues fueron perseguidos tan de cerca que perdieron a muchos de los últimos. Los que entraron atrancaron las puertas en seguida, y se apresuraron a subir a la muralla, pues aún no se sentían seguros.

De esta guisa fue tomada la ciudad, con gran valor y noble empeño, y todos los bienes que allí hallaron fueron confiscados en seguida. Encontraron vituallas en grandes cantidades; todo lo que servía para abastecer la ciudad lo conservaron sin destruirlo. Luego le enviaron la noticia al rey, y él se alegró mucho de ella, y se apresuró a acudir allí. Según iba cabalgando por el país, se le iban uniendo hombres, hasta que tuvo una gran partida de valientes. Y todos los que vivían entonces en el territorio fronterizo de Berwickshire y en Teviotdale, y en todo el bosque, y en la parte este de Lothian, marcharon a Berwick antes de que llegara el rey, con una fuerza tan grande que nadie de la otra orilla del Tweed osó presentarse. Y los que estaban en el castillo, cuando vieron que sus enemigos se reunían ante ellos en tan grandes cantidades, y que no tenían esperanza de rescate, se sintieron muy desanimados. Sin embargo, defendieron el castillo durante cinco días, y luego al sexto lo entregaron y regresaron a su país[8].

Así pasaron la ciudad y el castillo a la posesión de los escoceses. Poco después llegó el rey a Berwick con su compañía. Fue muy bien acomodado en el castillo, con todos los señores de su séquito. Los demás fueron a albergarse a la ciudad. El rey entonces decidió en consejo que no derribaría la muralla, sino que dejaría bien provistos el castillo y la ciudad, con hombres y vituallas y con cualquier otro pertrecho que fuera menester o pudiera servir para defenderlos en la guerra.

Gualterio, senescal de Escocia, que entonces era joven y apuesto, y era yerno del rey Roberto, tenía tanta voluntad y tantas ansias de estar cerca de la frontera, que tomó el mando de Berwick, y recibió del rey la ciudad, el castillo y la torre. Entonces el rey ordenó a algunos hombres de mucho arrojo que entraran en Inglaterra a saquear, y así trajeron gran cantidad de ganado. En algunas zonas exigió vituallas como tributo, que hizo llevar en seguida a la ciudad en enormes cantidades, de modo que tanto ésta como el castillo quedaron bien aprovisionados para más de un año. Entonces el buen Gualterio Stewart mandó llamar a sus amigos y a sus hombres, hasta que tuvo con él, sin contar a los arqueros, lanceros y ballesteros, a quinientos hombres fuertes y valientes que lucían las armas de sus

[7] Sir William Keith, de Galston, en Ayrshire, era primo del condestable sir Robert Keith. Sus padres eran hermanos. Murió en el sitio de Stirling en 1336, luchando contra Eduardo III de Inglaterra.

[8] El sitio del castillo duró más; Barbour parece contar los días a partir de la llegada de las fuerzas del rey Roberto (el rey llegó después, según se cuenta), y no desde la toma de la ciudad. Parece que resistió hasta finales de junio.

antepasados. También tenía a Juan Crab, un flamenco, que poseía gran sutileza para ingeniar y construir pertrechos para el ataque y la defensa de castillos o ciudades en la guerra; no se podía hallar a otro más sagaz que él[9]. Mandó construir máquinas de guerra y grúas. También les suministró en grandes cantidades fuego griego, catapultas y munición de varias clases, que hacen falta para defender los castillos; mas no tenía máquinas de estruendos, pues sin duda en Escocia no se había visto aún su uso[10].

Cuando la ciudad quedó pertrechada de esta guisa, tal como cuento aquí, el noble rey se puso en camino y se dirigió hacia Lothian, y Gualterio Stewart, que era fuerte, se quedó en Berwick con sus hombres, y mandó preparar los aparatos para defenderse si los atacaban.

Cuando al rey de Inglaterra le contaron cómo, con mano audaz, había sido tomada Berwick, y cómo la habían llenado de hombres y vituallas y armamento, se enojó desmesuradamente y mandó reunir a su consejo en pleno. Tomó la decisión de dirigirse allí con su ejército, y, con todas las fuerzas que pudiera reunir, poner sitio a la ciudad. Mandó que se atrincherasen tanto, que mientras quisieran permanecer allí, estuvieran lo más seguros posible. Y si los hombres de Escocia, en gran número, los quisieran atacar en sus trincheras, ellos tendrían gran ventaja, aunque todos los escoceses, de forma necia, intentaran atacar a un ejército tan grande en sus trincheras. Cuando hubieron tomado esa decisión, mandó que por todas partes se hiciera llamar a su hombres. Una vez reunidos formaban un gran ejército. El conde Tomás de Lancaster, que después fue santo[11], según dicen, estaba en su compañía, y también todos los condes que había en Inglaterra que podían luchar. También tenía con él para ese asedio a barones de gran poder, y mandó que sus barcos llevaran por mar municiones y otros pertrechos, y una gran provisión de vituallas. Llegó hasta Berwick con toda su mesnada, con sus batallas formadas. A cada uno de los grandes señores le señaló un lugar para acampar. Entonces se pudo ver allí cómo se levantaban pabellones de varias clases, hasta que pronto hubieron formado una ciudad más grande que Berwick y el castillo. Por otra parte, aparecieron luego los barcos en la mar, cargados de vituallas, armamento y hombres, en tan gran cantidad que el puerto quedó todo lleno. Cuando los que estaban en la ciudad vieron que sus enemigos llegaban por tierra y mar en tan gran número, como hombres fuertes y valerosos se prepararon para defender la plaza; estaban dispuestos a arriesgar sus vidas para rechazar a sus enemigos, pues su

---

[9] Crab, que estaba proscrito en su tierra, estuvo al servicio de Escocia hasta 1333, cuando fue capturado y ayudó a recuperar Berwick para Eduardo III de Inglaterra.

[10] El "fuego griego" fue el antecesor de la pólvora; era un líquido a base de azufre y nitro, al que se añadían aceites inflamables, y se usaba para hacer arder la madera. Se usó en el sitio de Stirling en 1304. "Máquinas de estruendos": *Gynnys for crakkis*, aquí, y *crakkis of wer* (estruendos de guerra) en el libro XIX, son los términos que usa Barbour para referirse a los cañones. En el libro XIX dice que los escoceses se los encontraron por primera vez en Weardale (en 1327).

[11] Thomas, conde de Lancaster, que aquí está con el rey, representó la oposición de los barones a Eduardo II de Inglaterra, y al parecer simpatizaba con la causa de los escoceses. En 1322, se rindió a sir Andrew Harclay y fue ejecutado en Yorkshire. Popularmente, se le tuvo por santo mártir y fue comparado a su homónimo, santo Tomás de Canterbury.

capitán los trataba de forma muy amable, y además la mayor parte de los que le acompañaban en armas eran de su misma sangre, y parientes próximos, o si no, estaban ligados a él. Se los podía ver muy confiados, y con un porte muy gallardo, pues ninguno de ellos tenía miedo. Por el día iban siempre bien armados, y de noche montaban bien la guardia; esperaron así durante seis días enteros, sin que hubiera ninguna lucha abierta.

DE CÓMO GUALTERIO STEWART FUE ASEDIADO EN BERWICK POR EL REY DE INGLATERRA.

En este tiempo al que me refiero, en el que estuvieron sin luchar, los ingleses habían protegido tanto a su ejército haciendo trincheras, que estaban muy bien parapetados. Luego, con el esfuerzo de todos, se prepararon, con sus máquinas de guerra, para atacar a los de la ciudad. Y en la víspera de la fiesta llamada la Natividad de Nuestra Señora María[12], que tuvo al hijo que nos redimió, pronto por la mañana se pudo ver al ejército inglés armarse aprisa, y desplegar sus banderas bravamente, y formar junto a ellas con instrumentos de diversos tipos, como andamios, escalas y protecciones, picos, azadones, y hondas. A cada señor, con su batalla, se le ordenó por dónde debía atacar. Los que estaban dentro, cuando vieron a esa mesnada formar en filas de aquel modo, se apresuraron a ocupar sus puestos, que estaban bien provistos de piedras y municiones y otras cosas necesarias para la defensa, y allí esperaron a sus enemigos que se preparaban para atacarlos.

Cuando los de fuera estuvieron todos dispuestos, con las trompetas llamaron al asalto, y cada hombre, con sus pertrechos, fue a atacar donde le correspondía. Se señalaron arqueros para disparar hacia cada una de las saeteras, y una vez preparados de esta guisa, se apresuraron hacia la ciudad, y ocuparon en seguida las trincheras, y luego se dirigieron ardidamente hacia la muralla con las escalas que llevaban. Mas los que estaban en el adarve presentaron tan buena defensa, que a menudo hicieron caer tumbadas las escalas, y con ellas a los hombres. Se pudo ver en poco tiempo a hombres que atacaban ardidamente, arrimando las escalas con arrojo, y a otros subiendo por esas escalas. Mas los que estaban sobre el adarve se esforzaban sin importarles los peligros, hasta que conseguían hacer caer a sus enemigos. Con gran riesgo defendieron su ciudad, pues si hemos de decir la verdad, las murallas eran tan bajas entonces que un hombre con una lanza podía darle a otro en la cara desde abajo, y las flechas volaban tan espesas que era cosa asombrosa de ver.

Gualterio Stewart, con una mesnada, iba cabalgando para ver en dónde tenían más necesidad de ayuda, y allí por donde más los asediaban, acudía a socorrer a los suyos. La gran hueste que estaba fuera había rodeado la ciudad de modo que ninguna parte estaba libre. Allí se podía ver a los asaltantes luchando ferozmente y con arrojo, y a los defensores esforzándose con todo su empeño en rechazar a

---

[12] La fecha que da Barbour para el primer ataque –que sería el 7 de septiembre de 1319– es correcta. Los ingleses habían entrado en Escocia el 29 de agosto.

su enemigo por la fuerza. De esta guisa estuvieron resistiendo hasta que pasó el mediodía. Entonces los que estaban en los barcos prepararon uno de ellos, con mucho trabajo, para que llegara, con todos sus pertrechos, hasta justo al lado de la muralla, para atacarla. Izaron el bote, lleno de hombres armados, hasta la mitad del mástil. Tenían un puente preparado para dejarlo caer desde el bote hasta la muralla. Fueron remando en barcas junto al barco, y se apresuraron a remolcarlo hasta pegarlo a la muralla; en ese empeño se esforzaron todos. Lo llevaron hasta muy cerca, y entonces se pudo ver, de muchos modos, cómo unos atacaban y otros defendían, con gran trabajo y con gran denuedo. Los de dentro se portaron muy valientemente, y los del barco recibieron tal trato que no pudieron lograr de ningún modo que éste se acercase a la muralla lo bastante como para alcanzarla con su puente, por más que hicieron, hasta que bajó la marea y el barco quedó encallado. Entonces, en poco momento, los que iban en él se vieron en un trance peor que ningún otro por el que hubieran pasado jamás. Y cuando el barco se hubo quedado tan en seco que se podía pasar hasta él andando, de la ciudad salió hacia él una gran compañía, y pronto le prendieron fuego. En poco tiempo obraron de tal modo que lo hicieron arder por completo; mataron a algunos de los que estaban dentro, y otros lograron escapar. Los escoceses capturaron allí a un ingeniero, que era el más hábil en su oficio de cuantos se conocían, cerca o lejos, y luego regresaron a la ciudad. A fe mía que fue una suerte que entrasen tan pronto, pues entonces llegó hasta la orilla una gran compañía de ingleses, que acudió rauda al ver arder el barco; mas antes de que llegaran, los otros ya habían pasado la puerta, y la habían atrancado. Los ingleses atacaron duramente aquel día, y los de dentro se defendieron siempre de tal manera que quienes con tanto ahínco los acosaban no pudieron lograr su propósito en modo alguno. Cuando se aproximó la hora de las vísperas, los de fuera, que estaban cansados, y algunos heridos gravemente, vieron que los de dentro se defendían tan bien que no era fácil tomar la ciudad mientras hicieran tal defensa. Los que tenían el mando del ejército, al ver que les habían quemado el barco, y que habían perdido a algunos de los que estaban dentro, y que sus hombres estaban heridos y cansados, tocaron retirada en seguida. Desde que los del barco fueron derrotados, los jefes no dejaron que los demás siguiesen atacando, pues todos y cada uno habían pensado que tomarían la ciudad mediante el barco. Hay quienes dicen que en aquella ocasión se intentó tomar la ciudad desde más de un barco, pero, puesto que sólo uno fue quemado, y de ése se llevaron al ingeniero, yo aquí tan sólo he hecho mención de uno.

Cuando hubieron tocado retirada, aquellos hombres, que habían soportado grandes penas, se apartaron todos de la muralla; abandonaron el asalto por completo. Y los de dentro, que estaban cansados, y muchos de ellos malheridos, se alegraron mucho cuando vieron a sus enemigos retirarse así. En cuanto tuvieron por cierto que los otros habían regresado a su campamento, montaron buena guardia en la muralla, y luego se dirigieron a sus alojamientos, y los que estaban cansados se solazaron, y quienes estaban malheridos tuvieron buenos médicos, os lo aseguro, que los curaron lo mejor que pudieron. Ambos bandos estaban muy cansados; aquella noche ya no hicieron más. Después pasaron cinco días en los que estuvieron quietos, sin que ninguno hiciera gran mal al otro.

Dejemos ahora a esa gente allí, y descansando, como ya he dicho, y volvamos el curso de nuestra narración hacia sir Roberto, el valeroso rey, que reunió un ejército, por todo el país, en cuanto supo con certeza que el rey de Inglaterra había asediado, con mano fuerte, la ciudad de Berwick, en donde estaba Gualterio Stewart. Decidió en consejo que no atacaría en seguida al rey de Inglaterra en lucha abierta, y mucho menos en sus trincheras, pues eso podría ser una locura. Por lo tanto, ordenó a dos señores (uno de ellos era el conde de Moray y el otro el señor de Douglas) que con quince mil hombres pasaran a Inglaterra a quemar y matar, y a causar allí tan gran destrozo, que quienes estaban asediando la ciudad, cuando se enterasen de la destrucción que ellos hacían en Inglaterra, tuvieran tanta pena y tanto miedo de que perdiesen la vida sus mujeres e hijos, y también temieran tanto que se les llevaran sus posesiones, que abandonaran en seguida el asedio y fueran raudos a rescatar sus bienes, sus amigos y sus tierras. Por lo tanto, tal como ya he dicho, envió en seguida a esos señores, y ellos se marcharon muy aprisa, y en Inglaterra mandaron quemar y matar, y causaron allí tan grandes males, al saquear el país, que daba lástima de verlo a cualquiera que lo quisiera bien, pues destruian cuanto encontraban. Tanto tiempo cabalgaron de un lado a otro destruyéndolo todo, que llegaron hasta la villa de Ripon, y la arrasaron por completo. Luego se albergaron en Boroughbridge, y en Mitton, cerca de allí[13]. Y cuando los hombres de ese país vieron sus tierras destruidas de ese modo, se reunieron aprisa, arqueros, burgueses, soldados, sacerdotes, clérigos, monjes y frailes, campesinos y hombres de toda condición, hasta que se hubieron juntado más de veinte mil hombres; tenían suficientes armas buenas. Al arzobispo de York lo nombraron su capitán, y decidieron en consejo que atacarían en batalla abierta a los escoceses, que ya eran muchos menos que ellos. Entonces el arzobispo desplegó su pendón, y otros obispos que estaban allí desplegaron los suyos, y todos en formación se pusieron en marcha hacia Mitton por el camino más corto[14]. Y cuando los escoceses oyeron decir que se les estaban acercando, se prepararon lo mejor posible, y se dividieron en dos batallas; Douglas formaba la vanguardia, y la retaguardia Tomás, conde de Moray, pues él era el jefe de todo ese ejército. Así, bien prevenidos y formados, se dirigieron hacia sus enemigos. Cuando llegaron a verse unos a otros, ambos bandos se apresuraron a la lucha. Los ingleses avanzaron en orden cerrado, con porte gallardo y ardido, agrupados en torno a su bandera, hasta que tuvieron a sus enemigos tan cerca que podían verles la cara. Pienso que podrían estar a tres tiros de lanza de ellos, cuando les entró tal temor que, sin esperar más, de repente volvieron la espalda y huyeron.

Cuando los escoceses los vieron huir, tan asustados, cada uno por su lado, se lanzaron sobre ellos en seguida, y mataron a muchos, y a muchos apresaron. Los demás huyeron, muy asustados, a refugiarse donde mejor pudieran. A esos los

---

[13] Ripon está a unos 10 Kms. de Boroughbridge, en el norte de Yorkshire. Mitton, junto a Boroghbridge, fue el lugar de la batalla que se describe aquí, el 20 de septiembre de 1319.

[14] El arzobispo de York, William Melton, el obispo de Ely y el alcalde de York llevaron al ejército inglés a su destrucción, según McDiarmid, que por otra parte no cree que los escoceses se dividieran en dos cuerpos como indica Barbour, sino que más bien lucharían en uno sólo.

persiguieron tan de cerca, que allí murieron casi un millar. De éstos que murieron en la persecución, por lo menos trescientos eran del clero, y por eso a esa batalla la llamaron el capítulo de Mitton, porque allí murieron muchos sacerdotes.

Una vez derrotados esos hombres, los escoceses, cuando dejaron de perseguirlos, siguieron avanzando por el país, matando y destruyendo; y los que estaban en el sitio de Berwick, cuando hubo pasado el quinto día, se habían fabricado varios ingenios para regresar de nuevo al ataque. Con grandes vigas hicieron una máquina a la que llamaban "la cerda", que por encima estaba recubierta con una fuerte protección; dentro llevaba muchos hombres armados, y también instrumentos para minar las murallas. Construyeron también varios andamios que eran más altos que las murallas, y también prepararon un ataque por mar a la ciudad. Los que estaban dentro, que los vieron disponer tantos pertrechos, por consejo de Crab, que era muy astuto, hicieron levantar una grúa muy alta, montada sobre ruedas, que podían llevar allí donde fuera menester ayuda. También tomaron alquitrán y brea e hila y estopa y azufre, y ramas secas que ardieran bien, y lo mezclaron todo, y con ello hicieron grandes haces, sujetos con anchos aros de hierro. Los haces podían ser del tamaño de un tonel grande. Estos haces, ardiendo como ascuas, pensaban manejarlos con la grúa, y si la "cerda" llegaba hasta la muralla, dejarle caer uno encima, en llamas, y mantenerlo allí con fuertes cadenas, hasta que se hubieran quemado todos los que hubiera dentro.

También encargaron catapultas, y las construyeron pronto, y luego mandaron a cada uno a su puesto. Sir Gualterio, el buen senescal, había de ir cabalgando, con hombres armados, para ver en dónde había más peligro, y acudir a ayudar con su mesnada. Y cuando se hubieron preparado hasta este extremo para defenderse, en el amanecer de la víspera de la Exaltación de la Cruz[15], el ejército inglés tocó al ataque. Entonces se pudo ver a aquel gran ejército avanzar firmemente con variados pertrechos; pronto rodearon toda la ciudad y atacaron con mucha voluntad, pues habían puesto en ello todo su empeño, y se lanzaron fuertes hacia ella. Mas los de dentro, que se expusieron sin temor a la muerte, o a graves heridas, se defendieron tan bien que derribaron a tierra las escalas, y lanzaron tantas piedras contra sus enemigos, que muchos quedaron tendidos; algunos muertos, otros heridos y otros desmayados. Mas los que seguían en pie en seguida los arrastraban fuera del peligro y no se amilanaban por ello, sino que volvían a atacar. Los de arriba se defendieron sin cesar, y contestaron con enorme ahínco hasta que hubieron matado a muchos; hicieron una defensa tan buena que detuvieron la fuerza de sus enemigos.

De este modo estuvieron luchando hasta que fue casi mediodía; y entonces los de fuera, en formación, llevaron su "cerda" hasta la muralla. Los de dentro de la ciudad en seguida mandaron llamar al ingeniero que había caído prisionero; le hicieron muy grandes amenazas, y le juraron que moriría si no demostraba su destreza destrozando la "cerda" por completo. Y él, que entendió muy bien que tenía la muerte cerca si no lograba complacerles, pensó que debía hacer cuanto pudiera.

[15] El 14 de septiembre de 1319.

Entonces cargaron la catapulta muy aprisa, y la apuntaron hacia la "cerda". Mandó que quitaran en seguida el seguro y lanzaron de inmediato una piedra. Pasó por encima de la "cerda", y cayó detrás de ella a poca distancia. Los que estaban dentro gritaron fuerte entonces:

–¡A la muralla, pues sin duda ahora sí que es nuestra!

El ingeniero mandó entonces cargar la catapulta muy aprisa, y disparó rápido la piedra; salió volando con un gran zumbido, y fue a caer un poco por delante de la "cerda". Entonces empezaron a temblar en sus corazones, mas a pesar de ello, con todas sus fuerzas siguieron empujándola hacia la muralla, y la colocaron junto a ella. El ingeniero mandó volver a cargar rápidamente la catapulta, y disparó la piedra, que salió volando hacia el cielo y luego descendió con mucha fuerza, con todo su peso, junto a la muralla, y cayó sobre la "cerda" de tal modo, que lo que era la viga principal, la más fuerte para parar un golpe, se partió en dos. Los hombres salieron corriendo muy deprisa, y los de la muralla comenzaron a gritar que la cerda estaba pariendo.

Juan Crab, que tenía sus pertrechos preparados, prendió fuego a algunos de sus haces, los hizo descolgar por la muralla, y convirtió la "cerda" en cenizas. Mientras esto pasaba, los de fuera seguían atacando con fiereza, y los de dentro, con todas sus fuerzas, defendían la plaza virilmente, poniendo sus vidas en peligro. Los de los barcos, con grandes pertrechos, llegaron navegando al ataque, con las naves cargadas de hombres armados de acero, hasta en las cofas. Llevaban los botes izados en los mástiles, y bien sujetos[16], y con todos esos pertrechos se acercaron a la muralla, mas el ingeniero le acertó a un bote con una piedra de la catapulta, y los hombres que iban dentro, algunos muertos y otros desmayados, cayeron dando tumbos. A partir de ahí, nadie se atrevió a acercarse a la muralla en barco, pero los demás seguían atacando por todas partes con tan gran ahínco, que era sin duda cosa asombrosa que los de dentro lograsen defenderse, pues tenían gran desventaja, ya que las murallas eran tan bajas entonces que un hombre con una lanza podía darle a otro en la cara desde abajo, como ya os he dicho antes. Muchos de ellos fueron muy malheridos, y los demás tenían tanto trabajo que no había tiempo para descansar; tanto los acosaba el enemigo. Los escoceses estaban en tan mal trance que su capitán, que tenía con él una compañía de cien hombres armados, fuertes y valientes, e iba cabalgando para ver por dónde eran más hostigados, para ayudar a quienes más lo hubieran menester, llegó a muchos lugares en los que los defensores estaban todos muertos o malheridos, de modo que se vio obligado a dejar allí parte de su compañía. Para cuando hubo hecho una ronda completa, de todos los hombres que tenía tan sólo le restaba uno; a los demás los había dejado todos como refuerzos donde hacían falta. Y los que estaban atacando, en la puerta de Santa María habían tomado la barbacana, y encendiendo fuego habían hecho bajar el puente, y ahora se agolpaban en gran número para prenderle fuego a la puerta[17].

---

[16] Para intentar una maniobra similar a la descrita antes, es decir, subirse a las murallas que daban al mar desde esa altura.

[17] Al parecer algunos habían conseguido atravesar el foso, y habían hecho bajar el puente levadizo, quizá quemando las cuerdas con que se izaba. La puerta de Santa María (*Mary gate*, llamada después *Scots gate*) estaba en el lado oeste de la muralla y daba a la calle mayor.

Los de dentro mandaron a uno a que fuera rápidamente a decirle a su capitán en qué trance se encontraban, y cuando sir Gualterio Stewart oyó lo muy hostigados que allí estaban, mandó que acudieran todos los hombres armados que hubiera en el castillo, pues ese día nadie lo había atacado, y con esa mesnada se dirigió a la puerta de Santa María. Llegó hasta la muralla y vio el peligro, y en seguida pensó que, a no ser que lograran enviar ayuda, pronto les habrían quemado la puerta, y no podrían evitar que tomasen la muralla. Por lo tanto decidió de repente intentar una hazaña de gran riesgo. Mandó abrir de par en par la puerta, y el fuego que encontró al otro lado lo apagó la fuerza de sus hombres. Se puso en gran peligro, pues los que estaban atacando lo acosaron con armas desenvainadas, y él se defendió con todas sus fuerzas. Allí se pudo ver una lucha encarnizada, con golpes, puñaladas y lanzadas. Hicieron allí una gran defensa, pues con gran fuerza de hombres defendieron la puerta y la retuvieron a pesar de sus enemigos, hasta que la noche hizo que ambas partes abandonasen la lucha.

Los del ejército inglés, cuando cayó la noche, se retiraron todos del asalto. Heridos, agotados y sin ánimo, abandonaron tristes el ataque, y regresaron a su campamento, y en seguida pusieron centinelas. Los demás se solazaron lo mejor que pudieron, pues habían gran menester de descanso. Esa noche hablaron entre ellos sobre los que estaban dentro, y se maravillaban de que hubieran presentado una defensa tan sólida contra el gran ataque que les habían lanzado. Y los de dentro, por su parte, cuando vieron a sus enemigos retirarse tan aprisa, se alegraron todos, y en seguida dispusieron las guardias y se retiraron a sus alojamientos. Habían muerto muy pocos de los suyos, pero había muchos malheridos, y los demás estaban cansados sobremanera. A fe mía que fue un duro asalto, y desde luego nunca oí contar que tan pocos hubieran hecho una mejor defensa, habiendo sido atacados con esa dureza.

Una cosa que sucedió allí me maravilla tanto que la voy a relatar, y es que durante todo aquel día, cuando más duramente los atacaban, y las flechas volaban más espesas, las mujeres preñadas y los niños pequeños recogían las flechas en brazadas y se las llevaban a los que estaban en el adarve, y ni uno sólo de ellos cayó muerto, ni siquiera herido, y eso fue un milagro de Dios todopoderoso; no puedo atribuirlo a otra causa.

Ambos bandos permanecieron quietos esa noche, y por la mañana llegaron al ejército noticias de Inglaterra, que decían cómo en Mitton, cerca de Boroughbridge, habían matado y derrotado a sus hombres, y que los escoceses seguían cabalgando por su tierra, quemando y destruyendo. Cuando el rey hubo oído esa historia, reunió a su consejo en pleno, para ver si le valdría más continuar sitiando la ciudad, y asediarla hasta que la tomaran, o regresar a Inglaterra a rescatar sus tierras y a sus hombres. Entonces hubo gran discordia en el consejo, pues los ingleses del sur querían que se quedara allí hasta haber tomado tanto la ciudad como el castillo, mas los del norte no opinaban así en absoluto; temían perder a sus amigos y la mayor parte de sus bienes por la crueldad de los escoceses, y querían que abandonara el sitio y acudiera a rescatar su tierra. Tengo entendido que el conde Tomás de Lancaster fue uno de los que aconsejaron al rey que regresara, y como éste se inclinaba más por la opinión de los del sur que por la otra de los del norte, el conde se lo tomó tan a mal que mandó cargar todos sus pertrechos en seguida, y con su batalla al completo, que sumaba una tercera parte de todo ese ejército, se puso en marcha hacia Inglaterra. Sin permiso del rey se fue a casa, y por ese motivo hubo entre ellos una gran disputa, que duró hasta que sir Andrés Harclay, a quien el rey había mandado perseguirlo, lo capturó en Pontefract, y en una colina junto a la ciudad le cortó la cabeza, luego de hacerlo ahorcar y destripar, y con él a una gran mesnada. Luego se dijo que este Tomás, que fue martirizado de ese modo, fue santo, y obró milagros, pero que la envidia de otros los ocultó; en todo caso, fuera santo o no, en Pontefract así le dieron muerte[18].

El rey de Inglaterra, al ver que el conde de Lancaster emprendía la marcha abiertamente, pensó que era peligroso quedarse allí con el resto de su mesnada. Por lo tanto cargó todo su armamento, y regresó a casa, a Inglaterra. Los escoceses que estaban saqueando en Inglaterra pronto tuvieron noticias de que se había levantado el sitio, así que tomaron el camino del oeste, y regresaron a casa, a Carlisle, con su botín y con sus prisioneros, y otros bienes de diversa clase. Los señores se fueron a buscar al rey, y los demás, cada uno por su camino, a sus moradas. El rey Roberto se alegró mucho de verlos regresar sanos y salvos, y de que hubieran tenido la fortuna de haber vencido a sus enemigos, y haber logrado, sin pérdida de hombres, prestar auxilio a quienes en Berwick estaban asediados. Y cuando el rey les pidió noticias de cómo les había ido en Inglaterra, y ellos le contaron todo el viaje, y cómo habían castigado a los ingleses, se alegró mucho en su corazón, y los agasajó de muy buen grado con diversiones y gran regocijo.

De esta manera fue rescatada Berwick, y quienes estaban dentro de ella, gracias a la hombría y a la astucia. Merecía ser un príncipe quien supo llevar a buen término, y sin muchas pérdidas, tan alta empresa. Pronto se dirigió el rey a Berwick, y cuando le contaron con qué bravura la habían defendido, alabó mucho a los que allí estaban. Elogió por encima del de los demás el gran valor de Gualterio Stewart, por la brava defensa que había hecho en la puerta en la que habían quemado el puente, como me habéis oído relatar, y en verdad que merecía buena fama quien tan valientemente, y en lucha cara a cara, se había defendido a puerta abierta. Si hubiera vivido hasta tener la edad perfecta, sin duda alguna su renombre habría llegado muy lejos. Mas la muerte, que siempre está al acecho para destruir con todo su poder a los débiles y a los fuertes, tuvo de su valor tan gran envidia, que en la flor de aquella juventud puso fin a sus bravas hazañas, como os contaré más adelante.

Cuando el rey hubo estado allí algún tiempo, mandó traer de acá y de allá albañiles, los mejores que hubiera de su oficio, y mandó alzar el muro otros diez pies alrededor de toda la ciudad, y después se dirigió hacia Lothian con toda su mesnada. Después mandó en seguida que los hombres de armas, y también los soldados, viajaran hacia Irlanda sin demora, para prestarle ayuda a su hermano[19].

---

[18] Véase la nota 11.

[19] En realidad Edward Bruce murió en Irlanda (el 14 de octubre de 1318) casi un año antes de que terminara el sitio de Berwick en septiembre de 1319. Los refuerzos a los que se alude aquí se enviaron en septiembre u octubre de 1318.

LIBRO XVIII

DE CÓMO SIR EDUARDO DE BRUCE FUE MUERTO EN IRLANDA.

Mas sir Eduardo, a quien le incomodaba estarse quieto, y deseaba estar siempre activo, un día antes de que llegasen los que el rey Roberto había enviado, se puso en camino hacia el sur. Lo hizo a pesar de la opinión de todos los que estaban con él, pues creo que no tenía más allá de dos mil hombres en aquella tierra, sin contar a los reyes irlandeses, que cabalgaban junto a él con grandes partidas. Se dirigió hacia Dundalk, y cuando sir Ricardo, el conde del Ulster[1] oyó decir que se acercaba con una mesnada tan escasa, reunió a todos los hombres armados de Irlanda que pudo, de modo que llegó a tener consigo a veinte mil hombres de a caballo[2], sin contar a los de a pie, y se dirigió hacia el norte. Y cuando sir Eduardo oyó decir que se le estaba acercando, envió una avanzada a espiarlo. Iban en ella el señor de Soulis y Juan Stewart y sir Felipe de Mowbray, y cuando vieron cómo se acercaban, regresaron a dar la noticia, y dijeron que había muchos hombres. De inmediato contestó sir Eduardo, y dijo que ese día lucharía aunque sus enemigos fueran el triple y hasta el cuádruple. Replicó Juan Stewart:

–Sin duda no os aconsejo que luchéis tan pronto; dicen que mi hermano Gualterio, con quince mil hombres, viene hacia aquí, y ya está cerca; si ellos se unieran a vos, podríais luchar con más confianza.

Sir Eduardo lo miró muy airado, y en seguida le preguntó al de Soulis:

–¿Qúe dices tú?

–Señor –le contestó–, a fe mía, lo mismo que dice mi compañero digo yo.

Entonces le preguntó a sir Felipe de Mowbray.

–Señor –respondió éste–, así me salve Dios, que no veo que sea ninguna necedad aguardar a quienes vienen raudos, pues somos pocos, y nuestros enemigos muchos. Dios bien puede regir nuestros destinos, mas sería asombroso que nosotros, con nuestra fuerza sólo, pudiéramos vencer a tantos en la lucha.

Al oírle, sir Eduardo exclamó con mucha ira:

–¡Ay! Jamás pensé que te oiría hablar así. Ahora, que me ayude quien quiera, pues tened por cierto que yo he de luchar el día de hoy, sin más demora. Mientras yo pueda resistir, nadie dirá que la fuerza de los hombres me puso en fuga. ¡Dios no permita que nadie nos difame, si sabemos defender nuestro noble nombre!

–Sea así, pues –le contestaron ellos. –Aceptaremos lo que Dios nos mande[3].

---

[1] El manuscrito sigue llamando equivocadamente Richard of Clare a Richard de Burgh, conde del Ulster, pero además el conde no participó en esta batalla, en la que el comandante inglés era John Bermingham of Tethmoy.

[2] McKenzie comenta que la cifra de 20.000 hombres a caballo es una exageración absurda, como lo es el total de 40.000 que se da más adelante.

[3] Tanto Barbour como el cronista Thomas Gray atribuyen la derrota y muerte de Edward Bruce al orgullo que le impidió retirarse ante fuerzas superiores y esperar a los refuerzos enviados. McDiarmid observa que es difícil pensar que en ese momento, cuando se había perdido el dominio de los

Cuando los reyes irlandeses oyeron decir, y supieron con certeza, que su rey pensaba luchar con tan pocos hombres contra un ejército tan poderoso, fueron a verlo en seguida, y le aconsejaron encarecidamente que aguardase a sus hombres, y le dijeron que ellos mantendrían ocupados a sus enemigos durante todo ese día, y también al siguiente, con los ataques que les lanzarían. Mas no hubo consejo que valiera; él quería batallar a toda costa. Al ver que estaba tan ávido de lucha, le dijeron:

–Vos bien podéis ir a luchar contra esa gran hueste, mas nosotros nos damos por liberados totalmente de nuestra obligación; ninguno ha de quedarse a luchar. Así pues, no contéis con nuestra fuerza, pues es nuestra costumbre en esta tierra perseguir y luchar, luchar y huir, mas no quedarnos a librar batalla abierta hasta que un bando sea derrotado.

Y él contestó:

–Puesto que ésa es vuestra costumbre, yo no os pido más que lo siguiente, y es que os quedéis, con vuestras mesnadas, y forméis a lo lejos, todos juntos, para ver nuestra lucha, y cómo acaba[4].

Dijeron que así lo harían, y luego regresaron junto a sus hombres, que eran casi veinte mil. Sir Eduardo, con los que le acompañaban, que no llegaban a los dos mil, se apercibió a resistir valientemente contra más de cuarenta mil. No quiso ponerse ese día su armadura, mas Gilberto Harper, a quien se consideraba sin par entre los de su misma condición, llevó ese día todas las armas de sir Eduardo. De esa guisa aguardaron la pelea, y en seguida llegaron sus enemigos, dispuestos para el ataque, y ellos les hicieron frente con gran ardimiento. Mas a decir verdad, eran tan pocos, que se vieron rechazados por sus enemigos; los que más intentaron resistir cayeron muertos, y los restantes huyeron a buscar refugio entre los irlandeses. Sir Eduardo, que tenía tanto valor, fue muerto, y también Juan Stewart, y Juan de Soulis, así como otros de esa compañía. Fueron vencidos tan rápidamente que no murieron muchos en el campo, pues los demás huyeron hacia los reyes irlandeses que esperaban en orden de combate. Juan Thomasson, que era quien mandaba a los hombres de Carrick que allí estaban, fue a buscar protección junto a un rey irlandés al que conocía, y éste lo recibió muy lealmente[5]. Cuando se dirigía hacia ese rey, vio cómo sacaban de la lucha a Sir Felipe de Mowbray, el valiente, que había quedado aturdido en la refriega, y a quien conducían dos hombres

---

mares tras la captura de Dun, y se esperaba un asedio a Berwick, el rey Roberto pudiera enviar muchas más tropas a Irlanda. En otras ocasiones, Edward Bruce supo cuándo debía luchar, y si lo hizo aquí debió ser por no tener más alternativa.

[4] McDiarmid dice que esta puesta en escena, con los irlandeses como espectadores de una actitud heroica pero inútil, no tiene testimonios que la apoyen: los irlandeses sí participaron. Edward Bruce decidió luchar en la ladera en Faughart, al norte de Dundalk, seguramente debido a su inferioridad en la caballería, pero con eso expuso a sus hombres a los arqueros ingleses, que no se vieron entorpecidos por el terreno, como en Bannockburn, y fueron utilizados con gran habilidad. La muerte de Edward Bruce decidió la batalla.

[5] Para McDiarmid este John Thomasson es el informante de Barbour en éste y otros episodios. McKenzie apunta que sin duda es el mismo que en 1333 resistió valientemente en la fortaleza de Lochdoon contra Eduardo III.

armados por una calzada que iba derecha hacia la ciudad desde el lugar en donde estaban. Anduvieron hacia la ciudad, y cuando estaban a mitad de camino, sir Felipe se recobró de su desmayo, y vio que había caído prisionero, y que lo conducían esos dos hombres. Pronto logró librarse de uno de ellos, y del otro en seguida; desenvainó la espada con presteza, y se encaminó hacia la contienda siguiendo la calzada, que entonces estaba llena de hombres que iban hacia la ciudad. Al encontrárselos de frente, comenzó a darles tal trato por doquiera que pasaba, que hizo a más de cien hombres dejar la calzada, a pesar de ellos. Tal como lo contó verazmente Juan Thomasson, que vio su hazaña entera, se fue derecho hacia la batalla.

Juan Thomasson, que había visto muy bien que estaban vencidos sin remedio, lo llamó en seguida, y le gritó:

–¡Atrás, aquí! ¡No hay ninguno con vida, han muerto todos!

Sir Felipe se detuvo un momento, y vio que a todos los habían matado, y se volvió hacia Juan Thomasson. Este obró entonces tan sabiamente, que todos los que huyeron con él, aunque perdieron sus pertrechos, llegaron sanos y salvos a Carrickfergus. Los ingleses, que seguían en el campo, buscaron a sir Eduardo entre los muertos que allí había, para llevarse su cabeza. Encontraron a Gilberto Harper que vestía su armadura, y al ver las buenas armas que lucía, le cortaron la cabeza, y luego la mandaron salar y meter en un tonel, y la enviaron a Inglaterra como presente para el rey Eduardo. Pensaron que era la de sir Eduardo de Bruce; al ver su armadura reluciente, se engañaron en cuanto a la cabeza, aunque era cierto que sir Eduardo había muerto allí[6].

De esta guisa se perdieron aquellos hombres nobles por exceso de temeridad, y ello fue una gran lástima, pues si su extremado valor hubiera sido guiado con sabiduría y con mesura, a no ser que les hubiera acaecido el más grande infortunio, habría sido muy difícil conducirlos a semejante desastre. Mas el orgullo desmesurado les hizo pagar muy caro su valor. Los que huyeron de la refriega, se fueron raudos hacia la costa, y llegaron a Carrickfergus. Los hombres que, enviados por el rey Roberto, iban de camino para ayudar a sir Eduardo, al tener noticias de la derrota, regresaron de nuevo a Carrickfergus, mas no lo hicieron sin sufrir grandes penas, pues ese día fueron atacados varias veces por los irlandeses. Mas se mantuvieron unidos en orden bien cerrado, y se defendieron tan sabiamente, que a menudo escaparon por la fuerza, y también muchas veces por la astucia, pues en varias ocasiones les dieron parte de sus posesiones para que los dejaran pasar sin sufrir daño. Así llegaron hasta Carrickfergus. Tomaron entonces sus botes y sus barcos, y en seguida se hicieron a la mar rumbo a Escocia, y llegaron allí sanos y salvos[7].

---

[6] Las crónicas cuentan que John Bermingham le llevó la cabeza de Edward Bruce al rey inglés en Windsor, y recibió en premio el ducado de Louth. El cuerpo fue descuartizado, y los cuartos se enviaron a las cuatro ciudades principales de Irlanda. Barbour, sin embargo, cuenta que los ingleses le cortaron la cabeza al cuerpo de Harper.

[7] Si es que habían llegado refuerzos escoceses, debieron de ser muy escasos. No se hizo ningún intento de retener el importante castillo de Carrickfergus.

Cuando en Escocia tuvieron noticias de la muerte de sir Eduardo, lo lamentaron muy profundamente todas las gentes del país; también hubo un llanto muy sentido por cuantos perecieron junto a él.

De cómo el rey Eduardo volvió a entrar en Escocia con todo su poder y llegó hasta Edimburgo tras la muerte del buen sir Eduardo de Bruce en Irlanda.

Como ya he dicho aquí, Eduardo de Bruce fue derrotado de esa manera, y cuando quedó despejado el campo, de modo que no se veía resistencia alguna, entonces el gobernador, sir Ricardo conde del Ulster, y todos los hombres que con él estaban, tomaron el camino de Dundalk. En esa ocasión no tuvieron ninguna lucha con los irlandeses, y se fueron derechos a la ciudad, y luego hicieron enviar al rey de Inglaterra, metida en un tonel, la cabeza de Gilberto Harper. Juan Maupas la llevó hasta el rey, y él la recibió con gran placer[8]; mucho se alegró de aquel presente, pues sintió gran alivio al librarse de tan fiero enemigo de ese modo. A causa de ello albergó tal orgullo en su pecho, que decidió entrar en Escocia con una gran hueste, para vengarse con mano dura de las penas, trabajos e injurias que allí le habían causado[9]. Reunió un ejército enorme, y mandó que sus barcos acudieran, con gran cantidad de vituallas, por la mar, pues había resuelto destruir esa tierra de tal forma que no quedara en ella nadie vivo. Y con sus hombres en gran formación, emprendió el camino de Escocia.

Cuando el rey Roberto supo que venía hacia él con semejante mesnada, mandó por todas partes llamar a sus hombres, hasta que hubo reunido a tantos, y supo que vendrían tantos más, que pensó que serían suficientes. Mandó retirar todo el ganado de todas partes de Lothian, y que fuera enviado a bosques resguardados, con hombres que lo defendieran. Él, con su ejército, se mantuvo quieto en Culross[10], pues pretendía hacer que sus enemigos se debilitaran por falta de alimento y largas marchas, y cuando más débil fuera su poder, entonces pensaba atacarlos y luchar. Pensó obrar de esta manera, y los ingleses con gran poderío llegaron con su ejército a Lothian, y pronto fueron hacia Edimburgo, en donde aguardaron tres días. Sus barcos, que estaban en la mar, siempre encontraron el viento contrario, así que de ninguna manera pudieron llevar por la ría del Forth las vituallas para socorrer al rey. Los hombres del ejército, a los que les faltaba la comida, cuando vieron que no podían conseguir las vituallas por mar, enviaron una muy gran mesnada a saquear por todo Lothian, mas no encontraron ganado alguno, salvo un toro que cojeaba que hallaron en Tra-

---

[8] Véase la nota 6. Según los *Anales de Irlanda* Maupas mató a Edward Bruce, y él mismo fue encontrado muerto sobre su cadáver.

[9] Antes de narrar la derrota y muerte de Edward Bruce (1318), Barbour ha contado el sitio de Berwick (1319) y dado noticia de la ejecución del duque de Lancaster a manos de los ingleses (1322): véase el libro XVII. Según McDiarmid, este último hecho fue el que animó a Eduardo II a invadir Escocia en agosto de 1322.

[10] Culross está en la orilla norte de la ría del Forth.

nent[11]. Regresaron con él a su hueste, y cuando el conde de Warenne[12] los vio llegar con sólo ese toro, les preguntó si habían conseguido más, y todos le contestaron que no. Entonces dijo:

–Os digo desde luego que ésta es la bestia más cara que jamás haya visto, pues sin duda ha costado mil libras, y aún más.

Cuando el rey y su consejo vieron que no podían conseguir ganado para que comieran sus huestes, que ya estaban pasando mucha hambre, se volvieron de nuevo hacia Inglaterra. Pensaron parar a descansar en Melrose[13], y enviaron por delante a una partida de casi trescientos hombres armados. Mas el señor de Douglas, que estaba entonces cerca de allí, en el bosque, supo de su llegada, y quiénes eran, y con los hombres de su compañía entró en Melrose a escondidas y se ocultó, tendiendo una emboscada. Envió a un fraile muy fornido a esperarlos fuera de las puertas, y le mandó estarse bien oculto hasta que viera que llegaban todos a la misma esquina de la muralla, y que entonces gritara "¡Douglas, Douglas!" El fraile se puso en camino; era hombre fuerte, osado y ardido. Sus amplios hábitos ocultaban toda la armadura que llevaba puesta, y en la mano tenía una lanza. Esperó de aquella guisa hasta que los vio aproximarse, y cuando los primeros hubieron pasado por la esquina, gritó "¡Douglas, Douglas!" Entonces se lanzó hacia ellos, y en seguida derribó a uno. El de Douglas y su compañía salieron hacia ellos con un grito, y cuando los ingleses vieron que una mesnada tan grande les caía encima tan de repente, se sintieron muy acobardados, y volvieron la espalda sin demora. Los escoceses cargaron entre ellos, y mataron a cuantos pudieron alcanzar. Allí hicieron una gran matanza, y los que escaparon ilesos regresaron de nuevo a su gran hueste, y contaron allí qué clase de bienvenida les había dado Douglas en su encuentro, cargando contra ellos duramente e impidiendo que pudieran albergarse.

DE CÓMO EL BUEN REY ROBERTO DE BRUCE PERSIGUIÓ AL REY DE INGLATERRA HACIA EL SUR, ENTRANDO EN SU PROPIO PAÍS.

El rey de Inglaterra y sus hombres, que vieron a su avanzada llegar derrotada de aquella forma, sintieron gran enojo en sus pechos, y pensaron que sería gran necedad acampar en el bosque, así que lo hicieron en el llano, junto al monasterio de Dryburgh, y luego tomaron el camino de Inglaterra. Cuando el rey Roberto oyó decir que de nuevo se iban hacia casa, y supo cómo los suyos habían matado a la avanzada, reunió aprisa su ejército y fue hacia el sur, cruzando el mar de Escocia[14],

---

[11] Tranent está en el este de Lothian. En una carta al arzobispo de Canterbury fechada el 17 de septiembre de 1322, Eduardo II dice que no encontró "ni hombres ni bestias" en Escocia.

[12] John de Warenne, duque de Surrey.

[13] La abadía de Melrose, en la que después sería enterrado el corazón de Bruce. McDiarmid comenta que la toma y quema de abadías era tan común que Barbour ni siquiera menciona que tanto Melrose como Dryburgh, citada más adelante, fueron arrasadas e incendiadas. Según Fordun, los ingleses mataron a varios monjes y cometieron otros sacrilegios.

[14] La ría del Forth.

y se dirigió hacia Inglaterra. Una vez reunido su ejército, sumaba más de ochenta mil hombres, y él los dividió en ocho batallas; en cada una había diez mil hombres[15]. Luego avanzó hacia Inglaterra, y con todo el ejército persiguió al rey inglés, hasta que al fin se acercó a Byland, en donde se albergaba en ese momento el rey de Inglaterra con sus hombres. El rey Roberto, que se enteró de que estaba allí con un gran ejército, avanzó a marchas forzadas una noche, de modo que a la mañana siguiente llegaron a un llano que estaba a muy poca distancia de Byland. Mas entre ellos y ese lugar, se extendía un monte rocoso y muy largo. Para pasarlo había que subir un camino empinado; no había otra forma de llegar a Byland, como no fuera dando un gran rodeo[16].

Cuando la gran hueste inglesa oyó que el rey Roberto estaba tan cerca, la mayor parte de ellos se fueron al camino, y ocuparon el monte. Decidieron plantear su defensa allí, y allí hicieron ondear sus banderas y desplegaron sus filas, decididos a defender bien ese paso. Al saber que era allí donde pensaban defenderse, el rey Roberto mandó llamar a sus consejeros y preguntó qué sería mejor hacer. El señor de Douglas le contestó y dijo:

–Señor, os doy mi palabra de que en poco tiempo obraré de tal modo que habré ganado limpiamente ese paso, o si no, habré obligado a toda esa compañía a bajar hasta vos aquí, a este llano.

Al oír eso, el rey le respondió:

–¡Hazlo así, pues, y que te ayude Dios!

Se puso el de Douglas en camino; los más ardidos de ese ejército se unieron a su compañía, y se dirigieron hacia el paso. El buen conde de Moray, sir Tomás, dejó su batalla, y muy aprisa, con sólo cuatro hombres de los suyos, se unió a la mesnada del de Douglas, y antes de que éste entrase en el paso, sir Tomás se adelantó, pues deseaba que lo vieran todos. Cuando sir Jacobo de Douglas lo vio llegar de aquel modo, sintió por su valor muy gran estima, y lo recibió humildemente. Luego entraron juntos en el paso. Los ingleses, al verlos, descendieron y cargaron contra ellos. Dos caballeros de muy gran arrojo (el uno se llamaba sir Tomás Ughtred, y el otro sir Ralph de Cobham)[17], bajaron al frente de toda su mesnada; ambos estaban llenos de ardimiento, e hicieron frente a sus enemigos con hombría, mas se vieron muy acosados. Allí se pudo ver un fuerte ataque, y una firme defensa luchadora. Las flechas volaban en grandes cantidades, y los que estaban arriba hacían caer grandes piedras desde las alturas. Mas los escoceses, que empeñaron su voluntad y su fuerza en ganar el camino, tanto hostigaron a sus enemigos, que sir Ralph de Cobham volvió a subir aprisa hacia su caballería, y dejó a sir Tomás Ughtred defendiendo con

---

[15] Sin duda también es una exageración, pero el ejército reunido por Bruce debió de ser grande, según las crónicas, pues había tropas de todas partes de Escocia.

[16] El monte está en el borde occidental del páramo llamado Scawton Moor, al suroeste de la abadía de Rievaulx, en donde estaba alojado Eduardo II. Esa abadía queda al sureste de Old Byland, pero Barbour equivocadamente sitúa a Eduardo en Byland, una abadía que estaba en Coxwald, más al suroeste.

[17] Sir Thomas Ughtred, alcaide del castillo de Pickering, fue capturado por sir William of Abernethy. Sir Ralph Cobham procedía de una familia de Kent.

gran fuerza y valor aquel paso, hasta que se vio sorprendido, y fue apresado tras muy dura lucha. Por ello, hasta el fin de sus días, fue renombrado como el más bravo caballero de Inglaterra. Este mismo sir Ralph de Cobham había sido tenido por el mejor caballero de esa tierra, mas como sir Tomás se quedó a luchar, mientras que sir Ralph, como ya dijimos antes, se retiró, fue sir Tomás quien tuvo más renombre.

Así estaban luchando en el camino, y cuando el rey Roberto, que era sabio en sus obras, y precavido, vio a sus hombres tomar el paso tan valientemente frente a sus enemigos, y vio cómo se defendían éstos, entonces ordenó que todos los gaélicos[18] que había en su compañía, de Argyle y también de las Islas, fueran a toda prisa hacia el monte, y les mandó que abandonaran el camino, y que treparan por las altas rocas, y se apresuraran para ganar la cima. Entonces se los pudo ver avanzar con valor y subir sin cesar hasta lo alto, sin que los detuviera la fuerza de sus enemigos; a pesar de ellos, se comportaron de tal modo, que consiguieron tomar la cima. Al llegar allí se los pudo ver luchar con fiereza, y acosar duramente a sus enemigos. Los que habían ido por el paso, tomaron el alto a pesar de sus contrarios. Entonces atacaron con todas sus fuerzas; allí se pudo ver a los hombres luchar fieramente. Hubo una refriega peligrosa, pues un caballero, sir Juan de Bretaña[19], que había llegado a la cima del monte, presentó una gran defensa con sus hombres, y los escoceses los atacaron de tal modo, y entablaron una batalla tan cruel, que infundieron tanto miedo a los ingleses que aquellos que pudieron, escaparon. Sir Juan de Bretaña fue capturado allí, y muchos de sus hombres fueron muertos.

Dos caballeros de Francia cayeron prisioneros; el señor de Sully era uno de ellos, y el otro el condestable de Bretaña, que era un gran señor en su país[20]. Del resto, algunos fueron muertos y otros presos, y los demás huyeron todos. Y cuando el rey de Inglaterra, que aún permanecía en Byland, vio a sus hombres claramente derrotados, se puso en marcha lo más pronto que pudo, y huyó de allí con toda su mesnada. Los escoceses los persiguieron raudos, os lo aseguro, y en la caza apresaron a más de uno. El rey logró escapar libre, con la mayor parte de su mesnada. Gualterio Stewart, que siempre concedió gran valor a las hazañas de caballería, continuó la caza hasta las puertas de York con quinientos hombres, y allí mató a algunos ingleses más, y se quedó esperando casi hasta la noche por ver si alguno salía a luchar. Cuando vio que no salía ninguno, se dio la vuelta con toda su tropa y regresó de nuevo a su hueste, que había situado el campamento en la abadía de Byland y en Rievaulx, que estaba cerca de ésta. Entre los que allí estaban repartieron los bagajes que el rey de Inglaterra había abandonado en Byland;

[18] La palabra *Irschery* (Irishry) del texto se aplicaba a los escoceses de habla gaélica además de a los irlandeses. La victoria se debió a los montañeses de Bruce, que llegaron hasta el flanco del ejército inglés sin dificultad.

[19] El comandante inglés era John of Brittany, conde de Richmond, hermano del duque de Bretaña. Estaba buscando a los escoceses, a los que se suponía en Northallerton, cuando se vio obligado a defender el paso hacia Rievaulx.

[20] Henry de Sully era mayordomo de Francia. El "condestable de Bretaña" no parece ser el ya mencionado John of Brittany; McDiarmid piensa que se puede tratar de otro bretón.

todo lo hicieron pasar a sus manos, y todos se alegraron y regocijaron[21]. Una vez que el rey Roberto se hubo aposentado, llevaron ante él a los prisioneros, todos desarmados, como corresponde, y cuando vio a Juan de Bretaña, sintió contra él una gran cólera, pues en su tierra solía hablar de forma orgullosa, y con gran desprecio. Mandó que se lo llevaran en seguida, y que estuviera siempre bien custodiado, y dijo que a no ser porque era un miserable, habría de pagar caras sus palabras injuriosas. Él suplicó clemencia humildemente. Se lo llevaron sin mayor demora, y lo vigilaron bien hasta que hubieran regresado a su propio país. Mucho después sir Juan fue rescatado mediante el pago de veinte mil libras, según oí decir a varios hombres[22].

Cuando el rey hubo dicho esas palabras, los caballeros franceses apresados fueron llevados ante él. Les dio la bienvenida cortésmente, y les dijo:

–Sé muy bien que debido a vuestro gran valor y vuestro arrojo habéis venido aquí a ver la lucha. Puesto que, desde que estáis en el país, vuestra fuerza y valor y entereza no os han permitido evitar la contienda, y esa razón es la que os trae aquí, y no la ira ni la malevolencia, seréis recibidos como amigos, y aquí habréis de ser siempre bienvenidos.

Rodilla en tierra le dieron muchas gracias, y él mandó tratarlos cortésmente, y los tuvo a su lado mucho tiempo, haciéndoles honores y bondades. Cuando anhelaron ver su tierra, los envió como presente al rey de Francia. Se fueron libres sin pagar rescate, y recibieron de él grandes regalos. Así sabía este rey recibir cortésmente y con afecto a sus amigos, y derrotar con dureza a sus enemigos.

En Byland se quedó toda esa noche. Por la victoria se alegraron todos, y al día siguiente, sin esperar más, se pusieron de nuevo en camino. Esa vez avanzaron tanto, quemando y matando y destruyendo, hostigando a sus enemigos con todas sus fuerzas, que llegaron hasta los Wolds, y luego se dirigieron hacia el norte, camino de su tierra, y a su paso destruyeron todo el valle de Beverley[23]. Después, con prisioneros y ganado, con riquezas y muchas bellas joyas, tomaron el camino de Escocia, alegres y contentos y felices. Cada uno se fue a su lugar, y todos alabaron a Dios por haber tenido la buena fortuna de derrotar al rey de Inglaterra en su propio país, mediante el valor y la fuerza, y por el gran arrojo de sus señores.

[21] Los escoceses saquearon la abadía. Eduardo II se había dejado allí su tesoro y el Gran Sello de Inglaterra.

[22] John of Brittany estuvo preso más de dos años. Ya había servido a Eduardo I. En la crónica de Lanercost se explica la cólera de Bruce porque sir John se oponía a la firma de cualquier tipo de paz con Escocia.

[23] Los Yorkshire Wolds son los montes que quedan al este de York, y las crónicas confirman este itinerario. Los escoceses regresaron a Escocia el 2 de noviembre de 1322.

Libro XIX

De cómo el señor de Soulis pensó con sus cómplices matar mediante la traición al rey Roberto de Bruce, y cómo a éste le advirtió una dama.

Entonces hubo algún tiempo de paz en el país, mas la codicia, que nunca cesa de impulsar a los hombres hacia el mal, para hacerlos ganar mayor poder, movió a algunos señores de muy alto renombre a tramar una vil conjura contra el valiente rey Roberto. Pensaron poner fin a sus días, y después de su muerte apropiarse del reino, y reinar en su lugar. Al señor de Soulis, sir Guillermo, fue a quien cupo la mayor deshonra en esa trama, pues él fue el cabecilla principal de aquel hecho insidioso[1]. Había reunido a varios hombres: Gilberto de Malherbe, Juan de Logy (éstos que digo eran caballeros) y también Ricardo Broun, un escudero. El buen sir David de Brechin fue arrestado más tarde por este hecho, como ya os contaré más adelante. Mas todos ellos fueron descubiertos antes de poder cumplir su propósito gracias a una dama, según he oído decir. Ella le contó al rey todos sus propósitos y sus planes, y cómo a él habían de matarlo, y el de Soulis iba a subir al trono en su lugar, y le dio indicios verdaderos de que esa conjura era cierta. En cuanto el rey supo lo que había, urdió un plan tan sutil que hizo que todos fueran apresados; y cuando capturaron al señor de Soulis, tenía a trescientos sesenta escuderos vestidos con su librea, aparte de los caballeros, que eran gallardos. Lo llevaron a Berwick para que todos pudieran ver a sus seguidores, tristes y apenados, mas a decir verdad, el rey los dejó ir a todos, y sólo retuvo a los que había capturado. El señor de Soulis pronto reconoció su parte en todo ese asunto. El rey mandó convocar cortes para el caso, y esos hombres fueron llevados ante ellas. El señor de Soulis reconoció el hecho en sesión pública. Por ello fue enviado poco después a cumplir su sentencia en Dunbarton, y murió en aquella torre de piedra.

Sir Gilberto Malherbe, y el de Logy, y Ricardo Broun, estos tres fueron condenados por el tribunal, y por lo tanto a todos ellos los colgaron, les sacaron las entrañas y los decapitaron, como había sido sentenciado[2]. Entonces acusaron ferozmente al buen sir David de Brechin, y él reconoció que le habían descubierto

[1] Barbour narra esta conspiración, que ocurrió en 1320, después de contar la victoria de Byland (véase el libro anterior) que tuvo lugar en 1322. McDiarmid sugiere que lo hace buscando un efecto moralizante. Cree que el informante pudo ser Murdoch of Menteith, pero que Barbour también pudo usar la confesión de la condesa de Strathearn, de la familia Comyn, que era tía de sir William of Soulis y sir David Brechin, dos de los conjurados. Tanto ella como de Soulis fueron condenados a cadena perpetua. Al parecer de Soulis no fue considerado tan culpable como los otros, que fueron ejecutados.
[2] Los escoceses aplicaron la misma pena para la traición que aplicaban los ingleses. Según McDiarmid esta dureza era poco habitual en Escocia. Al igual que de Soulis, David Brechin y Sir Roger Mowbray habían firmado la Declaración de Arbroath a favor de Bruce, en abril de 1320, pero habían sido aliados de los ingleses hasta la victoria de Bruce en Bannockburn. Estos hombres, junto con Sir Ingram de Umfraville, que escapó a Inglaterra, debieron de ser los verdaderos cabecillas. Fueron ejecutados por traición junto con Gilbert Malherbe, que había sido gobernador inglés de Stirling, Richard Brown, que había servido allí en la guarnición de Sir Philip Moubray, y sir John Logy, un terrateniente de Perthshire.

aquella trama, mas dijo que jamás había dado su consentimiento. Por haber ocultado ese propósito, sin declarárselo al rey, de quien había recibido todas sus posesiones, y a quien había jurado lealtad, lo condenaron a ser colgado y desventrado. Y cuando lo llevaban a ahorcar, el pueblo se arremolinó con rapidez asombrosa para verlo en su desgracia; era algo que daba lástima de ver[3]. Sir Ingram de Umfraville, que entonces estaba con el rey Roberto como escocés[4], cuando vio aquella gran desgracia, habló y dijo:

–Señores, ¿por qué os apresuráis para ver en su desgracia a un caballero que fue tan valeroso y tan fuerte? Yo he visto a más gente apresurarse para verlo por su extremado valor que la que ahora quiere verlo aquí.

Y cuando hubo dicho estas palabras, con semblante sombrío esperó hasta que hubieron hecho con él todo lo sentenciado, y luego, con permiso del rey, le dio una digna sepultura. Después le dijo al rey:

–Una cosa os pido que me concedáis, y es que me déis permiso para disponer a mi voluntad de todas las tierras que poseo en Escocia.

El rey le contestó en seguida:

–Yo quiero concederte que así sea, pero díme qué es lo que te mueve.

Sir Ingram contestó:

–Tened piedad, señor, y os lo diré llanamente. Mi corazón ya no soporta más seguir luchando junto a vos en esta tierra; por lo tanto, si no os ofende, os suplico que me dejéis marchar. Pues al ver que un caballero tan valiente, fuerte y noble, y tan renombrado por su valor como sir David de Brechin, que estaba lleno de hombría, ha recibido una muerte tan villana, de verdad que mi corazón no me permite quedarme aquí para ninguna cosa más.

Respondió el rey:

–Puesto que así lo quieres, cuando tú lo desees puedes irte, y tendrás mi permiso para hacer tu voluntad con las tierras que aquí tienes.

Él se lo agradeció sobremanera, y con gran prisa dispuso de sus tierras como mejor le pareció. Luego, ante el valeroso rey y todos los que estaban con él, se despidió para siempre, y se fue a Inglaterra, a ver al rey Eduardo, que le ofreció una buena bienvenida, y le pidió noticias del norte. Él se lo contó todo, sin omitir cómo habían sido aniquilados aquellos caballeros, tal como yo os lo acabo de contar, y le habló de la cortesía del rey Roberto, que gentilmente le había permitido disponer de sus tierras a su gusto.

---

[3] Sir David Brechin había estado preso en Escocia en 1314. Entonces aceptó a Bruce como rey, pero en junio de 1317 lo encontramos de nuevo en el bando inglés, para luego volver a pasarse al escocés. Para McDiarmid, las simpatías de Barbour por un personaje tan poco leal pueden deberse a la fama que se había ganado de joven como cruzado, así como a su matrimonio con la hermana de un Stewart, duque de Angus, además de a la severidad del castigo, que él estima poco habitual en Escocia.

[4] Sir Ingram de Umfraville, caballero de Ayrshire emparentado con la familia Balliol, se opuso a Bruce en varias ocasiones. Luchó contra él en Bannockburn y fue apresado, y su firma en la Declaración de Arbroath no parece significar mucho: quince días después de la fecha de ese manifiesto, Eduardo II le otorgó un salvoconducto, y en enero de 1321 aceptó su declaración de que jamás había dejado de serle leal. McDiarmid señala que Barbour quizá tuviera una fuente para la anécdota inventada que sigue.

En aquel tiempo el rey de Escocia envió mensajeros para tratar sobre la paz, si es que podían conseguirla, como ya había hecho en otras ocasiones, aunque nunca habían logrado nada. El buen rey Roberto, ya que Dios le había concedido tan buena gracia que había conquistado toda su tierra a través de las armas, tenía la intención de lograr la paz en su tiempo, y de dejar sus tierras aseguradas de modo que su heredero viviera en paz, si los hombres guardaban lealtad.

En ese tiempo en que Umfraville, como os he contado hace poco, se fue a ver al rey de Inglaterra, se encontró con los mensajeros escoceses que habían ido a tratar sobre la paz y la tregua. El rey inglés sabía que sir Ingram era sabio, y le pidió consejo sobre eso, para que le recomendara qué hacer, pues le dijo que a él le parecía difícil hacer las paces con el rey Roberto, su enemigo, hasta que no se hubiera vengado. Sir Ingram le dio respuesta y dijo:

—Conmigo se portó tan cortésmente que en modo alguno podría dar un consejo que le causara mal.

—Mas has de hacerlo –dijo el rey–. Dame tu opinión sobre este asunto.

—Señor –le respondió–, puesto que vuestra voluntad es que hable, sabed con certeza que a pesar de vuestra gran caballería, no tenéis fuerza para derrotarlo. Sus hombres han llegado a ser tan fuertes, y están tan habituados a la lucha, pues se han criado en tales menesteres, que cualquiera de sus infantes es tan diestro que vale por un caballero. Mas si pensáis enderezar la guerra hacia vuestros propósitos y vuestros gustos, debéis concederle una larga tregua. Entonces casi todos sus hombres, que no son soldados de oficio, se verán obligados a ganarse el sustento con su trabajo. Y algunos de ellos, sin más remedio, tendrán que esforzarse con el arado y el trillo, y con otras ocupaciones, para poder comer, de modo que sus armas se harán viejas, y se pudrirán. Las habrán de vender o destruir, y muchos de los que ahora conocen bien la guerra, en esa larga tregua han de morir, y en su lugar tendrán que venir otros que sabrán poco de esos menesteres. Cuando se encuentren desacostumbrados, podréis llevar la guerra hasta ellos, y entonces, según creo, sí podréis poner buen término a vuestra empresa.

A esto asintieron todos ellos, y poco después se estableció entre los dos reyes una tregua que había de durar trece años, y mandaron pregonarla en las fronteras[5]. Los escoceses la guardaron lealmente, mas los ingleses, en la mar, abordaron con gran alevosía los barcos mercantes que iban desde Escocia hasta Flandes con sus cargas; los destruyeron todos, y se llevaron los bienes para su uso. El rey Roberto envió a pedir compensación, mas no le fue dada ninguna, y él siguió pidiéndola; mandó mantener la tregua en su lado de la frontera, e hizo que sus hombres la guardaran lealmente.

---

[5] El 30 de mayo de 1323 se pactó una tregua de trece años en York, que, tal como se cuenta, fue violada por los ataques contra los barcos mercantes escoceses. Los comentarios que Barbour pone en boca de Umfraville son interesantes porque muestran que comprendía el valor del ejército escocés: hombres sencillos que habían llegado a ser tan buenos en el arte de la guerra como los señores que les mandaban.

En este tiempo en el que la tregua duraba en las fronteras, como he dicho antes, Gualterio Stewart, que era valeroso, cayó muy enfermo en Bathgate. Su dolencia fue de mal en peor, hasta que comprendieron por su aspecto que ya tenía que pagar la deuda que ningún hombre deja sin pagar. Confesado y también arrepentido, cuando le hubieron hecho todo aquello que es menester para un cristiano, como un buen cristiano entregó el alma. Entonces se pudo oír llorar y gritar a los hombres, y muchos caballeros, y muchas damas, se lamentaron muy francamente. Lo mismo hicieron todos, fueran quienes fueran. Todos lo lloraron en común, pues era el más valiente de su edad. Cuando el duelo se hubo prolongado un largo tiempo, llevaron el cadáver hasta Paisley, y allí, con gran solemnidad y con gran duelo, le dieron sepultura[6]. ¡Que el poder de Dios lleve a su alma a donde hay felicidad eterna!

Después de su muerte, como ya dije antes, cuando sólo habían pasado dos años y medio de la tregua que había de durar trece[7], el rey Roberto vio que no le iban a dar compensación por los barcos abordados, ni por los hombres muertos, sino que los ingleses continuaban sus maldades cuando los encontraban en la mar. Mandó decir que se sentía liberado, y abandonó la tregua totalmente. Para vengarse de esa vejación, mandó llamar al buen conde de Moray, sir Tomás, y también a Donald, conde de Mar, y a Jacobo de Douglas junto a ellos, y a Jacobo Stewart, que mandaba, después de la muerte de su hermano, a los hombres que había mandado éste. Les ordenó que, de la mejor guisa, se preparasen para ir con muchos hombres a Inglaterra a quemar y matar; y ellos se dirigieron a Inglaterra. Eran diez mil hombres de los buenos; quemaron y arrasaron a su paso. Pronto destruyeron a sus enemigos, y así se dirigieron hacia el sur, hasta que llegaron al valle del Wear[8]. Por aquel tiempo el rey Eduardo de Caernarvon había muerto y lo habían sepultado en tumba de piedra, y su hijo Eduardo, que era joven, había sido coronado rey de Inglaterra, tomando el sobrenombre de Windsor[9].

---

[6] Walter Stewart murió en su nueva baronía de Bathgate, en el oeste de Lothian, el 9 de abril de 1326, y fue enterrado en la abadía de Paisley, muy cerca de Glasgow, que había sido fundada por su familia.

[7] Estos "dos años y medio" se pueden deber a una confusión con la tregua de dos años pactada tras la recuperación de Berwick. Los escoceses rompieron la tregua de 13 años pactada en 1323 cuando atacaron el castillo de Norham el 1 de febrero de 1327, el mismo día en que fue coronado Eduardo III de Inglaterra, que tenía catorce años. Bruce pensaba que el inestable gobierno de Isabel, esposa de Eduardo II, y su amante Roger Mortimer (Eduardo II aún vivía y tenía partidarios) tal vez cedería ante la presión y abandonaría las pretensiones sobre Escocia que eran la causa de los ataques escoceses. La visita del rey Roberto a Irlanda unos meses después la interpreta McDiarmid como un recordatorio de lo que había hecho su hermano Edward, quien había derrotado a Mortimer en Irlanda. El 15 de junio de 1327 el duque de Moray atravesó la frontera con una gran fuerza.

[8] Weardale, en el condado de Durham, Inglaterra.

[9] Caernarvon es el lugar de Gales en donde se corona al príncipe heredero. Eduardo II fue el primero que llevó el título de Príncipe de Gales, después de que su padre sometiera ese país. Su esposa Isabel, hija del rey Felipe IV de Francia, se alió con Roger Mortimer y tras haber estado en Francia regresó a Inglaterra en 1327 para deponer a su marido y entronizar a su hijo Eduardo III. Eduardo II fue asesinado poco después.

Antes de eso había estado en Francia con su madre, la señora Isabel, y estaba casado, según oí decir, con una joven hermosa de rostro que era hija del conde de Hainault. De ese país se trajo a hombres de muy gran valor[10]; su jefe era sir Juan de Hainault que era sabio y fuerte en la guerra. En el tiempo en que los escoceses estaban en el valle del Wear, como ya os he dicho, el nuevo rey se encontraba en York, y tuvo noticias de los quebrantos que éstos habían hecho en su tierra. Reunió un gran ejército, que casi llegaba a los cincuenta mil, y luego se dirigió hacia el norte, con todos esos hombres en un solo cuerpo. Tenía entonces dieciocho años[11]. Un día los escoceses habían saqueado de punta a punta el valle de Cockdale[12], y luego habían regresado al del Wear. Sus avanzadas vieron la llegada de los ingleses, y se lo advirtieron a sus señores.

Entonces el señor de Douglas, a caballo, fue directamente a verlos avanzar, y pudo ver que eran siete batallas que cabalgaban bien pertrechadas. Cuando hubo visto a aquella gente, cabalgó de nuevo hacia su hueste. Tomás Randolph, conde de Moray, le preguntó si había visto a los ingleses.

–Sí, señor –respondió él–, sin duda alguna.

–¿Y cuántos son?

–Muchos hombres, señor.

El conde entonces juró su juramento:

–Lucharemos contra ellos, y lo haríamos aunque fueran aún más de los que son.

–Señor, alabado sea Dios –dijo el de Douglas–, –porque tenemos un capitán tan bravo que osa emprender tal hazaña. Mas por Santa Brígida, que no debe ser así, si podéis hacer caso a mi consejo, pues no hemos de luchar en modo alguno, si antes no tenemos la ventaja. En mi opinión, no es ninguna necedad que pocos hombres, enfrentados a muchos, busquen, si pueden, conseguir ventaja[13].

Mientras estaban hablando de este modo, sobre una alta loma vieron cabalgar hacia ellos una ancha batalla. Llevaba muchas banderas desplegadas, y cerca, detrás de ella, venía otra, y así, del mismo modo, fueron llegando, hasta que siete anchas batallas hubieron pasado por la loma. Los escoceses se encontraban enton-

[10] El joven Eduardo había sido prometido a Philippa de Hainault, a cuyo tío se hace referencia. Con éste llegó a Inglaterra el cronista Jean Le Bel, cuya narración usa el historiador Froissart, y con el propio Eduardo llegó el heraldo y cronista Robert le Roy, al que citan le Bel y Brower. Son dos de las fuentes contemporáneas más importantes para la historia de Escocia y de Inglaterra.

[11] McDiarmid sugiere que se puede tratar de un error de copista: Eduardo III tenía catorce años. Por otra parte, las crónicas muestran que el ejército inglés hizo varias marchas infructuosas antes de hallar al ejército escocés en Weardale.

[12] Se ha especulado con que *Cokdaile* en el manuscrito pueda referirse a Coquet Dale en Northumberland, pero para McDiarmid el contexto sugiere un lugar cerca de Weardale. Sabemos que Archibald Douglas, hermano menor de sir James, dirigió una razia que tuvo que pasar por Cock Fell y Cockfield en esa zona; lo más probable es que el nombre quiera referirse a uno de esos lugares.

[13] McDiarmid comenta que Barbour, de modo parecido a como hace con el rey Roberto y su hermano Edward Bruce (y también de forma injusta), contrasta a un Douglas sagaz con un Moray impulsivo.

ces en la orilla norte del Wear, hacia Escocia[14]. El valle era largo, os lo aseguro. A ambos lados los montes eran altos, y bajaban hasta el agua en laderas empinadas. Los escoceses, en orden bien dispuesto, y pertrechados de la mejor guisa, se situaron en un lugar protegido que habían ocupado a un cuarto de milla del río Wear, y allí aguardaron la contienda. Los ingleses, en la otra orilla, fueron bajando hasta que estuvieron tan cerca del agua como lo estaban sus enemigos en el otro lado. Allí se detuvieron, y enviaron a mil arqueros, sin capucha y con arcos en las manos. Les hicieron beber bastante vino, y después los mandaron a hostigar sin cuartel a los escoceses, y les mandaron caer luego sobre ellos, pues pensaban que si los obligaban a romper la formación, los tendrían a su merced. Enviaron hombres armados que descendieran con ellos, para defenderlos junto al río. El señor de Douglas vio su maniobra, y mandó que una compañía de hombres bien montados y bien armados se escondiera en secreto detrás del grueso de sus batallas, y esperase hasta que llegaran. Cuando él les hiciera una señal, debían picar espuelas, y cargar, alanceando a cuantos alcanzasen. Donald, conde de Mar, estaba al mando, y con él Archibaldo de Douglas. El señor de Douglas cabalgó hacia los ingleses. Llevaba una sobrevesta encima de la armadura, y bajó y volvió a subir varias veces, para atraerlos hacia su hueste. Ellos, que habían bebido vino, se acercaron, siempre en una fila, hasta estar tan cerca de las filas escocesas que sus flechas caían entre los hombres. Roberto de Ogle, un buen escudero, llegó entonces galopando en un corcel, y les gritó a los arqueros ingleses:

–¡No sabéis quién os tiende esa celada! ¡Es el señor de Douglas, que os hará conocer alguna de sus tretas![15].

Al oír hablar de Douglas, hasta el más ardido sintió miedo, y todos juntos se volvieron y regresaron. Entonces él dio su señal, y los hombres que estaban emboscados cargaron tan fieramente contra los que estaban allí, que mataron a más de trescientos, y a todos los demás los persiguieron hasta el río, de vuelta hacia los suyos.

Sir Guillermo de Erskine, que había sido armado caballero ese mismo día, bien pertrechado y con un buen caballo, los siguió persiguiendo, junto a otros que allí estaban, hasta tan lejos, que metió su caballo entre la masa de los ingleses, y entonces fue apresado con mano fuerte, mas pronto fue rescatado a cambio de otros que habían capturado los escoceses[16]. Al ver cómo mataban a los arqueros ingleses, esos hombres regresaron a su ejército; lo mismo hizo el señor de Dou-

---

[14] Los escoceses estaban dentro del bosque de Stanhope, en la orilla norte. La narración de Barbour parece referirse a una zona concreta, cercada por un muro tosco y por zonas pantanosas y arroyos, y rodeada de árboles. Allí los escoceses estaban a salvo y sólo podían ser atacados por un ejército que cruzara el río desde el sur. El río lo podían atravesar tanto arqueros como caballeros. McKenzie y McDiarmid coinciden en rebatir la opinión de los historiadores que suponen, porque el ejército inglés venía del norte, que los escoceses estaban en la orilla sur. Cuando éstos huyen hacia Escocia, ni Barbour ni las crónicas dicen que tuvieran que cruzar el río.

[15] Douglas intenta atraer a los arqueros y caballeros monte arriba con una huida fingida. Robert Ogle estaba en la guarnición de Norham en 1322 y en Newcastle en 1329.

[16] La familia de éste tenía la casa troncal en Erskine, en Renfrewshire, pero él poseía tierras en Ayrshire.

glas. Una vez que se hubo reunido con los suyos, pudieron ver que sus enemigos estaban levantando pabellones, y en seguida supieron que pensaban acampar aquella noche, y no hacer nada más ese día. Así pues, también ellos acamparon, y levantaron sus propios pabellones; mandaron plantar tiendas y chozas, y ponerlas todas en fila.

Dos novedades vieron ese día que nunca había habido en Escocia: una de ellas, crestas para los yelmos, que les parecieron de gran belleza, y cosa maravillosa de ver. La otra eran estruendos de guerra, que nunca antes los habían oído[17]. De esas dos cosas se maravillaron mucho. Esa noche montaron una fuerte guardia; la mayor parte de ellos se acostó armada hasta el amanecer del día siguiente.

Los ingleses consideraron de qué manera podrían hacer que los escoceses perdieran su posición ventajosa, pues les parecía una imprudencia, y una necedad, subir hasta donde estaban para atacarlos abiertamente en aquel lugar protegido. Así pues, enviaron a un millar de buenos hombres de a caballo, armados de punta en blanco, para que fueran a emboscarse detrás de sus enemigos en un valle, y dispusieron sus filas como si fueran a lanzarse a la batalla, pues pensaban que los escoceses tenían tal ímpetu que no podrían quedarse quietos. Sabían que tenían tal coraje, que dejarían su posición ventajosa y saldrían a luchar abiertamente.

Entonces ellos saldrían de su emboscada, desde detrás, y así pensaban que lograrían hacer que los escoceses se arrepintieran de sus tretas. Mandaron a esos hombres a emboscarse, y ellos lo hicieron en secreto. Al llegar la mañana, muy temprano, tocaron sus trompetas al ataque, y mandaron formar a sus batallas, y así, en orden de combate, se fueron derechos hacia el río. Los escoceses, al verlos hacer eso, se prepararon de la mejor guisa, y formados en orden de combate, con las banderas desplegadas al viento, dejaron su posición, y ardidamente bajaron a enfrentarse al descubierto, de la mejor manera que pudieron, tal como habían pensado los ingleses. Mas el señor de Douglas, que siempre era precavido, y ponía centinelas en todas partes, tuvo noticia de la emboscada. Fue raudo a ponerse delante de su tropas, y ordenó tajantemente que, en seguida, cada hombre se diera media vuelta en su puesto, y que así, sin romper la formación, regresasen de nuevo a la posición de partida, sin perder allí ningún tiempo. Hicieron lo que él había mandado, hasta que regresaron a sus posiciones, y luego volvieron a darse media vuelta, con gran fuerza, y se plantaron, dispuestos a luchar si eran atacados.

Cuando los ingleses los vieron subir de nuevo hacia su refugio, gritaron fuerte:
—¡Huyen por donde han venido!
Sir Juan Hainault dijo:
—A fe mía, que esa huida no es más que un engaño. Veo detrás a sus hombres armados, y sus banderas, de modo que sólo necesitan darse la vuelta tal como están formados, y ya están dispuestos para la lucha, si alguno los ataca con fuerza. Ellos han visto nuestra emboscada, y por eso han regresado a su posición. Esos

---

[17] Estas crestas eran comunes en el s. XIV. Se usaron mucho en el reinado de Eduardo II. McKenzie señala que la novedad sería que fueran de madera; antes se hacían de *cuir-bouilli*, cuero endurecido (ver libro XII). Los "estruendos de guerra" –cañones– se usaron esporádicamente en la primera mitad del s. XIV (ver libro XVII).

hombres están sabiamente dirigidos, y quien los manda es un hombre digno, por su prudencia, valor e inteligencia, de gobernar el imperio de Roma[18].

Así habló aquel día ese valiente caballero, y los que estaban emboscados, en cuanto vieron que habían sido descubiertos, regresaron de nuevo a su ejército, y las batallas de los ingleses, cuando vieron que no habían logrado su propósito, regresaron rápidamente a su campamento y rompieron filas. Los del otro lado hicieron lo mismo, y ese día no hubo más combates.

Cuando hubo pasado ese día, los escoceses encendieron hogueras en grandes cantidades, en cuanto cayó la noche. El buen señor de Douglas había visto un lugar a dos millas de allí, en donde el ejército escocés podría acampar de forma más segura, y también defenderse mejor que en ningún otro lugar de aquella zona[19]. Era un bosque, y estaba completamente rodeado por un muro. Estaba casi todo lleno de árboles, mas tenía en medio un gran claro[20]. Hasta allí pensaba el de Douglas llevar a sus huestes por la noche. Así pues, sin demorarse más, atizaron sus fuegos y les echaron leña, y luego todos juntos se marcharon, y sin sufrir pérdidas llegaron hasta el bosque, y acamparon en la ladera, por encima del río, y tan cerca del agua como lo habían estado antes. Y por la mañana, al llegar el día, los ingleses echaron en falta a los escoceses, y sintieron gran asombro. Enviaron espías a que cabalgasen raudos a ver hacia dónde se habían ido, y pronto vieron, por las hogueras, que todo su ejército estaba acampado en el bosque, en el valle del Wear. Así pues, los ingleses se aprestaron sin mayor demora, y se dirigieron hacia ellos, y en la otra orilla del río Wear mandaron levantar sus pabellones, tan cerca de los escoceses como lo habían estado antes. Así estuvieron, a ambos lados, ocho días. Los ingleses no se atrevían a atacar a los escoceses en lucha abierta, debido a lo seguro de la posición que éstos habían ocupado. Todos los días había justas de guerra, y se libraba alguna escaramuza, y en ambos bandos se hacían prisioneros. Los que caían presos un día, al otro día eran rescatados. Mas no hubo allí grandes hazañas que sean dignas de ser recordadas, hasta que al séptimo día sucedió que el señor de Douglas vio un camino por donde podría rodearlos, y atacarlos por el otro lado. Al atardecer se preparó, y se llevó consigo una buena mesnada; quinientos de a caballo, fuertes y ardidos, y por la noche, muy en secreto, cabalgó hasta que casi hubo rodeado al ejército inglés, y, desde el lado opuesto, cabalgó hacia ellos con sigilo. A la mitad de los hombres que iban con él les mandó llevar desnudas las espadas, y que cortaran en dos las cuerdas para así hacer caer los pabellones sobre los que estaban dentro de ellos. Entonces los demás, que iban detrás, deberían traspasarlos con sus lanzas, y cuando le oyeran tocar el cuerno, deberían bajar hasta el río. Una vez dicho esto que aquí os cuento, cabalgaron raudos hacia sus enemigos, que no habían puesto centinelas por aquel lado. Y cuando ya estaban muy cerca, un inglés que se estaba calentando junto a un fuego, le dijo a su compañero:

---

[18] Debe entenderse el Sacro Imperio Romano contemporáneo. En el libro XIII se hace una alusión parecida referida a Bruce, de la que seguramente se deriva ésta.

[19] En ambos manuscritos esta oración comienza como una subordinada de relativo que no se concluye: *And than the gud lord off Douglas, that spyit had a place thar-by...* Se ha traducido omitiendo el relativo.

[20] Se trata de Stanhope Park.

–No sé qué nos podrá ocurrir aquí, pero a mí me asalta un gran miedo; temo mucho a ese Douglas negro.

Entonces oyó a Douglas contestarle:

–Yo te he de dar motivos, a fe mía.

Dicho eso, con toda su compañía cargó contra ellos muy ardidamente. Hicieron caer los pabellones, y con lanzas de puntas muy afiladas atravesaron a los hombres sin piedad. Pronto se alzó un gran estruendo y griterío, y los escoceses cortaron, alancearon y mataron, y derribaron pabellones con ahínco. Allí hicieron una cruel matanza, pues los ingleses, que yacían desarmados, no podían defenderse en modo alguno, y les quitaron la vida sin clemencia. Les hicieron aprender muy bien que era locura dormir tan cerca del enemigo, sin haber dispuesto una buena guardia. Los escoceses siguieron allí, matando a sus enemigos de esta guisa hasta que se alzó la voz por todo el ejército inglés, y primero unos y luego otros comenzaron a moverse. Y cuando el de Douglas supo que se estaban armando todos ellos, tocó su cuerno para reagrupar a sus hombres, y los mandó dirigirse hacia el río. Así lo hicieron, y él se quedó el último, por ver que no quedara atrás ninguno de los suyos. Mientras estaba así, quieto, se le acercó uno con un garrote en la mano y le asestó un golpe tan tremendo, que de no ser por su gran fortaleza, y su extraordinaria hombría, en ese mismo sitio habría muerto. Mas él, que nunca supo qué es el miedo, aunque a menudo se vio muy acosado, con su gran fuerza y su gran hombría fue al fin capaz de darle muerte al otro.

Sus hombres, que habían cabalgado todos a una hacia el río, al llegar allí lo echaron en falta, y temieron mucho por su vida. Unos a otros se pedían noticias, mas no lograban saber nada de él. Entonces decidieron todos juntos que subirían de nuevo a buscarlo, y cuando estaban más temerosos, oyeron un toque de su cuerno, y ellos, que lo reconocieron en seguida, se alegraron sobremanera de su llegada, y le preguntaron la causa de su tardanza. Él les contó cómo un hombre con un garrote le había cerrado el paso y le había dado tan mal golpe que, de no haberlo ayudado la fortuna, habría estado expuesto a un gran peligro[21].

Hablando de este modo siguieron su camino hasta que regresaron a su ejército. Armados y a pie los esperaban, para ayudarlos si era menester. En cuanto el señor de Douglas se reunió con el conde de Moray, éste le pidió noticias de cómo les había ido la salida.

–Señor –le dijo Douglas–, les hemos hecho sangre.

El conde, que tenía gran coraje, dijo:

–Si hubiésemos ido todos, los habríamos vencido totalmente.

–Bien pudiera haber sido –contestó él–, mas sin duda fuimos suficientes para exponernos a ese riesgo, pues si nos hubieran derrotado a los que pasamos hasta allí, de haber sido muchos, se habrían desanimado los que se quedaron aquí.

El conde dijo:

---

[21] Este ataque nocturno de Douglas aparece en todas las crónicas, pero Barbour parece seguir un relato escocés bien informado. Es el único que se refiere al "golpe de garrote", y sin embargo omite los detalles que más impresionaron a otros, como que Douglas cortó las cuerdas del pabellón del rey Eduardo III y mató a su capellán, que estaba armado.

–Puesto que es así, y no podemos atacar a nuestro cruel enemigo con alguna argucia, lo haremos en una guerra abierta.

Contestó Douglas:

–Por Santa Brígida[22], sería una gran locura que en este momento luchásemos nosotros contra semejante ejército, que cada día aumenta en poderío, y tiene abundantes vituallas. Nosotros estamos en su país, en donde no nos puede llegar ningún socorro. Es difícil que puedan rescatarnos de aquí, y no podemos conseguir más alimentos; sólo hemos de comer lo que tenemos. Así pues, hagamos con nuestros enemigos, que están ahí, delante de nosotros, como me contaron no hace ni un año que hizo un zorro con un pescador.

DE CÓMO EL ZORRO ENGAÑÓ AL PESCADOR.[23]

–¿Y qué hizo el zorro? –preguntó el conde. Douglas le respondió:

–Había una vez un pescador que vivía junto a un río, para atender las redes que allí echaba. Se había construido una choza pequeña, y dentro de ella tenía una cama, y también un pequeño hogar. Tenía una puerta, nada más. Una noche, se levantó para vigilar las redes, y allí permaneció mucho tiempo. Cuando hubo terminado, se encaminó de nuevo a su choza, y a la luz del pequeño fuego que allí ardía, vio que dentro había un zorro que se estaba comiendo un salmón. Se fue hasta la puerta muy aprisa, desenvainó la espada raudo, y dijo:

–¡Ladrón! Para salir has de pasar por ésta.

El zorro, que tenía mucho miedo, miró a su alrededor, en busca de algún agujero, mas no pudo ver otra salida que no fuera aquélla en donde el hombre se había plantado. Entonces vio un manto gris que había junto a él, sobre la cama, y con los dientes lo echó al fuego. Cuando el hombre vio que su manto se quemaba, corrió en seguida a rescatarlo. El zorro entonces salió más que a paso, y se marchó hacia su guarida. Así dejó al hombre engañado: perdió su buen salmón, se le quemó el manto, y el zorro logró escapar ileso. Este ejemplo lo puedo aplicar bien a ese ejército y a los que aquí estamos; nosotros somos el zorro, y ellos el pescador que nos cierra el camino. Piensan que no podemos escapar si no es por donde están, mas a fe mía que no ha de salir todo como esperan, pues yo he mandado buscarnos un camino, y aunque nos resulte algo mojado, no hemos de perder ni un solo paje. Nuestros enemigos creerán que hemos de estar tan ufanos por esa pequeña astucia de antes, que nos atreveremos a luchar abiertamente contra ellos. Mas ahí errará su pensamiento, pues mañana nosotros, durante todo el día, nos divertiremos lo mejor que podamos, y nos prepararemos para la noche. Luego mandaremos encender nuestras hogueras, tocaremos los cuernos, y nos

---

[22] La iglesia del señorío de Douglas estaba dedicada a Santa Brígida (*saynct Brid*).

[23] McDiarmid dice que no ha localizado esta variante de las muchas fábulas de pescadores y zorros, pero que en todo caso sólo es aplicable de forma muy superficial. Los escoceses utilizan una táctica de distracción para hacer que los ingleses mantengan la atención fija en su campamento y una previsible batalla.

comportaremos como si el mundo entero fuera nuestro, hasta que haya caído bien la noche. Entonces, con armas y bagajes, nos iremos a toda prisa hacia nuestra tierra, y seremos guiados velozmente hasta que estemos fuera del alcance del peligro que nos rodea aquí. Entonces ya estaremos a nuestras anchas, y ellos se sentirán muy engañados, cuando vean que nos hemos escapado.

Todos estuvieron de acuerdo con esto, y esa noche se divirtieron bien, hasta que clareó el día siguiente. Por la mañana, y secretamente, recogieron armas y bagajes, de modo que antes del atardecer ya estaban dispuestos. Sus enemigos, que estaban enfrente, hicieron llevar a sus muertos en carros hasta tierra consagrada. Pasaron todo el día con los carros, llevándose a los hombres que habían muerto. Bien se puede entender que eran muchos, cuando llevarlos costó tanto tiempo. Ambos ejércitos pasaron ese día en paz, y cuando se aproximó la noche, los escoceses que estaban en el bosque comenzaron a festejar y a divertirse, y tocaron los cuernos y encendieron fuegos. Los hicieron bien grandes y brillantes, de modo que esa noche las hogueras fueron más, y mayores que ninguna otra vez. Cuando la noche estuvo bien entrada, llevándose sus armas y bagajes, se pusieron en marcha muy en secreto. Pronto se adentraron en un pantano, que tenía una anchura de dos millas. Allí entraron a pie, llevando los caballos de las bridas. Era un camino muy arduo, mas con ramas del bosque hicieron fajinas, y las llevaron con ellos, y las emplearon para atravesar las charcas. Así consiguieron pasar sus caballos de tal guisa que todos cuantos había allí salieron del pantano sanos y salvos, y perdieron muy pocos bagajes, quitando algún caballo de carga que quedó caído en el pantano. Cuando todos ellos, tal como he contado, hubieron atravesado aquel pantano, sintieron una enorme alegría, y cabalgaron hacia su tierra.

Por la mañana, al llegar el día, los ingleses vieron el campamento de los escoceses todo vacío. Se maravillaron mucho, y enviaron a varios de sus hombres a ver por dónde se habían ido, hasta que al fin hallaron sus huellas, que los llevaron hasta el gran pantano, el cual era tan temible de vadear, que ninguno de ellos osó aventurarse. Regresaron de nuevo a su ejército, y contaron cómo los escoceses habían pasado por donde nunca lo había hecho hombre alguno. Cuando los ingleses lo oyeron, en seguida decidieron en consejo no seguirlos más. Entonces se desbandó ese ejército, y cada uno se fue por su camino.

El rey Roberto, a quien le llegaron noticias de que sus hombres estaban en el bosque, y del peligro en que se encontraban, reunió aprisa un ejército, y envió diez mil hombres fuertes y ardidos, al mando de dos condes, el de March y el de Angus, a socorrer a los que estaban en el valle del Wear[24]. Si lograban reunirse unos y otros, pensaban que podrían atacar al enemigo. Ocurrió que en el mismo día en que atravesaron el pantano, tal como me habéis oído contarlo, la avanzada que cabalgaba por delante del ejército de Douglas vio otro ejército, y como eran fuertes y valientes, se dispusieron a pelear al encontrarse, lanzando fuertemente sus gritos de guerra. Por los gritos se dieron cuenta de que eran amigos y de un mismo bando. Entonces se los pudo ver alegres y contentos; se apresuraron a

---

[24] Se trata de Patrick, conde de March, y John Stewart of Bonkill, a quien se llama duque de Angus en un privilegio de 1329.

decírselo a sus señores. Luego se reunieron los dos ejércitos. Hubo allí muy calurosas bienvenidas entre los grandes señores; mucho se alegraron de ese encuentro. Patricio, conde de March, y su mesnada llevaban vituallas en grandes cantidades, y con ellas pronto aliviaron a sus amigos, pues, a decir verdad, mientras estuvieron en el valle del Wear sufrieron gran escasez de alimentos; pero ahora se repusieron con gran abundancia.

Con juegos y alegría se dirigieron hacia Escocia. Llegaron allí con bien, se desbandaron, y cada uno se fue por su camino. Los señores se fueron a ver al rey, que les dio una buena bienvenida, pues mucho se alegró de su regreso, y ellos, que habían salido de tan gran peligro sin sufrir pérdidas, lo festejaron, muy contentos todos.

Roberto de Bruce. Estatua de C. d'O. Pilkington Jackson.

Libro XX

De cómo el buen rey Roberto de Bruce coronó a su joven hijo David y a la princesa Juana, su esposa.

Poco después de que el conde de Moray, sir Tomás, hubiera regresado de ese modo del valle del Wear, el rey reunió a todos sus hombres, sin dejarse a ninguno que fuera capaz para la lucha. Reunió un gran ejército, y lo dividió en tres partes. Una de ellas se dirigió sin más demora a Norham, y allí emprendió un fuerte asedio, manteniendo cercados a los que estaban dentro del castillo. La otra parte se dirigió a Alnwick, y allí emprendió otro cerco. Mientras tenían asediados esos castillos de los que he hablado, a menudo se hicieron salidas osadas, y se llevaron a cabo hermosas hazañas de caballería, de forma muy valiente[1].

El rey dejó a sus hombres en esos castillos, tal como he contado, y con la tercera parte del ejército se paseó de bosque en bosque, para divertirse cazando, como si aquellas tierras fueran suyas. A los que estaban allí con él les entregó como feudos hereditarios las tierras de Northumberland que lindaban con Escocia, y ellos pagaron los derechos por los sellos de aquellas escrituras[2]. De este modo avanzó destruyendo, hasta que el rey de Inglaterra, por consejo del señor de Mortimer y de su madre, que entonces mandaban sobre él, que era joven[3], envió mensajeros a negociar la paz con el rey Roberto. Estos se apresuraron mucho, y consintieron en aceptar una paz perpetua, y concertaron un matrimonio entre David, hijo del rey Roberto, que entonces apenas tenía cinco años, y la infanta Juana, la de la Torre de Londres, que luego fue muy principal. Era hermana del joven rey que entonces tenía el gobierno de Inglaterra, y en esos días contaba siete años. Muchos documentos y cartas que entonces tenían los ingleses en contra de Escocia los cedieron por aquel tratado, así como todos los derechos de cualquier clase que pudieran tener sobre Escocia[4]. El rey Roberto, por los muchos daños

---

[1] Norham está a unos 12 Kms. al suroeste de Berwick, en la actual frontera entre Inglaterra y Escocia. Alnwick está a unos 45 Kms. al sureste de Berwick. Las crónicas recogen cómo las tropas de Bruce asolaron Northumberland en abril y mayo de 1328; en agosto y septiembre, Bruce asedió Norham, y Moray y Douglas, Alnwick.

[2] Barrow en su *Robert the Bruce* comenta que se llegó a pensar que Bruce quería anexionarse Northumberland, lo que se podía deducir del hecho de que concediera privilegios en esas tierras, pero opina que seguramente sólo pretendía llevar a cabo una demostración de fuerza que obligara a Inglaterra a negociar la paz.

[3] Eduardo III, nacido en 1312, subió al trono el 1 de febrero de 1327 cuando su padre, Eduardo II, abdicó en su favor, presionado por su esposa la reina, por Roger Mortimer, amante de ésta, y por los barones.

[4] Barbour resume aquí los puntos principales del tratado de Northampton, firmado en esa ciudad el 4 de mayo de 1328, por el cual se reconoció la soberanía de Escocia. Uno de los documentos más importantes devueltos por Inglaterra era el llamado *Ragman Roll*, de 1296, firmado por más de 2.000 escoceses —entre ellos Bruce— que aceptaron la soberanía de Eduardo I de Inglaterra. Curiosamente Barbour no nombra el compromiso inglés de mediar ante el papa para que le fuera levantada la excomunión a Bruce, ni tampoco la devolución de la Piedra del Destino de Scone, que figuraba en el tratado, aunque esta parte no se cumplió. Joan, hermana de Eduardo III, había nacido en la Torre de Londres en julio de 1321.

que les había causado en la guerra a los ingleses con mano valiente, se comprometió a pagar veinte mil libras de plata en buena moneda. Cuando hubieron acordado todas estas cosas, y por medio de sellos y juramentos afirmaron la paz y la amistad que no habían de cesar por ningún motivo, dispusieron que el matrimonio tuviese lugar en Berwick, y fijaron el día en que habría de celebrarse. Luego cada uno regresó a su país. Así se hizo la paz donde antes había guerra, y así se levantaron los asedios. El rey Roberto ordenó que se pagara la plata, e hizo que se emprendieran preparativos para el banquete del día en que se casara su hijo. Mandó al conde de Moray, sir Tomás Randolph, y al buen señor de Douglas que se ocuparan de disponer esa fiesta, pues a él le sobrevino un malestar tan grande, que en modo alguno pudo estar allí. Su enfermedad comenzó por el enfriamiento, pues de tener que acostarse al aire libre cuando se encontraba tan acosado, le sobrevino esa calamidad. Estando enfermo, se quedó en Cardross[5], y cuando llegó el día señalado para la boda, el conde de Moray y el señor de Douglas llegaron a Berwick con un gran acompañamiento, llevando con ellos al joven David. La reina inglesa y el de Mortimer llegaron por la otra parte, con gran pompa y majestad. Traían con ellos a la joven princesa, de gran belleza y muy bien adornada. Allí se celebró aquella boda, con gran festejo y solemnidad. Se pudo ver contento y alegría, pues hicieron allí una gran fiesta, y los ingleses y los escoceses se solazaron y alegraron juntos. No hubo entre ellos felonías. La fiesta duró muy largo tiempo, y cuando se dispusieron a marcharse, la reina dejó allí a su hija con grandes riquezas y ropajes reales. Creo que en mucho tiempo no hubo dama que fuera entregada con tan rico ajuar. El conde y el señor de Douglas la recibieron con gran cortesía, y no hay duda de que era merecida, pues ella llegó a ser la mejor dama, y la más hermosa que se haya visto. Después de esta gran solemnidad, cuando se hubieron despedido por ambas partes, la reina regresó a Inglaterra, y se llevó con ella a Mortimer. El conde Tomás Randolph y los que quedaban, cuando la hubieron acompañado algún tiempo, cabalgaron de nuevo hasta Berwick, y luego, con toda su compañía, se apresuraron a ir a ver al rey, y llevaron con ellos al joven David, y a la joven dama, la princesa Juana. El rey les dio una buena bienvenida, y después, sin mayor demora, mandó convocar cortes, y se dirigió allí con muchos hombres, pues pensó que quería, estando vivo, coronar a su hijo y a su esposa, y así lo hizo en esas cortes. Con gran ceremonia y gran solemnidad fue coronado el rey David, y todos los señores que allí estaban y también los hombres comunes le rindieron homenaje y juraron lealtad.

Mas antes de que fueran coronados, el rey Roberto ordenó allí que si ocurriera que su hijo David muriese sin haber tenido un heredero varón engendrado de su cuerpo, entonces Roberto Stewart, el hijo de su hija Margarita, habría de ser

---

[5] Se cree que Bruce estaba leproso, pero el autor no quiere citar la enfermedad, tanto por lo que supone imaginar al rey desfigurado como por las connotaciones de castigo divino que tenía la lepra, como explica McDiarmid, que cita varios ejemplos de la literatura escocesa. La primera noticia de la enfermedad del rey es de julio de 1327. Cardross está en la margen derecha del Leven, frente a Dumbarton, y Bruce se había construido una residencia allí dos años antes. A la boda en Berwick asistió la reina madre inglesa, pero ninguno de los dos reyes estuvo presente.

rey, y gobernar con toda majestad[6]. Este acuerdo habían de jurarlo lealmente todos los señores, y había de ser sellado allí. Y si sucediera que el rey Roberto pasara a estar con Dios mientras ellos aún eran jóvenes, el buen conde de Moray, sir Tomás, y también el señor de Douglas, habrían de gobernar en su lugar hasta que esos jóvenes tuvieran la sabiduría para hacerlo, y entonces se ocuparían ellos del reino. Los dos prestaron sus juramentos, y todos los señores que allí estaban también juraron a los dos regentes que los obedecerían lealmente si es que tenían que ejercer sus cargos[7].

Cuando así hubieron acordado todos estos asuntos, y quedaron firmes de manera segura, el rey regresó a Cardross en seguida, y allí la enfermedad lo embargó tan cruelmente, y lo castigó tanto, que supo que le había llegado la hora de sufrir el fin común que tiene esta vida, que es la muerte, cuando Dios la envía. Así que pronto mandó cartas a todos los señores de su país, y ellos acudieron a su llamada. Entonces hizo su testamento ante los señores y los prelados, y a la religión, por el bien de su alma, dio grandes cantidades de plata. Hizo buenas previsiones para su alma, y cuando todo eso estuvo hecho, dijo:

–Señores, me han pasado tantas cosas que sólo me queda una, que es la muerte, que todo hombre ha de soportar sin miedo. Le doy gracias a Dios, que me ha dado tiempo de arrepentirme en esta vida, pues por mi causa, y por mi guerrear, ha habido mucha sangre derramada, y muchos inocentes que han muerto, así que acepto esta enfermedad y este dolor como pago por mis culpas. Cuando yo estaba en mi prosperidad, decidí firmemente en mi corazón luchar contra los enemigos de Dios para salvar mi alma. Puesto que ahora él me lleva consigo, de modo que el cuerpo no puede cumplir aquello que decidió el corazón, yo quisiera que ese corazón, en donde se concibió ese propósito, fuera enviado allí. Así que os ruego a todos que me escojáis a uno entre vosotros, que sea honrado y sabio y fuerte, y un noble caballero por sus hechos, que, cuando se hayan separado mi alma y mi corazón, lleve éste a la lucha contra los enemigos del Señor, pues yo desearía que lo llevasen allí dignamente, puesto que es voluntad de Dios que yo no tenga ya fuerza para ir[8].

Entonces se entristecieron tanto sus corazones que ninguno pudo contener el llanto. Él les pidió que dejaran sus lamentos, pues no habían de aliviarlos, y podían afligirlos grandemente, y les rogó que hicieran pronto aquello que les había encargado. Salieron con el ánimo decaído, y entre ellos, les pareció bueno

---

[6] Como ya se ha indicado, éste fue el origen de la dinastía de los Estuardo.

[7] En febrero y marzo de 1328 se celebraron cortes (parlamento) en Edimburgo, pero las que habían decidido la cuestión sucesoria se habían celebrado en Cambuskenneth en 1326: Thomas Randolph, conde de Moray, sería el regente, y, en caso de que él muriera, lo sería Douglas.

[8] McDiarmid cita la crónica de Le Bel, en francés, que expresa este deseo del rey casi con las mismas palabras, y concluye que él y Barbour tienen una misma fuente. Le Bel dice que el rey escogió a Douglas, pero Barbour hace que el Consejo lo recomiende. Nada se dice de que el corazón tuviera que ser enterrado en el Santo Sepulcro, como añadió luego Froissart en su crónica. El deseo del rey de que su corazón fuera llevado contra sus enemigos en la batalla es en lo que se basó la misiva de absolución por la mutilación del cadáver de Bruce enviada por el papa el 6 de agosto de 1331, y para cumplir ese mismo deseo Eduardo III le concedió un salvoconducto a Douglas el 1 de septiembre de 1329.

que el valeroso señor de Douglas, [que era sabio a más de muy valiente, se ocupase de aquella empresa. Todos estuvieron de acuerdo, así que regresaron hasta el rey y le dijeron que en verdad opinaban que era el osado señor de Douglas][9] quien estaba mejor dotado para esa empresa. Cuando el rey supo que habían decidido que llevara su corazón aquél que él más deseaba que lo hiciera, dijo:

–Así me salve Dios, me siento muy bien pagado de que lo hayáis escogido, pues su bondad y su valor me hicieron anhelar, desde que pensé en hacer esto, que fuera él quien lo llevara, y puesto que estáis todos de acuerdo, resulta aún más grato para mí. Veamos ahora qué nos dice él.

Cuando el buen señor de Douglas supo que así se había acordado aquello, fue a arrodillarse ante el rey, y de este modo le dio las gracias:

–Señor, os agradezco grandemente las muchas larguezas y bondades que me habéis hecho en tantas ocasiones desde que entré a vuestro servicio, mas sobre todas las cosas agradezco que hayáis deseado que tome a mi cuidado una cosa tan digna y valiosa como lo es vuestro corazón, que estuvo iluminado por toda bondad y todo valor. Por vos, señor, yo emprenderé gustoso este viaje, si Dios me concede tiempo y espacio de vida suficientes.

El rey se lo agradeció tiernamente. No hubo nadie en aquella compañía que no llorase de pena; era muy doloroso ver tanta tristeza.

MUERTE DE ROBERTO DE BRUCE, REY DE ESCOCIA.[10]

Cuando el señor de Douglas, de esta manera, aceptó acometer tan alta empresa cual era llevar el corazón del buen rey a la guerra contra los enemigos de Dios, fue muy alabado por su decisión.

Y la enfermedad del rey fue a más y a más, hasta que al fin el doloroso hecho se aproximaba raudo. Y cuando al rey le hubo sido administrado todo lo que corresponde a un buen cristiano, con verdadero arrepentimiento entregó el espíritu, que Dios acogió en el cielo para que viviera entre sus elegidos en alegría, solaz y regocijo angelical.

Cuando su pueblo supo que había muerto, el dolor brotó de lugar en lugar. Allí se podía ver a hombres mesarse los cabellos, y a todos los caballeros llorar con gran tristeza, y apretar los puños muchas veces, y como hombres locos rasgarse las ropas, lamentándose por su valiente generosidad, su inteligencia, su fuerza y su honradez, y, sobre todo, por la mucha compañía que a menudo les hacía cortésmente.

–¡Ay! –decían–. Quien fue toda nuestra defensa y nuestro consuelo, nuestra sabiduría y gobierno, llega ¡ay! aquí a su fin; su valor y su gran fuerza hacían tan vigorosos a todos los que estaban con él, que nunca podían sentirse decaídos mientras pudieran verlo al frente de ellos. ¡Ay! ¿Qué podemos decir o hacer? Pues

---

[9] Los versos correspondientes aparecen en el manuscrito de Cambridge, pero no en el de Edimburgo.
[10] Bruce murió el 7 de junio de 1329, a los 53 años.

mientras él aún estaba en vida éramos temidos por todos nuestros vecinos, y hasta muchos y diversos países llegó el renombre de nuestro valor; ¡y todo eso fue por su persona!

Con tales palabras hicieron sus lamentos, y sin duda no había en ello de qué maravillarse, pues mejor gobernante que él no se podría hallar en país alguno. Yo creo que ninguno que esté vivo alcanzaría a describir las lamentaciones que aquellas gentes hicieron por su señor. Y cuando así se hubieron quejado mucho tiempo, y le hubieron sacado limpiamente las entrañas al rey muerto, al que embalsamaron ricamente, y el buen señor de Douglas hubo recibido su corazón, tal como ya se había acordado, con gran respeto, entonces, con gran ceremonia y solemnidad lo llevaron a Dunfermline y luego lo enterraron solemnemente en una hermosa tumba en el coro[11]. Los obispos y prelados que allí estaban lo absolvieron, y el oficio fue llevado a cabo de la mejor manera posible. Luego, al día siguiente, tristes y afligidos regresaron por su camino.

Cuando el buen rey hubo sido enterrado, el conde de Moray, sir Tomás, tomó el gobierno de todo el país. Todos obedecieron su mandato. Y entonces el buen señor de Douglas mandó hacer una caja de fina plata, esmaltada con gran esmero. En ella guardó el corazón del rey, y siempre la llevaba colgada en torno al cuello. Con rapidez se aprestó para el viaje: dictó su testamento, ordenó cómo deberían ser gobernadas sus tierras por sus amigos hasta su regreso, y dispuso todas las demás cosas que en cualquier modo le atañían, con tan buena y tan sabia previsión que, en caso de que él muriera, ninguna podría ser enmendada[12].

Después de haberse despedido, marchó a Berwick a embarcarse, y con una noble compañía de caballeros y escuderos se hizo a la mar. Emprendió una larga navegación; entre Cornualles y Bretaña navegó, y dejó La Coruña de España al norte; mantuvieron el rumbo hasta que llegaron a Sevilla la grande. Mas él y sus hombres fueron castigados duramente por las tempestades en la mar. A pesar de ello, arribaron allí sanos y salvos[13]. Llegaron a la gran Sevilla, y luego, en poco tiempo, condujeron a tierra los caballos y se alojaron en la ciudad. Douglas se comportó muy generosamente, pues iba con una buena compañía y llevaba bastante oro para gastar.

El rey Alfonso[14] lo mandó llamar y lo recibió de muy buen modo, ofreciéndole en gran abundancia oro y joyas, caballos y armaduras. Mas él no quiso acep-

[11] En la abadía de Dunfermline (a unos 20 Kms. al noroeste de Edimburgo, atravesando la ría del Forth) estaban enterrados la mayoría de los reyes de Escocia desde Edgardo. Antes de su muerte, Bruce había hecho encargar una tumba en París. En 1819, durante el transcurso de unas obras, se exhumó allí un esqueleto con el esternón serrado para llegar al corazón.

[12] Comienza la narrración del viaje de Douglas a España. Véase el *Apéndice*, basado en los estudios de Blanca Krauel y José Enrique López de Coca, que se añade al final del poema. Las notas a pie de página se reducen aquí al mínimo cuando se ofrece una explicación más detallada en ese apéndice.

[13] Douglas debió de zarpar a principios de 1330. Le Bel dice que estuvo en Flandes antes de dirigirse a España. Skeat interpretó *the grunye of spainye* como "the ground of Spain", la tierra de España, pero McDiarmid lo reconoce como el topónimo La Coruña. Le Bel en su crónica habla de "Valence la grand" en lugar de Sevilla, lo que es un error.

[14] Alfonso XI de Castilla. En el manuscrito de Edimburgo pone "the king *alsone* him eftre send" (el rey *en seguida* envió a buscarlo) y en el de Cambridge también: *all soyne*, que es la lectura defen-

tar cosa alguna, pues dijo que había emprendido ese viaje como su peregrinación contra los enemigos de Dios, para que sus trabajos ayudasen a su alma; y que como sabía que el rey estaba en guerra contra los sarracenos, se quedaría allí y lo ayudaría lealmente lo mejor que pudiera[15]. El rey se lo agradeció con cortesía, y le confió bravos hombres, que conocían bien cómo era la guerra en esas tierras y también la manera de guerrear allí; luego regresó a su alojamiento, cuando el rey le hubo dado su permiso.

Allí hizo Douglas una larga estancia. Caballeros venidos de tierras muy lejanas llegaban presurosos para verlo, y lo honraban muy grandemente; y más que los demás, de forma extraordinaria, los caballeros ingleses que allí estaban le rendían honores y hacían compañía. Entre aquellos extranjeros había un caballero que era tenido por tan fuerte y valiente que se lo consideraba uno de los mejores de toda la cristiandad. Tan terriblemente marcado estaba su rostro que lo tenía casi todo cubierto de cicatrices. Antes de ver al señor de Douglas, suponía que también su rostro estaría lleno de señales, mas Douglas no mostraba marca alguna. Cuando no vio ninguna cicatriz, dijo que le admiraba enormemente que un caballero tan osado y tan afamado por su gran valor, pudiera llevar el rostro sin marcas. A esto contestó Douglas humildemente diciendo:

—Alabado sea Dios, yo siempre tuve manos para defender mi cabeza.

Quienes quisieran prestar atención a esta respuesta, verían en ella la observación de que, si aquel que hizo la pregunta hubiera tenido manos para guardar su rostro, que por falta de defensa estaba partido en varios lugares, ahora tendría, quizá, la cara sana y salva. Los buenos caballeros que allí estaban estimaron en mucho esta respuesta, pues si fue dada con palabras llanas, encerraba una gran sabiduría. De este modo permanecieron quietos hasta que oyeron decir por todas partes que el gran rey benimerín, con muchos sarracenos corajudos, había entrado en la tierra de España para arrasar todo el país[16].

El rey de España, por su parte, reunió sus huestes velozmente y las dividió en tres batallas. Al señor de Douglas le confió la de vanguardia, para que la mandase y dirigiese; todos los extranjeros estaban con él. Ordenó que el Gran Maestre de Santiago tomase la otra batalla. El propio rey tomó la de retaguardia. Así ordenados avanzaron para encontrarse con sus enemigos, que, en un cuerpo unido, en orden de combate, iban hacia ellos fieramente. Una vez que Douglas, que era tan valeroso, hubo hecho una buena amonestación a aquéllos a los que mandaba para que obrasen bien, y no temiesen la muerte, pues la felicidad del cielo sería su recompensa si muriesen en el servicio de Dios, entonces, como los buenos y sabios guerreros, con ellos atacó valientemente. Allí se pudo ver una cruel lucha, pues eran todos fuertes y valientes los que luchaban en el bando cristiano.

dida por Skeat, pero en la edición de 1571 pone *"the king Alphous"*, y McDiarmid y Stevenson enmiendan a *Alfons*, suponiendo que en el original se recogía el nombre.

[15] Douglas, que va como cruzado, no acepta ser mercenario de Alfonso, pero sí ayudarle en la lucha contra los infieles.

[16] Alfonso XI se había desplazado de Toledo a Córdoba a comienzos del verano de 1330 para iniciar los preparativos del sitio de la fortaleza de Teba, en el reino de Granada. Por entonces llegarían los escoceses a Sevilla, y el rey los hizo llamar. Había milicias benimerines a sueldo del rey de Granada.

[Mas os diré lo que hizo Douglas antes de que se enzarzaran en la lucha. El corazón de Bruce, que colgaba sobre su pecho, lo lanzó al campo de batalla, bastante más lejos que un tiro de piedra, y dijo:

–Pasa ahora tú el primero, como solías serlo en el campo; y yo te seguiré, o bien hallaré la muerte.

Y así lo hizo sin tregua; luchó hasta alcanzar el corazón, y lo recogió con gran cuidado, y siempre lo tuvo con él en el campo de batalla][17].

Tan fuerte lucharon con todas sus fuerzas que muchos sarracenos fueron muertos; sin embargo, y de modos muy crueles, también muchos cristianos fueron derribados allí. Pero, por fin, el señor de Douglas y la gran mesnada que iba con él acosaron tan fuertemente a los sarracenos que todos ellos volvieron las espaldas. Ellos los persiguieron con todas sus fuerzas y mataron a muchos en la persecución. Tanto los persiguió el señor de Douglas con unos pocos hombres, que sobrepasó a todos los demás que iban tras ellos. No llevaba con él más de diez hombres de entre cuantos lo acompañaban. Cuando vio que todos habían huido, emprendió el regreso hacia su ejército; los sarracenos, al ver que sus perseguidores se daban la vuelta, se reagruparon con gran fuerza. Y cuando el buen señor de Douglas, como antes dije, estaba regresando, entonces vio, muy cerca junto a él, que sir Guillermo de Sinclair[18] estaba rodeado por una gran mesnada. Se enojó y dijo:

–¡Ay! ese valiente caballero morirá pronto si no recibe ayuda, y nuestra hombría nos ordena que lo ayudemos presto, puesto que estamos tan cerca de él; y Dios sabe muy bien que nuestro propósito es vivir y morir a su servicio; en todo cumpliremos su voluntad, y no evitaremos peligro alguno hasta que lo saquemos de ese aprieto, o nos den muerte a todos junto a él.

Dicho esto, espolearon raudos sus caballos, y con gran prisa pronto cerraron contra los sarracenos, y se abrieron espacio entre ellos. Golpearon fuerte con todas sus fuerzas, y dieron muerte a muchos de ellos. Jamás tan pocos hombres se defendieron tanto contra tal número de enemigos, como hicieron éstos mientras pudieron resistir y dar batalla. Mas ningún valor los pudo ayudar allí esa vez, pues a todos les dieron muerte. Los sarracenos eran tantos que casi había veinte por cada uno. Al buen señor de Douglas lo mataron, como también a sir Guillermo de Sinclair y a otros dos valientes caballeros; uno se llamaba sir Roberto Logan, y el otro sir Gualterio Logan, cuyas almas Nuestro Señor en su gran poder acoja en las alturas de los cielos[19].

---

[17] Las líneas entre corchetes corresponden a 12 versos que no aparecen en ninguno de los dos manuscritos, pero sí en la edición de 1571 y en la de Hart de 1616. Skeat los incorpora y da sus razones para creer que sí estaban en el original, pero McDiarmid cree que fueron añadidos posteriormente, por alguien que conocía el *Buke of the Howlat*, escrito en 1446 por Richard Holland, en donde se encuentra este episodio. Señala además que cuatro de las rimas que aparecen en esos versos no se dan nunca en el resto del poema.

[18] Sir William Sinclair, de Roslin.

[19] Sir William Logan y sir Robert Logan eran vecinos de Douglas en Lanarkshire. Parece ser que Douglas fue objeto de una estratagema de los moros. Véase el *Apéndice* que sigue.

Así murió el buen señor de Douglas; los sarracenos no permanecieron más en ese lugar, y emprendieron su camino; allí abandonaron a sus caballeros muertos. Algunos de los hombres del señor de Douglas, que habían encontrado muerto a su señor, casi enloquecieron de dolor y tristeza. Lloraron sobre él un largo tiempo, y luego, con gran duelo, lo llevaron con ellos. Allí encontraron el corazón del rey, y también lo recogieron[20]; partieron hacia sus cuarteles con llantos y grandes muestras de dolor; era de oírse su pena y su ira. Y el buen sir Guillermo de Keith[21]; que había permanecido acuartelado todo el día, pues había sufrido tal desgracia que no pudo acudir a la batalla, ya que su brazo estaba partido en dos, cuando vio a aquellas gentes con tal duelo, les preguntó en seguida qué ocurría, y ellos le contaron sin rodeos que su valiente señor había muerto a manos de los sarracenos, que se habían reagrupado. Cuando se enteró de lo sucedido, su duelo fue mayor que el de ninguno, y se quejó de forma tan extrema, que cuantos estaban junto a él quedaron asombrados. Mas es enojoso contar cómo se dolieron todos, y sirve de muy poca cosa. Los hombres bien pueden suponer, aunque nadie se lo diga, qué duro es, y qué dolor e ira causa, perder a un señor como él para quienes eran de su mesnada. Pues él era dulce y amable, y bien sabía tratar a sus amigos buenos, y derrotar con saña a sus enemigos mediante sus grandes hechos de armas. Era pequeño de cuerpo, y sobre todas las cosas amaba la lealtad. La traición le indignaba tanto que ningún traidor podía encontrarse cerca de él, con su conocimiento, sin recibir un buen castigo por su vileza. Yo creo que el leal Fabricio, que fue enviado desde Roma con una gran mesnada para luchar contra Pirro, no odiaba menos la traición que Douglas. En una ocasión en que este Pirro les hubo causado a Fabricio y a su mesnada una enorme derrota, de la que escapó a duras penas, y en la que muchos de sus hombres fueron muertos, cuando Fabricio reunió de nuevo a sus huestes, un gran maestro de la medicina, que estaba a las órdenes de Pirro, se le ofreció para matar a Pirro a traición, pues en la primera poción que le diera le habría de administrar un mortal veneno. Fabricio, asombrado de que le hubiera hecho tal propuesta, dijo:

–Sin duda, Roma tiene bastante fuerza para vencer bien a sus enemigos a través de sus armas en la lucha; jamás consentirá en la traición. Y puesto que has querido cometer tal traición, para obtener tu recompensa debes ir hasta Pirro, y dejarlo que haga contigo lo que su corazón desee.

Entonces, sin demora, envió a este maestro médico hasta Pirro, y le ordenó que le contase toda esta historia, de principio a fin. Cuando Pirro la hubo oído entera, dijo:

–Jamás existió un hombre que, de esta manera, se comportase tan lealmente con su adversario, como ahora lo ha hecho Fabricio conmigo. Tan difícil resulta conseguir que se aparte del camino recto, o que consienta en la maldad, como hacer regresar, a mediodía, al sol, que sigue avanzando por su curso.

---

[20] Si bien no parece cierta la historia de que Douglas lanzó el corazón de Bruce al campo de batalla, sí se nos ha dicho que siempre lo llevaba en torno al cuello.
[21] McDiarmid supone que se trata de sir William Keith, de Galston, en Ayrshire, cuyo valor en la toma de Berwick ha sido especialmente alabado por Barbour en el poema.

Esto dijo sobre Fabricio, el cual, después, venció a este mismo Pirro en abierta batalla, luchando duramente[22]. Su honrada lealtad me ha hecho traer aquí este ejemplo, pues Fabricio fue muy renombrado por su fidelidad; e igualmente lo fue el señor de Douglas, que fue honrado, leal y valiente, y que murió como hemos dicho antes. Todos se lamentaron por él, propios y extraños. Cuando sus hombres lo hubieron llorado largamente, le sacaron las entrañas, y luego lo hicieron hervir, de forma que se pudiera separar toda la carne de los huesos. Los despojos, allí, en lugar sagrado, fueron enterrados con gran devoción; los huesos se los llevaron con ellos, y luego regresaron a los barcos. Cuando se hubieron despedido del rey, que mucho se dolió de su desgracia, se hicieron a la mar, con viento favorable, y pusieron rumbo a Inglaterra, adonde arribaron sin percances. Luego se dirigieron hacia Escocia, y allí llegaron pronto, con gran prisa.

Los huesos fueron enterrados con grandes honores en la iglesia de Douglas, con duelo y gran pesar. Su hijo sir Archibaldo mandó después tallar ricamente una tumba de alabastro pulido y fino, cual convenía a un hombre tan renombrado[23].

Cuando de este modo sir Guillermo de Keith hubo llevado a casa los huesos de Douglas, y también el corazón del buen rey, y se hubo mandado construir con ricos adornos la sepultura, el conde de Moray, que entonces tenía el gobierno de toda Escocia, con gran devoción mandó enterrar el corazón del rey en la abadía de Melrose, donde siempre rezan los hombres por que él y los suyos ganen el paraíso[24]. Una vez terminado todo esto que aquí cuento, el buen conde siguió gobernando el país; él supo proteger bien a los pobres, y a los demás los gobernó tan bien, y mantuvo el país en tanta paz, que nunca antes de sus días hubo tiempos tan buenos, según oí decir a los mayores. Mas luego, ¡ay! él fue envenenado; fue una gran tristeza ver su muerte[25].

[22] El incidente se encuentra en *De Officiis*, de Cicerón (III, cap. 22) y también lo relata más brevemente Valerio Máximo en su capítulo 5, "De Justitia", pero, como señala McDiarmid, una historia moral tan popular sin duda se podría leer en otras fuentes. El discurso de admiración de Pirro puede ser invención de Barbour.

[23] Skeat sostuvo que se trata del hermano menor de James Douglas, Archibald, que murió en Halidon Hill en 1333. Pero más probablemente se trata de un hijo ilegítimo, Archibald. Este sería un niño cuando murió Douglas, y algunos han sostenido que estos versos se añadieron tras la redacción del poema en 1376, pero, tal como argumentan McKenzie y McDiarmid, aunque Archibald no accedió al condado de Douglas –que compró– hasta 1390, ya en 1369 era señor de Galloway, y había construido un hospital en la abadía de Hollywood, en Kirkcudbrightshire, en donde dejó encargadas oraciones por su padre, el rey Roberto, Edward Bruce y el rey David Bruce. Bien pudo encargar la tumba mucho antes de 1376. Murió en 1400.

[24] Recuérdese que según lo previsto en caso de muerte de Bruce antes de la mayoría de edad de su hijo David, el regente había de ser Thomas Randolph, conde de Moray (el otro regente previsto era el propio James Douglas). Por lo que se refiere al corazón de Bruce, en 1996 se encontró enterrada en la abadía de Melrose (en ruinas) una urna de plomo del s. XIV junto con una placa de cobre, fechada en marzo de 1921, en la que se explicaba que en el transcurso de unas obras se había encontrado la urna, "que contiene un corazón", y se había vuelto a dejar enterrada. Es posible, pero ya no demostrable, que se trate del corazón del rey.

[25] Thomas Randolph, sobrino del rey y su primer lugarteniente tras la muerte de Edward Bruce, murió el 20 de julio de 1332, pero no consta que fuera envenenado. A su muerte se produjo una invasión por parte de los nobles ingleses y escoceses desheredados en la guerra de independencia, dirigidos por el hijo de John Balliol, y eso parece haber dado lugar a la historia del envenenamiento.

Así murieron, pues, estos señores. Que aquel que es gran señor de todas las cosas los haga subir hasta su gloria, y conceda su gracia, para que sus descendientes gobiernen esta tierra sabiamente, y estén atentos a imitar, en todo punto de sus vidas, la gran bondad de sus nobles mayores. Que el Dios que es uno y trinidad nos haga subir hasta su gloria celestial, donde se encuentra la alegría eterna.

COLOFÓN DEL MANUSCRITO DE EDIMBURGO

Finitur codicellus de virtutibus et actibus bellicosis viz domini Roberti broys quondam Scottorum regis illustrissimi raptim scriptus per me Iohannem Ramsay ex iussu venerabilis & circumspecti viri vz magistri Symonis lochmalony ouchtermunsye vicarij bene digni anno domini millesimo quadrigintesimo octuagesimo nono Anima domini Roberti bruys et animi omnium fidelium defunctorum per dei misericordiam requiescant in pace. Amen Amen Amen

Domine grande loqui frangit deus omne superbum
Magna cadunt, inflata crepant tumefacta premuntur
Scandunt celsa humiles traduntur ad yma feroces
Vincit opus verbum minuit iactancia famam.
Per ea viscera marie virginis que portauerunt eterni patris filium. Amen[26].

Abadía de Dunfermline, en donde fue enterrado Bruce.

[26] Colofón: Para McDiarmid, Simon Lochmalony, párroco de Auchtermoonzie, diminuta parroquia de Fife, que encargó el manuscrito, estaba interesado sobre todo en la copia del poema *Wallace* de Hary, (seguramente escrito en Auchtermoonzie sobre 1476) que se encuentra en el mismo códice, y a la que se debió de añadir el texto de *Bruce* a última hora ("raptim scriptus").

Abadía de Melrose, donde se cree que está enterrado el corazón de Bruce.

Apéndice:
La expedición de Douglas en España

Los datos que se ofrecen a continuación se basan en los trabajos de Blanca Krauel y José Enrique López de Coca (1988) y Blanca Krauel (1990) que aparecen en la bibliografía. Ya que pueden resultar interesantes para los lectores de esta versión española, y puesto que presentan información no recogida en anteriores ediciones del poema, se ha estimado conveniente resumir en este apéndice lo más relevante de esos estudios.

En el poema de Barbour se nos cuenta que Douglas aceptó el encargo de Bruce de llevar el corazón del rey a la cruzada contra los infieles. Douglas, con hombres y caballos, se hace a la mar y desembarca en Sevilla, y el rey Alfonso XI, al conocer su llegada, lo hace llamar y le ofrece dinero y bienes para que luche en su bando. Douglas se niega a actuar como mercenario, pero al saber que Alfonso está en guerra con los "sarracenos" –como se los llama– se queda a ayudarle. Barbour nos presenta una imagen de Douglas como héroe de renombre internacional, al que acuden a saludar los caballeros extranjeros, sobre todo los ingleses. Al tener noticias de la llegada a España de un "gran rey benimerín" con muchos hombres, el rey Alfonso divide su ejército en tres, y pone a Douglas al mando de la división compuesta por los extranjeros, que es la vanguardia. El Gran Maestre de Santiago dirige la segunda, y el propio rey la de retaguardia. El poema nos cuenta que Douglas, tras arengar a sus hombres, ataca a los sarracenos con tanto ahínco que los hace retroceder. Entonces los persigue en la huida, hasta quedarse tan sólo él con diez hombres en la persecución. Dándose cuenta de ello, intenta regresar a su ejército. Los moros al verlo se reagrupan y se vuelven contra él, pero Douglas, al ver que sir William Sinclair está rodeado de enemigos, se lanza a ayudarlo. Se encuentra en desventaja, con veinte sarracenos por cada uno de los suyos, y allí hallan la muerte todos esos cristianos. Después los escoceses, con los huesos de Douglas y el corazón de Bruce, regresan a Escocia, no sin antes despedirse del rey Alfonso, que se conduele de su pérdida.

En anteriores ediciones de *The Bruce*, como la de McKenzie (1909) se había señalado ya que esta acción narrada en el poema coincidía con el sitio de Teba (hoy provincia de Málaga) por parte de Alfonso XI, que, empeñado en tomar el reino de Granada, había iniciado en agosto de 1330 el cerco de esa importante fortaleza. Aunque en las crónicas españolas más conocidas no se citaba a los cruzados escoceses, ni en el poema de Barbour se precisan topónimos ni fechas, en la edición más reciente, la de McDiarmid y Stevenson (1980-85), el profesor

McDiarmid anotaba lo siguiente a propósito del anuncio de la entrada en España de un "gran rey benimerín":

Fue en 1331, el año siguiente al de la muerte de sir James, cuando Albohacén, emir de Ban_ Marin, el reino moro de Marruecos, envió ayuda a Mohamed, rey de Granada, que estaba siendo atacado por Alfonso XI de Castilla. En agosto de 1330 Alfonso tomó la ciudad fortaleza de Teba de Ardales, derrotando a Ozmin, general de Mohamed. Fue en esta acción en la que murió Douglas, el 25 de agosto, según Fordun, CXLIV.

Es decir, McDiarmid corrige a Barbour en cuanto a la llegada a España de ese rey benimerín, y hace notar que ya en la crónica de Fordun se cita el sitio de Teba. La fuente española citada por McDiarmid son las *Obras del padre Juan de Mariana*[1].

Krauel y López de Coca añaden datos de gran interés. Si bien es cierto que ni en la *Crónica del rey don Alfonso el Onceno*, de Fernán Sánchez de Valladolid, ni en el *Poema de Alfonso XI* de Rodrigo Yáñez[2], que habían sido las manejadas a propósito de este tema, se encuentra nada sobre los escoceses, la *Gran Crónica de Alfonso XI*, editada por Diego Catalán en 1976[3], sí aporta información que parece referirse precisamente a Douglas.

En esa crónica, el autor (anónimo) da cuenta del comienzo del sitio de Teba. Entre el ejército cristiano y las tropas musulmanas de "Ozmin" corría el río Guadalteba, donde a diario acudían los musulmanes para provocar a la caballería cristiana cuando acudía a hacer su aguada. En la *Gran Crónica* se añade lo siguiente:

E sobre aquel río ovieron un día muy grand contienda, e de la hueste del rey fue muerto un conde estraño, que saliera de su tierra por fazer a Dios serviçio e prouar su cuerpo contra los enemigos de la Cruz, e así lo fizo este conde esta vegada; como quiera que murió por su culpa, ca saliendo de las hazes de los christianos, se fue cometer los moros a desora e como non devía, e por esto fue muerto este conde, a quien Dios perdone; mas después plugo a Dios quel fue bien vengado, e otrosí que un día fueron los moros vençidos e muchos muertos a espada...[4]

Añaden a esto lo escrito por Barrantes Maldonado, que llegó a manejar un manuscrito de esa crónica, y que recoge el episodio en estos términos:

e un día uvo una escaramuça en que hizieron mucho mal a los christianos, e mataron a un conde estrangero que avía venido a servir a Dios en aquella guerra; fue muerto por su culpa porque se desmandó del escuadrón[5].

Sin que se cite el nombre de Douglas, la caracterización que se hace en la *Gran Crónica* parece llevarnos a la conclusión de que ese "conde estraño" era él. La carta de recomendación que le hizo Eduardo III para el rey Alfonso XI pre-

[1] Biblioteca de Autores Españoles, 30, Madrid, 1931, vol. I, XV, cap. 21 y XVI, cap. 1.
[2] *Crónica del rey don Alfonso el Onceno*, Biblioteca de Autores Españoles, Madrid, 1953, págs. 225-227; *El poema de Alfonso XI*, Ed. Yo Ten Cate, Madrid, 1956, págs. 97-101.
[3] Madrid, 1976 (2 volúmenes).
[4] *Gran Crónica, I, p. 477.*
[5] *Ilustraciones de la Casa de Niebla, p. 289.*

sentaba a sir James como "accensus amore crucifixi", lo que es traducible como un cruzado que ha partido "por fazer a Dios serviçio". Además, esta fuente deja bien claro que Douglas sucumbió antes de la batalla final, en una simple escaramuza, e insiste en que sucedió "por su culpa". Douglas parece haber actuado impulsivamente poniéndose en peligro, y Krauel sugiere que en esa narración se detecta cierta mala conciencia por parte castellana: el cronista inmediatamente indica que Dios quiso que su muerte fuera vengada. De ser así, la *Gran Crónica* confirmaría la versión del historiador Le Bel. Según éste, no había habido batallas previas, y los ejércitos moro y cristiano se encontraban frente a frente, con Douglas y sus hombres en uno de los flancos de los cristianos. Douglas, acostumbrado a ser el primero en la batalla, pensando que las fuerzas de Alfonso XI avanzaban, picó espuelas y llevó a sus hombres al combate, creyendo que el resto del ejército les seguiría. Pero los castellanos no avanzaron, Douglas se vio rodeado y murió peleando. Le Bel afirma que la muerte de Douglas se debió a "grand deffault" (gran falta) de los españoles[6]. Más adelante, Froissart, que sigue a Le Bel en su crónica, cambia esas palabras por las de "grand lacheté" (gran cobardía), y añade que los españoles fueron muy criticados por cuantos tuvieron noticias de ese hecho, pues de haber querido podrían haber salvado a Douglas y a algunos de sus hombres (Krauel, 1990: 90).

Esa mala conciencia puede ser parte de la explicación del silencio sobre Douglas en las otras crónicas castellanas, e incluso de la falta de información sobre su nombre y procedencia en la *Gran Crónica*. Por otra parte, como recuerda Krauel, Escocia resultaba una tierra casi totalmente desconocida en España a principios del s. XIV, lo que también puede favorecer la omisión. Si bien a los escoceses la expedición de Douglas a España les podía parecer un episodio importante, que les permitía ponerse a la par con los mejores caballeros de Europa, no parece tan claro que a los españoles les interesase tanto Escocia, y desde luego la expedición de Douglas no dejó una impresión muy favorable.

La opinión de Krauel y López de Coca sobre la escaramuza en la que muere Douglas es que el escocés fue víctima de la táctica bereber conocida como *torna fuye*, sobre la que advirtió don Juan Manuel en el *Libro de los Estados*. Allí se avisaba de que los musulmanes gustaban de practicarla para, en caso de que los cristianos les siguieran desordenadamente, revolverse contra ellos y aplastarlos. Añade el Infante que si los moros se presentan sin peones –como al parecer sucedió junto al Guadalteba– es porque no quieren lidiar batalla sino intentar alguna añagaza, de forma que si se decide cargar contra ellos deberá hacerse en bloque. Para Krauel y López de Coca, si no fuera porque don Juan Manuel acabó la redacción de su obra antes de iniciarse la campaña de Teba, casi cabría pensar que escribió sus consejos pensando en la desdichada suerte de James Douglas (1988: 256).

Así pues, parece que Douglas no murió en el sitio de Teba propiamente dicho, como indicaban las crónicas de Fordun y Le Bel, y sí en una escaramuza ocurrida un día antes de la batalla final. Su muerte se debió a su acción individual, que le hizo caer en una trampa. Teniendo en cuenta los datos aportados por estos

---

[6] *Les vrayes Chroniques de Messire Jehan Le Bel*, ed. M.L. Polain (Burselas, 1863) I, 83-84.

profesores de la Universidad de Málaga, es curioso volver sobre el texto de Barbour. En primer lugar, si bien es cierto que parece describir una gran batalla, en la que participan las tres divisiones del ejército de Alfonso, el autor no da cuenta del desarrollo de la misma, ya que –lógicamente– se centra en la suerte de Douglas. Tampoco dice dónde sucedió. Todo lo que explica Barbour es que Douglas cargó contra sus enemigos y luego los persiguió con pocos hombres, y que los moros se revolvieron contra él; es decir, que casi describe la táctica bereber sobre la que advirtió don Juan Manuel. No se hace mención en ningún momento de si los moros fueron derrotados o no en la batalla. Lo que tenemos narrado con algún detalle es sólo la acción en la que muere Douglas.

Por lo que se refiere a la estrategia, también conviene notar que Barbour nos dice que, llegado Douglas a España, el rey Alfonso "le confió bravos hombres, que conocían bien cómo era la guerra en esas tierras y también la manera de guerrear allí". Esa conciencia de que Douglas era inexperto en las tácticas de guerra empleadas en España quizá pueda ser un eco de lo que sucedió al final: Douglas no hizo caso de quienes deberían aconsejarle y "se desmandó del escuadrón". Evidentemente, Barbour no reprocha a Douglas su impulsividad, pero no deja de resultar paradójico que quien había destacado en una guerra de guerrillas contra los ingleses, y cuya prudente sagacidad Barbour contrasta con la temeridad de Moray (libro XIX) resulte muerto por actuar de forma temeraria. Tal vez podamos suponer que Barbour conocía más detalles de los que refleja en el poema, y que eso le privó, incluso, de la posibilidad de lamentarse, como Le Bel, de la falta de ayuda a Douglas por parte de los castellanos.

Otro silencio en el texto de Barbour que parece más claramente explicable es el del destino final de la expedición de Douglas. En el poema no se explicita que el destino del corazón de Bruce fuera Tierra Santa, aunque ello se podría inferir de las palabras puestas en boca de Bruce cuando dice que siempre quiso ir a luchar contra los enemigos de Dios y pide que su corazón sea "enviado allí". Douglas se pone en camino sin que se diga exactamente hacia dónde, y, como la aventura termina en España, el resto de la expedición regresa a Escocia. Parece lógico que si en verdad la voluntad de Bruce era que su corazón fuera a Jerusalén –como indica Eduardo III a Alfonso XI en su carta de presentación de Douglas– Barbour procure eliminar la impresión de que la intención del rey no se cumplió. Pero además, como explica Blanca Krauel, hubo en Europa un llamamiento a la cruzada contra los moros en España y en el norte de África en los años inmediatamente posteriores a la mayoría de edad de Alfonso XI en 1328, cuando éste declaró la guerra a la Granada musulmana (Krauel 1990:85). Una expedición a España contra los infieles, aun cuando el resultado fuera tan desastroso como lo fue para la de Douglas, sí dejaría cumplido el deseo del rey Roberto tal como éste aparece formulado en el poema.

Por lo que se refiere al viaje de Douglas hasta España, Krauel y López de Coca opinan que sir James debió de hacer lo que indica la crónica de Le Bel: pasar primero a Flandes, en donde seguramente se enteró de la llamada a la cruzada en España, y allí tomar la decisión de acudir primero a esa lucha. Aunque algunos han cuestionado la ruta de la travesía indicada en el poema, que los llevaría directamente de Inglaterra a La Coruña, estos autores señalan que era una de las seguidas por los peregrinos ingleses a Santiago. Quienes la han puesto en cuestión basándose en los testimonios recogidos por un viajero escocés del siglo XVIII, no parecen tener bases para esa afirmación. Uno de ellos es Alan MacQuarrie, en su libro *Scotland and the Crusades 1095-1560*[7]. Este autor, al no tener conocimiento de la *Gran Crónica*, y sorprendido ante la falta de alusiones a la expedición escocesa en las otras crónicas castellanas, busca indicios del paso de Douglas por España en el testimonio de un erudito escocés, Joseph Bain, que estuvo en España buscando documentos relativos a su país en 1879. En las notas que Bain publicó con los documentos, se encuentra la siguiente:

> El fallecido conde Edward d'Albanie le contó a este editor hace unos doce años que durante la última guerra carlista, mientras las fuerzas de don Carlos asediaban el puerto de Santander en Vizcaya [sic], a las órdenes del general Dorregaray, él se encontraba con ese general en las altos que dominan la ciudad. Dorregaray, que era vasco, señalando hacia una gran piedra gris que había cerca de su tienda, le dijo que era un recuerdo a un gran guerrero llamado El Dugla, que había venido hacía mucho tiempo a luchar contra los infieles en España. Mandó a buscar champán, y brindaron por la memoria del bravo escocés[8].

Krauel y López de Coca hacen notar que McQuarrie atribuye la visión de la piedra de *El Dugla* al propio Bain, lo que no es cierto, y señalan además que se trataba del fallido asedio de Bilbao (enero-abril de 1874, durante la tercera guerra carlista), y no de Santander. Por lo que se refiere a la supuesta leyenda, opinan que seguramente se trata de:

> una fábula semejante a tantas otras que otros viajeros anglosajones recogerían en el curso de sus andanzas por tierras españolas, ya fuera porque no dominaban la lengua del país, por su excesiva credulidad o, simplemente, porque eran objeto de burla de parte de los nativos. Cualquier explicación es posible menos la ofrecida por Davis: el escocés debió causar tal impresión entre los vascos, que cinco siglos no bastarían para borrarla (1988: 259-60)[9].

La disposición de estos historiadores a creerse la "leyenda" del paso de Douglas por Vizcaya parece estar motivada por la suposición de que tuvo que llegar desde Inglaterra costeando el Golfo de Vizcaya y después ir bordeando la Cornisa Cantábrica hasta La Coruña, pero hay muchos testimonios de que ese itinerario no era necesario, y es perfectamente aceptable la ruta indicada en el poema de Barbour. Los datos encontrados en la *Gran Crónica de Alfonso XI* sí parecen referirse, aunque sin nombrarlo, a la suerte de sir James Douglas, el amigo inseparable del rey Roberto de Bruce.

---

[7] Edimburgo: John Donald, 1985.

[8] *Calendar of Documents relating to Scotland*, Ed. Joseph Bain, Edimburgo, 1887. III, p. XXXVII, nota 3.

[9] Davis: la referencia es a Irene M. Davis, que en su obra *The Black Douglas* (Londres, 1974) también cita el testimonio de Bain y saca esa conclusión.

En la Villa de Teba hoy puede verse un monumento con una inscripción en inglés y en español en la que se conmemora que "Camino de la Cruzada falleció Sir James Douglas luchando contra los moros al lado del rey don Alfonso XI", y se nos dice que "cayó cerca del castillo de la Estrella de Teba el 25 de agosto de 1330." En esta lápida sí se dice cuál era el objetivo final de Douglas: "Sir James el Bueno peregrinaba a Tierra Santa bajo juramento de consagrar el corazón real del libertador de Escocia en el altar de la Iglesia del Santo Sepulcro en Jerusalén"[10].

Vista de Teba

[10] La iniciativa partió de la familia descendiente de Sir James Douglas (Conde de Selkirk), que, en la década de 1980, hizo gestiones a través del consulado británico en Málaga, y encontró respuesta favorable en la Corporación Municipal presidida por D. Francisco González Herrera. Agradezco estos datos y el material fotográfico a D. Antonio García Álvarez, Cronista Oficial de la Villa de Teba.

Monumento a Douglas en Teba

Fragmentos traducidos en verso
con el texto original

Elogio de la libertad. Libro I, versos 225-242. Manuscrito de
Edimburgo. Edición de McDiarmid y Stevenson[1].

A, fredome is a noble thing,
Fredome mays man to haiff liking,
Fredome all solace to man giffis,
He levys at es that frely levys.
A noble hart may haiff nane es
Na ellys nocht that may him ples
Gyff fredome failyhe, for fre liking
Is yharnit our all other thing.
Na he that ay hass levyt fre
May nocht knaw weill the propyrte
The angyr na the wrechyt dome
That is cowplyt to foule thyrldome,
Bot gyff he had assayit it
Than all perquer he suld it wyt,
And suld think fredome mar to prys
Than all the gold in warld that is.
Thus contrar thingis euer-mar,
Discoweryngis off the tother ar

[1] En ambos manuscritos las palabras como *the, that, then* aparecen escritas con una *y* en lugar
de la grafía *th*. Esa letra, que procede de la antigua "thorn", no se distingue de la *y* griega. McDiarmid
y Stevenson la mantienen, pero aquí se ha transliterado como *th*, como hizo Skeat.

¡La libertad es una cosa noble!
La libertad le da albedrío al hombre,
la libertad todo solaz confiere:
¡vive con paz quien vive libremente!
Para un corazón noble no hay sosiego
ni cosa que le agrade por entero,
si falta libertad, que el libre arbitrio
para él será el bien más perseguido.
No, quien haya vivido siempre libre,
no sabrá bien qué condición tan triste,
qué ira y qué miseria encierra el sino
que el vil sometimiento trae consigo.
Mas si hubiere vivido sojuzgado,
entonces lo sabrá, con saber largo;
tendrá la libertad por más preciada
que todo el oro que en el mundo haya.
Pues siempre, de este modo, los opuestos
uno del otro son descubrimientos.

Palabras de Bruce a sus hombres antes de la batalla de Bannockburn. Libro XII, versos 231-258. Manuscrito de Cambridge, editado por Skeat.

And, certis, me think weill that we,
For-out abasyng, aucht till be
Worthy and of gret wassalage;
For we haue thre gret auantage.
The first is, that we haf the richt;
And for the richt ilk man suld ficht.[2]
The tothir is, thai ar cummyn heir,
For lypning in thair gret power,
To seik vs in our awne land,
And [has] broucht her, richt till our hand,
Richess in-to so gret plentee,
That the pouerest of yow sall be
Bath rych and mychty thar-with-all,
Gif that we wyn, as weill may fall.
The thrid is, [that] we for our lyvis
And for our childer and our vifis,
And for the fredome of our land,[3]
[Ar strenyeit] in battale for to stand,
And thai for thair mycht anerly,
And for thai leit of ws lichtly,
And for thai wald distroy vs all,
Mais thame to ficht, bot yet ma fall
That thai sal rew thar barganyng.
And, certis, I warne yow of a thing,
To happyn thame (as god forbeid!)
Till fynd fantis in-till our deid,
Swa that thai wyn vs oppynly,
Thai sall haf of vs no mercy.

[2] En el manuscrito de Edimburgo *And for the richt ay god will ficht*. Por eso la traducción aquí no es la misma que en el texto en prosa ("por la razón Dios lucha siempre"), que sigue ese manuscrito.

[3] En el manuscrito de Edimburgo, *And for our fredome and for our land*. También aquí la traducción varía.

Y a mí sin duda me parece bueno
que luchemos con brío y con fiereza,
pues nosotros tenemos tres ventajas.
Tenemos la razón, es la primera;
por la razón han de luchar los hombres.
Es la segunda que hasta nuestra tierra,
a buscarnos aquí han venido ellos,
muy confiados en sus grandes fuerzas,
y así han traído hasta nuestras manos
tan grandes cantidades de riquezas,
que harán que sea el más pobre de vosotros
muy rico y poderoso gracias a ellas,
si, como bien pudiera ser, vencemos.[4]
La última ventaja, la tercera,
es que nosotros, por salvar la vida,
por mujeres e hijos, a la guerra
nos vemos obligados; por todo eso
y por la libertad de nuestra tierra.
Ellos tan sólo buscan más dominio,
luchan por eso y porque nos desprecian,
y porque a todos quieren destruirnos;
pero aún pudiera ser que sucediera
que lamentasen ellos su osadía.
Mas una cosa os digo como cierta:
si ocurriera que ellos (Dios lo impida)
hallaran cobardía en nuestra empresa
de modo que vencieran fácilmente,
para nosotros nunca habría clemencia.

---

[4] Mª Pilar Castán señala el paralelismo entre este segundo argumento de Bruce –"al venir a conquistarnos, los ingleses en realidad os están trayendo riquezas"– y el que emplea el Cid dirigiéndose a Doña Jimena cuando ésta se asusta al ver a los moros congregarse en torno a Valencia: *"¡Ya mugier ondrada, non ayades pesar! / Riqueza es que nos acreçe, maravillosa e grand: / a poco que viniestes, presend vos quieren dar: / por casar son vuestras fijas, adúzenvos axuvar".* (Versos 1647-1650, edición de R. Menéndez Pidal).

Monumento a Roberto de Bruce en Bannockburn, obra de C. d'O. Pilkington Jackson.

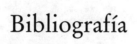

Bibliografía

BIBLIOGRAFIA CITADA EN LA INTRODUCCIÓN Y EN EL APÉNDICE

EDICIONES DE *THE BRUCE*

McDIARMID, M.P. y STEVENSON, J.A.C. (1980-1985). *Barbour's Bruce*. Edimburgo: Scottish Text Society. El tomo I (1985) contiene la introducción y las notas de McDiarmid y las notas textuales y el glosario de Stevenson. El II (1980), los criterios editoriales de Stevenson, y los libros I-X del texto. El III (1981), los libros XI-XX.

McKENZIE, W.M. (1909). *The Bruce, by John Barbour*. Londres: Adam & Charles Black.

SKEAT, Walter W. (1968) *Barbour's Bruce*. Londres: Oxford University Press para la Early English Text Society. Edición facsímil en 2 tomos de la publicada en 4 por la E.E.T.S. entre 1870 y 1889.

OTRAS OBRAS CITADAS

BARROW, G.W.S. (1976) *Robert Bruce and the Community of the Realm of Scotland* (2ª edición). Edimburgo: Edinburgh University Press.

KRAUEL, Blanca y LÓPEZ DE COCA, J. Enrique (1988). "Cruzados escoceses en la frontera de Granada (1330)", en *Anuario de estudios medievales*. Barcelona: Consejo Superior de Investigaciones Científicas. Pp. 245-261.

KRAUEL, Blanca (1990). "Sir James Douglas's Death in Spain, 1330", en *The Scottish Historical Review*, vol. LXIX, I: nº 187, pp. 84-95.

LÓPEZ COUSO, M.J. y MOSKOWICH-SPIEGEL, I. (1994) "Some Editions of *The Bruce*. A comparative account", en *SELIM* (Revista de la Sociedad Española de Lengua y Literatura Inglesa Medieval), nº 4, pp. 48-58.

MACKIE, J.D. (1978) *A History of Scotland* (2ª ed.). Harmondsworth: Penguin Books.

McDIARMID, M.P. (1988) "The Metrical Chronicles and Non-alliterative Romances", en Jack R.D.S. (ed.) *The History of Scottish Literature, Volume I: Origins to 1660*. Aberdeen: Aberdeen University Press.

McQUARRIE, Alan (1985). *Scotland and the Crusades 1095-1560*. Edimburgo: John Donald.

MORENO, Luis (1995) *Escocia, nación y razón*. Madrid: Consejo Superior de Investigaciones Científicas.

MURISON, David (1977) *The Guid Scots Tongue*. Edimburgo: Blackwood.

MURRAY, J.A.H. (1873) *The Dialect of the Southern Counties of Scotland*. Londres: The Philological Society.

TODA, Fernando (1991) Introducción a Walter Scott, *La viuda montañesa / Los dos arreadores*. Sevilla, Secretariado de Publicaciones de la Universidad.

TODA, Fernando (1992) "From *Sebell* and *The Grunye* to *Sevilla* and *La Coruña*: Translating Barbour's *Bruce* into Spanish", en *SELIM*, nº 2, pp. 154-168.

TODA, Fernando (1993) "Observaciones sobre la traducción de textos medievales", en Le Bel, Edith (ed.) *Le masque et la plume*. Sevilla: Secretariado de Publicaciones de la Universidad. Pp. 21-32.

BIBLIOGRAFÍA ADICIONAL

AGUTTER, A. "Middle Scots as a Literary Language". En Jack (ed.) 1988.

AITKEN, A.J. "The Language of Older Scottish Poetry", en J.D. McClure (ed.), 1983.

BROWN, J.T.T. *The Wallace and the Bruce Restudied*. Bonn, 1900.

CRAIGIE, W.A. "Barbour and Blind Harry as Literature", en *Scottish Review*, 22, (1893).

GOEDHALS, B. "John Barbour, the Bruce and Bannockburn", en *Nisa English Studies*, 2 (1968).

GOLDSTEIN, R.J. "Freedom is a noble thing: The ideological project of John Barbour's *Bruce*". En Strauss y Drescher (eds.) 1986.

JACK, R.D.S. (ed.) *The History of Scottish Literature, Volume I: Origins to 1660*. Aberdeen University Press, 1988.

KINGHORN, A.M. "Scottish Historiography in the Fourteenth Century", en *Studies in Scottish Literature*, 6 (1969).

KOHT, H. "Medieval Liberty Poems", en *American Historical Review*, 48 (1943).

MAXWELL, H. "The Battle of Bannockburn", en *Scottish Historical Review*, XI, nº 43 (1914).

MCCLURE, J.D. (ed.) *Scotland and the Lowland Tongue*. Aberdeen: Aberdeen University Press, 1983.

MCDIARMID, M.P. *Hary's Wallace*. Edición en 2 tomos. Edimburgo: W. Blackwood para la Scottish Text Society. 1968 y 1969.

MCDIARMID, M.P. "The *Gododdin* and Other Heroic Poems of Scotland". En McClure (ed.) 1983.

MORRIS, J.E. "The Battle of Bannockburn", en *History*, 17 (1932).

MÜHLEISEN, F.W. *Textkritische, metrische und grammatische Untersuchungen von Barbours Bruce*. Bonn, 1912.

SCHWEND, Joachim. "Religion and Religiosity in *The Bruce*". En Strauss y Drescher (eds.) 1986.

STRAUSS, D. y DRESCHER, H.W. (eds.) *Scottish Language and Literature, Medieval and Renaissance*. Frankfurt: Peter Lang, 1986.

STONES, E.L.G. "The Submission of Robert Bruce to Edward I, *c.* 1301-2", en *Scottish Historical Review*, 34, 118 (1955).

TRACE, J. "The supernatural element in Barbour's Bruce", en *Massachussetts Studies in English*, 1 (1968).

UTZ, H. "If Freedom Fail...'Freedom' in John Barbour's *The Bruce*", en *English Studies, 50 (1969)*.

WALKER, I.C. "Barbour, Blind Harry and Sir William Craigie", en *Studies in Scottish Literature* 1 (1964).

Resumen del contenido del poema

RESUMEN DE LA NARRACIÓN

(Prof. M.P. McDiarmid)

LIBRO I. Estado de Escocia a la muerte de Alejandro I. Disputa sucesoria; se nombra árbitro al rey de Inglaterra. Balliol designado rey, pero pronto destronado. Ocupación y opresión de Escocia por parte de Eduardo I. Elogio de la libertad. Los Douglas pierden sus tierras. La juventud de Jacobo de Douglas. Pacto entre Bruce y Comyn. Comyn revela el pacto a Eduardo I. Bruce convocado ante el Consejo de Eduardo I.

LIBRO II. Bruce huye a Escocia y mata a Comyn en Dumfries. Douglas se une a Bruce, que es coronado en Scone. Eduardo I envía a sir Aymer de Valence contra Bruce. Los ejércitos se encuentran en Perth. Bruce sorprendido en Methven, y derrotado. Randolph cae prisionero. Bruce se repliega a los montes de Mounth, y se le une la Reina en Aberdeen. Digresión sobre el sitio de Tebas. Bruce huye a los montes.

LIBRO III. Juan de Lorne ataca a Bruce. Encuentro de Bruce con tres enemigos. Lorne se retira. Bruce anima a sus hombres con historias de Aníbal y de César. Las damas, con Neil Bruce y el conde de Atholl, enviadas al castillo de Kildrummy. El rey les entrega sus caballos. El clima invernal obliga a Bruce a dirigirse a Kintyre. Atraviesan el lago Lomond y se encuentran con el conde de Lennox. Todos se dirigen a Kintyre. Lennox, perseguido, logra escapar. Bien recibidos en Kintyre por Angus de Islay. Bruce decide pasar el invierno en Rathlin, y zarpa hacia allá. Los hombres de Rathlin le rinden homenaje.

LIBRO IV. Los seguidores de Bruce perseguidos en Escocia. La Reina busca santuario en Tain, pero es entregada a los ingleses. Eduardo de Caernarvon pone sitio a Kildrummy. Un traidor prende fuego al castillo, que se rinde. Eduardo I, camino de Escocia, cae enfermo en Burgh-in-the-Sand. Digresión: el riesgo de confiar en los íntimos; la historia del conde Ferrante. En su lecho de muerte, Eduardo I manda ahorcar y sacar las entrañas a los prisioneros escoceses. Douglas pasa a Arran y toma el castillo de Brodick. Bruce se le une, y envía a Cuthbert a espiar en Carrick. Bruce, creyendo haber visto una señal convenida, que era un fuego, se prepara para pasar a Carrick. Profecía de su triunfo. Digresión sobre la presciencia, la astrología y la nigromancia.

LIBRO V. Al desembarcar en Carrick, Cuthbert advierte a Bruce de que la gente le es hostil. Bruce decide seguir adelante. Ataca y derrota a los ingleses en Turnberry. Se entera de la toma de Kildrummy. Percy, asediado en Turnberry, recibe ayuda de una fuerza inglesa. Douglas en su tierra de Douglasdale. Ataca a los ingleses en la iglesia el Domingo de Ramos. "La despensa de Douglas". Clifford repara el castillo y pone a Thirlwall de alcaide. Eduardo de Bruce en Galloway. Ingram de Umfraville, enviado contra Bruce: soborna a un traidor para que lo mate, pero Bruce mata al traidor y a sus dos hijos.

LIBRO VI. Hombres de Galloway siguen al Rey con sabuesos. Éste les hace frente en un vado. Digresión: la historia de Tedeo. Los de Galloway obligados a huir. Alabanza del valor. En Douglasdale, Douglas tiende una emboscada a Thirlwall y lo mata. Sir Aymer y Juan de Lorne rodean al rey, que divide sus fuerzas en tres. Juan de Lorne ataca al Rey con un sabueso. Bruce y su hermano de leche matan a cinco perseguidores y se refugian en un bosque.

LIBRO VII. Bruce se escapa del sabueso vadeando por un arroyo. Algunos dicen que un arquero mató al perro. Encuentro del Rey con tres hombres; uno lleva una oveja. Siguen viaje juntos. Los tres comparten la oveja con el Rey. Después de comer, Bruce se duerme, dejando a su hombre de guardia. Éste se duerme, y los tres van a atacar al Rey, que se despierta y los mata, pero muere su hermano de leche. El Rey sigue camino solo, y se le unen Douglas y Eduardo de Bruce. Atacan y derrotan a parte del ejército de sir Aymer. Éste se retira a Carlyle. Estando de caza, tres enemigos atacan al Rey, pero él con la ayuda de su perro los mata. Se retira a Glen Trool. Sir Aymer prepara un ataque por sorpresa, pero una espía revela sus planes. Los ingleses derrotados; sir Aymer regresa a Inglaterra.

LIBRO VIII. Bruce controla Kyle. Una fuerza inglesa dirigida por Mowbray cae en una emboscada de Douglas. Sir Aymer reta al Rey a una batalla. Bruce acepta y se dirige al monte Loudon; hace cavar trincheras para estrechar el frente. Se acercan los ingleses. Bruce se dirige a sus hombres. Los ingleses atacan, pero tienen que huir. Sir Aymer renuncia al mando. El Rey marcha contra sus enemigos del norte. Douglas regresa a Douglasdale, y tiende una emboscada a la guarnición del castillo de Douglas. Toma el castillo, destruye sus defensas, y se retira al bosque.

LIBRO IX. El Rey cae enfermo en Inverury. Sus hombres lo llevan hasta Sliach. El conde de Buchan avanza contra él, pero no fuerza el ataque. El Rey regresa a Inverury a pasar el invierno. Buchan avanza de nuevo. La escaramuza de Inverury. El Rey afirma que ya se encuentra bien, y ataca y vence a sus enemigos. Las tierras de Buchan arrasadas. Toma del castillo de Forfar. Bruce, tras una retirada fingida, ataca y toma Perth, y destruye sus murallas. Supremacía de Bruce al norte del Forth. Eduardo de Bruce en Galloway. Derrota a los ingleses en Cree. Sigue a otro contingente en la niebla, y lo ataca cuando ésta se levanta. Galloway bajo la paz del Rey. En el bosque de Ettrick, Douglas vence a una fuerza que se disponía a atacarle, y captura a Randolph.

246

LIBRO X. El Rey derrota a Juan de Lorne, somete el castillo de Dunstaffnage, y hace las paces con Alejandro de Argyll. Bunnock, un granjero de la zona, toma el castillo de Linlithgow para el Rey. Randolph nombrado conde de Moray. Descripción de Randolph. Randolph pone sitio al castillo de Edimburgo. Douglas ataca el castillo de Roxburgh, escala sus murallas, y derrota a los defensores. El castillo es destruido. Los escoceses toman Teviotdale. Guillermo Francis ayuda a Douglas a trepar por la roca del castillo de Edimburgo de noche. Escalan la muralla y toman el castillo. La "profecía" de la reina Margarita. Eduardo de Bruce asedia el castillo de Stirling. Los ingleses acuerdan rendirse si no han sido relevados antes de la noche de San Juan de 1314.

LIBRO XI. Ambos bandos se preparan para el encuentro. El rey inglés reúne a su hueste y se dirige hacia el norte. En Berwick divide su ejército en diez "batallas", y se encamina hacia Edimburgo. El rey Roberto revela su estrategia a su Consejo. Los escoceses adoptan posiciones en New Park, cerca de Stirling. El Rey hace cavar muchos "pozos" en el campo abierto. Llegada del inmenso ejército inglés. Un cuerpo selecto, mandado por Clifford, intenta llegar al castillo y liberarlo. Es interceptado por Randolph, al que ataca. Douglas pide permiso para acudir en ayuda de Randolph.

LIBRO XII. El Rey se prepara para enfrentarse a la vanguardia inglesa. Un caballero inglés carga contra él, pero lo mata con su hacha. Los ingleses se retiran. Randolph hace retroceder a los que le atacaban. Los escoceses expresan su determinación de luchar por la libertad. Palabras de Bruce a sus hombres antes de la batalla de Bannockburn. Los ingleses, descorazonados por los primeros reveses, se pasan la noche preparándose para la batalla. Por la mañana los escoceses avanzan a pie hacia campo abierto. La vanguardia inglesa ataca a Eduardo de Bruce. Randolph carga contra el grueso del ejército inglés y lo hace retroceder.

LIBRO XIII. La tercera "batalla" escocesa ataca junto a Randolph. La caballería escocesa dispersa a los arqueros ingleses. La "batalla" del Rey se une al ataque, y los ingleses comienzan a ceder. Los bagajeros escoceses se dirigen hacia el campo de batalla. Los ingleses los toman por refuerzos, y se retiran un poco. Muchos ingleses huyen cuando los escoceses apuran su ventaja. El rey inglés abandona el campo, y su ejército se desintegra. Eduardo I se dirige a Linlithgow, perseguido por Douglas. Se limpia el campo de batalla. Mowbray entrega el castillo de Stirling a Bruce. Douglas persigue a Eduardo I hasta Dunbar, desde donde logra escapar por mar hasta Bamborough. El conde de Hereford es canjeado por la esposa de Bruce y su hija Marjorie. Ésta se casa con Walter Stewart. Restauración del orden en Escocia. Razias escocesas contra Northumberland.

LIBRO XIV. Eduardo de Bruce zarpa hacia Irlanda. Vence a un ejército angloirlandés, pacta una tregua con los jefes del Ulster, y se dirige hacia el sur. Derrota al conde del Ulster y entra en Dundalk; luego sigue hacia el sur y rechaza un ataque cerca de Kilross. Un jefe irlandés conduce a los escoceses a una trampa, pero

Tomás de Downe los pone a salvo con su barco. Randolph intercepta una columna de avituallamiento cerca de Connor, y luego derrota a una fuerza más grande que venía a unirse a ella. Unos espías capturados revelan un ataque inminente. Los escoceses avanzan hacia Connor; tienden una emboscada y ponen en fuga a una fuerza anglo-irlandesa.

LIBRO XV. Los escoceses ganan al grueso del ejército anglo-irlandés por los flancos. Ocupan Connor, y luego regresan a Carrickfergus. La guarnición de allí hace una salida para sorprender a los escoceses, pero es derrotada y sufre muchas bajas. El rey Roberto lleva una fuerza hasta Argyll, y las Islas se le someten. Juan de Lorne cae prisionero. Una razia inglesa en Teviotdale provoca una venganza por parte de Douglas. Neville desafía a Douglas, que marcha hasta Berwick, lo derrota, y arrasa esa comarca. Miedo al "Douglas negro" en las zonas fronterizas de Inglaterra.

LIBRO XVI. El rey Roberto se une a su hermano Eduardo en Irlanda. Deciden hacer una marcha por todo el país. El conde del Ulster acosa a la retaguardia, mandada por el Rey. Bruce se enfrenta a un gran ejército anglo-irlandés, pero logra derrotarlo sin la ayuda de Eduardo y de la vanguardia. Los escoceses se dirigen al sur, a Limerick. El Rey se demora por consideración hacia una lavandera. Los escoceses regresan a Carrickfergus sin encontrar oposieión. Un conde inglés encabeza una incursión contra Escocia. Douglas le tiende una emboscada y lo mata. Los ingleses que habían ido a Lentalee son pasados a cuchillo. Se describen algunas proezas de armas. Unos barcos ingleses se adentran por la ría del Forth y desembarcan tropas cerca de Inverkeithing. Los escoceses se retiran, pero el obispo de Dunkeld los hace regresar. Los ingleses, perseguidos hasta sus barcos, regresan a Inglaterra. El rey Roberto vuelve a Escocia desde Irlanda.

LIBRO XVII. Un burgués de Berwick deja entrar a los escoceses, y éstos toman la ciudad. Walter Stewart queda al frente de la guarnición, y se prepara a resistir un ataque. Los ingleses marchan contra Berwick. Fracasa un ataque por tierra, así como un intento de desembarcar soldados. Douglas y Randolph, enviados a atacar el norte de Inglaterra. El "Capítulo de Mitton". El ataque inglés contra Berwick se reanuda con la ayuda de una "cerda", que resulta destruida. Los ingleses prenden fuego a una de las puertas, pero Walter Stewart encabeza una salida para apagarlo. La destrucción que siembran los escoceses en Inglaterra hace que los ingleses abandonen el asedio. Douglas y Randolph regresan por Carlisle. El Rey hace reforzar las defensas de Berwick.

LIBRO XVIII. Eduardo de Bruce entra en combate contra un gran ejérctio anglo-irlandés. Los escoceses son derrotados, y muere sir Eduardo. La cabeza de Gilberto Harper, enviada al rey de Inglaterra creyendo que era la de Eduardo de Bruce. Algunos escoceses regresan a Escocia por Carrickfergus. El rey Eduardo II invade Escocia. Los escoceses retiran todo el ganado de Lothian y se repliegan a Culross. Los ingleses, sin víveres, tienen que retroceder. Douglas tiende una emboscada a una partida inglesa cerca de Melrose. Los escoceses persiguen a los ingleses hasta Inglaterra, y los derrotan en Byland. El rey inglés huye, y los escoceses saquean el norte de Inglaterra antes de regresar a Escocia.

LIBRO XIX. Se descubre una conspiración contra el Rey, y los cabecillas son castigados. Sir Ingram deja Escocia para volver a Inglaterra. Se pacta una tregua con los ingleses, pero éstos siguen atacando a los barcos mercantes escoceses. Muerte de Walter Stewart. Los escoceses denuncian la tregua, y Randolph y Douglas dirigen una expedición de castigo contra Inglaterra. Coronación de Eduardo III. Un ejército inglés se enfrenta a los escoceses en Weardale. Fracasan los intentos ingleses de descomponer el ejército escocés. Los escoceses se trasladan a una posición más ventajosa. Douglas dirige un ataque nocturno contra los ingleses. Douglas cuenta la fábula del zorro y el pescador. Los escoceses se escapan de noche por un pantano. Se encuentran con un destacamento escocés que venía en su auxilio, y todos regresan a Escocia.

LIBRO XX. Los escoceses invaden Northumberland. Se firma la paz con Inglaterra, y David, hijo del rey Roberto, queda prometido en matrimonio con la hermana de Eduardo III. El rey Roberto cae enfermo en Cardross. Matrimonio de David. Previsiones de Bruce para el futuro. Se escoge a Douglas para que lleve el corazón del Rey a Tierra Santa. Muerte del rey Roberto. Randolph queda como Regente. Douglas se pone en camino hacia Tierra Santa. Douglas desembarca en España, y decide ayudar al rey Alfonso XI contra los sarracenos. Se le confía el mando de la vanguardia cristiana, pero muere en la lucha. Digresión: historia de Fabricio y Pirro. Los escoceses regresan a casa con los restos de Douglas y el corazón de Bruce. Randolph gobierna Escocia bien hasta que es envenenado. Fin del poema.

ÍNDICE

Lugares más importantes durante la época de las guerras de independencia de Escocia.

COLECCIÓN BIBLIOTECA DE TRADUCCIÓN